"十三五"普通高等教育汽车服务工程专业规划教材

汽车电子控制技术

（第四版）

舒 华 主 编
郑召才 主 审

人民交通出版社股份有限公司
China Communications Press Co.,Ltd.

内 容 提 要

本书为"十三五"普通高等教育汽车服务工程专业规划教材。全书共分十章,主要介绍了汽车电控技术的应用与发展、汽油机电控喷油(EFI)、柴油机电控喷油(EDC)、汽油机点火控制(ECI)、汽车排放(AFC、FEC、EGR)、汽车行驶安全(ABS、EBD、EBA、ASR、VSC、SRS)、自动变速(ECT、CVT)、汽车巡航(CCS)、车载局域网(LAN)和电控系统故障诊断(OBD)等电子控制技术,详细介绍了各种电控系统的功能、组成、类型、结构原理、控制方法与控制过程等。

本书可作为高等院校汽车服务工程、车辆工程等专业教材,还可供其他汽车专业师生和从事汽车运输管理、汽车维修管理、汽车设计制造的工程技术人员以及汽车修理工、电工与驾驶员学习参考。

图书在版编目(CIP)数据

汽车电子控制技术/舒华主编. —4 版. —北京:
人民交通出版社股份有限公司,2017.3
ISBN 978-7-114-13643-6

Ⅰ.①汽… Ⅱ.①舒… Ⅲ.①汽车—电子控制—高等教育—教材 Ⅳ.①U463.602.7

中国版本图书馆 CIP 数据核字(2017)第 012678 号

"十三五"普通高等教育汽车服务工程专业规划教材

书　　名:	汽车电子控制技术(第四版)
著 作 者:	舒　华
责任编辑:	李　良
出版发行:	人民交通出版社股份有限公司
地　　址:	(100011)北京市朝阳区安定门外外馆斜街 3 号
网　　址:	http://www.ccpress.com.cn
销售电话:	(010)59757973
总 经 销:	人民交通出版社股份有限公司发行部
经　　销:	各地新华书店
印　　刷:	北京市密东印刷有限公司
开　　本:	787×1092　1/16
印　　张:	22
字　　数:	542 千
版　　次:	2002 年 2 月　第 1 版
	2008 年 1 月　第 2 版
	2012 年 1 月　第 3 版
	2017 年 3 月　第 4 版
印　　次:	2020 年 8 月　第 4 版　第 3 次印刷　总计第 21 次印刷
书　　号:	ISBN 978-7-114-13643-6
定　　价:	48.00 元

(有印刷、装订质量问题的图书由本公司负责调换)

"十三五"普通高等教育汽车服务工程专业规划教材编委会

主任委员：许洪国(吉林大学)

副主任委员：

张国方(武汉理工大学)	储江伟(东北林业大学)
简晓春(重庆交通大学)	王生昌(长安大学)
李岳林(长沙理工大学)	肖生发(湖北汽车工业学院)
关志伟(天津职业技术师范大学)	付百学(黑龙江工程学院)

委员：

杨志发(吉林大学)	杜丹丰(东北林业大学)
赵长利(山东交通学院)	唐　岚(西华大学)
李耀平(昆明理工大学)	林谋有(南昌工程学院)
李国庆(江苏理工学院)	路玉峰(齐鲁工业大学)
周水庭(厦门理工学院)	宋年秀(青岛理工大学)
方祖华(上海师范大学)	郭健忠(武汉科技大学)
黄　玮(天津职业技术师范大学)	邬志军(皖西学院)
姚层林(武汉商学院)	田茂盛(重庆交通大学)
李素华(江汉大学)	夏基胜(盐城工学院)
刘志强(长沙理工大学)	孟利清(西南林业大学)
陈文刚(西南林业大学)	王　飞(安阳工学院)
廖抒华(广西科技大学)	李军政(湖南农业大学)
程文明(江西科技学院)	鲁植雄(南京农业大学)
钟　勇(福建工程学院)	张新峰(长安大学)
彭小龙(南京工业大学浦江学院)	姜连勃(深圳大学)
陈庆樟(常熟理工学院)	迟瑞娟(中国农业大学)
田玉东(上海电机学院)	赵　伟(河南科技大学)
陈无畏(合肥工业大学)	左付山(南京林业大学)
马其华(上海工程技术大学)	王国富(桂林航天工业大学)

秘书处：李　斌　夏　韩　李　良

《汽车电子控制技术(第四版)》编委会

主 任 委 员：李　明
副主任委员：王伟军　滕立新　甘秋明
委　　　员：姚国平　张春润　曹会智　刘荣友　陈建勤
　　　　　　李振兴　张　宪　刘增勇　李文杰　智景安

《汽车电子控制技术(第四版)》编写组

主　　　编：舒　华
主　　　审：郑召才
副　主　编：舒　展　王聪聪
编　　　委：赵劲松　姚良军　凌　莉　张大鹏　张　宪
　　　　　　黄　玮　姚应芳　姚　远　姚向军　姚　榕
　　　　　　杨英杰　李家惠　杨　华　门　君　姚建军
　　　　　　童敏勇　张英锋　何松柏　王　松　张旭涛

前言

伴随国家汽车产业发展政策的调整,我国汽车产业进入了健康、持续、快速发展的轨道。在汽车工业大发展的同时,汽车消费主体日益多元化,广大消费者对高质量汽车服务的渴求日益增长,汽车厂商围绕提升服务质量的竞争业已展开,市场竞争从产品、广告层面提升到服务层面,这些发展和变化直接催生并推进了一个新兴产业——汽车服务业的发展与壮大。

当前,我国汽车服务业正呈现出"发展快、空间大、变化深"的特点。"发展快"是与汽车工业本身的发展和社会汽车保有量的快速增长相伴而来的。"空间大"是因为我国汽车普及率尚不够高,每千人拥有的汽车数量还不及世界平均水平的1/3,汽车服务市场尚有很大的发展潜力,汽车服务业将是一个比汽车工业本身更庞大的产业。"变化深"一方面是因为汽车后市场空前繁荣、蓬勃发展,大大拉长和拓宽了汽车产业链,汽车技术服务、金融服务、销售服务、物流服务、文化服务等新兴业务领域和服务项目层出不穷;另一方面是因为汽车服务的新兴经营理念不断涌现,汽车服务的方式正在由传统的业务分离、各自独立、效率低下模式,向服务主体多元化、经营连锁化、运作规范化、业务集成化、品牌专业化、技术先进化、手段信息化、竞争国际化的方向发展,特别是我国加入世贸组织后,汽车产业相关的保护政策均已到期,汽车服务业将全面开放,国际汽车服务商将快速进入我国汽车市场,以上变化必将进一步促进汽车服务业向纵深发展。

汽车工业和汽车服务业的发展,使得汽车厂商和服务商对高素质的汽车服务人才需求比以往任何时候都更为迫切,汽车服务业将人才竞争视作企业竞争制胜的关键要素。在此背景下,人民交通出版社股份有限公司顺应时代呼唤,组织全国高校汽车服务工程专业的知名教授,编写了汽车服务工程专业规划教材。

本套教材总结了全国高校汽车服务工程专业的教学经验,注重以本科学生就业为导向,以培养综合能力为本位。教材内容符合汽车服务工程专业教学改革精神,适应我国汽车服务行业对高素质综合人才的需求,具有以下特点:

(1) 本套教材是根据全国高校汽车服务工程专业教学指导委员会审定的

教材编写大纲而编写,全面介绍了各门课程的相关理论、技术及管理知识,符合各门课程在教学计划中的地位和作用。教材取材合适,要求恰当,深度适宜,篇幅符合各类院校的要求。

(2)教材内容努力做到由浅入深,循序渐进,并处理好了重点与一般的关系;符合认知规律,便于学习;条理清晰,文字规范,语言流畅,文图配合适当。

(3)教材努力贯彻理论联系实际的原则。教材在系统介绍汽车服务工程专业的科学理论与管理应用经验的同时,引用了大量国内外的最新科研成果和具有代表性的典型例证,分析了发展过程中存在的问题,教材内容具有与本学科发展相适应的科学水平。

(4)教材的知识体系完整,应用管理经验先进,逻辑推理严谨,完全可以满足汽车服务行业对综合性应用人才的培养要求。

《汽车电子控制技术》的首版和第二版是普通高等教育"十五"和"十一五"国家级规划教材,第三版是普通高等教育汽车服务工程专业规划教材,第四版在第三版的基础上修订而成。

在修订过程中,编写组根据国家规划教材的要求和原教材的使用情况,征求了国内相关专业高等院校专家教授的意见与建议,重新修订了编写大纲,调整了部分内容,汇集了汽车电控系统迄今最新的研究成果。全书共十章,每章后面附有思考题与复习题,共计360余道。

《汽车电子控制技术(第四版)》由军事交通学院舒华教授任主编,空军94938部队高级工程师郑召才任主审,军事科学院系统工程研究院卫勤保障技术研究所舒展和武警后勤学院学报编辑部王聪聪任副主编。参加编写工作的还有赵劲松、姚良军、凌莉、张大鹏、张宪、黄玮、姚应芳、姚向军、姚格、杨英杰、李家惠、杨华、门君、姚建军、童敏勇、张英锋、何松柏、王松、张旭涛等。全书由舒华教授统稿。

本书编写过程中得到了军委后勤保障部、装备发展部、海军装备部、南空车辆技术保障队和军事交通学院有关部门的大力资助以及国内相关专业高等院校专家教授的热诚支持,在此一并表示衷心感谢!

本书作为普通高等学校汽车服务工程专业的规划教材,将对汽车服务工程专业和相关专业(方向)的教学起到促进作用。此外,本书也可作为国内汽车服务业就业群体学习提高和职工培训的教材或参考读物使用。

由于时间仓促,本套教材定有许多不足之处,敬请广大读者和同仁使用后批评指正,以便教材再版时修正。

"十三五"普通高等教育汽车服务工程专业规划教材编委会
2017 年 1 月

目 录
Mulu

第一章	汽车电控技术概述	1
第一节	汽车电控技术的应用	1
第二节	汽车电控技术的发展	2
第三节	汽车电控系统的组成	5
第四节	汽车电控系统的分类	11
思考题		14
复习题		14
第二章	汽油机电控喷油(EFI)技术	16
第一节	汽油机电控喷油系统(EFI)的组成	16
第二节	汽油机电控喷油系统(EFI)的分类	19
第三节	电控喷油系统传感器的结构原理	26
第四节	汽车电控单元(ECU)的结构原理	55
第五节	电控喷油系统执行器的结构原理	61
第六节	汽油机电控喷油系统(EFI)控制	67
第七节	发动机怠速控制系统(ISCS)	83
第八节	发动机断油控制系统(SFIS)	91
思考题		93
复习题		95
第三章	柴油机电控喷油(EDC)技术	97
第一节	柴油机电控喷油技术概述	97
第二节	柴油机电控喷油技术基础	101
第三节	高压共轨式柴油喷射(CRS)系统	104
思考题		124
复习题		124
第四章	汽油机点火控制(ECI)技术	126
第一节	微机控制点火(MCI)系统	126

第二节　汽油机爆震控制（EDCS）系统 …… 134
　　思考题 …… 141
　　复习题 …… 142

第五章　汽车排放电控技术 …… 143
　　第一节　汽车排放物的危害与控制对策 …… 143
　　第二节　空燃比反馈控制系统（AFC） …… 145
　　第三节　燃油蒸发排放控制系统（FEC） …… 151
　　第四节　废气再循环（EGR）控制系统 …… 153
　　思考题 …… 157
　　复习题 …… 158

第六章　汽车行驶安全电控技术 …… 159
　　第一节　防抱死制动系统（ABS） …… 159
　　第二节　制动力分配系统（EBD） …… 182
　　第三节　制动辅助系统（EBA/BAS/BA） …… 183
　　第四节　驱动轮防滑转调节系统（ASR/TCS/TRC） …… 185
　　第五节　车身稳定性控制系统（VSC/DSC/ESP） …… 193
　　第六节　安全气囊系统（SRS） …… 198
　　第七节　安全带紧急收缩触发系统（SRTS） …… 210
　　思考题 …… 213
　　复习题 …… 215

第七章　汽车电控自动变速（ECT/CVT）技术 …… 217
　　第一节　电控自动变速系统（ECT）的组成 …… 217
　　第二节　电控自动变速系统（ECT）的控制原理 …… 220
　　第三节　齿轮变速系统的结构原理 …… 223
　　第四节　液压控制系统的结构原理 …… 233
　　第五节　自动变速电控系统的结构原理 …… 244
　　第六节　电控自动变速器系统（ECT）实例 …… 249
　　第七节　电控无级变速（CVT）系统 …… 257
　　思考题 …… 261
　　复习题 …… 262

第八章　汽车巡航（CCS）技术 …… 264
　　第一节　汽车巡航电控系统（CCS）概述 …… 264

第二节　汽车巡航控制系统(CCS)的结构原理 ……………………………………… 267
　　第三节　汽车巡航控制系统(CCS)的控制过程 ……………………………………… 273
　　思考题 …………………………………………………………………………………… 277
　　复习题 …………………………………………………………………………………… 278

第九章　汽车车载局域网(LAN)技术

　　第一节　车载局域网(LAN)的应用与发展 …………………………………………… 279
　　第二节　车载局域网(LAN)的构成与分类 …………………………………………… 284
　　第三节　控制器局域网(CAN) ………………………………………………………… 292
　　第四节　控制器局域网(CAN)应用实例 ……………………………………………… 297
　　第五节　车载局域网(LAN)故障诊断与排除 ………………………………………… 302
　　思考题 …………………………………………………………………………………… 307
　　复习题 …………………………………………………………………………………… 308

第十章　汽车电控系统故障诊断(OBD)技术

　　第一节　故障自诊断系统(OBD)的组成与功能 ……………………………………… 309
　　第二节　汽车电控系统故障自诊断监测原理 ………………………………………… 312
　　第三节　汽车电控系统故障自诊断测试 ……………………………………………… 315
　　第四节　汽车电控系统故障诊断与排除 ……………………………………………… 330
　　思考题 …………………………………………………………………………………… 338
　　复习题 …………………………………………………………………………………… 339

附录　各章选择题参考答案 …………………………………………………………………… 340

参考文献 ………………………………………………………………………………………… 341

第一章 汽车电控技术概述

汽车电子控制技术简称汽车电控技术,是指以电气技术、微电子技术、液压传动技术、新材料和新工艺技术为基础,以解决汽车能源紧缺、环境保护和交通安全等社会问题为目的,旨在提高汽车整车性能(包括动力性、经济性、排放性、安全性、舒适性、操纵性、通过性等)的新技术。

技术是指人类在利用自然和改造自然的过程中,积累起来并在生产劳动中体现出来的经验和知识,也泛指其他操作方面的技巧,如汽车电器技术、汽车电控技术和汽车维修技术等。知识是指人类在社会实践中积累起来的经验的总和,是人类认识自然、认识社会和认识自身的产物,如汽车电控知识、汽车维修知识等。

据公安部交管局统计,截至 2015 年年底,全国机动车保有量达 2.79 亿辆,其中汽车 1.72亿辆,私家车总量超过 1.24 亿辆,每百户家庭拥有 31 辆,汽车保有量超过百万辆的城市有 40 个,汽车保有量超过 200 万辆的城市有北京、成都、上海、重庆、天津、苏州、郑州、杭州、广州、西安 11 个城市。"十二五"期间,我国汽车年产销量达 2000 万辆。这些数据标志着我国已经成为世界上年产销汽车最大的消费市场。因此,研究汽车电控技术是每一位与汽车技术有关人员必然面临的课题。

第一节 汽车电控技术的应用

汽车已为人类社会发展和国民经济建设做出不可磨灭的贡献。18 世纪 60 年代至 20 世纪 20 年代,聪明的人类利用各种动力先后发明了各种汽车。1769 年,法国人尼古拉·约瑟夫·库格诺(Nicholas Joseph Cugnot)利用蒸汽作为动力发明了蒸汽动力汽车。1881 年法国电气工程师古斯塔夫·特鲁夫(Gustave Trouve)利用电力作为动力发明了电动汽车。1886 年 1 月 29 日(发明专利申请日,1885 年完成汽车样车),在法国工作的德国工程师卡尔·奔驰(Karl Benz)利用内燃机作为动力发明了至今仍广泛使用的汽油发动机汽车。1893 年 2 月 23 日(发明专利申请日,德国专利号 No. 672071885),德国人鲁道夫·狄塞尔(Rudolf Diesel)博士发明了狄塞尔发动机(柴油发动机或柴油机),1924 年第一台狄塞尔发动机载货汽车面世。

汽车技术、建筑技术与环境保护技术是衡量一个国家工业化水平高低的三大标志。汽车技术不仅代表着社会物质生活的发展水平,而且代表着科学技术的发展水平。20 世纪 80 年代以来,提高汽车性能、节约能源和保护环境,主要取决于电子控制技术。汽车电子控制技术已广泛应用于汽油发动机控制、柴油发动机控制、汽车底盘控制、汽车车身控制和汽车故障诊断以及无人驾驶等技术领域。20 世纪 90 年代,电子控制技术在轿车上的应用概况如图 1-1 所示。

当今世界衡量汽车先进水平和档次高低的重要标志主要是汽车品牌、汽车外观和汽车电子化程度。汽车制造商普遍认为:增加汽车电子装置的数量,促进汽车电子化是夺取未来汽车市场的有效手段。汽车设计人员普遍认为:电子技术在汽车上的应用,已经成为汽车设计研究部门考虑汽车结构革新的重要手段。例如:汽油机应用电控喷油技术,能够精确控制空燃比和实现闭环控制,如果再加装三元催化转化器,就可使汽油发动机的有害排放物降低95%以上;柴油机应用高压共轨式电控喷油技术,能够精确控制喷油量和高达 160~200MPa 的喷油压力,不仅能够降低油耗和减少排放,而且还能提高动力性;汽车应用防抱死制动技术,可使其在湿滑或冰雪路面上的事故发生率降低 24%~28%。

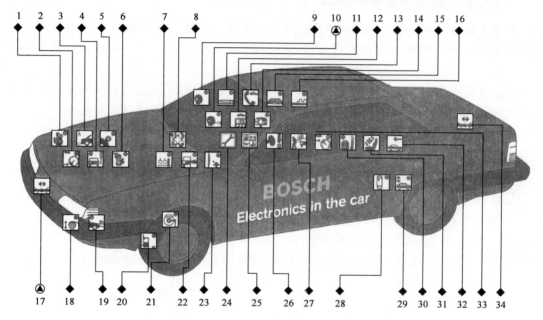

图 1-1 电子控制技术在汽车上的应用概况

1-燃油喷射系统;2-急速控制系统;3-空燃比反馈控制系统;4-发动机故障诊断;5-自动变速;6-微机控制点火;7-加速踏板控制;8-控制器区域网络;9-声音复制;10-声控操作(将来采用);11-音响系统;12-车载计算机;13-车载电话;14-交通控制与通信;15-信息显示;16-线束复用;17-雷达车距控制与报警(将来采用);18-前照灯控制与清洗;19-气体放电车灯;20-轮胎气压控制;21-防抱死与防滑转调节;22-底盘故障诊断;23-刮水器与清洗器控制;24-维修周期显示;25-液面与磨损监控;26-安全气囊与安全带控制;27-车辆保安;28-前/后轮转向控制;29-电子悬架;30-自动空调;31-座椅调节;32-中央门锁;33-巡航控制;34-车距报警

21 世纪以来,国内外轿车已普遍采用发动机电控喷油技术、汽油机电控点火技术、防抱死制动技术和安全气囊技术。在国内生产的中高档轿车上,每辆轿车电子装置的平均成本已占整车成本的 30%~35%,在一些豪华轿车上,电子产品的成本已占整车成本的 50% 以上,并始终保持逐年增加的趋势。

第二节 汽车电控技术的发展

汽车技术的发展主要是汽车电器技术、电子控制技术和车身技术的发展,汽车电子化(即自动化、智能化和网络化)是 21 世纪汽车发展的必由之路。

20 世纪 60 年代以来,随着汽车结构与性能的不断改进和提高,汽车装备的传统电器设备面临着巨大的冲击与挑战。随着电子工业的发展,电子控制技术在汽车上的应用越来越广泛,新型车用电子装置犹如雨后春笋般涌现,特别是大规模集成电路和微电子技术的应用,给汽车控制装置带来了划时代的变革。在解决汽车油耗、排放和安全等问题方面,汽车电子控制技术具有举足轻重的作用。例如:采用电控燃油喷射技术和微机控制点火技术,不仅能够节油5%～10%,而且还能大大提高动力性和排气净化性能;采用电子控制防抱死制动技术,不仅可使汽车在泥泞路面上安全行驶,而且可以在紧急制动时防止车轮抱死滑移,保证汽车安全制动;采用安全气囊技术,每年可以挽救成千上万人的生命。在实现汽车操纵自动化、提高舒适性和通过性等方面,电子控制技术也扮演着重要角色。

一、汽车电控技术发展的动因

汽车电控技术是汽车技术与电子技术结合的产物。近半个世纪以来,汽车电控技术飞速发展的根本动力和原因包括两个方面:一方面是全球能源紧缺、环境保护和交通安全问题,促使汽车油耗法规、排放法规和安全法规的要求不断提高;另一方面是电子技术水平不断提高。汽车油耗法规和排放法规促进了汽车发动机电子控制技术的发展,汽车安全法规促进了汽车底盘和车身电子控制技术的发展。随着汽车油耗法规、排放法规和安全法规要求的不断提高,汽车发动机燃油喷射电子控制系统、防抱死制动系统和安全气囊系统已经成为国内外轿车的标准装备。

二、汽车电控技术的发展趋势

汽车已为人类交通运输做出了不可磨灭的贡献,未来汽车已不仅仅是一个代步工具,而且还具有交通、办公、通信和娱乐等多种功能。毋庸置疑,汽车在造福人类的同时,也带来了能源紧张、环境污染和交通安全等一系列社会问题。就人类目前拥有的科学技术而言,解决这些社会问题的有效途径依然是继续开发利用汽车电控技术、研究新能源汽车技术和开发汽车轻量化技术,这也是我国汽车工业科技的发展战略。

1. 汽车电控技术

汽车电控技术的发展日趋智能化和网络化。其主要研究智能传感器技术、微处理器技术、智能交通技术、光导纤维技术、模块化设计技术、主动安全技术和网络通信技术等。汽车电控技术发展的终极目标是使汽车发展成为能够自动筛选最佳行驶路线的智能汽车。

(1)智能传感器技术。全球汽车传感器市场的年均增长率达20%。智能传感器不仅能够提供汽车的状态信息,而且还能对信号进行放大和处理,对温度漂移、时间漂移和非线性数据进行自动校正,具有较强的抗电磁干扰能力,在恶劣条件下仍能保持较高的测量精度。

(2)微处理器技术。微处理器已广泛用于汽车发动机、底盘、车身和故障诊断控制系统,车载各类控制系统目前使用的微处理器累计已达30～60个。汽车智能化发展的一个重要趋势就是大量使用微处理器,用以改善汽车的整体性能。

(3)智能交通技术。智能交通系统(ITS,Intelligent Traffic System)是将机器视觉、环境感知、卫星定位、信息融合、决策与控制等相关技术相互融合,使汽车自动筛选最佳行驶路线的系统。

(4)光导纤维技术。光导纤维不仅具有柔软性好、易于连接、质量小、成本低、弯曲半径小、数值孔径大、耦合效率高等优点,而且还具有电气绝缘性能好、抗电磁干扰和抗辐射能力强等优异的传输特性。随着光导纤维的成本不断降低和在汽车上的应用量逐年增大,必将大大降低汽车电子控制系统乃至汽车整车的制造成本,减轻整车整备质量,同时还可为汽车轻量化开辟一条新的技术途径。

(5)模块化设计技术。所谓模块化设计,是指为开发具有多种功能的不同产品,不需要对每种产品实施单独设计,而是精心设计出多种模块,将其经过不同方式的组合来构成不同的产品,以解决产品品种、规格、制造周期和成本之间的矛盾。汽车整车电子控制系统的零部件用量越来越大,采用模块化设计技术,能够缩小体积,减小质量,缩短装配工时,提高汽车电子控制系统乃至汽车整车的可靠性。

(6)电压倍增技术。2008年,欧盟国家已经开始实车应用42V电源电压技术。理论与实验证明:在电器负载功率不变的情况下,电源电压提高2倍,负载电流可以减小2/3。因此,提高汽车电源电压,就可大大减小汽车电器或电子控制部件的电流,汽车导线、电缆、电动机、驱动线圈等就可缩短尺寸、减小质量。同理,在负载电流大小不变的情况下,提高汽车电源电压,可以增大汽车电器或电子控制部件的功率,电控螺线管驱动可变气门定时、电控电动转向、电控气动阀机构、飞轮内装起动机/发电机一体式结构、电控电动制动器等就能得以实现,电子控制系统就能驱动大功率执行器来实现自动控制功能。

(7)主动安全技术。汽车最新主动安全系统包括车身动态综合管理系统、速度与车距自动调节系统、车辆碰撞预警系统、红外夜视系统、轮胎压力预警系统和驾驶环境控制系统等。

车身动态综合管理系统(VDIM,Vehicle Dynamics Integrated Management System)将防抱死制动系统(ABS)、电子控制制动力分配系统(EBD)、电子控制辅助制动系统(EBA)、驱动轮防滑转调节系统(ASR)和车身稳定性控制系统(VSC)等控制制动力和驱动力的主动安全系统、电子控制动力转向系统(EPS)和电子调节悬架系统(EMS)等进行综合集成,对车身姿态进行综合控制,使汽车在各种行驶条件下,特别是在转向、制动或打滑时,都能保持方向稳定、行驶安全和乘坐舒适。事实上,VDIM是一个采用智能识别与判断技术来控制车辆行驶稳定性的主动安全体系。

汽车速度与车距自动调节系统是利用安装在车内的雷达探测装置,准确探测汽车行驶过程中的障碍物信息,由发动机控制系统、自动变速系统和防抱死制动系统等自动采取相应控制策略的集成控制系统。当雷达装置探测到障碍物信息时,系统将采取减速避让措施,一旦障碍物消失,就会取消制动并控制节气门开度增大而加速。

车辆碰撞预警系统是一个由前部探测、后部探测和侧部探测装置组成的监控系统,其功能是提醒驾驶人避免车辆发生碰撞。

红外夜视系统是一个利用红外探测技术,能在夜间探测到距车650～750m发热物体(人、动物和有余热的故障车辆等)的监测与报警系统。汽车前照灯一般能够照射到距车前方150m的物体,最远能照射到距车前方300～400m的物体。红外夜视系统的功能与车辆碰撞预警系统相似,主要是提醒驾驶人躲避障碍物。

轮胎压力预警系统是一个集中央轮胎充放气系统为一体的监控与报警系统。该系统利用安装在每一只轮胎中的压力与温度传感器直接监测胎内气压和温度,并用无线射频装置将气压和温度信号发送到驾驶室内的接收器与监控器,再由监控器显示与控制每一只轮胎的气压和温度。该系统可有效避免轮胎温度和气压过高而导致爆胎事故或轮胎漏气导致气压过低而加速磨损,从而使轮胎始终保持在正常气压和温度状态下行驶,延长轮胎使用寿命,降低汽车燃油消耗。

驾驶环境控制系统是一个舒适性控制系统。该系统集自动空调系统于一体,可据驾驶室内外温度、行驶速度、空气流量、气流方向进行换气通风,给驾驶人营造一个舒适的驾驶环境,减轻驾驶疲劳,保证车辆行驶安全。

(8)无人驾驶技术。集自动控制、人工智能、视觉计算等众多技术于一体,是计算机科学、模式识别和智能控制技术高度发展的产物,也是衡量一个国家科研实力和工业水平的一个重要标志,在国防和国民经济领域具有广阔的应用前景。

无人驾驶汽车是通过车载传感系统感知道路环境,自动规划行车路线并控制车辆到达预定目标的智能汽车。利用车载传感器感知车辆周围环境,并根据感知所得的道路、车辆位置和障碍物信息来控制车辆,从而使车辆安全、可靠地在道路上行驶。

2. 新能源汽车技术

新能源汽车技术是指具有新型动力系统或燃用新型燃料的汽车技术。具有新型动力系统的汽车包括纯电动汽车、混合动力汽车、燃料电池汽车等;燃用新型燃料的汽车包括天然气汽车、液化石油气汽车、醇醚类燃料汽车、生物燃料汽车与合成燃料汽车等。

3. 汽车轻量化技术

汽车轻量化技术是指在使用要求和成本控制的前提条件约束下,能够减小汽车自身质量的材料、设计和制造技术。轻量化材料包括高强度材料(高强度钢)和低密度材料(铝、镁、塑料、复合材料等)。众所周知的奥迪A8轿车就是全铝车身的杰出代表,捷豹汽车则是全铝发动机的开路先锋。轻量化设计包括减少汽车零部件数量、优化汽车结构设计,如基于载荷和强度特性的结构设计、底盘与车身结构的拓扑优化设计等。轻量化制造包括激光拼焊、液压成型、热压成型、铝合金半固态成型以及异种材料之间的连接等。汽车综合运用轻量化技术的根本目的是降低燃油消耗,减少尾气的排放量。

第三节　汽车电控系统的组成

汽车电控系统是汽车电子控制系统的简称,是指由传感器、电控单元和执行元件组成的、能够提高整车性能的机电一体化控制系统。

汽车电控系统的主要功能是提高汽车的整体性能,包括动力性、经济性、排放性、安全性、舒适性、操纵性与通过性等。

一、汽车电控系统的基本组成

在同一辆汽车上,配装有若干个电子控制系统。每一个电子控制系统,都能实现不同的控制功能。汽车车型不同、档次不同,采用电子控制系统的多少也不尽相同。但是,汽车上每一个电子控制系统的基本结构都是由传感器(传感元件)与开关信号、电控单元(ECU,Electronic Control Unit)和执行器(执行元件)三部分组成,如图1-2所示,这是汽车电子控制系统的共同特点。

图1-2　汽车电控系统的基本组成

(一) 传感器

传感器是将各种非电量(物理量、化学量、生物量等)按一定规律转换成便于传输和处理的另一种物理量(一般为电量)的装置。

传感器相当于人的眼、耳、鼻、口、舌。在汽车电子控制系统中,传感器的功用是将汽车各部件运行的状态参数(各种非电量信号)转换成电量信号并输送到各种电控单元。

车用传感器安装在汽车上的不同部位。汽车型号和档次不同,装备传感器的多少也不相同。有的汽车只有几只传感器(如发动机控制系统只有6~8只),有的汽车装备有50多只传感器。一般来说,汽车装备传感器越多,其档次就越高。

按检测项目不同,汽车电子控制系统采用的传感器可分为以下几种类型。

(1)流量传感器。如发动机燃油喷射系统采用的翼片式、量芯式、涡流式、热丝式与热膜式空气流量传感器等。

(2)位置传感器。如发动机燃油喷射和微机控制点火系统采用的曲轴位置传感器(又称为发动机转速与曲轴转角传感器)、凸轮轴位置传感器、节气门位置传感器;电子调节悬架系统采用的车身位置(又称为车身高度)传感器;信息显示系统和液面监控系统采用的各种液面位置(或高度)传感器;自动变速系统采用的选挡操纵手柄位置传感器;巡航控制系统采用的加速踏板位置传感器;电子控制动力转向系统采用的转向盘转角传感器等。

(3)压力传感器。如发动机控制系统采用的进气歧管压力传感器、大气压力传感器、排气压力传感器、汽缸压力传感器;自动变速系统采用的燃油压力传感器;发动机爆震控制系统采用的爆震传感器等。

(4)温度传感器。如发动机冷却液温度传感器、进气温度传感器、排气温度传感器、燃油温度传感器;自动变速系统采用的自动变速器油温度传感器;空调控制系统采用的车内温度传感器等。

(5)浓度传感器。如发动机控制系统采用的氧传感器;安全控制系统采用的酒精浓度传感器等。

(6)速度传感器。如防抱死制动系统采用的车轮速度传感器、车身纵向和横向加(减)速度传感器;发动机控制系统采用的转速传感器;发动机、自动变速器以及巡航控制系统采用的车速传感器、变速器输入轴转速传感器以及输出轴转速传感器等。

(7)碰撞传感器。如辅助防护系统采用的滚球式、滚轴式、偏心锤式、压电式和水银式碰撞传感器等。

(二) 电控单元(ECU)

汽车电子控制单元简称电控单元,又称为汽车电子控制器或汽车电子控制组件,俗称"汽车电脑"。

电控单元是以单片微型计算机(即单片机)为核心所组成的电子控制装置,具有强大的数学运算、逻辑判断、数据处理与数据管理等功能。

电控单元是汽车电子控制系统的控制中心,其主要功用是分析处理传感器采集的各种信息,并向受控装置(即执行器或执行元件)发出控制指令。

(三) 执行器

执行器又称为执行元件,是电子控制系统的执行机构。执行器的功用是接收电控单元(ECU)发出的指令,完成具体的执行动作。

汽车电控系统不同,采用执行器的数量和种类也不相同。发动机燃油喷射系统的执行器有电动燃油泵和电磁喷油器;发动机怠速控制系统的执行器是怠速控制阀;燃油蒸气回收系统的执行器是活性炭罐电磁阀;微机控制点火系统的执行器有点火控制器和点火线圈;防抱死制动系统的执行器有两位两通电磁阀或三位三通电磁阀、制动液回液泵电动机;安全气囊系统的执行器是气囊点火器;座椅安全带收紧系统的执行器是收紧器点火器;自动变速系统的执行器有自动传动液液压油泵、换挡电磁阀和锁止电磁阀;汽车巡航控制系统的执行器有巡航控制电动机或巡航控制电磁阀等。

二、汽车发动机电控系统的组成

发动机电子控制系统(EEC 或 EECS, Engine Electronic Control System)又称为发动机管理系统(EMS, Engine Management System),其主要功能是提高汽车的动力性、经济性和排放性能。随着汽车电控技术的发展,世界各大汽车公司或电子技术公司开发研制的发动机电控系统千差万别。控制系统的功能、控制参数和控制精度不同,采用控制部件(传感器、电控单元和执行器)的类型或数量也不尽相同。通过对各种控制部件进行不同的组合,便可组成若干个子控制系统。

大众公司 M 型发动机电子控制系统的组成如图 1-3 所示,结构原理如图 1-4 所示,控制部件安装位置如图 1-5 所示。

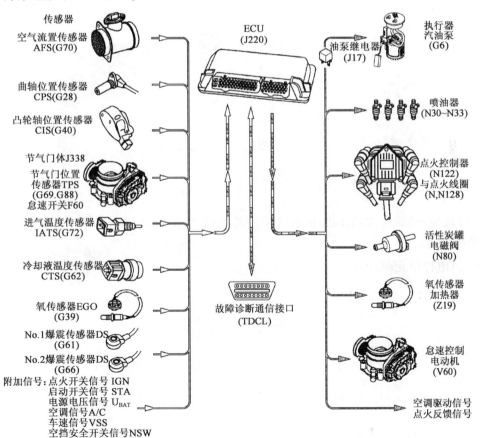

图 1-3　大众公司 M 型轿车发动机电子控制系统的组成
(图中括号内代号 G70、G28 等为原厂维修资料代号)

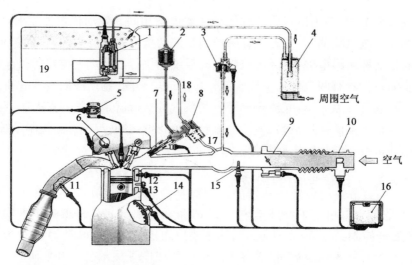

图 1-4　大众公司 M 型发动机电子控制系统结构简图

1-电动燃油泵；2-燃油滤清器；3-活性炭罐电磁阀 N80；4-活性炭罐；5-点火线圈及点火控制器总成 N152；6-霍尔式凸轮轴位置传感器 G40；7-喷油器 N30、N31、N32、N33；8-燃油压力调节器；9-节气门控制组件（节流阀体）J338；10-热膜式空气流量传感器 G70；11-氧传感器 G39；12-冷却液温度传感器 G62；13-1 号爆震传感器 G61 及 2 号爆震传感器 G66；14-发动机转速与曲轴位置传感器 G28；15-进气温度传感器 G72；16-多点喷射电控单元 J220；17-真空管；18-回油管；19-燃油箱

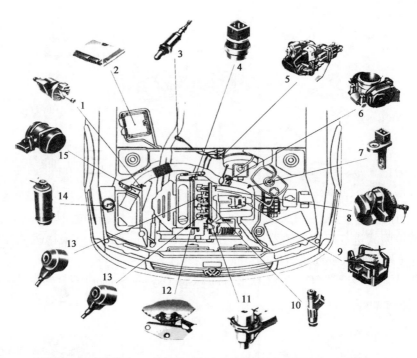

图 1-5　大众公司 M 型轿车发动机电子控制系统控制部件的安装位置

1-活性炭罐电磁阀 N80；2-多点喷射电控单元 J220；3-氧传感器 G39；4-发动机控制用冷却液温度传感器 G62 与组合仪表用冷却液温度传感器 G2；5-传感器线束支架；6-节气门控制组件（节流阀体）J338；7-进气温度传感器 G72；8-发动机转速与曲轴位置传感器 G28；9-点火线圈及点火控制器总成 N152；10-喷油器 N30、N31、N32、N33；11-燃油压力调节器；12-霍尔式凸轮轴位置传感器 G40；13-1 号爆震传感器 G61 及 2 号爆震传感器 G66；14-活性炭罐；15-热膜式空气流量传感器 G70

(一)发动机传感器与开关信号

1. 传感器

大众公司 M 型轿车发动机电控系统采用的传感器有空气流量传感器、曲轴位置传感器、凸轮轴位置传感器、怠速节气门位置传感器和节气门位置传感器(两只传感器与节气门控制组件 J338 制作成一体)、冷却液温度传感器、进气温度传感器、氧传感器、爆震传感器和车速传感器。节气门控制组件 J338 又称为节流阀体,由怠速节气门位置传感器 G88、节气门位置传感器 G69、怠速控制电动机 V60 和怠速开关 F60 组成。怠速节气门位置传感器 G88 安装在节流阀体内并与怠速控制电动机 V60 连接在一起;节气门位置传感器 G69 安装在节气门轴上。两只节气门位置传感器的功用都是检测节气门开度信号并输入电控单元 J220。在 M3.8.2 型发动机电子控制系统中,发动机怠速时的进气量采用了直接控制节气门开度的方式进行控制,所以当发动机在怠速范围内工作时,电控单元 J220 将根据怠速节气门位置传感器 G88 提供的信号调节怠速时的节气门开度;当发动机工作在怠速以外的工况时,电控单元 J220 将根据节气门位置传感器 G69 提供的信号进行控制。

(1)热膜式空气流量传感器(AFS,Air Flow Sensor)安装在发动机空气滤清器与节气门之间的进气道上,直接检测吸入发动机汽缸的进气量,以便计算确定喷油量的大小。

(2)磁感应式曲轴位置传感器(CPS,Crankshaft Position Sensor)安装在发动机缸体侧面,直接检测发动机曲轴的转速和转角,以便控制喷油提前角和点火提前角的大小。

(3)霍尔式凸轮轴位置传感器(CPS,Camshaft Position Sensor)安装在发动机凸轮轴的前端,直接检测第 1 缸活塞相对于压缩行程上止点和排气行程上止点的位置,以便确定开始喷油和开始点火的时刻,又称为汽缸判别传感器(CIS,Cylinder Identification Sensor)。需要特别说明的是,曲轴位置和凸轮轴位置传感器的英文缩写字母均为 CPS,为了便于区分,本书一律采用 CIS 来表示凸轮轴位置传感器。此外,在部分汽车发动机电控系统中,曲轴位置传感器与凸轮轴位置传感器制作成一体,统称为曲轴位置传感器,并用 CPS 表示。

(4)节气门位置传感器(TPS,Throttle Position Sensor)安装在发动机进气道上节气门轴的一端,检测节气门开度(发动机负荷)的大小,如节气门关闭、部分开启和全开。此外,ECU 通过计算节气门位置传感器信号的变化率,便可得到汽车加速或减速信号。

(5)热敏电阻式冷却液温度传感器(CTS,Coolant Temperature Sensor),又称为水温传感器,安装在发动机缸体上,检测发动机水套内冷却液温度,用于修正喷油量和点火提前时间。

(6)热敏电阻式进气温度传感器(IATS,Intake Air Temperature Sensor)安装在发动机进气歧管上,直接检测吸入发动机汽缸的空气温度,用于修正喷油量。

(7)氧化钛式氧传感器(O_2 或 EGO,Exhaust Gas Oxygen Sensor)安装在发动机排气管上距离排气歧管不超过 1 m 的位置,通过检测排气管排出废气中氧离子的含量来反映可燃混合气空燃比的大小,以便修正喷油量并实现空燃比闭环控制。

(8)压电式爆震传感器(EDS,Engine Detonation Sensor),两只传感器均安装在发动机排气管一侧的缸体上,第 1 缸与第 2 缸之间安装一只,第 3 缸与第 4 缸之间安装一只,分别检测各汽缸是否产生爆震现象,以便修正点火提前角并实现点火提前角闭环控制。

(9)舌簧开关式车速传感器(VSS,Vehicle Speed Sensor)安装在变速器输出轴上,检测汽车行驶速度,用于判定汽车的状态,以便实现怠速控制等。

在上述传感器中,空气流量传感器 G70、曲轴位置传感器 G28、凸轮轴位置传感器 G40 和节气门位置传感器 G69 4 种传感器是控制燃油喷射与点火时刻最重要的传感器,其结构性能与工作状况直接影响控制系统的控制精度和控制效果。

发动机电控单元（ECU）除了采集上述传感器的信号之外，还要采集点火起动开关、空调开关、怠速开关 F60、电源电压以及空挡安全开关（对自动变速汽车而言）信号，以便判断汽车运行状态并采取相应的控制措施。

2. 开关信号

在汽车电子控制系统中，不仅采用了传感器信号，而且采用了开关信号。大众公司 M 型轿车发动机电子控制系统采用的开关信号有以下几种。

（1）点火开关信号（IGN，Ignition Switch），当点火开关接通"点火（IG）"挡位时，向电控单元（ECU）输入一个高电平信号。

（2）起动开关信号（STA，Start Switch），当点火开关接通"起动（ST）"挡位时，向电控单元（ECU）输入一个高电平信号。

（3）空调开关信号（A/C，Air Conditioning），当空调开关接通时，向电控单元提供接通空调系统的信号。

（4）电源电压信号 U_{BAT}，向电控单元提供蓄电池端电压信号。

（5）空挡安全开关信号（NSW，Neutral Security Switch），在装备自动变速器的汽车上，用于检测自动变速器的挡位选择开关是否处于空挡位置。

（二）发动机执行器

大众公司 M 型轿车发动机电子控制系统采用的执行器有电动燃油泵、电磁喷油器、怠速控制电动机（在节气门控制组件 J338 内）、活性炭罐电磁阀、点火控制器和点火线圈。

（1）电动燃油泵用于供给发动机电子控制系统规定压力的燃油。

（2）电磁喷油器用于接收 ECU 发出的喷油脉冲信号，计量燃油喷射量。

（3）怠速控制电动机用于调节发动机的怠速转速。控制内容包括两个方面，一方面是在发动机正常怠速运转时稳定怠速转速，防止发动机熄火和降低燃油消耗；另一方面是在发动机怠速运转状态下，当发动机负载增加（如接通空调器、动力转向器或液力变矩器等）时，自动提高怠速转速，防止发动机熄火。

（4）活性炭罐电磁阀用于控制回收发动机内部（曲轴箱、气门室、燃油箱等）的燃油蒸气，减少碳氢化合物的排放量，从而减少排气污染。

（5）点火控制器和点火线圈用于接收电控单元发出的控制指令，适时接通或切断点火线圈初级电流，并产生高压电点着可燃混合气。

汽车发动机电子控制系统是一个综合控制系统，并具有多种控制功能。将发动机电子控制系统的传感器和执行器进行不同的组合，就可组成燃油喷射控制系统、微机控制点火系统、空燃比反馈控制系统、发动机爆震控制系统、超速断油控制系统、减速断油控制系统、清除溢流控制系统、怠速控制系统、燃油蒸气回收系统和故障自诊断系统等，从而实现燃油喷射控制、点火提前闭环控制、空燃比反馈控制、发动机爆震控制、超速断油控制、减速断油控制、清除溢流控制、怠速控制、燃油蒸气回收和故障自诊断等功能。其中，控制燃油喷射和点火是发动机电子控制系统的主要功能，其余均为辅助控制功能。此外，某一控制系统也可能同时具有多种控制功能。例如，电子控制燃油喷射系统能够精确控制喷油量，且喷射的燃油雾化良好、燃烧完全，因此，其不仅能够提高汽车的动力性，而且还能提高汽车的经济性和排放性能。

在汽车电控系统中，发动机电子控制系统的控制部件最多，控制参数最多，控制功能最强,控制过程最复杂。因此,只要熟悉发动机电子控制系统的结构原理与控制过程,掌握该系统的故障诊断与检修方法,其他电子控制系统就能迎刃而解。

第四节　汽车电控系统的分类

汽车电控系统种类繁多、形式各异,分类方法也不相同。一般可按控制系统的控制目标和控制对象进行分类。

一、按控制目标分类

根据控制目标不同,汽车电控系统可分为动力性、经济性与排放性、安全性、舒适性、操纵性和通过性6种类型的控制系统,主要控制项目和控制功能如表1-1所示。其中,经济性与排放性控制系统具有双重功能,既能降低燃油消耗量,又能减小有害物质的排放量。

汽车电控系统的控制目标与控制项目　　　　表1-1

类型	控制目标	系统名称	主要控制项目
汽车电子控制系统	动力性	发动机燃油喷射系统(EFI)	喷油时刻(喷油提前角);喷油量(喷油持续时间);喷油顺序;喷油器;燃油泵
		微机控制点火系统(MCI)	点火时刻(点火提前角);点火导通角
		爆震控制系统(EDCS)	点火提前角
		怠速控制系统(ISCS)	怠速转速
		电子控制自动变速系统(ECT)	发动机输出转矩;液力变矩器锁止时机
		发动机进气控制系统(IACS)	切换进气通路提高充气效率;可变气门定时
		涡轮增压控制系统(ETC)	泄压阀控制;废气涡轮增压器控制
		控制器局域网(CAN)	发动机电控单元(EEC)、自动变速电控单元(ECT ECU)、防抱死制动电控单元(ABS ECU)等
	经济性与排放性	空燃比反馈控制系统(AFC)	空燃比
		断油控制系统(SFIS)	超速断油;减速断油;清除溢流
		电控废气再循环系统(EGR)	排气再循环率
		燃油蒸气回收系统(FECS)	活性炭罐电磁阀控制
	安全性	防抱死制动系统(ABS)	车轮滑移率;车轮制动力
		电子控制制动力分配系统(EBD)	车轮制动力
		电子控制制动辅助系统(EBA)	车轮制动力
		车身稳定性控制系统(VSC)	车轮制动力;车身偏转角度
		驱动轮防滑转调节系统(ASR)	发动机输出转矩;驱动轮制动力;防滑转差速器锁止程度
		安全气囊控制系统(SRS)	气囊点火器点火时机;系统故障报警控制
		座椅安全带收紧系统(SRTS)	安全带收紧器点火时机
		雷达车距报警系统(RPW)	车辆距离;报警;制动
		前照灯光束控制系统(HBAC)	焦距;光线角度
		安全驾驶监控系统	驾驶时间;转向盘状态;驾驶员脑电图、体温和心率

续上表

类型	控制目标	系统名称	主要控制项目
汽车电子控制系统	安全性	防盗报警系统(GATA)	报警;遥控门锁;数字密码点火开关;数字编码门锁;转向盘自锁
		电子仪表系统	汽车状态信息显示与报警
		故障自诊断测试系统(OBD)	故障报警;故障码存储;部件失效保护;故障应急运行
	舒适性	电子调节悬架系统(EMS)	车身高度;悬架刚度;悬架阻力;车身姿态(点头、侧倾、俯仰)
		座椅位置调节系统(SAMS)	向前、向后方向控制;向上、向下高低控制
		自动空调系统(AHVC)	通风;制冷;取暖
		CD音响、DVD播放机	娱乐欣赏
		信息显示系统(IDS)	交通信息;电子地图
		车载电话(CT)	通信联络
		车载计算机(OBC)	车内办公
	操纵性	电子控制动力转向系统(EPS)	助力油压、气压或电动机电流控制
		巡航控制系统(CCS)	恒定车速设定;安全(解除巡航状态)
		中央门锁控制系统(CLCS)	门锁遥控;门锁自锁;玻璃升降
	通过性	驱动防滑控制系统(ASR)	发动机输出转矩;驱动轮制动力;防滑转差速器锁止程度
		中央轮胎充放气系统(CTIS)	轮胎气压
		自动驱动管理系统(ADM)	驱动轮驱动力控制
		差速器锁止控制系统(VDLS)	防滑转差速器锁止程度控制

二、按控制对象分类

根据控制对象不同,汽车电控系统可分为发动机电子控制系统、底盘电子控制系统和车身电子控制系统三大类。

1. 汽车发动机电子控制系统

为了提高汽车的动力性、经济性和排放性能,汽车发动机率先采用了电子控制系统。汽车发动机普遍采用的电子控制系统主要有以下几种。

(1)电子控制发动机燃油喷射系统(EFI,Engine Fuel Injection System)。

(2)微机控制发动机点火系统(MCI,Microcomputer Control Ignition System)。

(3)发动机空燃比反馈控制系统(AFC,Air Fuel Ratio Feedback Control System)。

(4)发动机怠速控制系统(ISCS,Idle Speed Control System)。

(5)发动机断油控制系统(SFIS,Sever Fuel Injection System)。

(6)发动机爆震控制系统(EDCS,Engine Detonation Control System)。

(7)加速踏板控制系统(EAP,Electronic Control Accelerator Pedal System)。

(8)发动机进气控制系统(IACS,Engine Intake Air Control System)。

(9)燃油蒸气回收系统(FECS,Fuel Evaporative Emission Control System)。

(10)电控废气再循环系统(EGR,Electronic Control Exhaust Gas Recirculation System)。

(11)可变气门定时控制系统(VVT-i,Volatile Valve Timing Control System)。

(12)汽车巡航控制系统(CCS,Vehicle Cruise Control System)。

(13)车载故障自诊断系统(OBD,On Board Self-Diagnosis System)。

2. 汽车底盘电子控制系统

在汽车底盘上采用的电子控制系统主要有以下几种。

(1) 电子控制自动变速系统(ECT, Electronic Controlled Automatic Transmission System)。

(2) 电子控制无级变速系统(CVT, Electronic Controlled Continuously Variable Transmission System)。

(3) 电子控制手动—自动一体变速系统(Activematic ECT, Electronic Controlled Activematic Transmission System)。

(4) 防抱死制动系统(ABS, Anti-lock Braking System 或 Anti-Skid Braking System)。

(5) 电子控制制动力分配系统(EBD, Electronic Brakeforce Distributing System)。

(6) 电子控制制动辅助系统(EBA, Electronic Brake Assist System)。

(7) 车身稳定性控制系统(VSC, Vehicle Stability Control)或车身动态稳定性控制系统(DSC, Dynamic Stability Control System)或电子控制稳定性程序(ESP, Electronically Controlled Stability Program)。

(8) 驱动轮防滑转调节系统(ASR, Acceleration Slip Regulation System)或牵引力控制系统(TCS/TRC, Traction Force Control System)。

(9) 电子调节悬架系统(EMS, Electronic Modulated Suspension System)。

(10) 电子控制动力转向系统(EPS, Electronically Controlled Power Steering System)。

(11) 电子控制四轮转向系统(4WS, Electronically Controlled 4-Wheel Steering System)。

(12) 中央轮胎充放气系统(CTIS, Central Tyre Inflate and Deflate System)。

(13) 自动驱动管理系统(ADM, Automatic Drive-train Management System)。

(14) 差速器锁止控制系统(VDLS, Vehicle Differential Lock Control System)。

3. 汽车车身电子控制系统

在汽车车身上采用的电子控制系统主要有以下几种。

(1) 辅助防护安全气囊系统(SRS, Supplemental Restraint System Air Bag)。

(2) 安全带紧急收缩触发系统(SRTS, Seat-Belt Emergency Retracting Triggering System)。

(3) 座椅位置调节系统(SAMS, Seat Adjustment Position Memory System)。

(4) 雷达车距报警系统(RPW, Radar Proximity Warning System)。

(5) 倒车报警系统(RVAS, Reverse Vehicle Alarm System)。

(6) 防盗报警系统(GATA, Guard Against Theft and Alarm System)。

(7) 中央门锁控制系统(CLCS, Central Locking Control System)。

(8) 前照灯控制与清洗系统(HAW, Headlamp Adjustment and Wash System)。

(9) 风窗刮水与清洗控制系统(WWCS, Wash/Wipe Control System)。

(10) 自动采暖通风与空气调节系统(AHVC, Automatic Heating Ventilating Air-Conditioning System)。

(11) 车载局域网(LAN, Local Area Network)。

(12) 车载计算机(OBC, On-Board Computer)。

(13) 车载电话(CT, Car Telephone)。

(14) 交通控制与通信系统(TCIS, Traffic Control and Information System)。

(15) 信息显示系统(IDS, Information Display System)。

(16) 声音复制系统(ESR, Electronic Speech Reproduction System)。

(17) 液面与磨损监控系统(FWMS, Fluids and Wear Parts Monitoring Systems)。

(18) 维修周期显示系统(LSID, Load-Dependent Service Interval Display System)。

一、简答题

1. 为什么要研究开发汽车电控技术？我国汽车科技未来发展战略是什么？

2. 未来汽车电控技术将主要研究与开发哪些新技术？每种电子控制新技术各有什么特点？

3. 汽车电控系统的主要功能是什么？试说出5个以上汽车电控系统的中文和英文名称。

4. 在提高行驶安全性方面，汽车底盘采用了哪些电子控制系统？汽车车身采用了哪些电子控制系统？

5. 根据控制目标不同，汽车电控系统分为哪些类型？根据控制对象不同，汽车电控系统分为哪些类型？

二、选择题

1. 近半个世纪以来，汽车技术的发展主要是汽车(　　)。
  A. 发动机技术
  B. 底盘技术
  C. 电器技术、电子控制技术和车身技术

2. 21世纪以来，汽车发展面临的突出问题是(　　)。
  A. 能源消耗问题
  B. 环境保护问题
  C. 交通安全问题

3. 汽车发动机电控系统的主要功用是提高汽车的(　　)。
  A. 动力性、经济性和排放性
  B. 安全性、操纵性和通过性
  C. 安全性和舒适性

4. 汽车底盘电子控制系统的主要功用是提高汽车的(　　)。
  A. 动力性、经济性和排放性
  B 安全性、操纵性和通过性
  C. 安全性和舒适性

5. 汽车车身电子控制系统的主要功用是提高汽车的(　　)。
  A. 动力性、经济性和排放性
  B. 安全性、操纵性和通过性
  C. 安全性和舒适性

1. 什么是汽车电控技术？汽车采用电子控制技术能够提高哪些性能？

2. 什么是汽车电控系统？汽车发动机采用的电子控制系统主要有哪些？
3. 衡量一个国家工业化水平高低的三大标志是什么？
4. 汽车电控技术的发展趋势是什么？发展目标是什么？
5. 汽车电控技术飞速发展的动力和原因是什么？促进汽车发动机、底盘和车身电子控制技术发展的原因分别是什么？
6. 什么是新能源汽车？哪些汽车属于新能源汽车？
7. 什么是汽车轻量化技术？汽车轻量化的目的是什么？
8. 汽车电控系统的基本结构由哪几部分组成？
9. 汽车电控系统采用的传感器和执行器主要有哪些？
10. 汽车发动机电子控制系统常用传感器和执行器有哪些？

第二章 汽油机电控喷油(EFI)技术

汽油机电控喷油技术简称汽油电喷技术，全称是汽油发动机电子控制燃油喷射技术，是借鉴飞机汽油机喷油技术而诞生，并伴随着汽车油耗法规、排放法规和电子技术的进步而逐步发展到当今水平。因为电子控制燃油喷射式发动机(电控发动机或电喷发动机)具有降低油耗和减少有害物质排放等卓越性能，所以在20世纪末已完全取代了化油器式发动机。

第一节 汽油机电控喷油系统(EFI)的组成

汽车发动机电子控制燃油喷射系统又称为发动机电控喷油系统或燃油喷射系统，英文名称为Engine Fuel Injection System，缩写为EFI。发动机采用电控喷油技术的目的是：降低燃油消耗量和减少有害气体的排放量。

汽车电控发动机燃油喷射系统(EFI)是发动机电子控制系统(EEC，Engine Electronic Control System)的重要组成部分，主要由空气供给系统(供气系统)、燃油供给系统(供油系统)和燃油喷射电子控制系统3个子系统组成。

一、空气供给系统

空气供给系统简称为供气系统。燃油在发动机汽缸内燃烧时，需要一定的空气量。空气供给系统的功用就是向发动机提供混合气燃烧所需的空气，并测量出进入汽缸的空气量。

根据燃油喷射式发动机怠速进气量控制方式的不同，供气系统分为旁通式和直供式两种。北京切诺基(Cherokee)和BJ2020VJ型吉普车采用了旁通式供气系统；桑塔纳2000GSi、3000型轿车，宝来(BORA)，捷达系列轿车和红旗轿车采用了直供式供气系统。

(一)旁通式供气系统

设置有旁通空气道、发动机怠速进气量由怠速控制阀控制的空气供给系统，称为旁通式供给系统，结构如图2-1a)所示，其主要由空气滤清器、空气流量传感器、进气软管、旁通空气道、怠速控制阀、进气歧管、动力腔、节气门位置传感器、进气温度传感器等组成。

当发动机正常工作时，空气通道为：进气口→空气滤清器→空气流量传感器→进气管→节气门→动力腔→进气歧管→发动机进气门→发动机汽缸。

当发动机怠速运转时，空气通道为：进气口→空气滤清器→空气流量传感器→进气管→节气门前端的旁通空气道入口→怠速转速控制阀→节气门后端的旁通空气道出口→动力腔→进气歧管→发动机进气门→发动机汽缸。

(二)直供式供气系统

没有设置旁通空气道、发动机怠速进气量由节气门直接控制的空气供给系统,称为直供式供气系统,结构如图2-1b)所示,主要由空气滤清器、空气流量传感器、进气软管、进气歧管、动力腔、节气门位置传感器、进气温度传感器等组成。

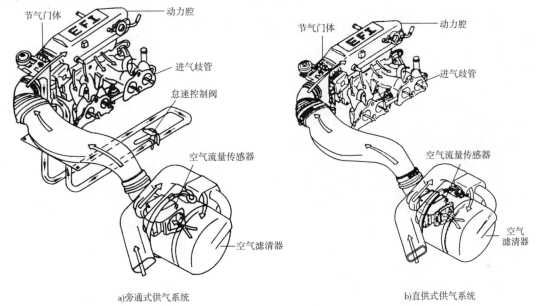

a)旁通式供气系统　　　　　　　　b)直供式供气系统

图 2-1　燃油喷射式发动机供气系统的结构

发动机正常工作和怠速运转时的空气通道完全相同,其空气通道为:进气口→空气滤清器→空气流量传感器→进气软管→节流阀体→动力腔→进气歧管→发动机进气门→汽缸。

空气经滤清器滤清后,经节流阀体流入动力腔,再分配给各缸进气歧管。进入汽缸空气量的多少,由电控单元(ECU)根据安装在进气道上的空气流量传感器检测的进气量信号求得。发动机怠速运转时,大众公司 M 型轿车发动机直接供气系统的标准进气量为 $2.0 \sim 5.0$ g/s。

(三)供气系统的结构特点

燃油喷射式发动机供气系统的显著特点是:进气道较长且设有动力腔(或谐振腔)。其目的是:充分利用空气动力效应,增大进气管的进气量(即增大充气量),提高发动机的动力性(输出转矩)。

空气动力效应是一种十分复杂的物理现象。为了便于说明,可将其视为气流惯性效应与气流压力波动效应共同作用的结果。

气流惯性效应是指在进气管内高速流动的气流在活塞到达进气行程的下止点之后,仍可利用进气气流的惯性继续充气一段时间,从而增加充气量。因为适当增加进气管的长度,能够充分利用气流的惯性效应来增加充气量,所以燃油喷射式发动机都采用了较长的进气管,并将进气歧管设置成具有较大弧度,以便充分利用气流的惯性效应来提高充气量。

气流压力波动效应是指各个汽缸周期性、间歇性地进气而导致进气管内产生一定幅度的气流压力波动。气流压力波动会沿着进气管以音速传播并往复反射。如果进气管的形状有利于压力波反射并产生一定的共振,就能利用共振后的压力波动提高充气量。为此,大多数电喷发动机都在进气管道上设有一个谐振腔,又称为动力腔。

谐振进气系统的优点是没有运动部件,因此,工作可靠且成本低廉。其不足之处在于只能增加特定转速下的进气量和输出转矩。

二、燃油供给系统

燃油供给系统简称供油系统,其功用是向发动机提供混合气燃烧所需的燃油。燃油喷射式发动机供油系统的结构如图 2-2 所示,主要由燃油箱、电动燃油泵、输油管、燃油滤清器、油压调节器、燃油分配管、喷油器和回油管等组成。

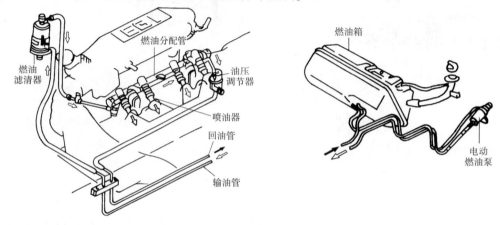

图 2-2 供油系统的结构

发动机工作时,电动燃油泵将燃油从油箱里泵出,先经燃油滤清器过滤,再经油压调节器调节油压,使油路中的油压高于进气管压力 300kPa 左右,最后经燃油分配管分配到各缸喷油器。当喷油器接收到电控单元 ECU 发出的喷油指令时,再将汽油喷射在进气门附近,并与供气系统提供的空气混合形成雾化良好的可燃混合气。当进气门打开时,混合气被吸入汽缸燃烧做功。

进入发动机汽缸的燃油流过的路径为:燃油箱→燃油泵→输油管→燃油滤清器→燃油分配管→喷油器。喷油器将燃油喷射在进气门附近(缸内喷射系统则直接喷入汽缸)。

当燃油泵泵入供油系统的燃油增多、油路中的油压升高时,油压调节器将自动调节燃油压力,保证供给喷油器的油压基本不变。供油系统过剩的燃油由回油管流回油箱,回油路径为:燃油箱→燃油泵→输油管→燃油滤清器→燃油分配管→油压调节器→回油管→油箱。

在早期设计生产的发动机电控喷油系统中,设计有冷起动喷油器来增加冷车起动时的喷油量,用以改善发动机的低温起动性能。20 世纪 90 年代以后,去掉了冷起动喷油器,当冷车起动时,利用冷起动软件程序增大喷油量来改善低温起动性能。利用软件替代硬件是汽车电控系统的发展趋势。

三、燃油喷射电子控制系统

燃油喷射电子控制系统由传感器、ECU 和执行器三部分组成,典型轿车发动机燃油喷射电子控制系统的组成如图 2-3 所示。

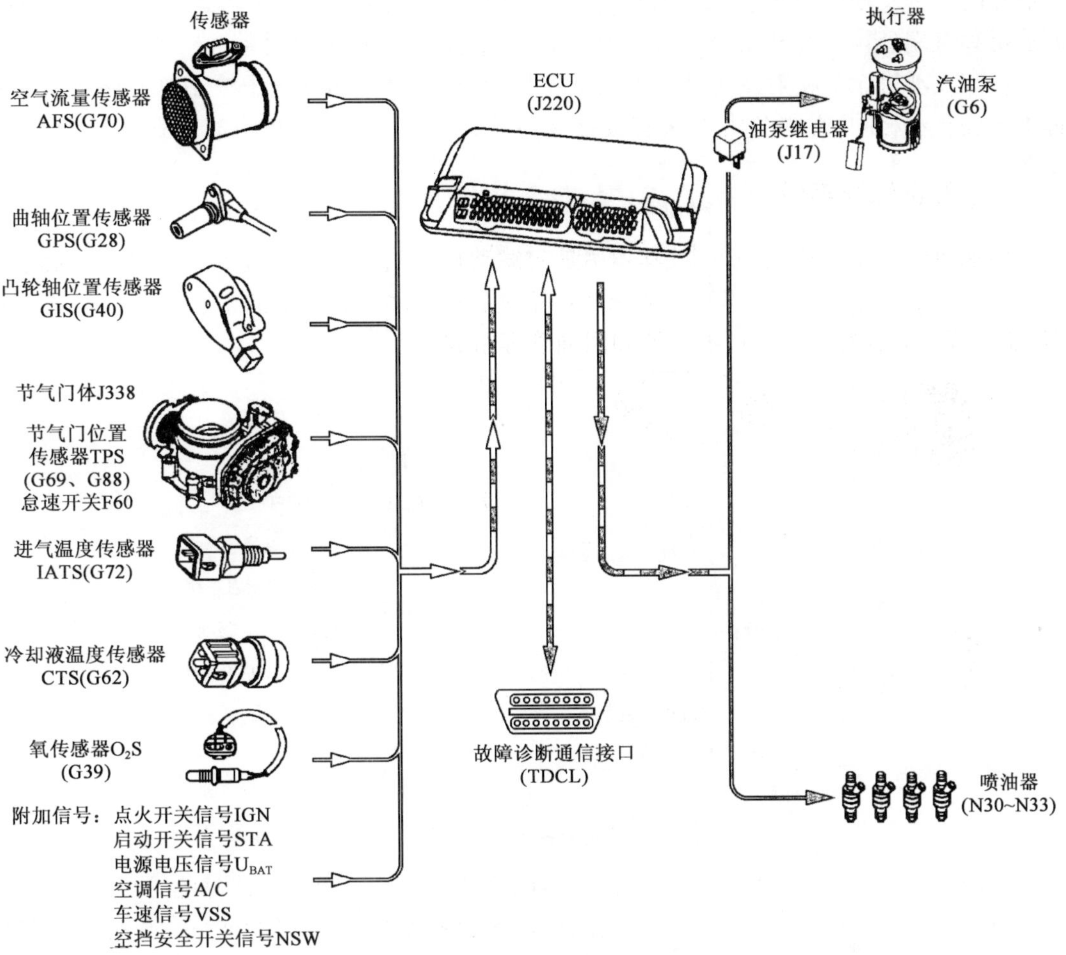

图 2-3 典型轿车发动机燃油喷射电子控制系统组成

发动机燃油喷射电子控制系统采用的传感器主要有空气流量传感器(或歧管压力传感器)、曲轴位置传感器、凸轮轴位置传感器、节气门位置传感器、冷却液温度传感器、进气温度传感器、氧传感器和车速传感器；开关信号主要有点火开关信号、起动开关信号、电源电压信号；执行器主要有电动燃油泵和电磁喷油器等。将这些传感器和执行器进行不同组合，即可组成若干个子控制系统，如喷油控制系统、断油控制系统和空燃比反馈控制系统等。

在燃油喷射电子控制系统的控制部件中，空气流量传感器(或歧管压力传感器)、曲轴位置传感器、凸轮轴位置传感器和节气门位置传感器是决定控制系统档次的 4 种传感器，其信号是计算确定和控制燃油喷射量必不可少的信号。冷却液温度传感器、进气温度传感器、氧传感器、车速传感器的信号以及各种开关信号主要用于判定发动机运行状态，修正燃油喷射量，提高系统的控制精度。

第二节 汽油机电控喷油系统(EFI)的分类

20 世纪 60 年代以来，美国、德国和日本等工业发达国家相继开发研制了多种类型、档次各异的汽车发动机控制系统。20世纪90年代以后,国内一汽大众集团公司、上海大众集团公司和奇瑞公司等也开发研制了多种类型的汽车发动机燃油喷射系统。

汽车发动机燃油喷射技术经历了机械控制、机电结合控制和电子控制等发展过程。其分类方法各不相同,常用分类方法有按控制方式、燃油喷射部位和喷油方式进行分类,如图2-4所示。

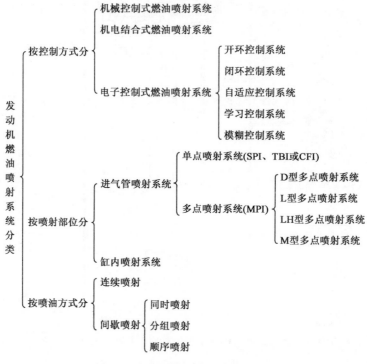

图2-4 发动机燃油喷射系统分类方法

一、按喷油控制方式分类

按控制方式不同,发动机燃油喷射系统可分为机械控制式燃油喷射系统、机电结合式燃油喷射系统和电子控制式燃油喷射系统3种类型。

机械控制式燃油喷射系统是指利用机械机构实现燃油连续喷射的机械控制系统。早期(1967~1982年)奔驰(Benz)、奥迪(Audi)轿车采用的K型汽油喷射系统K-Jetronic即为机械控制式燃油喷射系统。喷油器将汽油喷射在进气门附近,喷油压力为360kPa。

机电结合式燃油喷射系统是指由机械机构与电子控制装置结合实现燃油喷射的系统,主要是指1993年以前奔驰和奥迪轿车装备的、在K型机械控制系统基础上改进而成的KE型汽油喷射系统KE-Jetronic。KE-Jetronic仍为连续喷射系统,喷油器将汽油喷射在进气门附近,喷油压力为430~460kPa。

电子控制式燃油喷射系统是指由电控单元(ECU)根据各种传感器信号,经过数学计算和逻辑判断处理后,直接控制执行器(喷油器)喷射燃油的系统,如图2-5所示。

随着汽车电子技术的飞速发展,到20世纪90年代末期,机械控制式和机电结合式燃油喷射系统已经退出历史舞台,汽车普遍装备电控喷油系统。进入21世纪后,国产桑塔纳2000GSi、宝来(BORA)、捷达AT、GTX、天津夏利2000、威乐(Vela)、威驰(VIOS)、锐志

（REIZ）、天津一汽丰田皇冠（CROWN）等轿车以及北京切诺基 BJ2021 和 BJ2020VJ 型吉普车都装备了以单片微型计算机为控制核心的电子控制式燃油喷射系统。

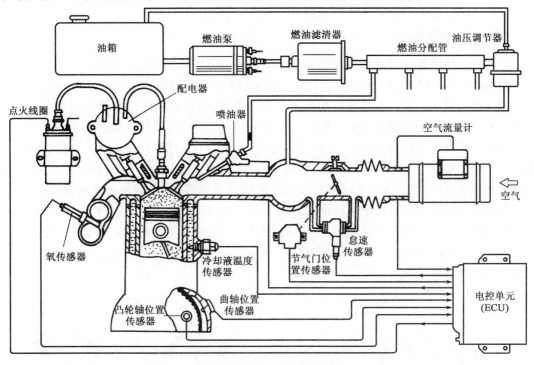

图 2-5　电子控制式燃油喷射系统

电子控制式燃油喷射系统又称为电控喷油系统,其显著特点是:发动机供油系统供给一定压力的燃油(一般高于进气歧管压力 300kPa),燃油由喷油器喷入进气门附近(多点喷射)或节气门附近(单点喷射)的进气管内或直接喷入汽缸内与空气混合,喷油器受电控单元(ECU)控制,ECU 通过控制每次喷油持续时间的长短来控制喷油量。喷油持续时间一般为 2～12ms,喷油持续时间越长,喷油量就越大。

空气流量计(空气流量传感器)检测进气量并转变为电信号输入 ECU,曲轴位置传感器检测曲轴转速和转角并转变为电信号输入 ECU 用以计算发动机转速,ECU 根据进气量信号和转速信号计算基本喷油量,再根据冷却液温度传感器和其他传感器信号对基本喷油量进行修正,并确定实际喷油量。除此之外,ECU 还要根据节气门位置传感器信号,在发动机不同工况下按不同的控制模式来控制喷油量。在节气门关闭、发动机处于怠速工况时,ECU 将增加喷油持续时间,提供较浓的混合气,保证发动机怠速稳定;在节气门中小开度、发动机处于部分负荷工况时,ECU 将控制提供经济空燃比的稀混合气,以便节约燃油和降低排放;在节气门接近全开或全开、发动机处于大负荷或满负荷工况时,ECU 将控制提供较浓的功率空燃比混合气,保证发动机具有良好的动力性。

根据控制方式不同,电子控制式燃油喷射系统可分为开环控制系统、闭环控制系统、自适应控制系统、学习控制系统和模糊控制系统等。

二、按喷油器喷油部位分类

按喷油器喷射燃油的部位不同,发动机燃油喷射系统可分为缸内喷射系统和进气管喷射(即缸外喷射)系统两种类型。进气管喷射系统又可分为单点喷射(SPI、TBI 或 CFI)和多点喷射(MPI)两种类型。多点喷射系统按进气量的检测方式不同,又可分为压力型(D 型)和流量型(L 型)燃油喷射系统两种类型。

(一)缸内喷射系统

缸内喷射是燃料分层喷射(FSI,Fuel Stratified Injection)的简称,是指喷油器将燃油直接喷射到汽缸内部的喷射,如图 2-6a)所示。缸内直喷技术是柴油机分层燃烧技术衍生而来的汽油喷射新技术。缸内直喷系统均为多点喷射系统,这种喷射系统将喷油器安装在火花塞附近的汽缸盖上,并以较高的燃油压力(10MPa 左右)将燃油直接喷入汽缸燃烧。因为汽油黏度低而喷射压力较高,且缸内工作条件恶劣(温度高、压力高),所以对喷油器的技术条件和加工精度要求较高。试验证明:缸内喷射的优越性在于喷油压力高、燃油雾化好,并能实现稀薄混合气(空燃比 40∶1)燃烧。因此,能够显著降低油耗,减少排放和提高动力性。缸内直喷技术是汽油机电控喷油技术的发展方向,国内外汽车都已采用缸内直喷技术,如奔驰 E200、E300L,宝马 X6 系列、宝马 7 系列,速腾(SAGITAR)1.4L TSI 和 1.8L TSI,迈腾(MAGOTAN)、辉腾(PHAETON)、奥迪(Audi)RS4、R8、丰田雷克萨斯(Lexus)GS300 等轿车都已装备缸内直喷系统。

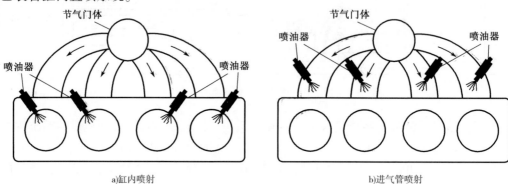

图 2-6 喷油器喷油位置示意图

(二)进气管(缸外)喷射系统

进气管喷射又称为缸外喷射,是指喷油器将燃油喷射在节气门或进气门附近进气管内的喷射系统,如图 2-6b)所示。与缸内喷射相比,进气管喷射系统对发动机机体的改动量较小,喷油器不受燃烧高温、高压的直接影响,设计喷油器时受到的制约较少,且喷油器工作条件大大改善。国产桑塔纳、宝来、捷达、奥迪、红旗、广州本田、海南马自达、天津夏利、威乐、威驰、丰田、北京现代等系列轿车都采用了进气管喷射系统。

1. 单点燃油喷射系统(SPFI 或 SPI)

单点燃油喷射系统(SPFI 或 SPI,Single Point Fuel Injection System)是指在多缸发动机节气门的上方,安装一只或并列安装两只喷油器同时喷油的燃油喷射系统,如图 2-7a)所示。

在单点燃油喷射系统中,燃油喷射在节气门上方的进气管中与进气气流混合形成可燃混合气,通过进气歧管分配到各个汽缸。因为喷油器安装在节流阀体(即节气门体)中央集中喷射燃油,所以又称为节流阀体喷射系统(TBI,Throttle Body Injection System)或集中喷射系统(CFI,Concentrate Fuel Injection System),如美国通用(General)汽车公司的 TBI 系统、福特(Ford)汽车公司的 CFI 系统以及德国博世(Bosch)公司的 Mono – Motronic 系统等。

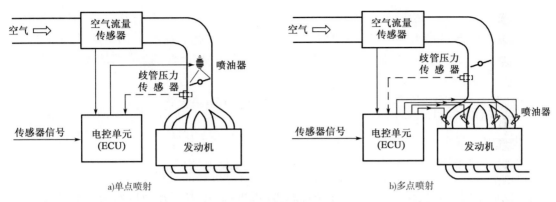

图 2-7 喷油器安装部位示意图

单点喷射系统的工作原理与多点喷射系统相似,也是由电控单元根据空气流量传感器、曲轴位置传感器、节气门位置传感器、冷却液温度传感器等检测的发动机工况信号计算喷油时间,在发动机每个汽缸进气行程开始之前喷油一次,喷油量由每次喷油持续时间的长短来控制,喷射所需的压力燃油由电动燃油泵提供。由于单点喷射系统的喷油器距离进气门较远,喷入进气管的燃油具有足够的时间与进气气流混合形成均匀的可燃混合气,因此,对燃油雾化质量的要求不高,可以采用较低的喷油压力(一般为100kPa,早期高尔夫轿车 SPI 系统急速时的燃油压力为 80~120kPa)。这样可以降低对电动燃油泵、燃油滤清器等供油系统零部件的要求,从而降低系统的制造成本。

2. 多点燃油喷射系统(MPFI 或 MPI,Multi-Point Fuel Injection System)

多点燃油喷射系统是指在发动机每个汽缸都安装一只喷油器的燃油喷射系统,如图 2-7b)所示。缸内喷射系统的喷油器安装在汽缸盖上,缸外喷射系统的喷油器安装在进气门前方。

根据进气量的检测方式不同,多点燃油喷射系统又分为压力型(即 D 型)和流量型(即 L 型)燃油喷射系统两种类型。其中,D 和 L 分别来源于德文的 Druck(压力)和 Luftmengen(空气流量)。

(1) D 型燃油喷射系统。D 型燃油喷射系统的显著特点是:利用压力传感器检测进气歧管内的压力来测量进气量。D 型喷油系统是最早应用在汽车上的发动机电子控制燃油喷射系统,于 1967 年由德国博世(Bosch)公司根据美国本迪克斯(Bendix)公司的专利技术研制而成,应用在当时的大众 VW1600 型和奔驰 280SE 型轿车上。国产桑塔纳 GLi、2000GLi 型、天津夏利 2000 型、威乐(Vela)、威驰(VIOS)、东风雪铁龙爱丽舍(Elysee)、吉利自由舰等轿车和切诺基 BJ2021 型、北京 2020VJ 型吉普车均采用 D 型多点燃油喷射系统,但其控制系统较传统的博世 D 型燃油喷射系统已有较大改进。如博世 D 型喷射系统空燃比和点火提前角采用开环控制,上述轿车的空燃比和点火提前角都采用闭环控制。

(2) L 型燃油喷射系统。L 型由 D 型多点燃油喷射系统改进设计而成,其显著特点是:用空气流量传感器取代 D 型电控喷油系统的压力传感器来直接测量进气量,从而提高了喷油量的控制精度。典型的 L 型燃油喷射系统有博世(Bosch)公司研制的 L-Jetronic、LH-Jetronic 和 Motronic 电控喷油系统。LH-Jetronic 和 Motronic 系统是在 L-Jetronic 系统的基础上,改进而成的多点燃油喷射系统。

L-Jetronic 燃油喷射系统的显著特点是:采用翼片式空气流量传感器来检测进气量。

丰田大霸王(子弹头 PREVIA)小客车、丰田凯美瑞(CAMRY)轿车与马自达 MPV 多用途汽车都采用过改进型 L-Jetronic 燃油喷射系统,空燃比和点火提前角都采用了闭环控制。由于翼片式空气流量传感器测量空气量的部件容易磨损,因此,这种燃油喷射系统已很少采用。

LH-Jetronic(LH 型)燃油喷射系统的显著特点是:采用热丝式空气流量传感器来检测进气量,如图 2-8 所示。热丝式空气流量传感器没有运动部件,进气量用电子电路检测,所以具有进气阻力减小、检测精度提高等优点。同时还采用了大规模集成电路组成电控单元,运算速度提高,控制范围扩大,控制功能增强。装备 LH 型电控燃油喷射系统的车型很多,如别克(BUICK)世纪(CENTURY)、凌志(LEXUS)LS400、尼桑风度(CEFIRO)、尼桑千里马(MAXIMA)、马自达 626 和 1991 年后出厂的奔驰 600SE 型轿车等。

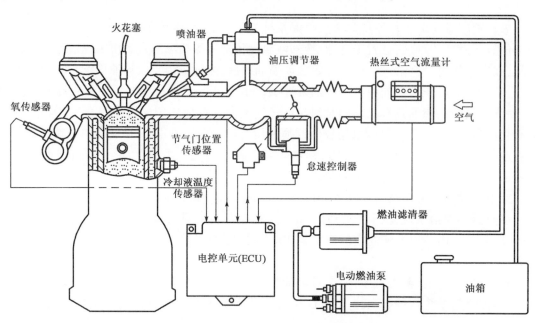

图 2-8　博世 LH-Jetronic 电控多点燃油喷射系统

Motronic(M 型)燃油喷射系统的显著特点是:将点火提前角控制和喷油时间控制组合在一个电控单元中进行控制。Motronic 系统的 ECU 采用数字式单片机,集成电路采用大规模集成电路,具有结构简单、体积小、控制精度高、响应速度快、控制功能强等优点。因为组合控制点火与喷油,所以在发动机起动、怠速、加减速、全负荷等工况下,不仅能够自动调节喷油量,而且还能自动控制点火提前角,实现喷油量与点火提前角最佳匹配控制,使发动机的起动性能、加速性能、怠速稳定性、动力性、经济性以及排放效果得以大大提高。

三、按喷油器喷油方式分类

按喷油方式不同,燃油喷射系统可分为连续喷射和间歇喷射两大类。

(一)连续喷射系统

连续喷射系统是指在发动机运转期间,喷油器连续不断地喷射燃油的控制系统。连续喷射方式主要用于机械控制式、机电结合式和单点喷射系统,如博世公司的 K 型和 KE 型喷射系统,其喷油量的大小取决于燃油分配器中燃油计量槽开度的大小和喷油器进出油口之间燃油的压差。连续喷油技术的控制精度很低,20世纪90年代末已被淘汰。

(二)间歇喷射系统

间歇喷射系统是指在发动机运转期间,喷油器间歇喷射燃油的控制系统。目前,绝大多数电子控制燃油喷射系统都属于间歇喷射系统,其喷油量大小取决于喷油器阀门的开启时间(即由ECU决定的喷油脉冲宽度)。间歇喷射系统根据喷射时序不同,又可分为同时喷射、分组喷射和顺序喷射,如图2-9所示。

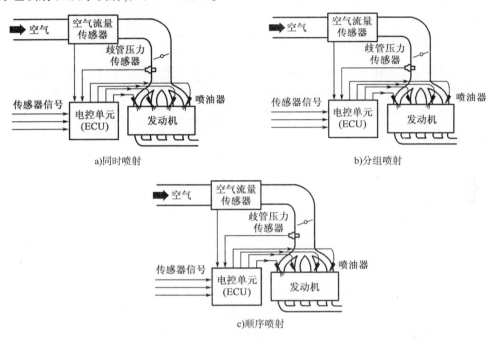

图2-9 喷油器的喷射时序

(1)同时喷射。同时喷射是指在发动机运转期间,由ECU的同一个指令控制所有喷油器同时开启或同时关闭的喷油方式,如图2-9a)所示。采用此种喷射方式的有丰田海艾斯(HIACE)小客车用2RZ-E型发动机。此外,当采用分组喷射或顺序喷射的燃油喷射系统发生故障,控制系统处于应急状态运行时,ECU将自动转换为同时喷射,其目的是供给充足的燃油维持发动机运转,以便将汽车开回家或行驶到维修厂修理。

(2)分组喷射。分组喷射是将喷油器分组,由ECU分别发出喷油指令控制各组喷油器喷油的控制方式,如图2-9b)所示,同一组喷油器同时喷油。部分中、低档轿车采用了分组喷射方式,如丰田皇冠(CROWN)3.0、尼桑千里马(MAXIMA)等轿车。

(3)顺序喷射。顺序喷射又称为次序喷射,是指在发动机运转期间,由ECU控制喷油器按进气行程的顺序轮流喷油的控制方式,如图2-9c)所示。喷油正时由ECU根据凸轮轴位置传感器提供的信号判定出第1缸活塞位置,在第1缸活塞到达进气行程上止点前一定角度时,ECU发出喷油脉冲信号控制第1缸喷油器喷射燃油。第1缸喷油器喷油之后,ECU根据汽缸点火顺序,轮流控制其他汽缸的喷油器在其活塞到达进气行程上止点前一定角度时喷射燃油,从而实现顺序喷射。20世纪90年代以后开发研制的燃油喷射系统基本上都采用顺序喷射。

第三节　电控喷油系统传感器的结构原理

车用传感器是将各种非电量(空气流量、油液温度和压力、转速与转角、位置和位移等)按一定规律转换为电量的装置。电控喷油系统采用的传感器有空气流量传感器(或歧管压力传感器)、曲轴位置传感器、凸轮轴位置传感器、节气门位置传感器、冷却液温度传感器、进气温度传感器、氧传感器和车速传感器；开关信号主要有点火开关信号、起动开关信号、电源电压信号等。

一、空气流量传感器

空气流量传感器(AFS,Air Flow Sensor)又称为空气流量计(AFM,Air Flow Meter),是进气歧管空气流量传感器(MAFS,Manifold Air Flow Sensor)的简称,其功用是检测发动机进气量的大小,并将空气流量信息转换成电信号输入电控单元(ECU),以供ECU计算确定喷油时间(即喷油量)和点火时间(即点火提前角)。进气量信号是ECU计算喷油时间和点火时间的主要依据。

(一)空气流量传感器分类

根据检测进气量方式的不同,空气流量传感器分为D型(压力型)和L型(空气流量型)两种类型。

D型来源于德文Druck(压力)的第一个字母。D型传感器是利用压力传感器检测进气歧管内绝对压力,间接测量发动机的进气量。传感器可安装在汽车上的任何部位,只需用导压管将进气歧管内的进气压力引入传感器即可。装备D型流量传感器的系统称为D型燃油喷射系统,电控系统利用该绝对压力和发动机转速来计算吸入汽缸的空气量,故又称为速度—密度型燃油喷射控制系统。由于空气在进气歧管内流动时会产生压力波动,发动机怠速(节气门关闭)时的进气量与汽车加速(节气门全开)时的进气量之差可达40倍以上,进气气流的最大流速可达80m/s。因此,D型燃油喷射系统的测量精度不高,但系统成本较低,适合于低档轿车采用。

L型来源于德文Luftmengen(空气流量)的第一个字母,是利用流量传感器直接测量吸入进气管的空气流量。因为采用直接测量法,所以进气量的测量精度较高,控制效果优于D型燃油喷射系统。汽车采用的L型流量传感器分为体积流量型(如翼片式、量芯式、涡流式)和质量流量型(如热丝式和热膜式)传感器。质量流量型传感器内部没有运动部件,气流流动阻力很小,工作性能稳定,测量精度较高,但成本较高。热膜式流量传感器的使用寿命远远长于热丝式流量传感器,其安装在空气滤清器与进气管之间。

在上述传感器中,D型、涡流式和热膜式流量传感器目前采用较多,故本书主要介绍这几种传感器。

(二)涡流式空气流量传感器

涡流式空气流量传感器是根据卡尔曼涡流理论,利用超声波或光电信号检测旋涡频率来测量空气流量的一种传感器。根据检测旋涡频率的方式不同,汽车用涡流式流量传感器分为超声波检测式和光电检测式两种。如丰田雷克萨斯LS400型、皇冠3.0型轿车采用了光电检测涡流式流量传感器,三菱(Mitsubishi)吉普车、长风猎豹(Cheetah)吉普车和现代

(Hyundai)轿车采用了超声波检测涡流式流量传感器。

1. 涡流式流量传感器的测量原理

众所周知,当野外架空的电线被风吹动时,就会发出"嗡、嗡"的响声,风速越快,声音频率越高,这是气流流过电线后形成旋涡(即涡流)所致。液体、气体等流体均会发生这种现象。在流体中放置一个柱状物体(称为涡流发生器)后,在其下游流体中就会形成两列平行状旋涡,且左右交替出现,如图2-10所示。因此,根据旋涡出现的频率,就可测量出流体的流量。由于旋涡与街道两旁的路灯类似,故称其为"涡街"。因为这种现象首先被卡尔曼发现,所以称为卡尔曼涡街或卡尔曼涡流。

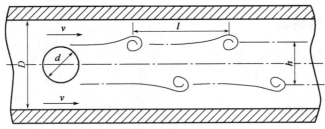

图 2-10　卡尔曼涡流的产生原理

设两列平行涡流之间的距离为 h,同一列涡流中先后产生的两个旋涡之间的距离为 l,当比值 h/l 为 0.281 时,产生的涡流是稳定的,并且是周期性的。根据卡尔曼涡流理论,单侧涡流产生的频率 f 与流体流速 v 之间具有如下关系:

$$f = S_t \frac{v}{d}$$

式中:v——涡流发生器两侧流体的流速,m/s;

d——涡流发生器迎流面的最大宽度,m;

S_t——斯特罗巴尔系数(圆柱形柱体 $S_t = 0.21$,三角形柱体 $S_t = 0.16$,长方形柱体 $S_t = 0.12$,矩形柱体 $S_t = 0.17$)。

当流体管道的直径为 D 时,流体的体积流量 Q_A 为:

$$Q_A = \frac{\pi}{4}D^2 v_1 = \frac{\pi}{4}D^2 \frac{dS_1}{S_t S} f = Cf$$

式中:v_1——管道内流体的平均流速,m/s;

S_1——涡流发生器两侧的流通面积,m²;

S——管道内总流通面积,m²;

C——系数,$C = \pi d S_1 D^2 / (4 S_t S)$,当管道与涡流发生器尺寸确定后,$C$ 为常数。

由此可见,通过测量涡流的频率 f,即可计算流体的体积流量。

卡尔曼旋涡是一种物理现象,涡流的测量精度由空气通道面积与涡流发生器的尺寸决定,与检测方法无关。涡流式传感器的输出信号是与旋涡频率对应的脉冲数字信号,其响应速度是汽车常用几种空气流量传感器中最快的一种,几乎能同步反映空气流速的变化,因此,特别适用于数字式计算机处理。除此之外,还具有测量精度高、进气阻力小、无磨损(无运动部件)等优点,长期使用时,性能不会发生变化。其缺点,一是制造成本较高,因此只有少数中高档轿车采用;二是检测的流量为体积流量,需要对空气温度和大气压进行修正。

2. 光电检测涡流式空气流量传感器的结构原理

1）传感器的结构特点

丰田雷克萨斯 LS400 和皇冠 3.0 型轿车装备的光电检测涡流式流量传感器的结构如图 2-11 所示,主要由涡流发生器、发光二极管（LED）、光敏三极管、反光镜、张紧带、集成控制电路和进气温度传感器组成。

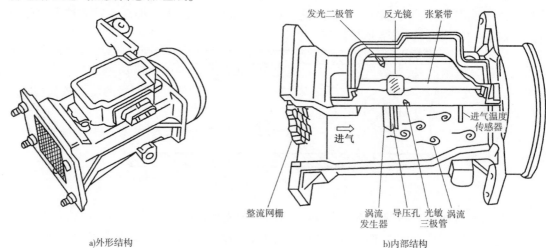

图 2-11 光电检测涡流式流量传感器的结构

在传感器气流入口处设有蜂窝状整流网栅,其作用是使吸入的空气在涡流发生器上游形成比较稳定的气流,从而保证涡流发生器产生与流速成正比的旋涡。涡流发生器用合成树脂与厚膜集成电路封装成一体,内部结构如图 2-12 所示。

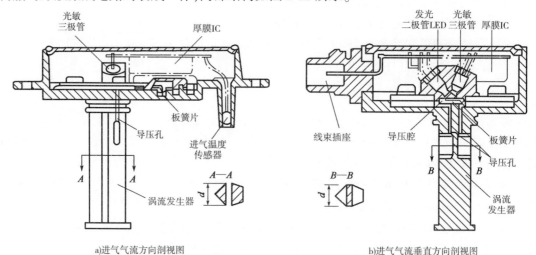

图 2-12 光电检测涡流式传感器剖视图

涡流发生器的形状如剖面 $A—A$ 所示,前面为三角形,中间为稳流槽,后面为梯形。实验证明,在比值 h/l 为 0.281 的条件下,无论柱状物体为圆柱形或三角形,还是长方形或矩形,都能周期性地产生稳定的卡尔曼旋涡。在涡流发生器上设有一个稳流槽和两个导压孔,如剖面 $A—A$ 和 $B—B$ 所示。稳流槽使涡流发生器下游产生稳定的涡流,导压孔将涡流发生器两侧的压力引导到导压腔中。反光镜采用反光能力较强的金属箔片制成,并用细薄的张紧带张紧在导压腔的外表面上,镜面上部设有一只发光二极管(LED)和一只光敏三极管,发光二极管发出的光束由反光镜反射到光敏三极管上。板簧片设在导压腔内,并紧贴张紧带,其作用是给张紧带施加适当的预紧力,防止张紧带和反光镜振幅过大而变形损坏。涡流频率的检测任务由发光二极管、反光镜和光敏三极管完成,传感器内部的信号处理电路将频率信号转换成数字信号(方波信号)后,再输入电控单元(ECU)进行运算处理。涡流式流量传感器检测的是进气气流的体积流量,为了避免环境温度变化给流量检测带来误差,因此,采用了进气温度传感器进行修正。

2)传感器的检测原理

当进气气流流过涡流发生器时,发生器两侧就会交替产生涡流,两侧的压力就会交替发生变化。进气量越大,旋涡数量越多,压力变化频率就越高。导压孔将变化的压力引入导压腔中,张紧带就会随着压力变化而产生振动,振动频率与单位时间内产生的旋涡数量(即涡流频率f)成正比。在张紧带振动时,其上的反光镜便将LED的光束反射到光敏三极管上,因为光敏三极管受到光束照射时导通,不受光束照射时截止,所以光敏三极管导通与截止的频率与涡流频率成正比。信号处理电路将频率信号转换成方波信号输入ECU之后,ECU便可计算出进气流量的大小。利用发动机故障诊断测试系统在丰田皇冠3.0型轿车上实测光电检测涡流式空气流量传感器的输出信号周期值如表2-1所示。可见,发动机转速越高,吸入汽缸的进气量越大,产生涡流的频率就越高。

皇冠3.0型轿车光电检测涡流式空气流量传感器输出信号　　　表2-1

发动机转速(r/min)	700(怠速)	1000	2000	3000	4000	5000	6000
信号周期(ms)	35.445	23.970	13.770	7.650	4.59	3.825	2.295
信号频率(Hz)	28	42	72	130	218	261	436

3. 超声波检测涡流式流量传感器的结构原理

1)传感器的结构特点

超声波检测涡流式流量传感器的结构如图2-13所示,其主要由涡流发生器、超声波发生器、超声波接收器、集成控制电路、进气温度传感器和大气压力传感器等组成。

超声波检测流量式传感器设有主空气道和旁通空气道,涡流发生器设在主空气道上。设置旁通空气道的目的是调节主空气道的空气流量。因此,对于排气量不同的发动机,通过改变旁通空气道截面积的大小,就可使用同一规格的流量传感器来满足流量检测的要求。涡流发生器由三角形柱体和若干块涡流稳定板组成,涡流稳定板能使其下游产生稳定的涡流。在涡流发生器的两侧设有超声波发生器和接收器,超声波发生器用于产生和发射超声波信号,超声波接收器用于接收超声波信号。在主空气道的内壁上,粘贴有吸音材料,防止超声波出现不规则反射现象而影响正常检测。在空气入口设有整流网栅,其作用使吸入空气在涡流发生器上游形成稳定的气流,从而保证产生稳定涡流。集成控制电路对信号进行整形处理后向ECU输入方波信号,以便ECU运算处理。进气温度和大气压力传感器信号用于修正进气量。

2)传感器的检测原理

流量检测原理电路如图2-14所示。超声波是指频率超过人能听到的最高频率(20kHz)的机械波。当发动机运转时,超声波发生器发出的超声波通过发射器不断向接收器发出一定频率(40kHz)的超声波。当超声波通过进气气流到达接收器时,由于受到气流移动速度及压力变化的影响,因此,从接收器接收到的超声波信号的相位(时间间隔)以及相位差(时间间隔之差)就会发生变化,控制电路根据相位或相位差的变化情况就可计量出涡流的频率。涡流频率信号输入 ECU 后,ECU 就可计算出进气量。

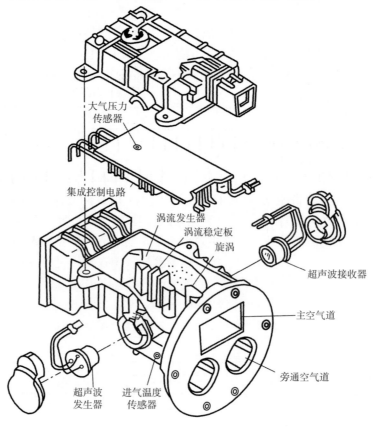

图 2-13　超声波检测涡流式流量传感器的结构

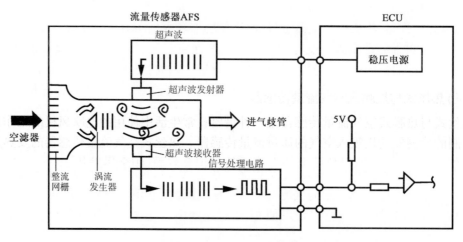

图 2-14　超声波检测涡流式流量传感器原理电路

在日常生活中,常常会遇到这种现象:当顺着风向喊人时,对方很容易听到;而逆风向喊人时,对方就不容易听到。这是因为前者的空气流动方向与声波前进方向相同,声波被"加速"的结果,而后者是声波受阻而"减速"的结果。在超声波检测式空气流量传感器中,同样存在这种现象,如图 2-15 所示。

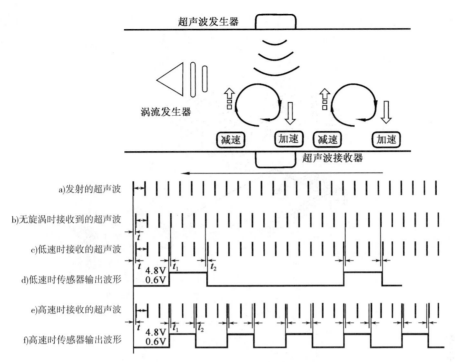

图 2-15 超声波检测涡流式传感器输出波形示意图

超声波发生器之所以设定 40kHz 的超声波,这是因为在没有旋涡的通道上,发送的超声波与接收到的超声波信号相位和相位差完全相同,如图 2-15b) 所示。当进气通道上有旋涡时,在接收器接收到的超声波信号中,有的受加速作用而超前(设超前时间为 t_1),有的受减速作用而滞后(设滞后时间为 t_2),因此其相位和相位差就会发生变化。集成控制电路在信号相位超前时输出一个正向脉冲信号,在信号相位滞后时输出一个负向脉冲信号,如图 2-15d)、图 2-15f) 所示,从而表明旋涡的产生频率。当发动机转速低时,进气量小,因此产生涡流的频率较低;反之,当发动机转速高时,进气量增大,产生涡流的频率升高。三菱和猎豹吉普车用涡流式流量传感器在发动机转速为 700r/min 时,涡流频率为 25~45Hz;当发动机转速为 2000r/min 时,涡流频率为 70~90Hz。频率信号输入 ECU 后,ECU 便可计算进气量。

(三)热丝式与热膜式空气流量传感器

热丝式与热膜式空气流量传感器是一种借鉴日常生活中使用的电吹风机的工作原理而开发研制的检测发动机吸入空气的质量流量传感器。热丝式空气流量传感器的发热元件是铂金属丝,热膜式空气流量传感器的发热元件是铂金属膜,铂金属发热元件的响应速度很快,能在几毫秒内反映出空气流量的变化,因此,测量精度不受进气气流脉动的影响(气流脉动在发动机大负荷、低转速运转时最为明显)。此外,其还具有进气阻力小、无磨损部件等优点。因此,目前大多数中高档轿车都采用了这种传感器,如通用(GENERAL)别克(Buick)、尼桑千里马(MAXIMA)、尼桑风度(CEFIRO)、瑞典沃尔沃(VOLVO)等轿车采用了热丝式空气流量传感器;马自达(MAZDA)626、捷达都市先锋(GETTA AT)、新捷达王(GETTA GTX)、捷达前卫(GETTA GIX)、奥迪 A4、A6 型、宝来(BORA)、高尔夫等轿车都采用了热膜式空气流量传感器。

1. **热丝式与热膜式空气流量传感器的结构特点**

1) 热丝式空气流量传感器的结构特点

热丝式空气流量传感器的结构如图2-16所示,传感器壳体两端设置有与进气道相连接的圆形连接接头,空气入口和出口都设有防止传感器受到机械损伤的防护网。传感器入口与空气滤清器一端的进气管连接,出口与节流阀体一端的进气管连接。

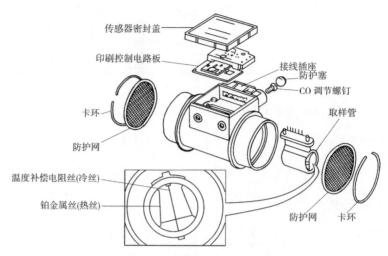

图2-16 热丝式空气流量传感器的结构

传感器内部套装有一个取样管,取样管中设有一根直径很小(约70μm)的铂金属丝作为发热元件,并制作成"Π"形张紧在取样管内。传感器工作时,铂金属丝将被控制电路提供的电流加热到高于进气温度120℃,因此称之为热丝。由于进气温度变化会使热丝的温度发生变化而影响进气量的测量精度,因此,在热丝附近的气流上游设有一只温度补偿电阻。早期制作的流量传感器采用铂金属丝制作温度补偿电阻,该电阻丝靠近进气口一侧,称之为冷丝,由于电阻丝在使用中容易折断而导致传感器报废,因此目前普遍采用在氧化铝陶瓷基片上印刷制作铂膜电阻。该温度补偿电阻相当于一只进气温度传感器,其电阻值随进气温度的变化而变化。当传感器工作时,控制电路提供的电流将使温度补偿电阻的温度始终低于发热元件的温度120℃。这样温度补偿电阻的温度起到一个参照标准的作用,使进气温度的变化不至于影响发热元件测量进气量的精度。

2)热膜式空气流量传感器的结构特点

热膜式空气流量传感器是热丝式传感器的改进产品,其发热元件采用平面形铂金属薄膜(厚约200nm)电阻器,故称为热膜电阻。热膜电阻的制作方法是:首先在氧化铝陶瓷基片上采用蒸发工艺淀积铂金属薄膜,然后通过光刻工艺制作成梳状图形电阻,将电阻值调节到设计要求的阻值后,在其表面覆盖一层绝缘保护膜,再引出电极引线而制成。宝来(BO-RA)、捷达AT、GTX、奥迪A4、A6型、高尔夫、帕萨特、别克君威所用热膜式空气流量传感器的结构如图2-17所示。

在传感器内部的进气通道上设有一个矩形护套(相当于取样管),热膜电阻设在护套中。为了防止污物沉积到热膜电阻上影响测量精度,在护套的空气入口一侧设有空气过滤层,用以过滤空气中的污物。为了防止进气温度变化使测量精度受到影响,在热膜电阻附近的气流上游设有铂金属膜式温度补偿电阻,如图2-18所示。温度补偿电阻和热膜电阻与传感器内部控制电路连接,控制电路与线束连接器插座连接,线束插座设在传感器壳体中部。

与热丝式相比,热膜电阻的阻值较大,所以消耗电流较小,使用寿命较长。但是,由于其发热元件表面制作有一层绝缘保护膜,存在辐射热传导作用,因此,响应特性略低于热丝式流量传感器。

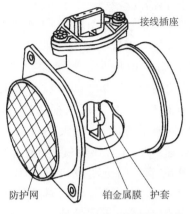

图 2-17 热膜式空气流量传感器的结构

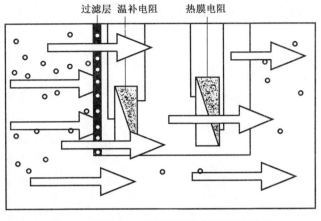

图 2-18 热膜式空气流量传感器内部元件示意图

2. 热丝式与热膜式空气流量传感器的测量原理

利用热丝或热膜作为发热元件的空气流量传感器,其测量原理完全相同,并与日常生活中使用的电吹风机的工作原理相似。为了叙述方便,下面将热丝与热膜统称为发热元件。

理论与实验证明:在强制气流的冷却作用下,发热元件单位时间内的散热量跟发热元件的温度和气流温度之差成正比。为此,在热丝式与热膜式流量传感器中,采用了恒温差控制电路来实现流量检测,如图 2-19 所示。

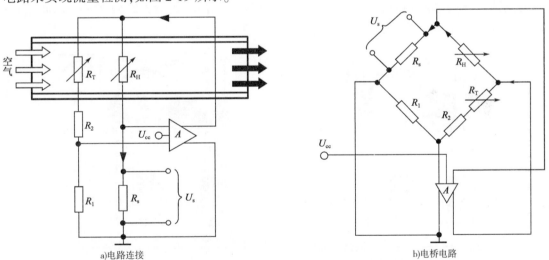

a)电路连接　　　　　　　　b)电桥电路

图 2-19 热丝式与热膜式空气流量传感器的原理电路

R_T-温度补偿电阻(进气温度传感器);R_H-发热元件(热丝或热膜)电阻;R_s-信号取样电阻;R_1、R_2-精密电阻;U_{cc}-电源电压;U_s-信号电压;A-控制电路

在恒温差控制电路中,发热元件电阻 R_H 和温度补偿电阻(热敏电阻式进气温度传感器)R_T 分别连接在惠斯登电桥电路的两个臂上。当发热元件的温度高于进气温度时,电桥电压才能达到平衡。加热电流(50～120mA)由具有电流放大作用的控制电路 A 进行控制,其目的是使发热元件的温度 T_H 与温度补偿电阻的温度 T_T 之差保持恒定,即 $\Delta T = T_H - T_T = 120(℃)$。

当空气气流流经发热元件使其受到冷却时,发热元件温度降低,阻值减小,电桥电压失去平衡,控制电路将增大供给发热元件的电流,使其温度高于温度补偿电阻120℃。电流增量的大小,取决于发热元件受到冷却的程度,即取决于流过传感器的空气量。

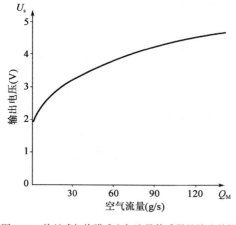

当电桥电流增大时,取样电阻 R_s 上的电压就会升高,从而将空气流量的变化转换为电压信号 U_s 的变化。输出电压与空气流量之间近似于4次方根的关系,特性曲线如图2-20所示。信号电压输入ECU后,ECU便可根据信号电压的高低计算出空气质量流量 Q_M 的大小。

当发动机怠速或空气为热空气(如夏季行车)时,因为怠速时节气门全闭或接近全闭,所以空气流速低,空气量小;又因空气温度越高,空气密度越小,所以在体积相同的情况下,热空气的质量小,因此发热元件受到冷却的程度小,阻值减小幅度小,保持电桥平衡需要的加热电

图2-20 热丝式与热膜式空气流量传感器的输出特性

流小,如图2-21a)所示,故取样电阻上的信号电压低。ECU根据信号电压即可计算出空气量,捷达AT、GTX型轿车怠速时的空气流量标准值为2.0~5.0g/s。

当发动机负荷增大或空气为冷空气时,因为节气门开度增大空气流速加快使空气流量增大;而冷空气密度大,在体积相同的情况下冷空气质量大,所以发热元件受到冷却的程度增大,阻值减小幅度大,保持电桥平衡需要的加热电流增大,如图2-21b)所示。因此,当发动机负荷增大时,信号电压升高。

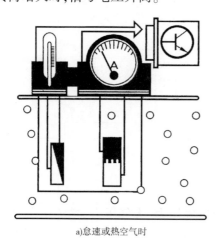

a)怠速或热空气时

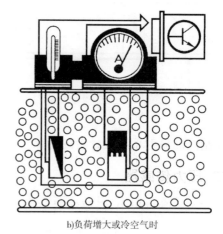

b)负荷增大或冷空气时

图2-21 热膜式与热丝式空气流量传感器测量原理

热丝式空气流量传感器在使用一段时间后,由于热丝表面受空气尘埃污染,其热辐射能力降低将会影响传感器的测量精度。因此,在控制电路中,设计有"自洁电路"来实现自洁功能。每当ECU接收到发动机熄火的信号时,ECU将控制自洁电路接通,将热丝加热到1000℃并持续1s左右,将黏附在热丝上的尘埃烧掉。另一种防止热丝污染的方法是提高热丝的保持温度,一般将保持温度设定在200℃以上,以便烧掉黏附的污物。热膜式传感器铂金属膜的面积比热丝的表面积大得多,且覆盖有一层绝缘保护膜,故不受污物影响。

(四)空气流量传感器性能比较

汽车用空气流量传感器(包括间接测量空气流量的歧管压力传感器)的性能比较如表 2-2 所示。

空气流量传感器性能比较　　　　　表 2-2

性能＼类型	翼片式	涡流式	热丝式与热膜式	歧管压力式
输出方式	模拟输出:信号电压 U_s 与进气容积 Q_A 成反比,即 $Q_A \propto 1/U_s$	数字输出:信号频率 f 与进气容积 Q_A 成正比,即 $Q_A \propto f$	模拟输出:信号电压 U_s 与进气质量 Q_M 的 4 次方根成正比,即 $U_s \propto \sqrt[4]{Q_M}$	模拟输出:信号电压 U_s 与进气歧管压力 p 成正比,即 $U_s \propto p$
测量精度	±3%	±3%	±3%	±3%
响应特性	差	优	优	良
通道阻力	大	小	很小	很小
急速稳定性	好	好	好	好
有无移动部件	有	无	无	无
进气温度修正	需要	需要	不需要	需要
大气压力修正	需要	需要	不需要	需要
系统控制精度	中等	高	高	低
成本	中等	高	中等	低
综合评价	良	优	优	良

注:间接测量空气流量的歧管压力传感器将在下面的"压力传感器"内容中进行介绍。

翼片式空气流量传感器结构简单、价格便宜,而且具有一定的可靠性,因此,在 20 世纪 70 年代研制的汽车电子控制汽油喷射系统广泛采用。但是,翼片式空气流量传感器体积大,安装不便,急加速时响应特性差,进气阻力较大,需要进行大气压力和进气温度修正。为了克服这些缺点,20 世纪 80 年代相继研制成功了卡尔曼涡流式、热丝式和热膜式等空气流量传感器。特别是热丝式和热膜式流量传感器能够直接测量空气气流的质量流量,避免了海拔高度变化引起测量误差,此外还具有响应速度快、测量精度高等优点,所以备受发动机电子控制汽油喷射系统设计者的青睐。

二、压力传感器

在汽车行驶过程中,需要实时监测发动机的进气压力、大气压力、燃油压力、润滑油压力、制动油液压力以及变速传动油液压力等,压力传感器的功用就是将气体或液体的压力信号转换为电信号,并输入 ECU 进行处理,从而保证汽车正常行驶。

(一)压力传感器的类型

压力传感器检测压力的方法大都是测定压差,检测原理都是将压力的变化转换为电阻值的变化。现代汽车用压力传感器按结构不同,可分为半导体压阻效应式和电阻应变计式两种类型。前者利用硅半导体的压阻效应和微电子技术制成,后者利用弹性敏感元件和电阻应变片制成(即弹性敏感元件将被测压力转换为弹性体的应变值,电阻应变片将应变转换为电阻值的变化。应变是指物体的相对变化量)。

在汽车电控系统中，检测压力较低的进气歧管压力和大气压力时，一般采用硅半导体压阻效应式传感器；检测压力较高的制动油液、变速传动油液以及柴油机高压共轨管内燃油的压力时，一般采用电阻应变计式压力传感器。中低档轿车大都采用压阻效应式歧管压力传感器。

(二) 压阻效应式歧管压力传感器

单晶硅材料受到应力作用后，其电阻率发生明显变化的现象，称为压阻效应。

利用半导体硅的压阻效应和微电子技术制成的压阻式传感器，具有灵敏度高、动态响应好、易于微型化和集成化等优点，时至今日汽车电控系统仍广泛应用。

1. 歧管压力传感器的功用

歧管压力传感器的全称是进气歧管绝对压力传感器（MAP，Manifold Absolutely Pressure Sensor），按流量传感器的分类方法又称为 D 型流量传感器。

MAP 是一种间接测量发动机进气量的传感器，其功用是通过检测节气门至进气歧管之间的进气压力来反映发动机的负荷状况，并将负荷状况（压力信号）转变为电信号输入发动机 ECU，供 ECU 计算确定喷油时间（即喷油量）和点火时间。

2. 歧管压力传感器的结构

各型汽车用压阻效应式歧管压力传感器结构大同小异，外形与结构如图 2-22 所示，主要由硅膜片、真空室、混合集成电路、真空管接头、线束插头和壳体组成。歧管压力传感器的安装位置比较灵活，只要能将进气歧管内的进气压力引入传感器的真空管内，传感器就可安放在任何位置。

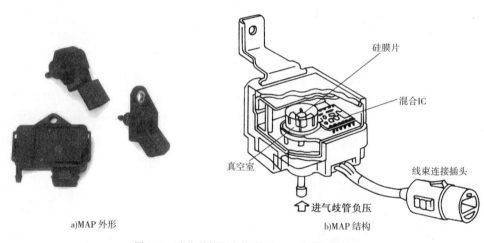

图 2-22 汽车歧管压力传感器 MAP 外形与结构

压阻效应式歧管压力传感器的内部结构如图 2-23 所示，主要由硅膜片、真空室、硅杯、半导体压敏电阻、底座、真空管和电极引线等组成。

硅膜片是压力转换元件，用单晶硅制成。硅膜片的长和宽约为 3mm，厚度约为 160μm，在硅膜片的中央部位采用腐蚀方法制作有一个直径为 2mm、厚度约为 50μm 的薄膜片。在薄硅膜片表面上，采用集成电路加工技术与台面扩散技术（扩散硼）制作四只梳状阻值相等的半导体压敏电阻，又称为固态压阻器件或固态电阻，如图 2-23b) 所示，并利用低阻扩散层（P 型扩散层）将四只电阻连接成惠斯顿电桥电路，如图 2-23c) 所示，然后再与传感器内部的信号放大电路和温度补偿电路等混合集成电路连接。

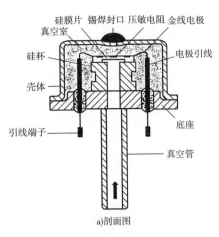 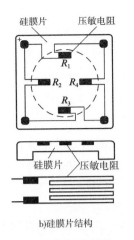 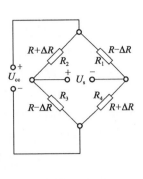

a) 剖面图　　　　　b) 硅膜片结构　　　　　c) 等效电路图

图 2-23　歧管压力传感器内部结构

硅杯一般用线性膨胀系数接近于单晶硅（线性膨胀系数为 $32 \times 10^{-7}/℃$）的铁镍锆合金（线性膨胀系数为 $47 \times 10^{-7}/℃$）制成，设置在硅膜片与传感器底座之间，用于吸收底座材质与硅膜片热膨胀系数不同而加到硅膜片上的热应力，从而提高传感器的测量精度。硅杯与壳体以及底座之间形成的腔室为真空室。壳体顶部设有排气孔，利用排气孔将该腔室抽真空后，再用锡焊密封排气孔，从而形成真空室。真空室为基准压力室，基准压力为 0。

在真空管入口设有滤清器，用于过滤导入空气中的尘埃或杂质，以免硅膜片受到腐蚀和脏污而导致传感器失效。

3. 歧管压力传感器的工作原理

压阻效应式压力传感器的工作原理如图 2-24a) 所示，硅膜片一面通真空室，另一面导入进气歧管。在歧管压力 p 作用下，硅膜片就会产生应力，膜片上各点的应力分布曲线如图 2-24b) 所示。在应力作用下，半导体压敏电阻的电阻率就会发生变化而引起阻值变化，惠斯顿电桥上电阻值的平衡就被打破。当电桥输入端输入一定的电压或电流时，在电桥的输出端就可得到变化的信号电压或信号电流。根据信号电压或电流的大小，即可计算出歧管压力的高低。

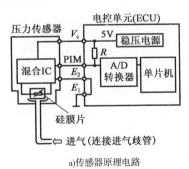 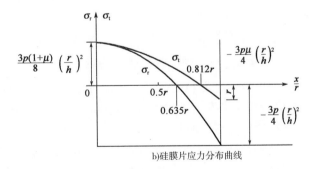

a) 传感器原理电路　　　　　b) 硅膜片应力分布曲线

图 2-24　歧管压力传感器原理电路及应力分布

在设置传感器时，如果将电桥上的压敏电阻制作成四只阻值相等的电阻，并适当安排电阻的扩散位置，以使径向电阻和切向电阻受到的平均应力相等，就可使电阻的正向增量与负向增量相等，从而组成图 2-23c) 所示的差动电桥电路。当电桥采用恒流源供电时，其输出电压 U_s 为：

$$U_s = \frac{3\pi_{44}IR}{16h^2}[(1+\mu)r^2 - (1+3\mu)x^2]p$$

式中：U_s——电桥输出电压，V；

r、x、h——圆形膜片的有效半径、计算点半径（即压敏电阻中心至膜片圆心的距离）、膜片厚度，m；

μ——泊松比（硅取 $\mu = 0.35$）；

π_{44}——剪切压阻系数，可由实验测得；

I——恒流源供给电流，A；

R——每只力敏电阻的阻值，Ω；

p——均布压力，Pa。

由上式可见，当传感器结构一定并采用恒流源供电时，电桥输出电压与硅膜片上作用的压力成正比。压力越高，输出电压越高。

发动机工作时，进气歧管内部的压力随进气流量的变化而变化。当节气门开度增大（即进气流量增大）时，空气流通截面增大，气流速度降低，进气歧管压力升高，膜片应力增大，压敏电阻阻值的变化量增大，电桥输出的电压升高，经集成电路进行比例放大后，传感器输入电控单元（ECU）的信号电压升高。反之，当节气门开度由大变小（即进气流量减小）时，进气流通截面减小，气流速度升高，进气歧管压力降低，膜片应力减小，压敏电阻阻值的变化量减小，电桥输出电压降低，经过比例放大后，传感器输入 ECU 的信号电压降低。实测歧管压力传感器输出电压 U_s 与歧管压力 p 的关系如表 2-3 所示。

歧管压力传感器输出电压与歧管压力的关系　　　　　表 2-3

歧管压力 p(kPa)	13	27	40	54	67
传感器信号电压 U_s(V)	0.3~0.5	0.7~0.9	1.1~1.3	1.5~1.7	1.9~2.1

三、曲轴与凸轮轴位置传感器

在多点燃油顺序喷射系统中，当 ECU 控制喷油器喷油时，首先必须知道哪一个汽缸的活塞即将到达排气上止点；当 ECU 控制火花塞跳火时，首先必须知道哪一个汽缸的活塞即将到达压缩上止点，然后再根据曲轴转角信号控制喷油与点火。由此可见，曲轴位置传感器和凸轮轴位置传感器是多点燃油顺序喷射系统必不可少的传感器。

（一）曲轴与凸轮轴位置传感器的功用与分类

曲轴位置传感器（CPS，Crankshaft Position Sensor）又称为发动机转速与曲轴转角传感器，其功用是采集发动机曲轴转动角度和发动机转速信号，并将信号输入 ECU，以便确定和控制喷油时刻与点火时刻。

凸轮轴位置传感器（CPS，Camshaft Position Sensor）又称为汽缸判别传感器（CIS，Cylinder Identification Sensor）和相位传感器。为了区别于曲轴位置传感器 CPS，凸轮轴位置传感器一般都用 CIS 表示。凸轮轴位置传感器 CIS 的功用是采集配气凸轮轴的位置信号，并将信号输入 ECU，以便 ECU 识别 1 缸活塞压缩上止点，从而进行顺序喷油控制、点火控制和爆震控制。此外，凸轮轴位置信号还用于发动机起动时识别出第一次点火时刻。因为凸轮轴位置传感器能够识别哪一缸活塞即将到达上止点，所以称为判缸传感器。

电控发动机燃油喷射系统常用的曲轴与凸轮轴位置传感器分为光电式、磁感应式和霍尔式三种类型。日产公爵王(Cedric)轿车、三菱与猎豹吉普车采用光电式曲轴与凸轮轴位置传感器；丰田系列轿车采用磁感应式曲轴位置与凸轮轴位置传感器；大众公司轿车奥迪200型轿车采用磁感应式曲轴位置传感器和霍尔式凸轮轴位置传感器；红旗CA7220E型轿车和切诺基吉普车采用了霍尔式曲轴与凸轮轴位置传感器，且曲轴位置传感器为差动霍尔式传感器。因为有的汽车将曲轴与凸轮轴两种位置传感器制成一体，且相同类型传感器的结构原理完全相同，所以将这两种传感器组合在一起进行介绍。

(二) 光电式曲轴与凸轮轴位置传感器

1. 结构特点

日产公司生产的光电式曲轴与凸轮轴位置传感器是由分电器改进而成，结构如图2-25所示，主要由信号发生器、信号盘(即信号转子)、配电器、传感器壳体和线束插头等组成。

信号盘是传感器的信号转子，压装在传感器轴上，结构如图2-25a)所示。在靠近信号盘的边缘位置制作有间隔弧度均匀的内、外两圈透光孔。其中，外圈制作有360个长方形透光孔(缝隙)，间隔弧度为1°(透光孔占0.5°，遮光部分占0.5°)，用于产生曲轴转角与转速信号；内圈制作有6个透光孔(长方形孔)，间隔弧度为60°，用于产生各个汽缸的上止点信号，其中有一个长方形的宽边稍长，用于产生第1缸上止点信号。

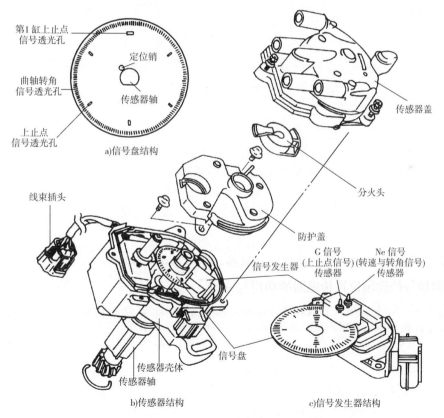

图2-25 光电式曲轴与凸轮轴位置传感器结构

信号发生器固定在传感器壳体上，由Ne信号(转速与转角信号)传感器、G信号(上止点信号)传感器以及信号处理电路组成，如图2-25c)所示。Ne信号与G信号传感器均由一只发光二极管LED和一只光敏三极管组成，两只LED分别正对着两只光敏三极管。

2. 曲轴转速、转角信号和汽缸识别信号的产生原理

光电式传感器的工作原理如图2-26所示。因为传感器轴上的斜齿轮与发动机配气凸轮轴上的斜齿轮啮合,所以当发动机带动传感器轴转动时,信号盘上的透光孔便从信号发生器的发光二极管LED与光敏三极管之间转过。当信号盘上的透光孔旋转到LED与光敏三极管之间时,如图2-26a)所示,LED发出的光线就会照射到光敏三极管上,此时光敏三极管导通,其集电极输出低电平(0.1~0.3V);当信号盘上的遮光部分旋转到LED与光敏三极管之间时,如图2-26b)所示,LED发出的光线就不能照射到光敏三极管上,此时光敏三极管截止,其集电极输出高电平(4.8~5.2V)。信号盘连续旋转,透光孔和遮光部分就会交替地转过LED而透光或遮光,光敏三极管集电极就会交替地输出高电平和低电平。

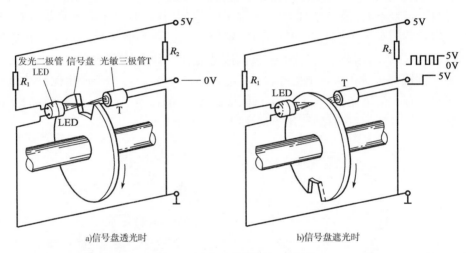

a)信号盘透光时　　　　b)信号盘遮光时

图2-26　光电式传感器的工作原理

当传感器轴随曲轴或配气凸轮轴转动时,信号盘上的透光孔和遮光部分便从LED与光敏晶体管之间转过,LED发出的光线受信号盘透光和遮光作用就会交替照射到信号发生器的光敏三极管上,信号传感器中就会产生与曲轴位置和凸轮轴位置对应的脉冲信号。日产公司采用的光电式曲轴与凸轮轴位置传感器输出信号波形如图2-27所示。

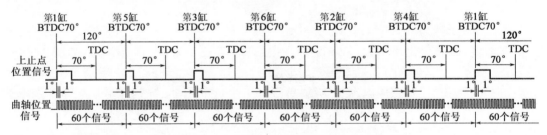

图2-27　光电式曲轴与凸轮轴位置传感器输出波形

由于曲轴旋转两转,传感器轴带动信号盘旋转一圈,因此,G信号传感器将产生6个脉冲信号,Ne信号传感器将产生360个脉冲信号。因为G信号透光孔间隔弧度为60°,曲轴每旋转120°就产生一个脉冲信号,所以G信号又称为120°信号。设计安装保证120°信号在上止点前70°(BTDC70°)时产生,且长方形宽边稍长的透光孔产生的信号对应于发动机第1缸活塞上止点前70°,以便ECU控制喷油提前角与点火提前角。因为Ne信号透光孔间隔弧度为1°(透光孔占0.5°,遮光部分占0.5°),所以在每一个脉冲周期中,高、低电平各占1°曲

轴转角,360 个信号表示曲轴旋转 720°。由图 2-27 可见,曲轴每旋转 120°,G 信号传感器产生一个信号,Ne 信号传感器产生 60 个信号。

当 ECU 接收到 G 信号传感器输入的宽脉冲信号时,便可确定第 1 缸活塞处于压缩上止点前 70°位置;ECU 接收到下一个 G 信号时,则判定第 5 缸活塞处于压缩上止点前 70°位置。ECU 接收到每一个上止点位置信号(G 信号)后,再根据曲轴转角信号(Ne 信号)控制喷油提前角和点火提前角。这种传感器可将喷油提前角和点火提前角的控制精度控制在 1°(曲轴转角)范围内。

(三)磁感应式曲轴与凸轮轴位置传感器

1. 磁感应式传感器的基本结构与工作原理

磁感应式传感器的基本结构与工作原理如图 2-28 所示。传感器主要由信号转子、传感线圈、永久磁铁和磁轭等组成。磁力线穿过的路径为:永久磁铁 N 极→定子与转子间的气隙→转子凸齿→转子凸齿与定子磁头间的气隙→磁头→导磁板→永久磁铁 S 极。当信号转子旋转时,磁路中的气隙就会周期性地发生变化,磁路的磁阻和穿过传感线圈(信号线圈)磁头的磁通量随之发生周期性地变化。根据电磁感应原理,传感线圈中就会感应产生交变电动势。

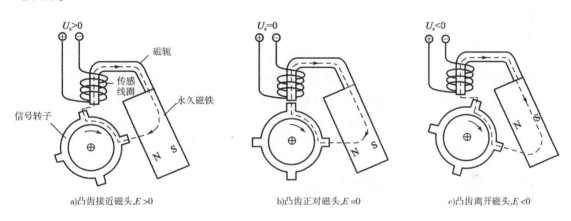

图 2-28 磁感应式传感器的基本结构与工作原理示意图

当信号转子按顺时针方向旋转时,转子凸齿与磁头间的气隙减小,磁路磁阻减小,磁通量 Φ 增多,磁通变化率增大($d\Phi/dt > 0$),感应电动势 E 为正(即 $E > 0$),如图 2-29 中曲线 abc 所示。当转子凸齿接近磁头边缘时,磁通量 Φ 急剧增多,磁通变化率最大 $[d\Phi/dt = (d\Phi/dt)_{max}]$,感应电动势 E 最高($E = E_{max}$),如图 2-29 中曲线 b 点所示。转子转过 b 点位置后,虽然磁通量 Φ 仍在增多,但磁通变化率减小,因此感应电动势 E 降低。

当转子旋转到凸齿的中心线与磁头的中心线对齐时,如图 2-28b)所示,虽然转子凸齿与磁头间的气隙最小,磁路的磁阻最小,磁通量 Φ 最大,但是,由于磁通量不可能继续增加,磁通变化率为零,因此感应电动势 E 为零(即 $E = 0$),如图 2-29 中曲线 c 点所示。

当转子沿顺时针方向继续旋转,凸齿离开磁头时,如图 2-28c)所示,凸齿与磁头间的气隙增大,磁路磁阻增大,磁通量 Φ 减少($d\Phi/dt < 0$),所以感应电动势 E 为负值(即 $E < 0$),如图 2-29 中曲线 cda' 所示。当凸齿即将离开磁头边缘时,磁通量 Φ 急剧减少,磁通变化率达到负向最大值 $[d\Phi/dt = -(d\Phi/dt)_{max}]$,感应电动势 E 也达到负向最大值($E = -E_{max}$),如图 2-29 中曲线上 d 点所示。

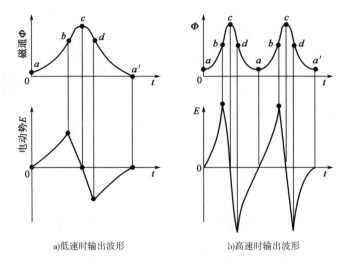

a) 低速时输出波形　　　　b) 高速时输出波形

图 2-29　传感线圈中的磁通 Φ 和电动势 E 波形

由此可见,信号转子每转过一个凸齿,就会在传感线圈中产生一个周期的交变电动势,即电动势出现一次最大值和一次最小值,传感线圈输出端相应地输出一个交变电压信号。

磁感应式传感器的突出优点是不需要外加电源,永久磁铁起着将机械能变换为电能的作用,其磁能不会损失。当发动机转速变化时,转子凸齿转动的速度将发生变化,铁芯中的磁通变化率也将随之发生变化。转速越高,磁通变化率就越大,传感线圈中的感应电动势也就越高。转速不同时,磁通和感应电动势的变化情况如图 2-29b) 所示。由于转子凸齿与磁头间的气隙直接影响磁路的磁阻和传感线圈输出电压的高低,因此在使用中,转子凸齿与磁头间的气隙不能随意变动。气隙如有变化,必须按规定进行调整。气隙尺寸一般为 0.2 ~ 0.4mm。

2. 桑塔纳与捷达轿车用磁感应式曲轴位置传感器

1) 曲轴位置传感器的结构特点

图 2-30　桑塔纳与捷达轿车 CPS 外形图

大众公司系列轿车的磁感应式曲轴位置传感器安装在曲轴箱内靠近离合器一侧的缸体上,外形如图 2-30 所示,结构与安装部位如图 2-31 所示,主要由信号发生器和信号转子组成。

信号发生器用螺钉固定在发动机缸体上,由永久磁铁、传感线圈和线束插头组成。传感线圈又称为信号线圈,永久磁铁上带有一个磁头,磁头正对曲轴上的齿盘式信号转子安装,磁头与磁轭(导磁板)连接而构成导磁回路。

信号转子为齿盘式,在其圆周上间隔均匀地制作有 58 个凸齿、57 个小齿缺和 1 个大齿缺。大齿缺输出基准信号,对应于发动机 1 缸或 4 缸压缩上止点前一定角度。大齿缺所占的弧度相当于两个凸齿和 3 个小齿缺所占的弧度。因为信号转子随曲轴一同旋转,曲轴旋转一圈(360°),信号转子也旋转一圈(360°),所以信号转子圆周上的凸齿和齿缺所占的曲轴转角也为 360°。因此,每个凸齿和小齿缺所占的曲轴转角均为 3°(58 × 3° + 57 × 3° = 345°),大齿缺所占的曲轴转角为 15°(2 × 3° + 3 × 3° = 15°)。

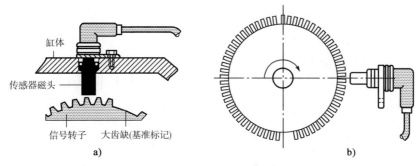

图 2-31 捷达轿车 CPS 的结构

2) 曲轴位置传感器工作情况

当曲轴位置传感器转子随曲轴旋转时，由磁感应式传感器工作原理可知，信号转子每转过一个凸齿，传感线圈中就会产生一个周期的交变电动势（即电动势出现一次最大值和一次最小值），线圈相应地输出一个交变电压信号。因为信号转子上设置有一个产生基准信号的大齿缺，所以，当大齿缺转过磁头时，其输出信号所占时间较长，即输出信号为一宽脉冲信号，经整形和放大处理后输出的波形如图 2-32 所示，该信号对应于 1 缸或 4 缸压缩上止点前一定角度。电控单元（ECU）接收到宽脉冲信号时，便可知道 1 缸或 4 缸活塞即将到达上止点 TDC 位置，至于即将到达的是 1 缸还是 4 缸活塞，则需根据凸轮轴位置传感器输入的信号来确定。因为信号转子上设置有 58 个凸齿，所以转子每转一转（即发动机曲轴每转一圈），传感线圈就会产生 58 个交变电压信号并输入 ECU。

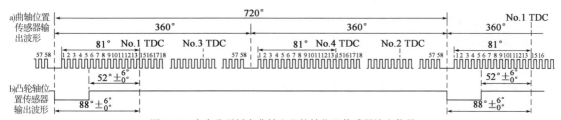

图 2-32 大众公司轿车曲轴和凸轮轴位置传感器输出信号

每当曲轴位置传感器的信号转子随发动机曲轴转动一圈，传感线圈就会向 ECU 输入 58 个脉冲信号。因此，ECU 每接收到 58 个信号，就可知道发动机曲轴旋转了一转。如果在 1min 内，ECU 接收到曲轴位置传感器 116000 个信号，ECU 便可计算出曲轴转速 n 为 2000（$n = 116000/58 = 2000$）r/min；如果在 1min 内，ECU 接收到曲轴位置传感器 290000 个信号，ECU 便可计算出曲轴转速为 5000（$n = 290000/58 = 5000$）r/min。依此类推，ECU 根据单位时间内接收曲轴位置传感器脉冲信号的数量，便能计算出发动机曲轴旋转的转速。

在发动机控制系统中，磁感应式曲轴位置传感器信号转子上大齿缺产生的信号为基准信号，ECU 控制喷油时间和点火时间是以大齿缺产生的信号进行控制。当 ECU 接收到大齿缺产生的信号（宽脉冲）后，再根据小齿缺产生的信号来控制喷油时间（喷油提前角）、点火时间（点火提前角）和点火线圈初级电流接通时间（导通角）。为了保证系统的控制精度达到 1°，小齿缺产生的信号还须由 ECU 内部电路将其转换为 1°信号。

发动机转速和进气量信号是燃油喷射控制系统最重要、最基本的控制信号，ECU 根据这两个信号就能计算出基本喷油提前角（喷油时间）、点火提前角（时间）和点火导通角（点火线圈初级电流接通时间）三个基本控制参数。

(四)霍尔式曲轴与凸轮轴位置传感器

1. 霍尔式传感器的工作原理

霍尔式曲轴与凸轮轴位置传感器以及其他形式的霍尔式传感器,都是根据霍尔效应制成的传感器。霍尔效应(Hall effect)是美国约翰·霍普金斯大学物理学家爱德华·霍尔博士(Dr. Edward H·Hall)于1879年首先发现的。他发现把一个通有电流I的长方体形白金导体垂直于磁力线放入磁感应强度为B的磁场中时,如图2-33所示,在白金导体的两个横向侧面上就会产生一个垂直于电流方向和磁场方向的电压U_H,当取消磁场时电压立即消失。该电压后来称为霍尔电压,用字母U_H表示,霍尔电压U_H与通过白金导体的电流I和磁感应强度B成正比,即:

$$U_H = \frac{R_H}{d} I \cdot B$$

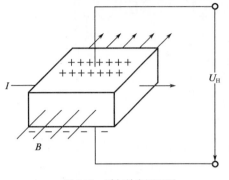

图2-33 霍尔效应原理图

式中:R_H——霍尔系数;
d——白金导体的厚度。

利用霍尔效应制成的元件称为霍尔元件,利用霍尔元件制成的传感器称为霍尔效应式传感器,简称霍尔式传感器或霍尔传感器。实验证明,半导体材料也存在霍尔效应,且霍尔系数远远大于金属材料的霍尔系数,因此,霍尔元件一般都用半导体材料制作。利用霍尔效应不仅可以通过接通和切断磁场来检测电压,而且可以检测导线中流过的电流,因为导线周围的磁场强弱与流过导线的电流成正比关系。

汽车电控系统广泛采用霍尔式传感器的原因是其具有两个突出优点:一是输出电压信号近似于方波信号;二是输出电压高低与被测物体的转速无关。霍尔效应式传感器与磁感应式传感器不同的是需要外加电源。

2. 霍尔式传感器的基本结构

霍尔式传感器的基本结构如图2-34所示,主要由触发叶轮、霍尔集成电路、导磁钢片(磁轭)与永久磁铁等组成。

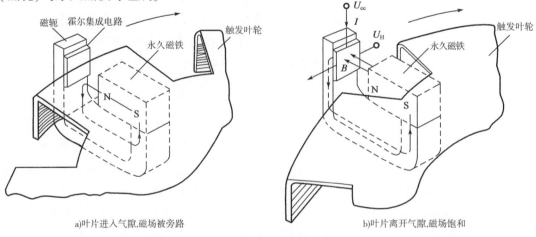

a)叶片进入气隙,磁场被旁路   b)叶片离开气隙,磁场饱和

图2-34 霍尔信号发生器工作原理

触发叶轮安装在转子轴上,叶轮上制有叶片(在霍尔式点火系统中,叶片数与发动机汽缸数相等)。当触发叶轮随转子轴一同转动时,叶片便在霍尔集成电路与永久磁铁之间转动。霍尔集成电路由霍尔元件、放大电路、稳压电路、温度补偿电路、信号变换电路和输出电路等组成,如图2-35所示。

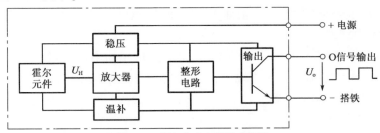

图2-35 霍尔集成电路组成框图

3. 霍尔式传感器的工作原理

当传感器轴转动时,触发叶轮的叶片便从霍尔集成电路与永久磁铁之间的气隙中转过。当叶片进入气隙时,如图2-34a)所示,霍尔集成电路的磁场被叶片旁路,霍尔电压 U_H 为零,霍尔集成电路输出级的三极管截止,信号发生器输出的信号电压 U_o 为高电平(实测表明:当电源电压 $U_{cc}=14.4V$ 时,信号电压 $U_o=9.8V$;当电源电压 $U_{cc}=5V$ 时,信号电压 $U_o=4.8V$)。

当叶片离开气隙时,如图2-34b)所示,永久磁铁的磁通便经霍尔集成电路和导磁钢片构成回路,霍尔元件产生电压($U_H=1.9\sim2.0V$),霍尔集成电路输出级的三极管导通,传感器输出的信号电压 U_o 为低电平(实测表明:当电源电压 $U_{cc}=14.4V$ 或5V时,信号电压均为 $U_o=0.1\sim0.3V$)。

4. 桑塔纳与捷达轿车霍尔式凸轮轴位置传感器

1)传感器结构特点

大众公司轿车采用的霍尔式凸轮轴位置传感器安装在发动机配气凸轮轴的一端,结构与连接电路如图2-36所示,主要由霍尔信号发生器和信号转子组成。

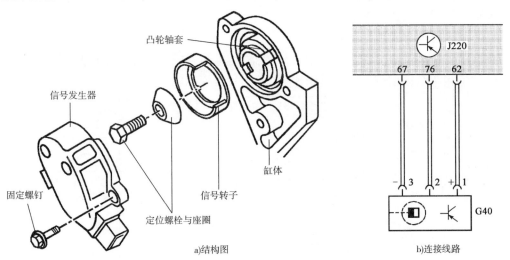

图2-36 霍尔式凸轮轴位置传感器的结构与电路连接

信号转子又称为触发叶轮,安装在配气凸轮轴的一端,用定位螺栓和座圈定位固定。信号转子的隔板又称为叶片,在隔板上制有一个窗口,窗口对应产生的信号为低电平信号,隔板(叶片)对应产生的信号为高电平信号。霍尔式信号发生器主要由霍尔集成电路、永久磁铁和导磁钢片等组成。霍尔集成电路由霍尔元件、放大电路、稳压电路、温度补偿电路、信号变换电路和输出电路等组成。霍尔元件用硅半导体材料制成,与永久磁铁之间留有2~4mm的间隙。当信号转子随配气凸轮轴一同转动时,隔板和窗口便从霍尔集成电路与永久磁铁之间的气隙中转过。

该传感器接线插座上有三个引线端子,端子1为传感器电源正极端子,与控制单元62端子连接;端子2为传感器信号输出端子,与控制单元76端子连接;端子3为传感器电源负极端子,与控制单元67端子连接。

2)传感器工作情况

由霍尔式传感器工作原理可知,当隔板(叶片)进入气隙(即在气隙内)时,霍尔元件不产生电压,传感器输出高电平(5V)信号;当隔板(叶片)离开气隙(即窗口进入气隙)时,霍尔元件产生电压,传感器输出低电平信号(0.1V)。凸轮轴位置传感器输出的信号与曲轴位置传感器输出的信号之间的关系如图2-32所示。发动机曲轴每转两转(720°),霍尔传感器信号转子就转一圈(360°),对应产生一个低电平信号和一个高电平信号,其中低电平信号下降沿对应于1缸压缩上止点前88°左右。

发动机工作时,磁感应式曲轴位置传感器(CPS)和霍尔式凸轮轴位置传感器(CIS)产生的信号电压不断输入ECU。当ECU同时接收到曲轴位置传感器大齿缺对应的低电平(15°)信号和凸轮轴位置传感器窗口对应的低电平信号时,便可识别出此时为1缸活塞处于压缩行程、4缸活塞处于排气行程,从而进行顺序喷油控制和各缸点火时刻控制,并可根据曲轴位置传感器小齿缺对应输出的信号控制点火提前角和喷油提前角。ECU根据CIS信号判别出1缸活塞位置之后,再根据CPS信号,即可按照四缸发动机1-3-4-2(六缸发动机1-5-3-6-2-4)的工作顺序,对各缸喷油器进行喷油提前控制和对各缸火花塞进行点火提前控制。

(五)差动霍尔式曲轴位置传感器

切诺基(Cherokee)吉普车与红旗CA7220E型轿车采用了差动霍尔式曲轴位置传感器,其凸轮轴位置传感器均为普通霍尔式传感器。

1. 差动霍尔式传感器的结构原理

差动霍尔式传感器又称为双霍尔式传感器,结构与磁感应式传感器相似,主要由带凸齿的信号转子和两个霍尔信号发生器组成,如图2-37a)所示。

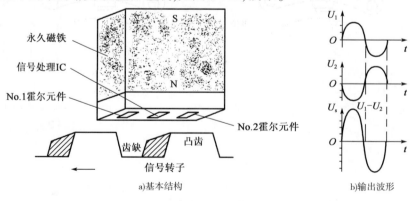

图2-37 差动霍尔式传感器结构原理

差动霍尔式传感器的工作原理与普通霍尔式传感器相同。当信号转子上的齿缺与凸齿转过差动霍尔电路的两个探头(信号发生器)时,齿缺或凸齿与霍尔探头之间的气隙就会发生变化,磁通量随之变化,在传感器的霍尔元件中就会产生交变电压信号,如图2-37b)所示,其输出电压由两个霍尔信号电压叠加而成。因为输出信号为叠加信号,所以转子凸齿与信号发生器之间的气隙可以增大(一般增大到1mm±0.5mm,而外形结构与其相同的磁感应式传感器仅为0.2~0.4mm),从而可将信号转子设置成像磁感应式传感器转子一样的齿盘式结构,其突出优点是信号转子便于安装。在汽车上,一般将凸齿转子设置在发动机曲轴上或将发动机飞轮作为传感器的信号转子。

2. 切诺基汽车差动霍尔式传感器的结构特点

切诺基吉普车2.5L(四缸)和4.0L(六缸)燃油喷射式发动机用差动霍尔式曲轴位置传感器安装在变速器壳体上,如图2-38所示,该传感器向ECU提供发动机转速与曲轴位置(转角)信号,作为计算喷油时间和点火时刻的重要依据之一。

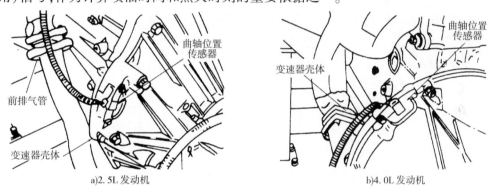

图2-38 切诺基吉普车曲轴位置传感器的安装位置

传感器的信号转子安装在曲轴上,并与发动机飞轮紧贴在一起。2.5L四缸电控发动机的飞轮上制有8个齿缺,如图2-39a)所示。8个齿缺分成两组,每4个齿缺为一组,两组之间相隔角度为180°,同一组中相邻两个齿缺之间间隔角度为20°。4.0L六缸电控发动机的飞轮上制有12个齿缺,如图2-39b)所示。12个齿缺分成三组,每4个齿缺为一组,相邻两组齿缺之间相隔角度为120°,同一组中相邻两个齿缺之间间隔角度也为20°。

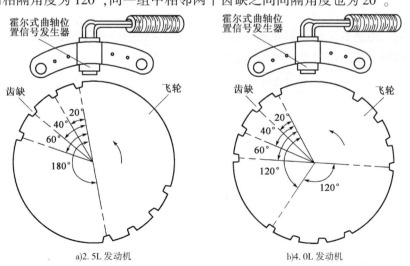

图2-39 切诺基吉普车曲轴位置传感器的结构

3. 切诺基汽车差动霍尔式传感器的工作情况

当信号转子上的每一组齿缺转过霍尔信号发生器时,传感器就会产生一组共 4 个脉冲信号。其中,四缸发动机每转一圈产生两组共 8 个脉冲信号;六缸发动机每转一圈产生三组共 12 个脉冲信号。对于四缸发动机,ECU 每接收到 8 个信号,即可知道曲轴旋转了一转,再根据接收 8 个信号所占用的时间,就可计算出曲轴转速。由于第 4 个齿缺产生的脉冲下降沿对应于压缩上止点前 4°(BTDC4°),因此,第 1 个齿缺产生的脉冲信号下降沿对应于 1 缸压缩(4 缸排气)上止点前 64°(BTDC64°)。对于六缸发动机,ECU 每接收到 12 个信号,即可知道曲轴旋转了一转,再根据接收 12 个信号所占用的时间,就可计算出曲轴转速。

四、节气门位置传感器

各型汽车电子控制系统所用的节气门位置传感器(TPS,Throttle Position Sensor)都安装在节气门体上节气门轴的一端,外形结构基本相同,如图 2-40 所示。

图 2-40 各型轿车节气门位置传感器的外形结构

节气门位置传感器的功用是将节气门开度(即发动机负荷)大小转变为电信号输入发动机 ECU,以便 ECU 判别发动机工况,如怠速工况、加速工况、减速工况、小负荷工况和大负荷工况等,并根据发动机不同工况对混合气浓度的需求来控制喷油时间和点火时间。在装备电子控制自动变速器的汽车上,TPS 信号还要输入变速器电控单元(ECT ECU),作为确定变速器换挡时机和变矩器锁止时机的主要信号之一。

(一)节气门位置传感器的类型

按结构不同,节气门位置传感器(TPS)分为触点式、可变电阻式、触点与可变电阻组合式 3 种。夏利 2000、威乐(Vela)、威驰(VIOS)、捷达 AT、GTX 型、桑塔纳 2000GSi、3000 型、红旗 CA7220E 型轿车和切诺基吉普车采用了可变电阻式;丰田轿车采用的既有可变电阻式,也有组合式两种。

按输出信号的类型不同,节气门位置传感器可分为线性(模拟)信号输出型和开关(数字)信号输出型两种。

(二)触点式节气门位置传感器

1. 触点式节气门位置传感器的结构组成

触点式节气门位置传感器的结构如图 2-41 所示,主要由节气门轴、大负荷触点(又称为功率触点)PSW、凸轮、怠速触点 IDL 和接线插座组成。凸轮随节气门轴转动,节气门轴随节气门开度(发动机负荷)大小的变化而变化。

2. 触点式节气门位置传感器的输出特性

触点式节气门位置传感器的输出特性如图 2-41c)所示。当节气门关闭时,怠速触点 IDL 闭合,功率触点 PSW 断开,怠速触点 IDL 输出端子输出的信号为低电平 0,功率触点 PSW 输出的信号为高电平1。ECU接收到TPS输入的这两个信号时,如果车速传感器输入ECU的信号表示车速为零,那么ECU将判定发动机处于为怠速状态,并控制喷油器增加喷油量,保证发动机怠速转速稳定而不致熄火。如果车速传感器输入ECU的信号表示车速不为零,那么,ECU将判定发动机处于减速状态运行,并控制喷油器停止喷油,以降低排放和提高经济性。

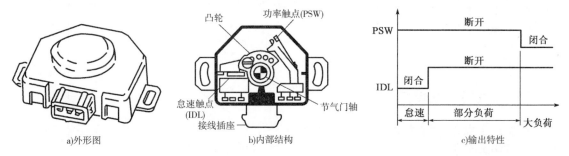

图2-41 触点式节气门位置传感器TPS的结构

当节气门开度增大时,凸轮随节气门轴转动并将怠速触点IDL顶起,如果功率触点PSW保持断开状态,那么,IDL端子和PSW端子都将输出高电平1。ECU接收到这两个高电平信号时,将判定发动机处于部分负荷状态,此时ECU将根据空气流量传感器信号和曲轴转速信号计算确定喷油量,保证发动机的经济性和排放性能。

当节气门接近全部开启(80%以上负荷)时,凸轮转动使功率触点PSW闭合,PSW端子输出低电平0,IDL端子保持断开而输出为高电平1。ECU接收到这两个信号时,将判定发动机处于大负荷状态运行,并控制喷油器增加喷油量,保证发动机输出足够的功率,故大负荷触点称为功率触点。在此状态下,控制系统将进入开环控制模式,ECU不采用氧传感器信号。如果此时空调器系统仍在工作,那么,ECU将中断空调主继电器信号约15s,以便切断空调电磁离合器线圈电流,使空调压缩机停止工作,增大发动机的输出功率,提高汽车的动力性。

(三)组合式节气门位置传感器

1. 组合式节气门位置传感器的结构组成

丰田轿车用组合式节气门位置传感器的基本结构与原理电路如图2-42所示,主要由可变电阻、滑动触点、节气门轴、怠速触点和壳体组成。可变电阻为镀膜电阻,制作在传感器底板上,可变电阻的滑臂随节气门轴一同转动,滑臂与输出端子VTA连接。

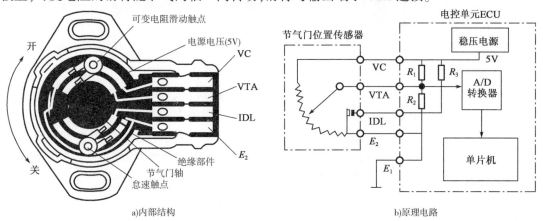

图2-42 组合式节气门位置传感器TPS的结构原理

2. 组合式节气门位置传感器的输出特性

组合式 TPS 的输出特性如图 2-43 所示。当节气门关闭或开度小于 1.2°时,急速触点闭合,其输出端 IDL 输出低电平(0V),如图 2-43a)所示;当节气门开度大于 1.2°时,急速触点断开,输出端 IDL 输出高电平(5V)。

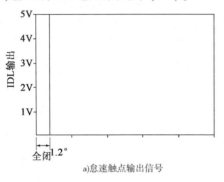 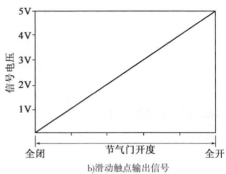

a) 急速触点输出信号　　　　　b) 滑动触点输出信号

图 2-43　组合式节气门位置传感器 TPS 输出特性

当节气门开度变化时,可变电阻的滑臂便随节气门轴转动,滑臂上的触点便在镀膜电阻上滑动,传感器的输出端子 VTA 与 E_2 之间的信号电压随之发生变化,如图 2-43b)所示,节气门开度越大,输出电压越高。传感器输出的线性信号经过 A/D 转换器转换成数字信号后再输入 ECU。

(四) 电子控制进气量调节系统

触点式和可变电阻式 TPS 都有机械传动(移动)部件,长期使用就会出现磨损现象,影响传感器及控制系统的工作性能。为了解决这一问题,大众公司部分轿车采用了电子控制进气量调节系统,其组成如图 2-44 所示。

该系统由电子式加速踏板位置传感器、ME7 型节气门控制器和电子式节气门体组成。加速踏板位置传感器安装在加速踏板的一端,电子式节气门体由节气门位置传感器、执行机构和节气门组成。

加速踏板位置传感器　　ME7控制器　　电子式节气门体

图 2-44　电子控制进气量调节系统的组成与调节原理

电子式加速踏板传感器将加速踏板的位置信号传送到 ME7 型节气门控制器,控制器内部程序计算出节气门开度大小之后,再驱动电子式节气门体内的直流电动机调整节气门进气通道的开启面积来控制进气量,从而满足发动机不同工况对进气量的需求。进气调节系统具有进气量控制精确高,能够实现低排放控制的优点。除此之外,还可通过控制模块驱动节气门来调节发动机急速时的进气量,因此,不需要旁通进气道和急速调节器。

五、温度传感器

温度是反映汽车零部件、吸入空气和各种油液热负荷状态的重要参数。在汽车行驶过程中,必须进行实时监测,以便采取相应措施,包括改变控制参数、发出报警信号等。

(一)温度传感器的功用

温度传感器的功用是将被测对象的温度信号转变为电信号输入 ECU,以便 ECU 修正控制参数或判断被测对象的热负荷状态。测量对象不同,传感器信号反映的热负荷状态也不相同。安装在发动机冷却液管道上的冷却液温度传感器(CTS)的功用是:将发动机冷却液温度变换为电信号输入发动机 ECU,以便修正喷油时间和点火时间;安装在进气管道中的进气温度传感器(IATS)的功用就是:将进气温度信号变换为电信号输入发动机 ECU,以便修正喷油量。

(二)温度传感器的分类

温度传感器种类繁多,形式各异,目前尚无统一的分类方法,常用分类方法有以下两种。

1. 按检测对象分类

检测对象为冷却液温度、进气温度、排气温度、燃油温度、空调温度,则将相应的传感器称为冷却液温度传感器、进气温度传感器、排气温度传感器、燃油温度传感器、空调温度传感器(或空调温控开关)。这种分类方法简单实用,使用者根据测量对象即可方便地选择所需传感器。

2. 按结构与物理性能分类

汽车上采用的温度传感器按结构与物理性能不同,可分为热敏电阻式、热敏铁氧体式、双金属片式、石蜡式等。双金属片式和石蜡式温度传感器属于结构型传感器,热敏电阻式和热敏铁氧体式温度传感器属于物性(物理性能)型传感器。其中,热敏电阻式温度传感器结构简单、成本低廉、灵敏度高、工作可靠,现代汽车普遍采用。

(三)热敏电阻式温度传感器

热敏电阻可分为正温度系数(PTC)型热敏电阻、负温度系数(NTC)型热敏电阻、临界温度型热敏电阻(CTR)和线性热敏电阻。汽车普遍采用负温度系数(NTC,Negative Temperature Coefficient)型热敏电阻式温度传感器,如冷却液温度传感器(CTS)、进气温度传感器(IATS)、排气温度传感器(EATS,Exhaust Air Temperature Sensor)和燃油温度传感器(FTS,Fuel Temperature Sensor)等。

1. 热敏电阻式温度传感器的结构组成

热敏电阻式温度传感器的结构形式如图 2-45 所示,主要由热敏电阻、金属引线、接线插座和壳体等组成。

热敏电阻是温度传感器的关键部件。外形制作成珍珠形、圆盘形(药片形)、垫圈形、梳状芯片形、厚膜形等,放置在传感器的金属管壳内,如图 2-45 所示。在热敏电阻的两个端面各引出一个电极并连接到传感器插座上。

车用热敏电阻是在陶瓷半导体材料中掺入适量金属氧化物,并在 1000℃ 以上的高温条件下烧结而成。控制掺入氧化物的比例和烧结温度,即可得到不同特性的热敏电阻,从而满足使用要求。例如,如果测量发动机冷却液温度,则热敏电阻的工作温度为 -30~130℃;如果测量发动机的排气温度,热敏电阻的工作温度则为 600~1000℃。

传感器壳体上制作有螺纹,以便安装与拆卸。接线插座分为单端子式和两端子式两种,前者用于电控燃油喷射系统,以便可靠传递信号,后者用于汽车仪表。

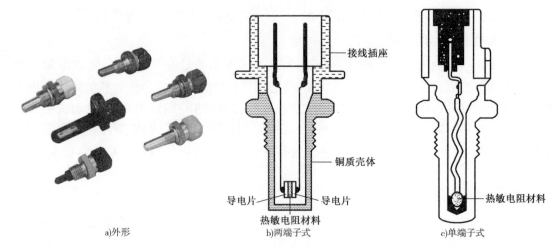

图 2-45　热敏电阻式温度传感器的结构

2. 车用温度传感器的工作特性与电路连接

NTC 型热敏电阻具有温度升高阻值减小、温度降低阻值增大的特性,而且呈明显的非线性关系。对于结构一定的 NTC 型传感器,其阻值与温度的关系曲线如图 2-46 所示。

在汽车控制电路中,温度传感器的工作电路如图 2-47 所示,传感器的两个电极用导线与 ECU 插座连接。ECU 内部串联一只分压电阻,ECU 向热敏电阻和分压电阻组成的分压电路提供一个稳定的电压(一般为 5V),传感器输入 ECU 的信号电压等于热敏电阻上的分压值。

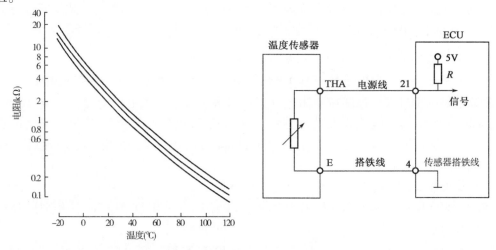

图 2-46　NTC 型温度传感器特性　　　　图 2-47　温度传感器工作电路

当被测对象的温度升高时,传感器阻值减小,热敏电阻上的分压值降低;反之,当被测对象的温度降低时,传感器阻值增大,热敏电阻上的分压值升高。ECU 根据接收到的信号电压值,便可计算求得对应的温度值。

六、开关控制信号

开关控制信号是反映开关状态的信号,是电子控制系统实现各种控制功能必不可少的信号。电控喷油系统常用的有蓄电池电压信号、点火开关信号、起动信号、空挡安全开关信号和空调开关信号等。

(一)蓄电池电压信号 U_{BAT}

蓄电池电压信号 U_{BAT} 表示电源电压高低。在各型汽车上,蓄电池正极都直接与 ECU 连接,不受任何开关控制,如图 2-48a)所示。图中数字 3 和 9 是 ECU 的接线端子序号。蓄电池既是整车电气设备的电源,也是各种控制系统电控单元(ECU)的电源。蓄电池电压信号输入 ECU 的主要目的包括如下方面。

(1)当蓄电池电压变化时,ECU 将对喷油持续时间进行修正。电压升高时,减少喷油时间;电压降低时,增加喷油时间。

(2)当蓄电池电压变化时,ECU 将对点火线圈初级电路接通时间进行修正。电压升高时,减少接通时间;电压降低时,增加接通时间。

(3)保存存储器中的故障代码。在汽车上,各种电子控制系统的故障代码都存储在随机存储器(RAM)中,因为 RAM 一旦断电,其内部存储的信息就会消失,所以需要蓄电池保持供电。发动机停止工作时,存储器消耗电流很小,为 5~20mA。

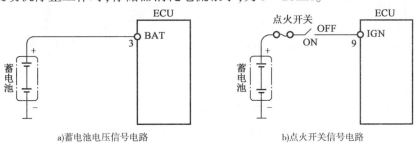

图 2-48 蓄电池电压信号与点火开关信号电路

(二)点火开关信号 IGN

点火开关信号是表示点火开关接通的信号。在控制线路中,点火开关与 ECU 的连接关系如图 2-48b)所示。当点火钥匙旋转到 ON(接通)位置时,点火开关将 ECU 的电源(12V)接通,此时 ECU 将控制执行如下动作。

(1)怠速控制步进电动机进入预先设定位置。

(2)根据空气流量或歧管压力、大气压力和进气温度传感器信号,确定基本喷油时间。

(3)根据冷却液温度传感器信号,计算修正喷油时间和点火时刻。

(4)监测节气门位置传感器信号。

(5)接通燃油泵电路使燃油泵运转。如果不起动发动机(即 ECU 未接收到起动信号 STA),那么,ECU 控制燃油泵工作 1~2s 后将切断燃油泵电路。

(6)接通氧传感器加热元件电路,对传感元件进行加热。

(7)在装备自动变速器的汽车上,控制升挡指示灯发亮显示挡位转换开关位置。

(三)起动信号 STA

起动信号 STA(START)是向 ECU 提供起动机电路接通工作的信号。起动信号来自起动继电器或点火起动开关(无起动继电器的电气系统)。

起动信号电路如图 2-49a)中实线箭头方向所示。当起动开关接通时,起动信号从起动继电器触点输入 ECU,ECU 接收到起动信号 STA 后,执行如下控制动作。

(1)除了监视点火开关接通时输入的信号之外,开始监测曲轴位置传感器和凸轮轴位置传感器的输入信号,并根据这些信号确定点火时刻和喷油时刻。首先判别即将到达上止点的是哪一缸汽缸,然后输出喷油和点火控制信号。如果在发动机转动3s内未接收到曲轴位置传感器信号,ECU将切断燃油喷射系统电路,同时将曲轴位置传感器故障的代码存入存储器中,以便维修检测时调用。

(2)控制燃油泵继电器接通燃油泵电路使燃油泵运转。

(3)如果节气门处于全开状态,ECU将中断燃油喷射(即进入清除溢流状态)。

部分发动机电子控制系统已经取消专用起动信号线,由ECU根据发动机转速信号确定起动状态。

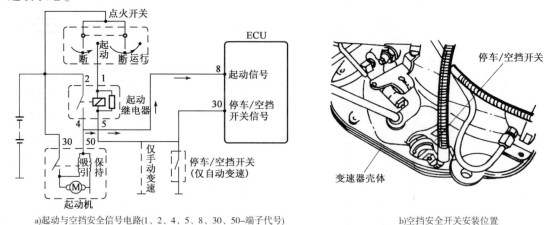

a)起动与空挡安全信号电路(1、2、4、5、8、30、50-端子代号)　　b)空挡安全开关安装位置

图2-49　起动信号与空挡安全开关信号电路

(四)空挡安全开关信号NSW

空挡安全开关信号(NSW, Neutral Safe Switch)是表示自动变速器挡位选择开关所处位置的信号,又称为空挡起动开关信号或停车/空挡开关信号。空挡起动开关安装在变速器壳体上,如图2-49b)所示,是一个由自动变速器的选挡操纵手柄控制的多位多功能开关。NSW信号用来区别自动变速器的选挡操纵手柄是处于P(停车挡)或N(空挡)位置,还是处于2、L、D、R行驶挡位置。

当自动变速器的选挡操纵手柄处于P或N位置时,停车/空挡开关接通,如图2-49a)所示,此时起动继电器线圈电路才能接通,并向ECU输入一个低电平(0V)信号。仅在此时,发动机才能起动。当选挡操纵手柄处于D、2、L、R位置时,停车/空挡开关断开,即使点火开关拨到起动位置,起动继电器线圈电路也不能接通,ECU的"停车/空挡开关信号"端子将接收到一个高电平(12V)信号,此时发动机不能起动。

(五)空调A/C开关信号

空调A/C开关信号包括空调选择与请求信号。空调A/C开关信号电路如图2-50所示。

1. 空调A/C选择信号

空调选择信号是通知ECU空调被选用而预告发动机负荷增加的信号。在发动机怠速运转的情况下将空调开关接通时,如空调系统的低压开关闭合,电源电压(12V)便经空调开关、低压开关加到ECU的空调选择端子上。ECU接收到这个空调选择信号(高电平信号)后,就会控制怠速控制阀或步进电动机动作,提高发动机转速,防止负荷增大而导致发动机熄火。

2. 空调A/C请求信号

空调请求信号表示空调接通时,蒸发器温度在允许范围内。当空调接通后,如蒸发器开关接通,电源电压(12V)便经空调开关、低压开关和蒸发器开关加到 ECU 的空调请求端子。ECU 接收到这个空调请求信号(高电平信号)后,就会接通空调继电器线圈电路,使电磁离合器线圈电路接通,使空调压缩机投入工作。

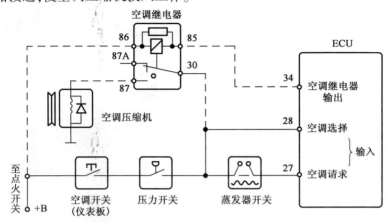

图 2-50 空调 A/C 开关信号电路(27、28、30、34、85、86、87、87A-端子代号)

当空调系统制冷剂不足时,低压开关就会断开,输入 ECU 空调请求端子的电压为 0V,此时 ECU 将切断空调继电器线圈电路,使空调压缩机停止工作。

当蒸发器温度过高时,蒸发器开关断开,ECU 空调请求端子的输入电压为 0V,此时 ECU 将切断空调继电器线圈电路,使空调压缩机停止工作,防止蒸发器温度过高而损坏。

第四节　汽车电控单元(ECU)的结构原理

电控单元(ECU)的全称是电子控制单元,又称为电子控制器或电子控制组件,俗称"汽车电脑",是以单片微型计算机为核心,具有强大的数学运算、逻辑判断、数据处理与数据管理等功能的电子控制装置。

电控单元(ECU)是汽车电子控制系统的控制中心,其功用是分析处理传感器采集到的各种信息,并向受控装置(即执行器或执行元件)发出控制指令。

汽车电控系统各种 ECU 的组成大同小异,都是由硬件、软件、壳体和线束插座四部分组成。硬件为系统正常工作提供基础条件,软件主要包括监控程序和应用程序两部分。虽然各种 ECU 的电路都十分复杂,车型不同、控制系统不同,ECU 的电路亦各有不同,但其都是由输入回路、输出回路和单片微型计算机(即单片机)三部分组成,如图 2-51a)所示。

汽车 ECU 的硬件一般都封装在铝质金属壳体内部,并通过线束插座与整车电器线路连接,外形如图 2-51b)所示。ECU 安装在车内不易受到碰撞的部位,如仪表板下面、行李舱内部或座椅下面等,具体安装位置依车而异。为了节约导线,发动机 ECU 目前趋向于安装在发动机舱内。

汽车 ECU 的硬件都是由不同种类的专用集成电路、电阻器、电容器、二极管、稳压管、三极管等电子元件和印刷电路板构成,内部电路结构框图如图 2-52 所示。

一、输入回路

输入回路又称为输入接口,其功用是将传感器输入信号和各种开关信号变换成单片机能够识别与处理的数字信号。输入回路主要由 A/D 转换器和数字输入缓冲器两部分组成。

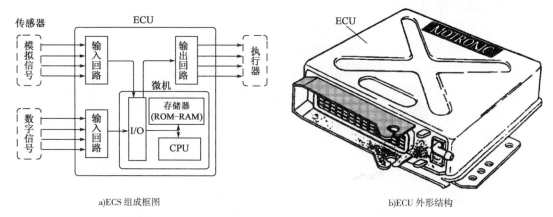

图 2-51　汽车电子控制系统 ECS 的组成与 ECU 外形结构

(一) A/D 转换器

A/D 是模拟(Analogue)/数字(Data)的简写。A/D 转换器的功用是将模拟信号转换为数字信号,或将数字信号转换为模拟信号,如图 2-52a) 所示。

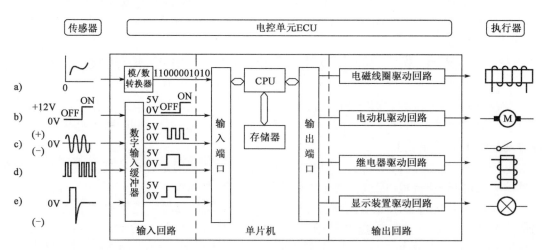

图 2-52　电控单元 ECU 内部结构框图

各种传感器采集的信号可分为模拟信号和数字信号两大类。信号电压(或电流)随时间变化而连续变化的信号称为模拟信号。在汽车电子控制系统中,如空气流量传感器(翼片式、热丝式、热膜式)信号、进气歧管压力与大气压力传感器信号、进气温度和冷却液温度传感器信号、爆震传感器信号、线性输出型节气门位置传感器信号等连续变化的信号均为模拟信号。由于数字计算机不能识别,因此需要经过 A/D 转换器将连续变化的模拟量转换成数字量之后才能输入微机。

信号电压(或电流)随时间变化而不是连续变化的信号称为数字信号。在汽车电子控制系统中,空气流量传感器(超声波检测涡流式与光电检测涡流式)信号、霍尔式与磁感应式传感器(发动机转速、活塞上止点位置、车速、轮速)信号、光电式传感器(曲轴位置、凸轮轴位置、转向盘位置、减速度)信号、触点式节气门位置传感器信号、热敏铁氧体式温度传感器信号、笛簧开关式车速传感器信号、水银式减速度传感器信号、氧传感器信号以及各种控制开关(空调 A/C 开关、起动开关、空挡起动开关等)信号均为脉冲信号或数字信号(高电平或低电平),因此需要通过输入回路的数字缓冲器进行限幅、整形处理后,才能传输到单片机进行运算处理。

(二)缓冲器

缓冲器电路主要由整形电路、波形变换电路、限幅电路和滤波电路等组成。某些传感器的输出信号虽为数字信号,但在输入单片机之前必须进行波形变换或滤波处理之后单片机才能接收。数字输入缓冲器的功用是对单片机不能接收的数字信号进行预处理,以便单片机能够接收和运算处理。例如,点火开关、空挡起动开关等输出的开关信号均为电源电压(12~14V)信号,如图 2-52b)所示,而单片机能够接收的信号电压为 0V 或 5V,因此需要缓冲器的限幅电路将高于 5V 的信号电压转换成 5V 信号;磁感应式传感器输出的信号为正弦波信号,如图 2-52c)所示,单片机不能直接处理,必须经过缓冲器的波形变换电路转换成数字信号之后才能输入单片机;触点开关式传感器或继电器输出的数字信号含有干扰信号,如图 2-52d)所示。此外,汽车上设有各种控制开关,在电气系统工作过程中,当控制开关接通或断开、电器负载电流变化、电压变化或磁场变化时,都可能产生高频干扰信号,如图 2-52e)所示,这些干扰信号必须经缓冲器的滤波电路将干扰消除之后单片机才能接收,否则控制系统无法正常工作。

二、单片机

单片机是指将中央处理器(CPU)、存储器(M,Memory)、定时器/计数器、输入/输出(I/O)接口电路等计算机主要部件集成在一块芯片上的微型计算机。虽然单片机只是一块芯片,但其"麻雀虽小,五脏俱全",不仅具有微型计算机的所有部分,而且具有微型计算机的功能,故称之为单片微型计算机,简称单片机或微机,芯片外形如图 2-53a)所示,结构框图如图2-53b)所示。20 世纪 80 年代以后,汽车电子控制系统均采用数字式单片机。

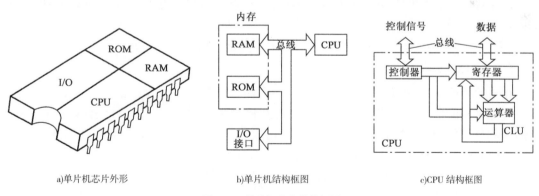

a)单片机芯片外形　　b)单片机结构框图　　c)CPU 结构框图

图 2-53　单片机基本结构框图

(一)中央处理器 CPU

中央处理器 CPU 又称为微处理器,是具有译码指令和数据处理能力的电子部件,是汽车电子控制单元的核心,基本结构框图如图 2-53c)所示,主要由运算器 CLU、寄存器和控制器组成。

(1)运算器。运算器是计算机的运算部件,用于实现数学运算和逻辑运算。汽车上各种电子控制系统(如电子控制燃油喷射系统 EFI、防抱死制动系统 ABS、安全气囊系统 SRS、电子控制自动变速系统 ECT)ECU 内部的数据运算与逻辑判断都在这里进行。

（2）寄存器。寄存器用于暂时存储数据或程序指令。

（3）控制器。控制器是计算机的指挥控制部件，其功用是按照监控程序和应用程序使计算机各部分自动协调工作。

随着电子控制技术的发展，特别是控制器局域网络 CAN 技术的应用，汽车 ECU 不仅可以采用单片机进行控制，而且可以将单片机与 CAN 控制器集成组合在一起进行控制，图2-54所示即为内置两只 CAN 控制器（CAN0 MODULE 和 CAN1 MODULE）的 DS80C390 型微处理器 CPU 的内部结构框图。

DS80C390 型微处理器 CPU 不仅适用于汽车电子控制网络系统，而且可用于专用医疗设备、工厂过程控制、工业设备控制系统等众多的嵌入式控制网络系统。DS80C390 型微处理器 CPU 是一款双路 CAN 总线的高速微处理器。由于内部集成了两个 CAN 控制器，因此，能够较好地满足嵌入式系统日益增长的许多要求，如简化布线、可靠的数据传输等。CAN 信息的增强过滤措施（两个独立的 8 位介质屏蔽和介质仲裁区）允许 DS80C390 型微处理器 CPU 实现设备之间更高效率的数据通信，无须增加微处理器的负担。除了支持标准的 11 位标志之外，还支持扩展的 29 位 CAN 协议。因此，DS80C390 能够高效地处理更多的 CAN 节点之间的高速数据通信。

DS80C390 型微处理器 CPU 采用了去掉无用的时钟周期，处理能力达到了标准 8051 芯片的 3 倍。在最大 40MHz 的晶体振荡器频率下，其执行速度（120MHz）将产生相当于 10 倍原始架构的性能。除了具有标准 8051 芯片的资源（3 个定时器/计数器，串行通信接口和 4 个 8 位 I/O 接口）之外，还集成了一个 8 位 I/O 接口，第二个串行通信接口，7 个附加的中断，一个可编程"看门狗"定时器，一个电源跌落监测器/中断，电源失效复位，一个可编程 IrDA 时钟以及内部 4kB 的静态随机存储器。

DS80C390 型微处理器 CPU 具备 4MB 的寻址能力，较大的地址空间允许采用高级语言开发程序代码（支持更大、更复杂的数据结构，具有更多的编程方式），以便网络能够管理更多的设备。此外，该 CPU 还包含一个 40 位累加器的算术协处理器，通过专门的硬件完成 16 位和 32 位运算，包括乘法、除法、移位、归一化和累加等功能。

（二）存储器（Memory）

在单片机或微型计算机中，存储器是用来存储程序指令和数据的部件。存储器是由许多具有记忆功能的存储电路构成的，每个记忆存储电路存储 1 个二进位信息（0 或 1），称为存储器的存储位（Bit），每 8 个记忆存储电路构成存储器的一个基本单元，存储 8 位二进制信息，称为存储字节（Byte）。

存储器有多种分类方法，按读写操作原理可分为只读存储器（ROM，Read Only Memory）和随机存取存储器（RAM，Random Access Memory），按功能可分为程序存储器和数据存储器，按构成材料可分为半导体存储器和磁质存储器。随着半导体技术的发展，半导体存储器的功能和性能得到了大幅度提高，读写操作方式更简便实用。20 世纪 90 年代初期推出的快速擦写型存储器充分体现了体积小、功耗低、价格便宜、操作简便的优点。

（1）只读存储器（ROM）。ROM 是一种一旦信息写入就不可更改，而只能读出的存储器。实质上，ROM 是一次性写入、可随机读出的存储器。在汽车电控系统中，ROM 主要用于存储制造厂家编制的控制程序和原始试验数据，即使点火开关断开切断电源，ROM 中存储的这些信息也不会丢失。

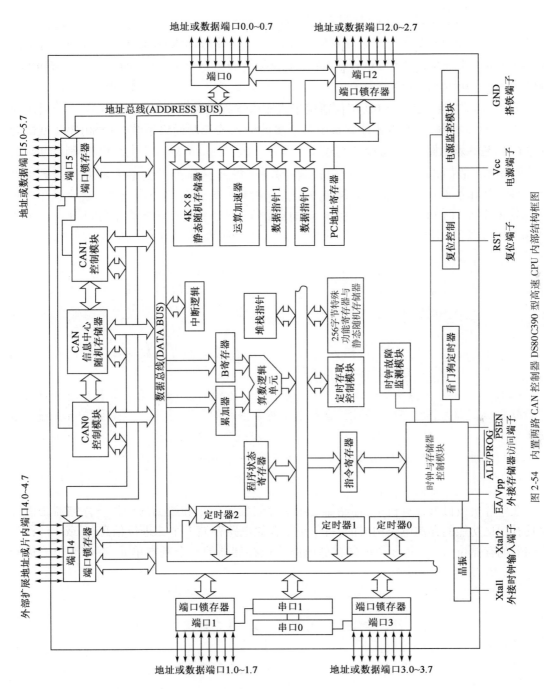

图 2-54　内置两路 CAN 控制器 DS80C390 型高速 CPU 内部结构框图

(2)随机存储器(RAM)。随机存储器 RAM 与只读存储器 ROM 相比有两点不同:一是 RAM 中的信息既可随时写入或读出,也可随时改写,改写时不必先擦除原有内容;二是半导体 RAM 中的信息会因突然断电而丢失。因此在汽车上,RAM 通常用来存储单片机工作时暂时需要存储的数据(如输入/输出数据、单片机运算得出的结果、故障代码、空燃比修正数据等),这些数据根据需要可随时调用或被新的数据改写。

由此可见,RAM 起到一个寄存器的作用。为了保证故障代码、空燃比修正数据等能够较长时间保存,汽车电控系统都将 RAM 的电源与专用的后备电源电路或蓄电池直接连接,不受点火开关控制。但是,当后备电源电路中断、蓄电池正极或负极端子断开时,存入 RAM 中的数据仍会丢失。因此在检修或更换蓄电池之前,必须事先调取故障代码或采取必要的防断电措施。

(三)输入/输出(I/O)接口

I/O(Input/Output)接口是 CPU 与传感器或执行器之间进行数据交换和下达控制指令的通道。由于传感器和执行器种类繁多,它们的信号速度、频率、电平、功率和工作时序等都不可能与 CPU 完全匹配,因此必须根据 CPU 的指令,通过 I/O 接口进行协调和控制。

(四)总线(BUS)

总线是微型计算机内部传递信息的连线电路。在单片机内部,CPU、ROM、RAM 与 I/O 接口之间的信息交换都是通过总线来实现。按传递信息不同,总线可分为数据总线、地址总线和控制总线三种。

(1)数据总线。主要用于传送数据与指令。数据总线的导线数与数据的位数一一对应。例如 16 位微机,其数据总线就有 16 根导线。

(2)地址总线。用来传递地址数码。在微机内,各器件之间的通信主要是靠地址数码进行联系。例如,当需要存入或读出存储器中某个单元的数据时,必须先将该单元的地址数码送到地址总线上,然后才能送出读取指令或写入指令完成读出或写入操作。地址总线的导线数与地址数码的位数及地址数码的传送方式(并行或串行传送)有关。

(3)控制总线。控制总线与微型计算机中的元器件连接,CPU 可通过控制总线随时掌握各个器件的状态,并根据需要随时向某个器件发出控制指令。

总线技术是提高微型计算机运算速度的关键技术。为了满足汽车上各种电控单元 ECU 之间实现快速通信的要求,汽车都已采用控制器局域网络通信总线(即 CAN 总线)技术。

三、输出回路

输出回路是单片机与执行器之间的中继站,其功用是根据单片微型计算机发出的指令,驱动执行器完成具体的控制任务。

单片机对采样信号进行数学计算和逻辑判断后,由预定程序形成控制指令发给执行器。由于微机只能输出电压为 4.5~4.8V 的弱电信号,不能直接驱动执行器动作。因此,必须通过输出回路对控制指令进行功率放大、译码或 D/A 转换,变成可以驱动各种执行器动作的强电信号。此外,当执行器(如 EFI 的旁通电磁阀、ECT 的锁止继动阀、ECT 的蓄压器背压调节阀等)需要线性电流量驱动时,单片机将控制占空比(图 2-55)来控制输出回路导通与截止,使流过执行器电磁线圈的平均电流逐渐增大或逐渐减小。因为占空比频率较高(一般为1kHz),所以流过执行器电磁线圈的平均电流不会脉动变化。

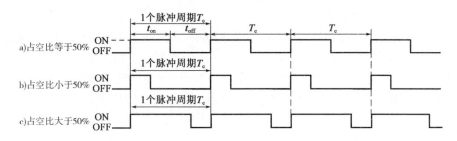

图 2-55　占空比示意图

占空比 R_c 是指在一个信号周期 T_c 内,高电平时间 t_{on} 所占的比率,如图 2-55a)所示,图中 t_{off} 为低电平所占时间。占空比 R_c 的表达式为:

$$R_c = \frac{t_{on}}{T} = \frac{t_{on}}{t_{on} + t_{off}} \times 100\%$$

第五节　电控喷油系统执行器的结构原理

执行器又称为执行元件,是电子控制系统的执行机构。执行器的功用是接收 ECU 发出的控制指令,完成具体的执行动作。汽车发电机电子控制燃油喷射系统所采用的执行器主要有电动燃油泵和电磁喷油器等。

一、电动燃油泵

在电子控制燃油喷射系统中,电动燃油泵的功用是向电磁喷油器提供油压比进气歧管压力高 250~300kPa 的燃油。因为燃油是从油箱内泵出,经压缩将油压提高后,再经输油管送到喷油器,所以油泵的最高输出油压需要 470kPa 左右,其供油量比发动机最大耗油量大得多,多余的汽油将从回油管流回油箱。

燃油泵设计供油量大于发动机耗油量有两个目的:一是防止发动机供油不足;二是燃油流动量增大可以散发供油系统的热量,从而防止油路产生气阻。

1. 电动燃油泵分类

按油泵结构不同,电动燃油泵可分为滚柱式、叶片式、齿轮式、涡轮式和侧槽式。目前常用的有滚柱式、叶片式和齿轮式。

按油泵安装方式不同,电动燃油泵可分为外装式和内装式。外装式安装在燃油箱外的输油管路中,内装式安装在燃油箱内。目前,大多数汽车都采用内装式燃油泵。与外装式油泵相比,内装式油泵不易产生气阻和泄漏,有利于燃油输送和电动机冷却,且噪声较小。

2. 电动燃油泵的结构原理

电动燃油泵的外形与内部结构如图 2-56 所示,主要由永磁式直流电动机、油泵、限压阀、止回阀和泵壳等组成。电动机由永久磁铁、电枢、换向器和电刷等组成。油泵由泵转子和泵体组成。泵转子固定在电动机轴上,随电动机转动而转动。

当点火开关接通时,直流电动机电路接通,电枢受电磁力的作用而开始转动,泵转子便随电动机一同转动,将燃油从油箱经输油管和进油口泵入燃油泵。当油泵内油压超过止回阀处弹簧压力时,燃油便从出油口经输油管泵入供油总管,再分配给每只喷油器。

当油泵停止工作时,在油泵出口处止回阀的弹簧压力作用下,止回阀将阻止汽油回流,使供油系统中保存的燃油具有一定压力,以便于发动机再次起动。

当油泵中的燃油压力超过规定值(一般为320kPa)时,油压克服泵体上限压阀弹簧的压力将限压阀顶开,部分汽油返回到进油口一侧,使油压不至过高而损坏油泵。

点火开关一旦接通,电动燃油泵就会工作1~2s。此时,如果发动机转速高于30r/min,电动燃油泵才连续运转,如果发动机转速低于30r/min,那么即使点火开关接通,电动燃油泵也会停止运转。

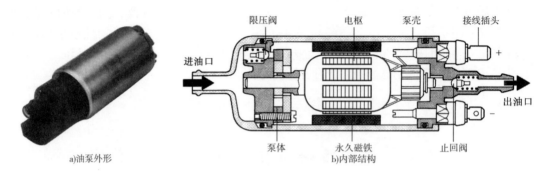

图2-56 电动燃油泵的结构

3. 滚柱式电动燃油泵

滚柱泵主要由泵转子、泵体和滚柱组成,结构如图2-57所示。电动机的电枢轴较长,泵转子偏心地压装在电枢轴上,随电动机一同转动。泵转子周围制有齿缺,滚柱安放在齿缺与泵体之间的空腔内。泵体用螺钉固定在一起,安放在泵壳内,泵体侧面制有进油口和出油口。泵转子与泵体的径向和轴向都制有很小的间隙,以便泵转子能够灵活转动。

滚柱式电动燃油泵的工作原理是利用容积变化来输送燃油。当电枢旋转时,泵转子随之一同旋转,泵转子齿缺内的滚柱在离心力的作用下,就会紧压在泵体内表面上并随泵转子旋转而产生滑移,在两个相邻滚柱以及泵转子和泵体之间便形成一个密封的腔室。由于泵转子偏心地安装在电枢轴上,因此当泵转子旋转时,密封腔室的容积就会发生变化(图中左侧腔室的容积增大,右侧腔室的容积减小)。

在密封腔室容积增大一侧的泵体侧面设有进油口,在容积减小一侧的泵体侧面设有出油口。这样,在泵转子旋转过程中,泵体进油口处腔室的容积不断增大,形成低压油腔,将燃油吸入泵体,而泵体出油口处腔室的容积不断减小,形成高压油腔,从而将燃油压出泵体流向电动机,使电动机得到冷却。当电枢周围泵壳内的燃油增多,油压高于燃油泵出油口止回阀弹簧的压力时,燃油便从出油口经输油管输送到喷油器。

4. 齿轮式电动燃油泵

齿轮式电动燃油泵的结构组成如图2-58所示,主要由内齿轮、外齿轮和泵体组成,工作原理与滚柱泵相同,也是利用容积大小发生变化来输送燃油。当电动机旋转时,内齿轮旋转并与外齿轮啮合,使泵腔容积发生变化,容积增大一侧将燃油吸入,容积减小一侧将燃油压出。

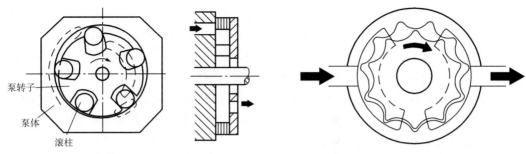

图 2-57 滚柱泵的结构与原理　　　　图 2-58 齿轮泵的结构与原理

5. 叶片式电动燃油泵

滚柱泵和齿轮泵泵油压力脉动大,运转噪声大,使用寿命短。因此,电控发动机燃油喷射系统普遍采用平板叶片式电动燃油泵,简称叶片泵,其结构与滚柱式电动燃油泵相似,如图 2-59 所示,主要由平板叶片转子与泵体组成。叶片泵与滚柱泵不同的是其转子是一块圆形平板,在平板的圆周上制有小槽,叶片上的小槽与泵体之间的空间便形成泵油腔室。

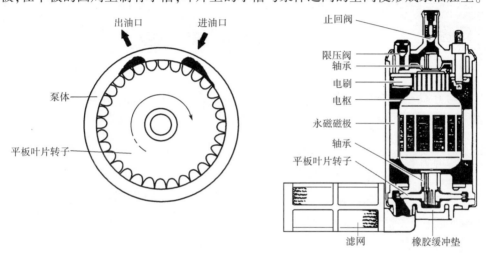

图 2-59 叶片泵的结构与原理

当燃油泵电动机运转时,电动机轴带动油泵转子一同旋转。由于转子转速较高,因此在叶片小槽与泵体进油口之间就会产生真空。当叶片小槽转到进油口处时,在真空吸力的作用下,燃油被吸入泵体内;当叶片小槽转到油泵出油口处时,在离心力和燃油压力的共同作用下,燃油便从出油口压出并流向电动机。叶片泵出燃油越多,电动机壳体内的燃油压力就越高。当油压超过油泵止回阀弹簧的压力时,止回阀阀门打开,燃油便从止回阀经输油管输送到燃油分配管和喷油器。

叶片泵的泵油原理类似于排风扇的排风原理,其突出优点是转子无磨损,因此,使用寿命长(大于 5000h,即汽车时速为 40km/h 的行驶里程可达 20 万 km)。此外,还具有质量轻(约 300g)、泵油压力高(可达 600kPa 以上)、出油压力脉动小、运转噪声小等优点。

二、燃油分配管

燃油分配管又称为供油总管或油架,安装在发动机进气歧管上方,其功用是储存燃油、固定喷油器和油压调节器,并将燃油分配给每只喷油器。因为燃油液体具有可压缩性,因此,燃油分配管还有抑制油压脉动的功能。燃油分配管与油压调节器和电磁喷油器等组成

2. 油压调节器调压原理

油压调节器实际上是一个膜片式溢流阀。当电动燃油泵运转时,燃油不断泵入燃油分配管,并从油压调节器进油口进入调节器燃油腔。燃油压力 P_f 作用到金属膜片上,并随泵油量的增加而增大。

当燃油压力 P_f 与歧管压力 P_i 的合力大于弹簧预紧力 P_s 时,膜片将向上拱曲,并带动球阀上移将阀门打开,部分燃油从球阀阀门经回油口和回油管流回油箱,燃油压力随之降低。

当燃油压力降低到燃油压力 P_f 与歧管压力 P_i 的合力小于弹簧预紧力 P_s 时,膜片复位,并带动球阀将阀门关闭,燃油压力随泵油量增加而增大。

当油压再次升高到燃油压力 P_f 与歧管压力 P_i 的合力大于弹簧预紧力 P_s 时,调节器重复上述工作过程,从而将燃油压力 P_f 与歧管压力 P_i 的合力调节为弹簧预紧力 P_s 值(300kPa)。

3. 油压调节器的输出特性

油压调节器的输出特性如图2-62所示。在油压调节器上接有一根真空管,该真空管将发动机进气歧管的真空度引入油压调节器的弹簧室(真空室)。由于进气歧管的压力始终低于大气压力,因此,当进气歧管的压力随节气门开度变化而变化时,进气压力将对调节器膜片产生一个吸力,从而使燃油压力发生改变。

当发动机怠速运转时,进气歧管的压力 P_i 约为 -54kPa,燃油压力 P_f 为:

$$P_f = P_s + P_i = 300 + (-54) = 246(\text{kPa})$$

当发动机全负荷运转时,进气歧管的压力 P_i 约为 -5kPa,燃油压力 P_f 为:

$$P_f = P_s + P_i = 300 + (-5) = 295(\text{kPa})$$

由此可见,由于进气歧管负压的作用,当发动机怠速运转,燃油压力达到246kPa时,油压调节器的球阀就会打开泄压;当发动机全负荷运转,燃油压力达到295kPa时,球阀才打开泄压。通过油压和进气负压的共同作用,使燃油分配管中的油压与进气歧管中的气压之压力差保持300kPa不变,其目的是保证喷油器喷油量的大小只与喷油阀门的开启时间有关,而与系统油压值和进气歧管的负压值无关。

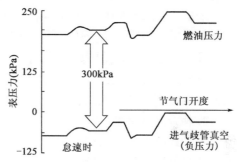

图2-62 油压调节器输出特性

四、电磁喷油器

电磁喷油器简称喷油器,俗称喷嘴,安装在燃油分配管上,其功用是计量燃油喷射系统的喷油量。

喷油器是发动机电控汽油喷射系统执行机构中的一个关键部件,是一种加工精度非常高的精密器件。为了满足燃油喷射系统控制精度的要求,要求喷油器具有抗堵塞性能好、燃油雾化好和动态流量范围大等优点。

(一)电磁喷油器分类

按总体结构不同,喷油器可分为轴针式、球阀式和片阀式三种。按喷油器电磁线圈阻值大小,喷油器可分为高阻型(13~18Ω)和低阻型(1~3Ω)两种。

(二)电磁喷油器的结构特点

1. 球阀式喷油器

球阀式喷油器的结构如图 2-63 所示。主要由带球阀的阀体、带喷孔的阀座、带线束插座的喷油器体、电磁线圈和复位弹簧等组成。

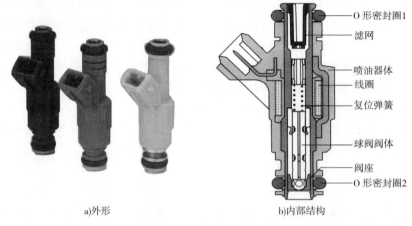

图 2-63 球阀式喷油器的结构

O 形密封圈起密封作用,密封圈 1 防止燃油泄漏,密封圈 2 防止漏气。滤网用于过滤燃油中的杂质。喷油器阀体由球阀、导杆和弹簧座组成。阀体上端安装有一根螺旋弹簧,当喷油器停止工作时,弹簧弹力使阀体复位,球阀关闭,钢球压靠在阀座上起到密封作用,防止燃油泄漏。导杆为空心结构,因为球阀具有自动定心的作用,所以导杆较短,质量较小,且密封性好。

在燃油分配管上,设有喷油器专用的安装支座,支座为橡胶成型件,起到隔热作用,防止喷油器中的燃油产生气泡,有助于提高发动机的热起动性能。

2. 轴针式喷油器

轴针式喷油器的结构如图 2-64 所示,主要由针阀阀体、针阀阀座、线束插座、电磁线圈和复位弹簧等组成。轴针式喷油器的结构与球阀式喷油器基本相同,主要区别在于阀体结构不同,如图 2-65 所示。

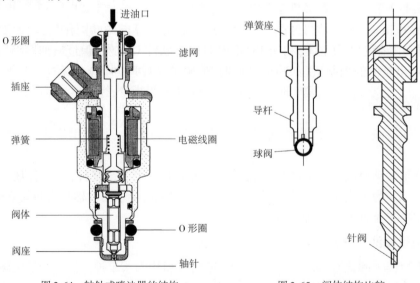

图 2-64 轴针式喷油器的结构　　图 2-65 阀体结构比较

轴针式喷油器阀体采用的是针阀,针阀制作在阀体上。为了保证阀体轴向移动时不发生偏移和阀门密封良好,必须具有较长的导杆,并制成实心结构,因此质量较大。

(三)电磁喷油器的工作原理

当喷油器的电磁线圈接通电流时,线圈中就会产生电磁吸力吸引阀体。当电磁吸力大于复位弹簧的弹力时,阀体压缩弹簧而向上移动(升程很小,一般为 0.1~0.2mm)。阀体上移时,球阀或针阀随阀体一同上移并离开阀座使阀门打开,阀座内燃油便从喷孔喷出。因为阀座上设置有螺旋油道和 2~4 个喷孔,所以当具有一定压力的燃油沿螺旋油道喷出时,形状呈小于 35°的圆锥雾状,并与空气混合形成雾化良好的可燃混合气。

当喷油器电磁线圈的电流切断时,电磁吸力消失,阀体在复位弹簧的弹力作用下复位,球阀或针阀回落到阀座上将阀门关闭而停止喷油。

燃油喷射式发动机大多为 16 气门、20 气门或 24 气门发动机,即每个汽缸有 4 个或 5 个气门,其中进气门 2~3 个,排气门 2 个。进气门增多的目的是增大进气量,提高发动机的动力性。排气门增多的目的是减小排气阻力,减少功率损失。

第六节 汽油机电控喷油系统(EFI)控制

汽车发动机燃油喷射系统的控制包括喷油器的控制、喷油正时的控制和喷油量的控制。其中,喷油量的控制又分为发动机起动时喷油量的控制和发动机起动后喷油量的控制两种情况。燃油喷射电子控制系统通过精确控制喷油量,即可降低燃油消耗量和减少有害气体排放量,从而达到提高汽车经济性和排放性的目的。

一、燃油喷射控制原理

汽车发动机各种燃油喷射电子控制系统采用传感器和执行器的数量与形式各有不同,但其燃油喷射的控制原理大同小异,空气流量型(即 L 型)燃油喷射系统的控制原理如图 2-66 所示。

在发动机工作过程中,当各种传感器和开关信号输入 ECU 后,首先,由输入接口电路(即输入回路)进行信号处理,将其变换成中央处理器(CPU)能够识别和处理的数字信号;然后,CPU 根据输入信号进行数学计算和逻辑判断,运算电路以 16 位、32 位或更多位数的微处理器和内存芯片为主体,利用 ROM 中的控制软件对输入信号进行数学计算和逻辑判断,并确定出具体的控制量(如喷油开始时刻、喷油持续时间等);最后,CPU 通过输出接口电路(即输出回路)向执行器(即喷油器)发出喷油控制指令,控制信号经输出电路进行功率放大后,再驱动喷油器喷油,与此同时,CPU 还要控制喷油开始时刻、喷油持续时间等,从而实现发动机不同工况时的喷油实时控制。

在控制过程中,各种传感器有如下工作情况。

凸轮轴位置传感器(CIS)向 ECU 提供反映活塞上止点位置的信号,以便计算确定和控制喷油提前角(即提前时间)。

车速传感器(VSS)向 ECU 提供反映汽车车速的信号,以便判断发动机运行在怠速状态(节气门关闭、车速为零)还是运行在减速状态(节气门关闭、车速不为零)等。如果运行在怠速状态,就由怠速控制系统进行怠速转速控制;如果运行在减速状态,就由断油控制系统确定是否停止供油。

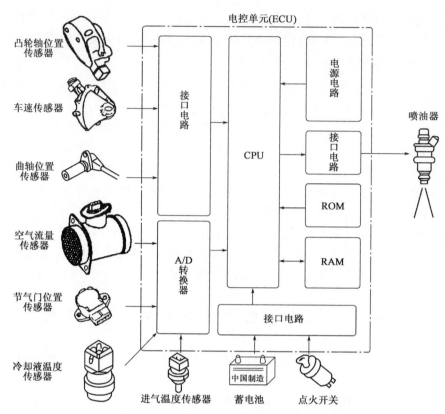

图 2-66 L 型燃油喷射系统喷油控制原理简图

曲轴位置传感器(CPS)向 ECU 提供反映发动机曲轴转速和转角的信号,空气流量传感器(AFS)或进气歧管绝对压力传感器(MAP)向 ECU 提供反映进气量多少的信号,ECU 根据这两个信号计算基本喷油量(即喷油持续时间),并根据曲轴转角信号控制喷油提前角和点火提前角等。

节气门位置传感器(TPS)向 ECU 提供反映发动机负荷大小的信号,ECU 根据 TPS 信号确定增加或减少喷油量。

冷却液温度传感器(CTS)向 ECU 提供发动机冷却液温度信号,以便计算确定喷油修正量、判断是否为冷机起动等。如为冷机起动,则直接运行冷起动程序,并根据温度值增大喷油量,保证发动机可靠起动。

进气温度传感器(IATS)提供吸入进气歧管空气的温度信号,以便计算确定喷油修正量。因为空气质量的大小与其密度有关,空气密度与其温度有关(温度越高,密度越小),所以,对于采用压力传感器和体积流量型传感器的燃油喷射系统,其进气量必须用温度信号进行修正。对于采用热丝式或热膜式空气流量传感器的燃油喷射系统而言,虽然进气量信号可以不进行修正,但是利用计算机根据进气温度传感器信号进行修正后,能使喷油量控制更加精确,可以得到更好的燃油经济性。

点火起动开关信号包括点火开关接通信号 IGN 和起动开关接通信号 STA,用于 ECU 判定发动机工作在起动状态还是正常工作状态,并控制运行相应的控制程序。例如,当点火开关接通"点火(ON)"挡时,ECU 的 IGN 端子将从点火开关接收到一个高电平信号,此时 ECU 将自动接通电动燃油泵电路使油泵工作 1~2s,以便发动机起动时油路中具有足够的燃油;当点火开关接通"起动(START)"挡时,ECU 的 STA 端子将从点火开关接收到一个高电平信号,此时 ECU 将控制运行起动程序增大喷油量,以便起动发动机。

蓄电池电压信号是汽车电源电压信号,蓄电池正极柱经导线直接与 ECU 的电源端子连接,不受点火开关和其他开关控制。当电源电压变化时,ECU 将改变喷油脉冲宽度,修正喷油器喷油持续的时间。当发动机停止工作时,蓄电池将向 ECU 和存储器等提供 5～20mA 的电流,以便存储器保存故障代码等信息而不致丢失。在点火开关断开时,对于配有步进电动机的控制系统,ECU 还将控制燃油喷射主继电器继续接通 2s,使步进电动机恢复到初始位置。

二、喷油器的控制

在发动机工作过程中,各种传感器信号输入 ECU 处理后,ECU 经过数学计算和逻辑判断,就会发出占空比信号控制喷油器喷油。各型电子控制燃油喷射系统喷油器的控制电路大同小异,大众公司轿车喷油器的控制电路如图 2-67 所示。

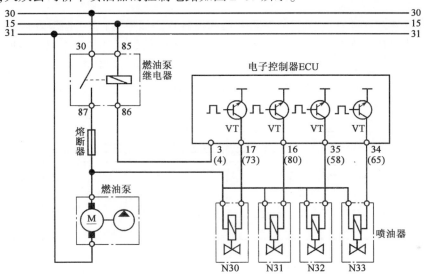

图 2-67　桑塔纳系列轿车喷油器控制电路
(括号内代号为桑塔纳 2000GSi 型轿车 ECU 插座端子序号)

当 ECU 向喷油器发出控制信号的高电平(4.5～4.8V)加到驱动三极管 VT 基极时,VT 导通,喷油器线圈电流接通,产生电磁吸力将阀门吸开,喷油器开始喷油;当控制信号的低电平(0.1～0.3V)加到驱动三极管 VT 基极时,VT 截止,喷油器线圈电流切断,阀体在复位弹簧弹力作用下将阀门关闭,喷油器停止喷油。

在进气管喷射系统中,喷油器将圆锥雾状燃油喷射在进气门(多段喷射)或节气门(单点喷射)附近,并与发动机吸入的空气混合形成可燃混合气;当进气门打开时,再吸入汽缸燃烧做功。在缸内直喷系统中,喷油器将高压(10MPa 以上)燃油直接喷射在火花塞附近与空气混合形成可燃混合气,从而实现分层燃烧。

三、喷油正时的控制

所谓喷油正时,是指喷油器何时开始喷油。发动机燃油喷射系统按喷油器安装部位分为单点燃油喷射系统(SPFI 或 SPI)和多点燃油喷射系统(MPFI 或 MPI)两种类型。单点喷射系统只有一只或两只喷油器,喷油器安装在节气门体上,发动机一旦工作就连续喷油。多点燃油喷射系统每个汽缸配有一只喷油器,喷油器安装在燃油分配管上。根据燃油喷射时序不同,多点燃油喷射系统控制喷油正时的方式可分为同时喷射、分组喷射和顺序喷射三种。

(一)同时喷射的控制

多点燃油同时喷射就是各缸喷油器同时喷油,控制电路如图2-68a)所示,各缸喷油器并联在一起,电磁线圈电流由一只功率管VT驱动控制。

发动机工作时,ECU根据曲轴位置传感器(CPS)和凸轮轴位置传感器(CIS)输入的基准信号发出喷油指令,控制功率管VT导通与截止,再由功率管控制喷油器电磁线圈电流接通与切断,使各缸喷油器同时喷油和停止喷油。曲轴每转一圈(360°)或两转(720°),各缸喷油器同时喷油一次,喷油器控制信号波形如图2-68b)所示。由于各缸同时喷油,因此喷油正时与发动机进气—压缩—做功—排气行程工作循环无关,如图2-68c)所示。

各缸喷油器同时喷油的优点是控制电路和控制程序简单,且通用性较好;缺点是各缸喷油时刻不可能最佳。在图2-68c)中,除1、4缸喷油正时较好之外,2、3缸喷射的燃油在进气门附近将要停留较长时间,其混合气雾化质量必然降低。因此,除早期研制的燃油喷射系统采用同时喷射方式喷油之外,现代汽车仅在燃油喷射系统发生故障、系统处于应急状态运行时才采用同时喷射方式喷油。

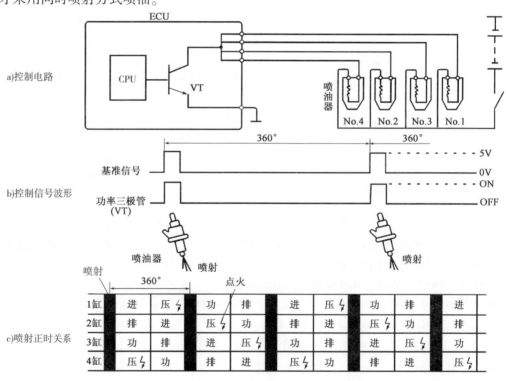

图2-68 同时喷射控制电路与喷油正时关系

(二)分组喷射的控制

多点燃油分组喷射是指将喷油器喷油分组进行控制。一般将四缸发动机分成两组,六缸发动机分成三组,八缸发动机分成四组。四缸发动机分组喷射控制电路如图2-69a)所示。

发动机工作时，由 ECU 控制各组喷油器轮流喷油。发动机每转一圈，只有一组喷油器喷油，每组喷油器喷油时连续喷射 1~2 次，喷油正时关系如图 2-69b) 所示。分组喷射方式虽然不是最佳的喷油方式，但由正时关系可见，1、4 两缸的喷油时刻较佳，在排气行程上止点前一定角度开始喷油，燃油在进气门前停留时间较短，因此，混合气雾化质量比同时喷射大大改善。切诺基吉普车 2.5L 四缸发动机和夏利 TJ7130 型轿车采用了分组喷射方式喷油。

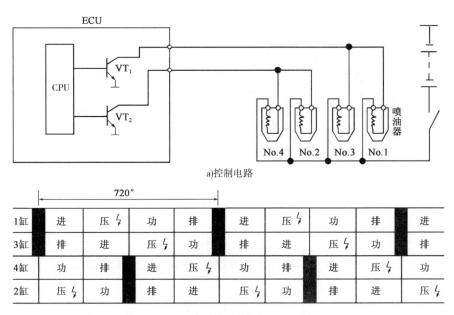

图 2-69　多点燃油分组喷射控制电路与正时关系

(三) 顺序喷射的控制

多点燃油顺序喷油是指各缸喷油器按照一定的顺序进行喷油。因为各缸喷油器独立喷油，所以又称为独立喷射，控制电路如图 2-70a) 所示。

在顺序喷射系统中，发动机工作一个循环 (曲轴转两转 720°)，各缸喷油器轮流喷油一次，就像点火系统火花塞按照一定的汽缸顺序跳火一样，各缸喷油器按照一定的顺序依次喷射燃油，喷油正时关系如图 2-70d) 所示。

实现顺序喷射的关键在于需要知道即将到达排气上止点的是哪一缸的活塞。为此，在顺序喷射系统中，ECU 需要一个汽缸判别信号 (判缸信号)，即需要配装一只凸轮轴位置传感器。根据凸轮轴位置传感器信号，ECU 即可判定是哪一个汽缸的活塞即将运行至排气上止点，再根据曲轴位置传感器提供的曲轴转角信号，ECU 就可计算出该活塞位于排气上止点前的具体角度，并适时发出喷油控制指令，使各缸喷油器适时开始喷油。

凸轮轴位置传感器输入 ECU 的判缸信号一般在某一缸或每一缸的排气上止点前 60°~90° (即 BTDC60°~BTDC90°) 时产生。如日产公爵王 (Cedric) 六缸发动机轿车用光电式凸轮轴位置传感器的判缸信号是在每一缸的排气上止点前 70° (BTDC70°) 时产生；桑塔纳 2000GSi、3000 型和捷达 AT、GTX 型轿车用霍尔式凸轮轴位置传感器的判缸信号是在第四缸的排气上止点前 88° (BTDC88°) 时产生。

顺序喷射的优点是各缸喷油时刻均可设计在最佳时刻,燃油雾化质量好,有利于提高燃油经济性和降低有害气体的排放量,缺点是控制电路和控制软件比较复杂。然而,对现代汽车电子技术来说,实现顺序喷射控制十分容易,目前普遍采用。

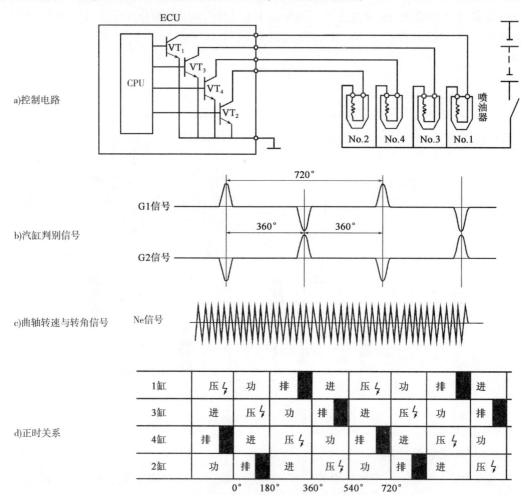

图 2-70 多点燃油顺序喷射控制电路与正时关系

在多点顺序喷射系统中,喷油顺序与点火顺序同步,点火时刻在压缩上止点前开始,喷油时刻在排气上止点前开始。桑塔纳 2000GSi、3000,宝来(BORA),捷达 AT、GTX,红旗 CA7220E 型轿车的点火顺序为 1-3-4-2,喷油顺序也为 1-3-4-2;切诺基 Cherokee 吉普车 4.0L 六缸电控发动机的点火顺序为 1-5-3-6-2-4,喷油顺序也为 1-5-3-6-2-4,各缸喷油器分别由 ECU 进行控制,驱动回路数与汽缸数相等。当发动机转动时,ECU 便按喷油器 1-3-4-2(四缸发动机)或 1-5-3-6-2-4(六缸发动机)的顺序控制功率管导通与截止。当功率管导通时,喷油器电磁线圈电路接通,喷油器阀门开启喷油。

四、发动机起动时喷油量的控制

发动机工况不同,对混合气浓度的要求也不相同,特别是冷起动、怠速、急加减速等特殊工况,对混合气浓度都有特殊要求。因此,喷油量的控制大致可分为发动机起动时喷油量的控制和发动机起动后(即运转过程中)喷油量的控制两种情况。

当起动机驱动发动机运转时,发动机转速很低(汽油发动机为 30～50r/min,柴油发动机为 150～200r/min)且波动较大,导致反映进气量的空气流量信号或进气压力信号误差较大。因此在起动发动机时,ECU 不是以空气流量传感器信号或进气压力信号作为计算喷油量的依据,而是按照可编程只读存储器(ROM)中预先编制的起动程序和预先设定的空燃比来控制喷油,喷油量的控制方式采用开环控制,控制过程如图 2-71 所示。

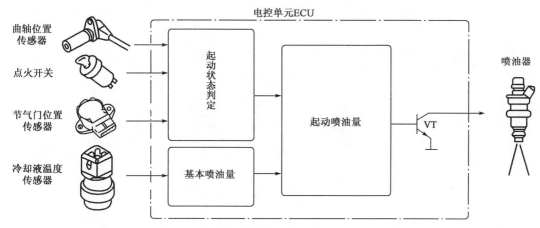

图 2-71　起动时喷油量控制示意图

首先,ECU 根据曲轴位置传感器、点火开关和节气门位置传感器提供的信号,判定发动机是否处于起动状态,以便决定是否按起动程序控制喷油;然后,ECU 再根据冷却液温度传感器信号确定基本喷油量。

当点火开关接通起动挡位时,ECU 的 STA 端便接收到一个高电平信号,此时 ECU 再根据曲轴位置传感器和节气门位置传感器信号判定是否处于起动状态。如果曲轴位置传感器信号表明发动机转速低于 300r/min,且节气门位置传感器信号表明节气门处于关闭状态,则判定发动机处于起动状态,并控制运行起动程序。

在燃油喷射系统具有"清除溢流"功能的汽车上,当发动机转速低于 300r/min 时,如果节气门开度大于 80%,那么 ECU 将判定为"清除溢流"控制,喷油器将停止喷油。

当冷车起动时,发动机温度很低,喷入进气管的燃油不易蒸发,吸入汽缸内的可燃混合气浓度相对减小。因此,为了保证发动机起动时具有足够浓度的可燃混合气,ECU 还要根据冷却液温度传感器信号反映的发动机温度高低控制喷油器的喷油量,以使冷态发动机能够顺利起动。冷却液温度与喷油量的关系如图 2-72 所示,温度越低,喷油时间越长,喷油量则越大;反之,温度越高,喷油时间越短,喷油量则越小。

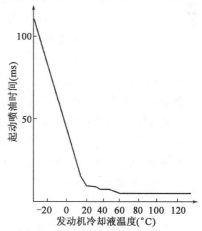

图 2-72　冷起动时的基本喷油量

五、发动机起动后喷油量的控制

在发动机起动后的运转过程中,喷油器实际的喷油总量由基本喷油量、喷油修正量和喷油增量三部分决定,如图 2-73 所示。

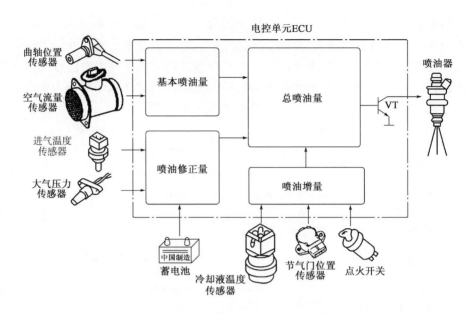

图 2-73 发动机起动后喷油量控制示意图

基本喷油量由空气流量传感器(AFS)信号或歧管压力传感器(MAP)信号、曲轴位置传感器(CPS)信号或发动机转速传感器信号以及试验设定的空燃比(即目标空燃比 $\lambda = A/F$)计算确定。

喷油修正量由与进气量有关的进气温度传感器(IATS)信号、大气压力传感器(APS)信号、氧传感器(EGO)信号和蓄电池电压(U_{BAT})信号计算确定。

喷油增量由反映发动机工况的节气门位置传感器(TPS)信号、冷却液温度传感器(CTS)信号和点火开关(IGN)信号等计算确定。

众所周知,影响发动机动力性、经济性和排放性能的参数很多,且发动机的工况随时都有可能发生变化,电子控制燃油喷射的数学模型十分复杂,用数学推导方式难以建立其模型。为此,现代汽车电子控制燃油喷射系统的基本喷油量和喷油提前角参数普遍采用数据 MAP(即数据曼谱图或数字地图)的形式存储在只读存储器(ROM)中,利用 ECU 的查询功能进行控制。汽油机的点火提前角,柴油机的喷油压力、基本喷油量和喷油提前角等参数也都普遍采用数据 MAP 的形式进行控制。

所谓数据 MAP,就是在控制系统设计制造完成之后,通过对发动机进行若干次台架试验,测定发动机不同工况下各种传感器和执行器的有关数据,确定出最佳喷油量及其相关参数,并将这些参数以两维或三维图的形式存储在 ROM 中的数据图谱。美国福特(Ford)轿车某型发动机在不同转速和不同负荷条件下,基本喷油量 Q_b 的三维数据 MAP 如图 2-74 所示。

当电控喷油系统工作时,ECU 首先根据反映发动机负荷 L_e 大小的空气流量传感器(AFS)或歧管压力传感器(MAP)信号以及曲轴位置传感器(CPS)提供的发动机转速 n 信号,利用其查询功能在只读存储器(ROM)存储的三维数据 MAP 中查寻得到基本喷油量 Q_b,然后根据其他传感器信号确定喷油修正量和喷油增量,经过数学计算和逻辑判断确定最佳喷油量和喷油时刻之后,再向喷油器输出接口电路发出控制指令,通过控制喷油器阀门的开启时间和喷油器持续通电时间将喷油量控制在最佳值。

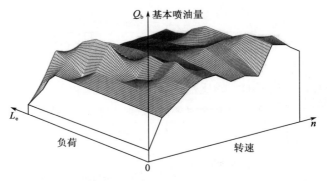

图 2-74　福特轿车某型发动机不同转速和负荷时的基本喷油量曼谱图

六、喷油量 Q 与喷油时间 T 的关系

喷油器的喷油量 Q 主要取决于喷油器喷孔流量 Q_i、喷孔面积 A_i、燃油密度 ρ、燃油压力 p_f、进气压力 p_i 和喷油时间 T(即喷油器阀门开启时间或电磁线圈通电时间)。喷油量大小可用下述经验公式进行计算:

$$Q = Q_i A_i T \sqrt{2g\rho(p_f - p_i)}$$

式中: g——重力加速度, m/s^2;

　　　T——喷油时间, ms。

在汽油机电控喷油系统中,油压调节器调节的油压为系统油压与进气歧管压力之差,所以,对油压调节器结构一定的控制系统来说,燃油压力与进气歧管压力之差为一定值(电控燃油喷射系统一般设定为 300kPa);对喷油器结构一定的控制系统来说,喷孔流量及其面积是固定不变的(磨损微小,可以不考虑)。由此可见,喷油量仅取决于喷油器阀门开启时间(即取决于 ECU 控制喷油器电磁线圈的占空比信号高电平的宽度)。占空比越大,喷油持续时间越长,喷油量就越大;反之,喷油量越小。汽车发动机电控燃油喷射系统的喷油时间一般为 2~10ms(实测值为 1.5~12.6ms)。喷油时间 T 可用下述经验公式进行计算:

$$T = T_B \lambda K_{FC} K_{AF} (1 + K_{PT} + K_{AS} + K_{CT} + K_{AC}) + K_{BAT}$$

式中: T_B——基本喷油时间;

　　　λ——空燃比;

　　　K_{FC}——断油修正系数(由断油控制系统控制,断油时 $K_{FC}=0$,不断油时 $K_{FC}=1$);

　　　K_{AF}——空燃比反馈修正系数(由空燃比反馈控制系统控制,开环控制时 $K_{AF}=1$);

　　　K_{PT}——进气压力与进气温度修正系数;

　　　K_{AS}——起动后喷油增量修正系数;

　　　K_{CT}——冷却液温度修正系数;

　　　K_{AC}——加速喷油增量修正系数;

　　　K_{BAT}——电源电压修正系数。

七、基本喷油时间 T_B(基本喷油量 Q_B)的确定

基本喷油时间 T_B(或基本喷油量 Q_B)是在标准大气状态(温度为 20℃,压力为 101kPa)下,根据发动机每个工作循环的进气量、发动机转速 n 和试验设定的空燃比(即目标空燃比 λ)确定。

(一)空燃比(λ)的确定

发动机在不同转速和负荷时的最佳空燃比($\lambda = A/F$)数值是在发动机设计完毕后,预先经过台架试验测试获得,并以三维数据曼谱图(MAP)形式存储在 ROM 中。美国福特轿车某型电控发动机在各种工况下的空燃比范围如表2-4所示。

福特轿车电控发动机不同工况时的空燃比 λ 范围　　　　　表2-4

发动机工况	空燃比	发动机温度	氧传感器状态
起动	2:1~12:1	由冷变热	无信号
暖机	2:1~15:1	逐渐升温	无信号,直到发动机温度正常
开环控制	2:1~15:1	冷或热	有信号但ECU不采用
闭环控制	14.7:1	热	有信号且ECU采用
急加速	取决于驾驶人操作	热	有信号但ECU不采用
减速	稀混合气	热	有信号但ECU不采用
怠速	取决于怠速控制系统	热	有信号,怠速控制系统不工作时ECU采用

发动机工作时,ECU 根据曲轴位置传感器输入的发动机转速信号以及空气流量传感器和节气门位置传感器输入的发动机负荷信号,从空燃比曼谱图(MAP)中查询出最佳的空燃比数值进行控制。为了提高发动机动力性、经济性,降低废气排放,在工况不同时,其空燃比也不相同。

当汽油机在部分负荷工况下工作时,其喷油量是按经济空燃比供给控制,即电控系统按理论空燃比($\lambda = A/F = 14.7$)或大于理论空燃比控制喷油量,控制发动机燃烧稀薄混合气,用以提高经济性和降低有害气体的排放量。

当发动机在高速、大负荷或全负荷工况下运行时,为了获得良好的动力性,要求发动机输出最大功率,因此,需要供给浓混合气,ECU 将根据节气门位置传感器信号,判定发动机是否处于大负荷以上工况运行。当节气门开度大于 70°(80% 负荷)时,ECU 将控制运行功率空燃比程序,增大喷油量,供给浓于理论空燃比的功率混合气,满足发动机输出最大功率的要求。

(二)涡流式流量传感器系统基本喷油时间 T_B 的计算

采用卡尔曼涡流式空气流量传感器时,基本喷油时间 T_B 可用下述经验公式计算:

$$T_B = \frac{\frac{Q_A}{n}}{K_0 \cdot \lambda} \cdot \frac{273+20}{T_{IAT}} \cdot \frac{P_{atm}}{101} = K \frac{f}{n} \cdot \frac{293}{T_{IAT}} \cdot \frac{P_{atm}}{101}$$

式中:Q_A/n——发动机每转一转进入汽缸的空气量,m^3/r;

　　　n——发动机转速,r/s;

　　　K_0——由喷油器尺寸、喷射方式及汽缸数决定的常数;

　　　λ——目标空燃比;

　　　T_{IAT}——空气流量传感器处的进气温度,K;

　　　P_{atm}——大气压力,kPa;

　　　K——常数,$K = C/(K_0\lambda)$;

　　　f——涡流频率,Hz。

当进气量增大时,传感器信号频率升高,所以基本喷油时间 T_B(即基本喷油量 Q_B)与涡流频率成正比。进气量越大,传感器信号频率就越高,基本喷油时间就越长。

(三)热丝式与热膜式流量传感器系统基本喷油时间 T_B 的计算

采用热丝式与热膜式空气流量传感器时,因为测得空气流量为质量流量,进气温度与大气压力不必修正,所以基本喷油时间 T_B 可用下式计算:

$$T_B = \frac{\frac{Q_m}{n}}{K_0 \cdot \lambda}$$

式中:Q_m——空气的质量流量,g/s;
n——发动机转速,r/s;
Q_m/n——发动机每转一转进入汽缸的空气量,g/r;
K_0——由喷油器尺寸、喷射方式以及汽缸数决定的常数;
λ——目标空燃比。

基本喷油时间 T_B(即基本喷油量 Q_B)与发动机每转一转的进气量(Q_m/n)成正比。当转速 n 升高时,发动机在一个工作循环内所占的时间缩短,其进气量将减少,所以基本喷油时间 T_B 随转速升高而缩短。

由此可见,进气量传感器(空气流量传感器或歧管压力传感器)和发动机转速传感器(曲轴位置传感器)是燃油喷射系统最重要的两种传感器,特别是进气量传感器,其精度高低将直接影响喷油时间的计算精度,从而影响发动机的动力性和经济性。

进气量传感器是衡量燃油喷射系统技术水平高低的重要标志。在进气量传感器中,进气歧管压力传感器是间接测量进气量,其测量精度最低;翼片式、量芯式和卡尔曼旋涡式空气流量传感器是通过检测体积流量来测量进气量,其测量精度较高;热丝和热膜式空气流量传感器是通过检测进气质量来测量进气量,其测量精度最高,喷射系统性能最好。

八、喷油修正量的确定

喷油修正量由与进气量有关的信号决定。因为喷油量与进气量密切相关,所以凡是影响进气量的信号都必须进行修正。其主要包括进气温度传感器(IATS)信号、大气压力传感器(APS)信号和蓄电池电压(U_{BAT})信号等。

(一)进气温度与大气压力的修正(修正系数 K_{PT} 的确定)

当空气温度和大气压力变化时,空气密度就会发生变化,进气量就会随之发生变化。为此,需要 ECU 根据空气温度和大气压力等信号,对喷油量(喷油时间)进行修正,使发动机在各种运行条件下,都能获得最佳的喷油量。

当温度升高时,空气密度将减小。在体积相同的情况下,热空气的质量要小于冷空气的质量。因此,对于采用进气压力传感器和体积流量型传感器的喷射系统,在传感器信号相同的情况下,进入发动机的空气质量将随空气温度升高而减小。因为基本喷油量(基本喷油时间)是以标准大气状态[温度 293K(20℃)、压力 101kPa]为基准进行计算的,所以当进气温度高于 20℃时,ECU 将确定修正系数小于1,适当减少喷油量(缩短喷油时间)进行修正;反之,当进气温度低于 20℃时,ECU 将确定修正系数大于1,适当增加喷油量(延长喷油时间)进行修正。

当汽车在高原地区行驶时,海拔高度增加,大气压力降低,空气密度减小,在发动机进气量体积相同的情况下,空气质量就会减小。为此,ECU 将根据大气压力传感器输入的信号,对喷油量(喷油时间)进行适当修正。当大气压力低于 101kPa 时,ECU 将减小修正系数,使喷油量减少(缩短喷油时间)进行修正,避免混合气过浓和油耗过高;反之,当大气压力高于 101kPa 时,ECU 将适当增加喷油量(延长喷油时间)进行修正。大气压力传感器通常采用压敏电阻式并安装在 ECU 内部,其结构原理与歧管压力传感器相同。

空气温度和大气压力修正系数 K_{PT} 可用下式表示:

$$K_{PT} = \sqrt{\frac{273 + 20}{T_{IAT}}} \cdot \sqrt{\frac{P_{atm}}{101}} = \sqrt{\frac{293}{273 + t}} \cdot \sqrt{\frac{P_{atm}}{101}}$$

式中:K_{PT}——空气温度与大气压力修正系数;
　　　T_{IAT}——进气温度传感器检测的温度,K;
　　　P_{atm}——大气压力传感器检测的压力,kPa;
　　　t——进气温度,℃。

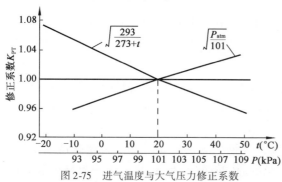

图 2-75　进气温度与大气压力修正系数

在控制系统中,修正系数 K_{PT} 与空气温度 t 和大气压力 P_{atm} 之间的数据曼谱图如图 2-75 所示。曼谱图预先存储在 ROM 中,当发动机工作时,ECU 根据进气温度传感器和大气压力传感器信号由曼谱图即可确定出修正系数的大小。部分车型采用热膜式空气流量传感器来检测进气量,由于热膜式和热丝式传感器是直接检测进入空气的质量流量,进气量多少与大气压力和空气温度无关,因此其喷油时间不需要修正。

(二)电源电压的修正(修正系数 K_{BAT} 的确定)

喷油器的电磁线圈为感性负载,其电流按指数规律变化,因此当喷油脉冲到来时,喷油器阀门开启和关闭都将滞后一定时间。蓄电池电压的高低对喷油器开启滞后时间影响较大,电压越低,开启滞后时间越长,在控制脉冲占空比相同的情况下,实际喷油量就会减小,为此必须进行修正。

修正喷油量时,ECU 以 14V 电压为基准,当蓄电池输入 ECU 的电压低于 14V 时,ECU 将增大喷油脉冲的占空比,即增大修正系数,如图 2-76 所示,使喷油器的喷油时间增长;反之,当蓄电池电压升高时,ECU 将减小占空比,即减小修正系数,使喷油时间缩短。

九、喷油增量的确定

喷油增量就是在冷机起动后或汽车加速等特殊工况时,增大喷油量来满足使用要求。主要由反映发动机工况的节气门位置传感器(TPS)信号、冷却液温度传感器(CTS)信号和点火开关(IGN)信号等确定喷油增量。

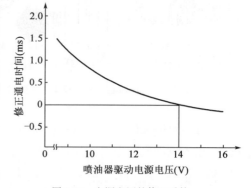

图 2-76　电源电压的修正系数

(一)起动后喷油增量的修正(修正系数 K_{AS} 的确定)

发动机冷机起动后喷油增量比例的大小取决于起动时发动机的温度,并随起动后时间的增长而逐渐减小至1,如图2-77所示。

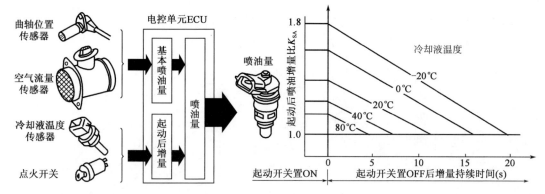

图2-77 起动后喷油增量的修正

在发动机冷机起动后,由于低温混合气雾化不良,燃油会在进气管上沉积而导致混合气变稀,发动机运转不稳甚至熄火。为此在起动后的短时间内,必须增加喷油量,使混合气加浓,保证发动机稳定运转而不致熄火。

(二)冷却液温度的修正(修正系数 K_{CT} 的确定)

冷却液温度的修正是指暖机过程中冷却液温度的修正。在冷车起动结束后的暖机过程中,发动机温度较低,燃油雾化较差,部分燃油凝结在进气管和汽缸壁上,会使混合气变稀,燃烧不稳定。因此在暖机过程中,必须增加喷油量,其燃油增量的比例取决于冷却液温度传感器测定的发动机温度,并随发动机温度升高而逐渐减小,如图2-78所示。ECU根据冷却液温度传感器信号,通过加大喷油脉冲宽度(占空比)进行暖机加浓。随着发动机冷却液温度的升高,喷油脉冲的占空比将逐渐减小,直到发动机冷却液温度超过60℃后才停止加浓,喷油增量比例逐渐减小至1。

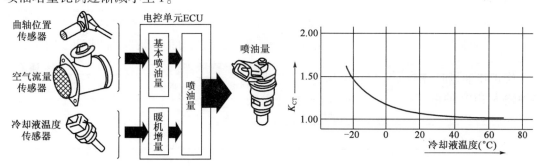

图2-78 冷却液温度不同时喷油增量的修正

(三)加速时喷油增量的修正(修正系数 K_{AC} 的确定)

当汽车加速时,为了保证发动机能够输出足够的转矩,改善加速性能,必须增大喷油量。加速喷油增量比例大小和混合气加浓时间,取决于加速时发动机冷却液的温度。冷却液温度越低,燃油增量比例越大,加浓持续时间越长,如图2-79所示。

在发动机运转过程中,ECU将根据节气门位置传感器信号和进气量传感器信号的变化速率,判定发动机是否处于加速工况。汽车加速时,节气门突然开大,节气门位置传感器信号的变化速率增大,与此同时,空气流量突然增大,歧管压力突然增大,进气量传感器信号突然升高,ECU 接收到这些信号后,立即发出增大喷油量的控制指令,使混合气加浓。

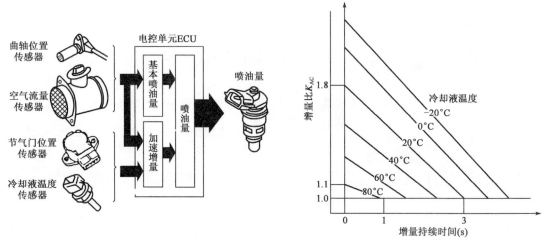

图 2-79 加速喷油增量的修正

十、喷油提前角与喷油持续时间的控制

喷油提前角与喷油持续时间控制需要综合运用发动机工作循环、曲轴位置与凸轮轴位置传感器的有关知识进行分析。下面以大众公司轿车四缸发动机喷油提前角与喷油持续时间的控制为例说明。设发动机转速为 1000r/min 时,喷油提前角为 6°(BTDC6°),喷油持续时间为 2ms,其控制时序与波形如图 2-80 所示。

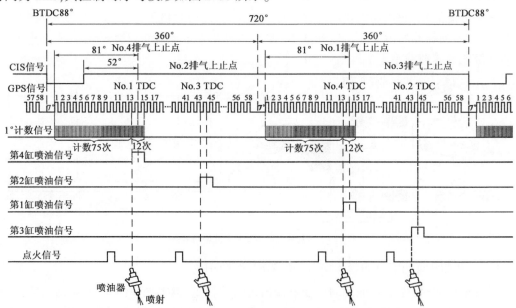

图 2-80 喷油提前角与持续时间的控制时序与波形

(一)喷油提前角的控制过程

喷油提前角是指从喷油开始至活塞运行到排气上止点 TDC 的时间内,发动机曲轴转过

的角度。由四缸发动机工作循环可知：当第1缸活塞运行到压缩上止点TDC时，第4缸活塞位于排气上止点TDC位置；当第4缸活塞运行到压缩上止点时，第1缸活塞位于排气上止点TDC位置。由本章图2-32所示大众公司轿车曲轴和凸轮轴位置传感器输出信号波形（图中磁感应式CPS和CIS信号已经过输入回路整形转换为方波信号）可知：

（1）发动机每旋转两转（720°），霍尔式凸轮轴位置传感器CIS产生一个判缸信号，且信号下降沿在第1缸活塞压缩（第4缸排气）上止点前88°（BTDC88°）时产生。

（2）发动机每旋转一转（360°），曲轴位置传感器CPS产生58个脉冲信号，每个凸齿和小齿缺均占3°曲轴转角，大齿缺占15°曲轴转角。

（3）曲轴位置传感器CPS大齿缺信号后的首个凸齿信号如果是在判缸信号后产生，则该凸齿信号上升沿对应于第1缸压缩（第4缸排气）上止点前81°（BTDC81°）；如果不是在判缸信号后产生，则该凸齿信号上升沿对应于第4缸压缩（第1缸排气）上止点前81°（BTDC81°）。

发动机运转时，曲轴和凸轮轴分别驱动曲轴位置传感器CPS和凸轮轴位置传感器CIS一同转动，传感器CPS和CIS产生的信号不断输入ECU，经过输入接口电路进行信号处理后，再由CPU进行数学计算和逻辑判断。

当ECU接收到凸轮轴位置传感器CIS信号下降沿时，立即判定第1缸活塞位于压缩上止点前88°、第4缸活塞位于排气上止点前88°，并控制其内部的1°计数电路准备对曲轴位置传感器信号进行计数。

当曲轴位置传感器CPS大齿缺信号后的首个凸齿信号上升沿输入ECU时，1°计数电路立即开始对CPS信号进行计数。当计数75次（即ECU接收到CPS第13个凸齿信号的下降沿，相当于曲轴转角13个凸齿×3°+12个小齿缺×3°=75°）时，第4缸活塞正好位于排气上止点前6°（BTDC6°=81°-75°），此时ECU立即向第4缸喷油器驱动电路（三极管）发出高电平控制信号，使第4缸喷油器电磁线圈电路接通，喷油器阀门开启喷油，从而将喷油提前角控制在上止点前6°（BTDC6°）。

为了控制下一缸（即第2缸）喷油，计数电路从CPS第13个凸齿信号的下降沿开始计数，当计数180次（即计数到CPS第43个凸齿信号下降沿，相当于曲轴转角30个凸齿×3°+30个小齿缺×3°=180°）时，向第2缸喷油器驱动三极管发出喷油脉冲，使第2缸喷油器开始喷油，从而将喷油提前角控制在排气上止点前6°。

在发动机转速不变的情况下，其他汽缸的喷油提前角控制方法依此类推。当转速变化时，ECU根据上述控制方法，即可将喷油提前角精确控制在相应角度。

（二）喷油持续时间的控制过程

喷油器开始喷油后，ECU使喷油脉冲保持高电平不变，并根据内部晶振周期控制喷油时间。当喷油脉冲高电平宽度达到2ms时，立即将喷油脉冲转变为低电平，使三极管截止，切断喷油器线圈电流而停止喷油。因为发动机转速为1000r/min时，喷油持续时间2ms相当于曲轴转角12°$\left(\dfrac{1000 \times 360° \times 2\text{ms}}{60000\text{ms}} = 12°\right)$，所以喷油结束时刻对应于曲轴位置传感器CPS大齿缺信号后的第15个凸齿信号下降沿。在发动机转速不变的情况下，其他汽缸喷油持续时间的控制方法依此类推。

（三）喷油控制软件流程

喷油控制软件流程简图如图2-81所示，主要由主程序、自检程序、故障报警子程序、起动子程序和怠速子程序等组成。主程序的主要功用是监测判定发动机工作状态,计算或从喷油曼谱图中查询确定空燃比、喷油时间、喷油提前时间(喷油提前角),并发出喷油指令、控制喷油器开始喷油和停止喷油。

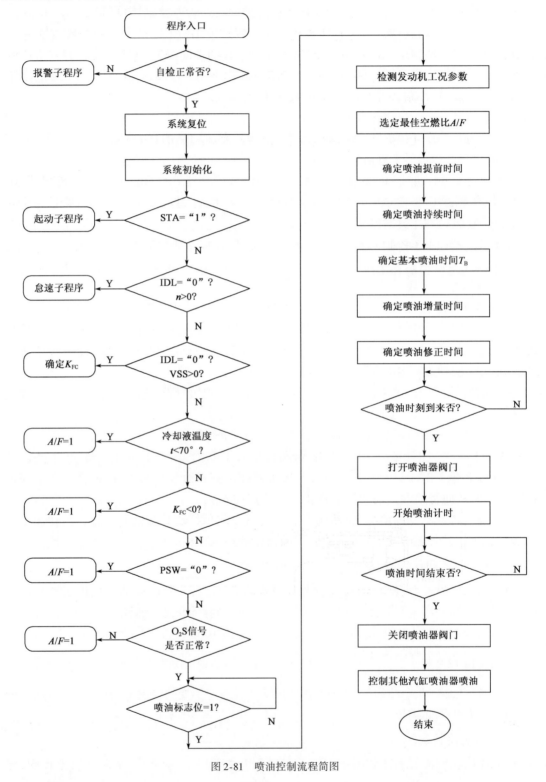

图 2-81　喷油控制流程简图

发动机燃油喷射电子控制系统控制喷油的方式采用实时控制,其控制精度高、运算速度快,因此一般都采用汇编语言编程。为了便于程序编制与调试,一般采用模块化结构,将程序分成若干个子程序进行编制与调试。

汽车电子控制系统控制软件的发展趋势是模块化、标准化和通用化。随着计算机软件工程技术的发展,控制软件将与普通计算机软件一样,利用操作系统(OS)进行控制。各种控制功能作为一个控制单元进行独立设计,在操作系统的控制下,由各个单片机分时执行控制任务。操作系统使用世界标准和规范,各公司根据标准样式对功能软件进行模块化设计与开发。因此,未来控制软件有望成为通用化、标准化的功能部件进行销售。

第七节 发动机怠速控制系统(ISCS)

在汽车有效使用期内,发动机老化、汽缸积炭、火花塞间隙变化和温度变化等都会导致怠速转速发生改变。当发动机怠速运转时,由于空调压缩机、动力转向助力泵、发电机等负载的变化也会引起怠速转速发生波动。因此,需要对发动机怠速转速进行调整。燃油喷射式发动机都配置有怠速控制系统。

一、怠速控制系统的组成

怠速控制就是怠速转速的控制。设有旁通空气道的发动机怠速控制系统如图2-82所示,主要由各种传感器、控制开关、ECU和怠速控制阀等组成。在采用直接控制节气门来控制怠速的汽车上,没有设置旁通空气道,由 ECU 控制怠速控制阀(或电动机)直接改变节气门的开度来控制怠速转速。

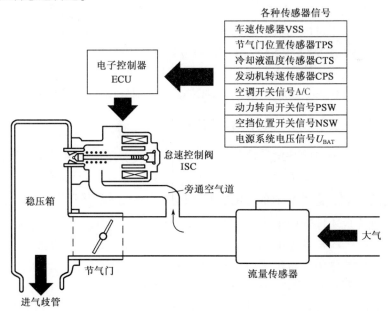

图2-82 发动机怠速控制系统组成

车速传感器提供车速信号,节气门位置传感器提供节气门开度信号,这两个信号用来判定发动机是否处于怠速状态。发动机怠速时,节气门关闭,节气门位置传感器的开度小于1.2°或怠速触点闭合。怠速触点闭合时,传感器输出端子 IDL 输出低电平信号。因此,当节气门开度小于 1.2°或 IDL 端子输出低电平信号时,如果车速为零,就说明发动机处于怠速状态;如车速不为零,则说明发动机处于减速状态。

冷却液温度信号用于修正怠速转速。在 ECU 内部,存储有不同冷却液温度对应的最佳怠速转速,如图 2-83 所示。在发动机冷机起动后的暖机过程中,ECU 根据发动机冷却液温度信号,通过控制怠速控制阀的开度来控制相应的快怠速转速,并随发动机冷却液温度升高逐渐降低怠速转速。当冷却液温度达到正常工作温度时,怠速转速恢复正常怠速转速。

空调开关、动力转向开关、空挡起动开关信号和电源电压信号等向 ECU 提供发动机负荷变化的状态信息。在 ECU 内部,存储有不同负荷状况下对应的最佳怠速转速。

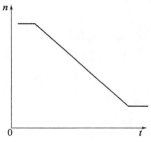

图 2-83 不同温度时的怠速转速

怠速控制系统的执行器是怠速控制阀(ISCV)。因为各种传感器在电控喷油系统中已有介绍,故本节只介绍怠速控制阀。

二、怠速控制阀的功用与类型

怠速控制阀的功用是:通过调节发动机怠速时的进气量来调节怠速转速。怠速进气量的控制方式有节气门直接控制式和节气门旁通空气道控制式两种,前者是直接操纵节气门来调节进气量,简称节气门直动式;后者是通过控制节气门旁通空气道的开度来调节进气量,简称旁通空气式。桑塔纳 2000GLi、别克世纪型轿车和切诺基吉普车采用旁通空气式;桑塔纳 2000GSi、3000,捷达 AT、GTX 型轿车采用节气门直动式。

怠速控制阀安装在发动机节气门体上或节气门体附近,各型汽车采用的怠速控制阀各有不同,常用的怠速控制阀分为步进电动机式、脉冲电磁阀式、旋转滑阀式和真空阀式四种。中高档轿车大多采用步进电动机式或脉冲电磁阀式,真空阀式仅在 20 世纪 80 年代生产的丰田、日产轿车上采用。国产桑塔纳 GLi、2000GLi、奥迪 100、200 轿车以及别克世纪型轿车采用脉冲电磁阀式或旋转滑阀式怠速控制阀;切诺基和北京吉普车等采用步进电动机式怠速控制阀;桑塔纳 2000GSi、3000,捷达 AT、GTX 型轿车则采用电动机控制。

三、步进电动机式怠速控制阀的结构原理

步进电动机是一种由脉冲信号控制其转动方向和转动角度的电动机。利用同性相斥、异性相吸原理即可使转子步进旋转。

(一)步进电动机式怠速控制阀 ISCV 的结构组成

步进电动机式怠速控制阀由步进电动机、螺旋机构、阀芯、阀座等组成,如图 2-84 所示。

步进电动机的结构与其他电动机一样,由永磁转子、定子绕组等组成,其功用是产生驱动力矩。螺旋机构的作用是将步进电动机的旋转运动变换为往复运动,由螺杆(又称为丝杠)和螺母组成。螺母与步进电动机的转子制成一体,螺杆的一端制有螺纹,另一端固定有阀芯,螺杆与阀体之间为滑动花键连接,只能沿轴向作直线移动,不能做旋转运动。

当步进电动机的转子转动时,螺母将带动螺杆做轴向移动。转子转动一圈,螺杆移动一个螺距。因为阀芯与螺杆固定连接,所以螺杆将带动阀芯开大或关小阀门开度。ECU 通过控制步进电动机的转动方向和转动角度来控制螺杆的移动方向和移动距离,从而达到控制怠速阀开度、调整怠速转速的目的。

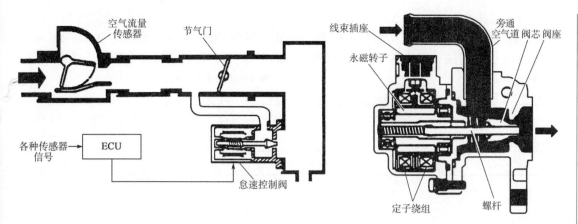

图 2-84　步进电动机式怠速控制阀 ISCV 的结构

(二)步进电动机的基本结构与步进原理

步进电动机的转子是一个具有 N 极和 S 极的永久磁铁,定子有两相独立的绕组,如图 2-85a)所示。当从 B_1 到 B 向绕组输入一个电脉冲信号时,绕组产生一个磁场,在磁力同性相斥、异性相吸的原理作用下,使转子 S 极在右、N 极在左位置。

当从 B_1 到 B 输入的脉冲信号消失后,再从 A 到 A_1 向绕组输入另一个脉冲信号时,绕组产生一个磁场,N 极在上、S 极在下,如图2-85b)①所示。在同性相斥、异性相吸原理作用下,转子就会沿逆时针方向转动 90°,如图 2-85b)②所示。

当从 A 到 A_1 输入的脉冲信号消失后,再从 B 到 B_1 向绕组输入另一个脉冲信号时,绕组产生磁场,N 极在左、S 极在右,如图 2-85b)②所示。在同性相斥、异性相吸原理作用下,转子就会沿逆时针方向转动 90°,如图 2-85b)③所示。

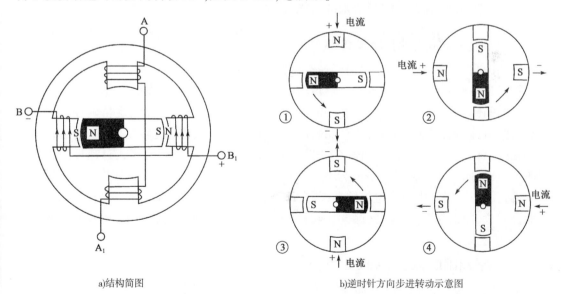

a)结构简图　　　　　　　　　b)逆时针方向步进转动示意图

图 2-85　步进电动机基本结构与步进原理

当从 B 到 B_1 输入的脉冲信号消失后,再从 A_1 到 A 向绕组输入另一个脉冲信号时,绕组产生磁场,N 极在下、S 极在上,如图 2-85b)③所示。在同性相斥、异性相吸原理作用下,转子就会沿逆时针方向转动 90°,如图 2-85b)④所示。

当依次按 B_1—B、A—A_1、B—B_1、A_1—A 的顺序向绕组输入 4 个脉冲信号时,如图 2-86a)所示,电动机就会沿逆时针方向转动一圈。同理,依次按 B_1—B、A_1—A、B—B_1、A—A_1 的顺序向绕组输入 4 个脉冲信号,如图 2-86b)所示,电动机就会沿顺时针方向转动一圈。

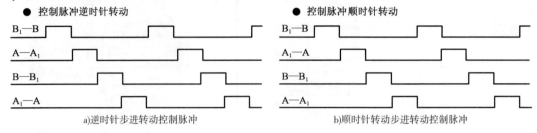

图 2-86 步进电动机控制脉冲

(三)步进电动机的步进角

每输入一个脉冲信号使电动机转动的角度,称为步进电动机的步进角。常用的步进角有 30°、15°、11.25°、7.5°、3.75°、2.5°、1.8°等。如丰田皇冠 3.0 型轿车 2JZ-GE 发动机采用的永磁式步进电动机,其转子设有 8 对磁极,定子设有 32 个爪极,转子转动一圈前进 32 步,步进角为 11.25°,该步进电动机的工作范围为 0 ~ 125 步(大约转动 4 圈)。奥迪 200 轿车用步进电动机设有两个线圈,转子每转一圈需要步进 24 步,每步进一步约需 4ms,步进角为 15°,该步进电动机的工作范围为 0 ~ 128 步(大约转动 5.3 圈)。

步进电动机定子爪极越多,步进角越小,转角的控制精度就越高,所需定子绕组的数量和控制脉冲的组数就越多。步进电动机的转速取决于控制脉冲的频率,频率越高,转速越快。

四、旋转滑阀式怠速控制阀的结构原理

(一)旋转滑阀式怠速控制阀 ISCV 的结构组成

旋转滑阀式怠速控制阀主要由旁通空气阀(即旋转滑阀)和电动机两部分组成。旁通空气阀固定在电动机轴上,随电动机轴转动使旁通空气道开启面积改变来增减旁通进气量。由于滑阀的转角范围限定在 90°以内,电动机转动角度必须很小才能满足精确控制旁通进气量的要求,因此,采用了控制占空比的方法来控制电动机顺转或逆转。

奥迪 100、200 轿车和别克(BUICK)世纪(Century)轿车用旋转滑阀式怠速控制阀的结构如图 2-87 所示,其显著特点是电动机磁极为永久磁铁。两块磁极用 U 形钢丝弹性固定在电动机壳体内壁上。电枢由电枢铁芯、两个线圈、换向器和电动机轴组成。换向器由三块铜片围合而成,分别与三只电刷接触,电刷引线连接到控制阀的接线插座上,三线插座通过线束与 ECU 连接。

(二)旋转滑阀式怠速控制阀 ISCV 工作原理

电动机与电控单元 ECU 的连接情况如图 2-88 所示。线圈 L_1 与 ECU 内部的三极管 T_1 连接,脉冲控制信号经过反向器加到 T_1 的基极;线圈 L_2 与 ECU 内部的三极管 T_2 连接,脉冲控制信号直接加到 T_2 的基极。

当脉冲信号的高电平到来时,三极管 T_1 截止、T_2 导通,线圈 L_1 断电、L_2 通电,电动机将沿顺时针转动,电动机轴将带动滑阀沿顺时针方向旋转,使旁通空气道开启面积增大,线圈

L_2 称为顺转线圈。反之,当脉冲信号的低电平到来时,三极管 T_1 导通、T_2 截止,线圈 L_1 通电、L_2 断电,电动机将沿逆时针转动,电动机轴将带动滑阀沿逆时针方向旋转,使旁通空气道开启面积减小,线圈 L_1 称为逆转线圈。由此可见,电动机轴和滑阀的旋转方向取决于线圈 L_1 和 L_2 接通电流的大小,即取决于 ECU 发出的怠速控制脉冲占空比的大小。

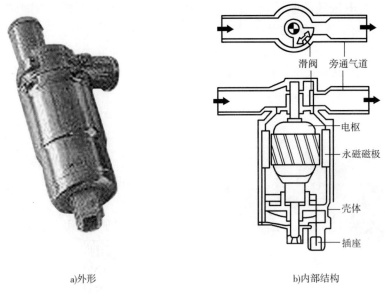

图 2-87 奥迪 100/200 轿车旋转滑阀式 ISCV 结构

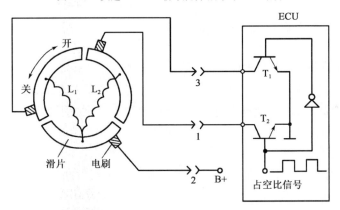

图 2-88 旋转滑阀式 ISCV 工作电路

当占空比等于 50% 时,线圈 L_1、L_2 的平均通电时间相等,产生的电磁力矩相互抵消,电动机轴与滑阀将保持在某一位置不动。

当占空比小于 50% 时,线圈 L_1 的平均通电时间增长,L_2 的平均通电时间缩短,线圈 L_1 产生的电磁力矩将克服 L_2 产生的电磁力矩而带动电动机轴与滑阀沿逆时针方向转动,使旁通空气道开启面积减小,旁通进气量减少,发动机的怠速转速将降低。奥迪 100 型轿车在控制信号的占空比减小到 18% 左右时,旋转滑阀完全关闭。

当占空比大于 50% 时,线圈 L_1 的平均通电时间缩短,L_2 的平均通电时间增长,线圈 L_2 产生的电磁力矩将克服 L_1 产生的电磁力矩而带动电动机轴与滑阀沿顺时针方向转动,使旁通空气道开启面积增大,旁通进气量增多,发动机的怠速转速将升高。奥迪 100 型轿车在占空比增大到 82% 左右时,旋转滑阀完全开启。

旋转滑阀式 ISCV 的结构如图 2-89 所示,其结构与上述旋转滑阀式怠速控制阀大同小异,也是由旁通空气阀(即旋转滑阀)和电动机两部分组成。这种怠速控制阀的显著特点是定子线圈通电电流的大小由控制脉冲信号的占空比决定。转子为永久磁铁,且套装在轴上,在电磁线圈的驱动下,永久磁铁可在轴上自由转动。永久磁铁上刚性地连接着一块旋转滑块,当电磁线圈驱动永久磁铁转动时,滑块将随永久磁铁一同转动,滑块的角位移就决定了旁通空气通道的开度,从而调节旁通进气量的大小。这种怠速控制阀的工作电压为 6~16V,最大空气流量大于 $50m^3/h$,空气泄漏量小于 $2.5m^3/h$,线圈电阻约 15Ω,定位时间小于 30ms,质量仅为 0.2kg。该阀具有能耗低、结构紧凑、对尘垢污染不敏感等优点。

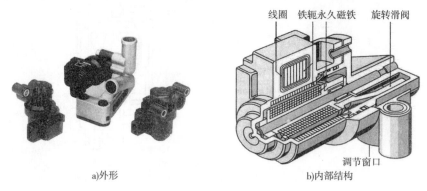

图 2-89 联合汽车电子公司旋转滑阀式 ISCV 的结构

五、脉冲电磁阀式怠速控制阀的结构原理

(一)脉冲电磁阀式怠速控制阀 ISCV 的结构组成

脉冲电磁阀式怠速控制阀的结构与普通电磁阀基本相同,具有结构简单、成本低廉、工作可靠等优点。因此,采用车型越来越多,国产奥迪轿车就采用了这种怠速控制阀。

脉冲电磁阀式怠速控制阀的结构如图 2-90 所示,主要由电磁线圈、复位弹簧、阀芯、阀座、固定铁芯、活动铁芯、进气口和出气口等组成。阀芯固定在阀杆上,阀杆一端与固定铁芯连接,另一端设置有复位弹簧。进气口与节气门前端的进气管相通,出气口与节气门后端的进气管相通。

(二)脉冲电磁阀式怠速控制阀 ISCV 的控制原理

电磁线圈接通电流时就会产生电磁吸力。当线圈产生的电磁吸力超过复位弹簧的弹力时,活动铁芯在电磁吸力的作用下就会向固定铁芯方向移动,同时通过阀杆带动阀芯向右移动,使阀芯离开阀座将旁通空气道开启。当电磁线圈断电时,活动铁芯与阀芯在复位弹簧弹力的作用下左移复位,将旁通空气道关闭。

旁通空气道开启与关闭的时间由 ECU 发出的占空比信号控制。发动机工作时,ECU 根据怠速转速高低,向脉冲电磁阀发出频率相同而占空比不同的控制脉冲信号,通过改变阀芯开启与关闭的时间来调节旁通进气量。

占空比在 0~100% 之间的范围内变化。当怠速转速过低时,ECU 将自动增大占空比,使电磁线圈通电时间增长,断电时间缩短,阀门开启时间增长,旁通进气量增多,怠速转速将升高,防止怠速转速过低而导致发动机熄火。反之,当怠速转速过高时,ECU 将减小占空比,使电磁线圈通电时间缩短,断电时间增长,阀门开启时间缩短,旁通进气量减少,怠速转速将降低。

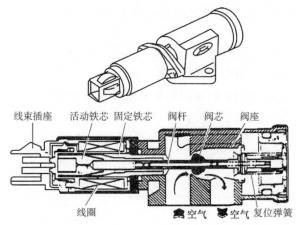

图 2-90 脉冲电磁阀式 ISCV 的结构

六、怠速转速的控制方法

怠速控制的实质是控制发动机怠速时的进气量(充气量)。怠速时的喷油量则由 ECU 根据预先试验设定的怠速空燃比和实际充气量计算确定。怠速控制内容主要是发动机负荷变化控制。当发动机怠速负荷增大(如接通空调压缩机或动力转向助力泵)时,ECU 控制怠速控制阀使进气量增大,从而使怠速转速提高,防止发动机运转不稳或熄火;当发动机怠速负荷减小(如断开空调压缩机或动力转向助力泵)时,ECU 控制怠速控制阀使进气量减少,从而使怠速转速降低,以免怠速转速过高。怠速转速控制方法如图 2-91 所示。

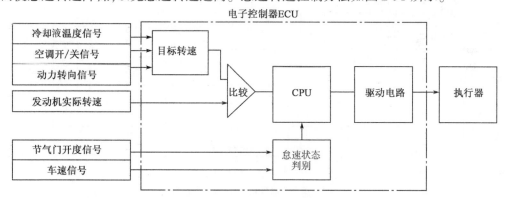

图 2-91 怠速转速控制方法

发动机 ECU 首先根据怠速触点 IDL 信号和车速信号,判断发动机是否处于怠速状态。当判定为怠速工况时,再根据发动机冷却液温度传感器信号、空调开关、动力转向开关等信号,从存储器存储的怠速转速数据中查询相应的目标转速 n_g,然后将目标转速与曲轴位置传感器检测的发动机实际转速 n 进行比较。

当发动机负荷增大,需要发动机快怠速运转,目标转速高于实际转速($n_g > n$)时,ECU 将控制怠速控制阀(增大比例电磁阀式怠速控制阀的占空比,或增加步进电动机步进的步数)增大旁通进气量来实现快怠速;反之,当发动机负荷减小,目标转速低于实际转速时,ECU 将控制怠速控制阀减小旁通进气量来调节怠速转速。例如,当接通空调(发动机负荷增大)时,需要发动机快怠速运转(目标转速=快怠速转速),ECU 就使怠速控制阀的阀门开大,增大旁通进气量。当旁通进气量增大时,因为怠速空燃比已由试验确定为一个定值(一般为12:1),所以 ECU 将控制喷油器增大喷油量,发动机转速随之增高到快怠速转速运转。

国产汽车电控发动机的怠速转速如表 2-5 所示。当接通空调或动力转向泵时,其快怠速转速为(1000±50)r/min。快怠速时,转速升高 200r/min 左右。同理,当断开空调(发动机负荷减小),需要降低发动机转速,即目标转速低于实际转速($n_g<n$)时,ECU 将使怠速控制阀的阀门关小,减小旁通进气量进行调节。

各型汽车燃油喷射式发动机的怠速转速　　　　　　表 2-5

车 型	发动机型号	怠速转速(r/min)	备 注
桑塔纳 2000GLi	AFE	800±50	出厂标准
桑塔纳 2000GSi 桑塔纳 3000	AJR	800±30	出厂标准
捷达 AT、GTX	AHP	840±40	出厂标准
红旗 CA7220E	CA488-3	850±30	出厂标准
奥迪 200	V6 型 2.6L	750±70	出厂标准

七、步进电动机式怠速控制阀的控制

步进电动机式怠速控制阀控制怠速的方式包括初始位置确定、起动控制和暖机控制,控制电路如图 2-92 所示。

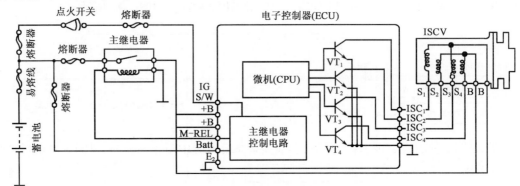

图 2-92　步进电动机式怠速控制阀控制电路

当发动机怠速负荷变化时,在怠速转速变化之前,ECU 将按照一定顺序,控制驱动电路中的三极管 VT_1、VT_2、VT_3、VT_4 适时导通,分别接通步进电动机定子绕组电流,使电动机转子旋转,带动控制阀的阀芯移动,从而调节进气量,使发动机怠速转速达到目标转速。

(一)初始位置确定

为了改善发动机的再次起动性能,在点火开关断开时,ECU 将控制怠速控制阀处于全开状态,为再次起动做好准备。

当 ECU 内部主继电器控制电路接收到点火开关拨到 OFF(断开)位置的信号时,ECU 将利用备用电源输入端(Batt 端子)提供的电压控制主继电器(燃油喷射继电器)

线圈继续供电 2s,使步进电动机的控制阀退回到初始位置,以便下次起动时具有较大的进气量。

(二)起动控制

起动发动机时,因为怠速控制阀预先设定在全开位置,所以进气量较大,发动机容易起动。发动机一旦被起动,如果阀门保持在全开位置,怠速转速就会升得过高。因此,在起动时或起动后,当发动机转速达到规定值(该值由冷却液温度确定)时,ECU 就会控制步进电动机步进的步数,使控制阀阀门关小到由冷却液温度确定的阀芯位置,使怠速转速稳定。如果发动机冷却液温度在起动时为 20℃,当转速达到 500r/min 时,ECU 将控制步进电动机从全开位置 A 点(125 步)步进到达 B 点(55 步)位置,如图 2-93a)所示,使阀门关小,防止转速过高。

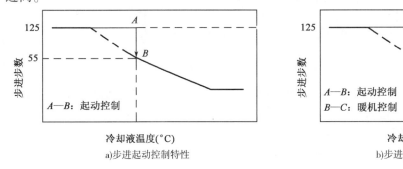

图 2-93 步进电动机式怠速控制阀的起动与暖机控制特性

(三)暖机控制

在发动机起动后的暖机过程中,ECU 将根据冷却液温度传感器信号确定步进电动机步进的位置。随着转速升高和发动机温度升高,控制阀阀门将逐渐关小,步进电动机步进的步数逐渐减少,如图 2-93b)所示。当冷却液温度达到 70℃时,暖机控制结束,步进电动机及其阀芯位置保持不变。

第八节 发动机断油控制系统(SFIS)

断油控制是指在某些特殊工况下,燃油喷射系统暂时中断燃油喷射,以满足发动机运行的特殊要求。

一、断油控制系统的组成

发动机断油控制系统的组成如图 2-94 所示。根据断油条件的不同,断油控制分为超速断油控制、减速断油控制和清除溢流控制等。

二、超速断油控制

超速断油控制是指当发动机转速超过容许的极限转速时,ECU 立即控制喷油器中断燃油喷射,控制过程如图 2-94 所示。

发动机工作时,转速越高,曲柄连杆机构的离心力就越大。当离心力过大时,发动机就有"飞车"而损坏的危险。因此,每台发动机都有一个极限转速值,一般为 6000 ~

7000r/min。桑塔纳 2000GLi、2000GSi、3000 型轿车为 6400r/min，捷达 AT、GTX 型轿车为 6800r/min。超速断油控制的目的是防止发动机超速运转而损坏机件。

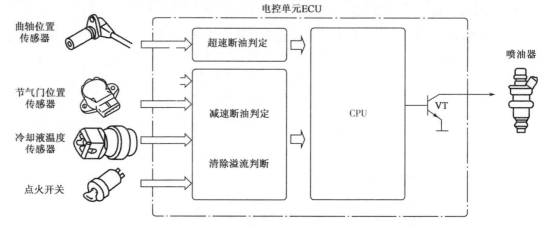

图 2-94　超速断油与减速断油控制过程

在发动机运行过程中，ECU 随时都将曲轴位置传感器测得的发动机实际转速与存储器中预先储存的极限转速值进行比较。当实际转速超过极限转速 80r/min 时，ECU 就会发出停止喷油指令，控制喷油器停止喷油，限制发动机转速进一步升高，超速断油控制曲线如图 2-95 所示。喷油器停止喷油后，发动机转速将迅速降低。当发动机转速下降至低于极限转速 80r/min 时，ECU 将控制喷油器恢复喷油。由此可见，极限转速值实际上是一个平均转速 n_0 值。

三、减速断油控制

减速断油控制是指发动机在高速运转过程中突然减速时，ECU 自动控制喷油器中断燃油喷射。

当高速行驶的汽车突然松开加速踏板减速时，发动机将在汽车惯性力的作用下高速旋转，由于节气门已经关闭，进入汽缸的空气很少。因此，如果不停止喷油，混合气将会很浓而导致燃烧不完全，有害气体的排放量将急剧增加。减速断油的目的就是节约燃油，并减少有害气体的排放量。减速断油控制时，ECU 根据节气门位置、发动机转速和冷却液温度等传感器信号，判断是否满足以下三个减速断油条件。

（1）节气门位置传感器信号表示节气门关闭。

（2）发动机冷却液温度达到正常工作温度（80℃）。

（3）发动机转速高于燃油停供转速。

当以上 3 个条件全都满足时，ECU 立即发出停止喷油指令，控制喷油器停止喷油。当喷油停止、发动机转速降低到燃油复供转速或节气门开启（怠速触点断开）时，ECU 再发出指令控制喷油器恢复喷油，控制曲线如图 2-96 所示。例如，8A-FE 型发动机在 2500r/min 正常运行时，如果松抬加速踏板，喷油器就会停止喷油。当发动机转速降到燃油复供转速 1400r/min 时，喷油器又会恢复喷油。

燃油停供转速和复供转速与冷却液温度和发动机负荷有关，由 ECU 根据发动机温度、负荷等参数确定。冷却液温度越低，发动机负荷越大（如空调接通），燃油停供转速和复供转速就越高。

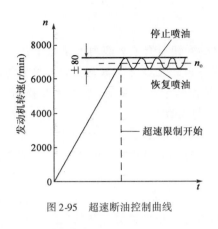
图 2-95　超速断油控制曲线

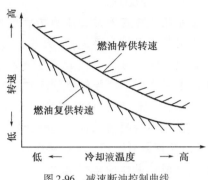
图 2-96　减速断油控制曲线

四、清除溢流控制

在起动燃油喷射式发动机时,燃油喷射系统将向发动机供给较浓的可燃混合气,以便顺利起动。如果多次起动未能成功,那么,淤积在汽缸内的浓混合气就会浸湿火花塞,使其不能跳火而导致发动机不能起动。火花塞被混合气浸湿的现象称为"溢流"或"淹缸"。

清除溢流是指当加速踏板踩到底,同时又接通起动开关起动发动机时,ECU 自动控制喷油器中断燃油喷射,以便排出汽缸内的燃油蒸气,使火花塞干燥以便能够跳火,清除溢流控制具有以下三个条件,只有三个条件同时满足时,断油控制系统才能进入清除溢流状态工作。

(1)点火开关处于起动位置。
(2)节气门全开。
(3)发动机转速低于 300r/min。

由此可见,在起动燃油喷射式发动机时,不必踩下加速踏板,直接接通起动开关即可起动;否则,断油控制系统可能进入清除溢流状态而使发动机无法起动。

当接通起动开关起动机运转而发动机不能起动时,可利用断油控制系统清除溢流的功能先将溢流清除,然后再进行起动。

一、简答题

1. 何谓电喷发动机?电子控制燃油喷射式发动机取代化油器式发动机的原因何在?
2. 根据燃油喷射式发动机怠速进气量的控制方式不同,供气系统分为哪两种?
3. 电控发动机燃油喷射系统采用的传感器和开关信号主要有哪些?最主要的传感器有哪几种?
4. 电子控制式燃油喷射系统的显著特点是什么?
5. 什么是缸内喷射?什么是进气管喷射?缸内喷射的特点何在?
6. 根据进气量的检测方式不同,多点燃油喷射系统分为哪两种类型?各有什么特点?
7. 光电检测涡流式流量传感器主要由哪些部件组成?怎样检测涡流频率?
8. 超声波检测涡流式流量传感器主要由哪些部件组成?怎样检测涡流频率?
9. 什么是超声波?在超声波检测涡流式流量传感器中,为什么将超声波发生器发出超燃油分配管总成,结构如图 2-60 所示。

燃油分配管一般用铝合金制成圆形管状或方形管状,其上制作有连接油压表的接口,以便检修时测量燃油压力。分配管与喷油器连接处制有小孔,以便将燃油分配到每只喷油器。虽然分配管位于发动机舱上部,所处环境温度较高,汽油容易挥发,但是,由于燃油泵的供油量远远大于发动机的最大耗油量,剩余汽油由油压调节器上的回油管流回油箱,汽油不断流动带走了分配管、喷油器和进油管中的热量及燃油蒸气,因此,能够有效防止气阻,提高发动机的热起动性能。

a)三缸、四缸发动机用　　　　　b)V6 发动机用

图 2-60　燃油分配管总成

三、油压调节器

油压调节器一般都安装在燃油分配管的一端,其功用有两项:一是调节供油系统的燃油压力,使喷油器进出口的压差保持恒定,即使系统油压 P_f 与进气歧管压力 P_i 之差 ΔP 保持恒定(一般设定为:$\Delta P = P_s = P_f - P_i = 300 \text{kPa}$,其中 P_i 为负值,P_s 为弹簧弹力);二是缓冲喷油器断续喷油引起的压力波动和燃油泵供油时产生的压力波动。

1. 油压调节器的结构

油压调节器主要由调压弹簧、阀体、阀门和铝合金壳体组成,结构如图 2-61 所示。阀体固定在金属膜片上,膜片卷压封装在壳体上,并将壳体分成空气腔(上腔室)和燃油腔(下腔室)两个腔室。阀体与阀座之间设装有一个球阀,球阀焊接在阀体上,或用弹片托起,再用一根弹力较小的弹簧支承球阀,如图 2-61b)所示。静态时,球阀与阀座保持接触。

 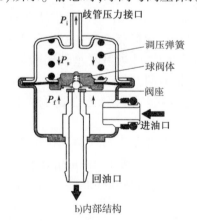

a)外形图　　　　　　　　b)内部结构

图 2-61　油压调节器的外形与结构

在铝合金壳体上,设有油管接头和真空管接头,进油口接头与燃油分配管连接,回油口接头连接回油管并与油箱相通,真空管接头与节气门至进气歧管之间的真空管连接。

声波的频率设定为40kHz?

10. 什么是压阻效应?歧管压力传感器MAP的功用是什么?怎样检测歧管压力?

11. 在发动机电子控制系统中,为什么必须装备曲轴位置传感器与凸轮轴位置传感器?

12. 发动机转速信号和进气量信号是燃油喷射控制系统最重要、最基本的控制信号,电控单元ECU根据这两个信号能够计算确定哪些控制参数?

13. 当点火钥匙旋转到"ON(接通)"位置时,发动机ECU将控制执行哪些动作?

14. 在发动机燃油喷射系统中,油压调节器使燃油分配管中的油压与进气歧管中的气压差保持不变的目的是什么?

15. 为了保证电磁喷油器喷出的燃油与空气混合形成雾化良好的可燃混合气,喷油器阀座上设置有几个喷孔?为什么电磁喷油器喷出燃油能够形成圆锥雾状的喷雾?

16. 在电磁喷油器和油压调节器结构一定的情况下,汽油机电控喷油系统的喷油量取决于哪些因素?

17. 在发动机电控喷油系统中,ECU怎样判定发动机是否处于起动状态?在ECU决定按起动程序控制喷油时,根据什么信号来确定基本喷油量?

18. 在汽油机起动后的运转过程中,喷油器的总喷油量由哪些参数决定?基本喷油量由哪些信号参数决定?喷油修正量由哪些信号参数决定?喷油增量由哪些信号参数决定?

19. 怠速控制的实质是什么?发动机怠速负荷变化时,怠速控制系统控制怠速转速的方法是什么?

20. 一台四缸四行程汽油机电控喷油系统凸轮轴位置传感器CIS的汽缸判别信号下降沿(低电平占28°曲轴转角)在第1缸活塞压缩上止点前80°(BTDC80°)时产生,曲轴位置传感器CPS有1个大齿缺(占15°)、58个凸齿和57个小齿缺,每个凸齿和小齿缺均占3°,大齿缺信号后的第一个凸齿信号上升沿在第1缸活塞压缩上止点前75°(BTDC75°)时产生。当发动机转速为1000r/min时,各缸喷油提前角均为5°(BTDC5°)、喷油持续时间均为2ms。试绘出喷油提前角和喷油持续时间的控制时序与波形,并说明其控制过程。

二、选择题

1. 发动机怠速运转时,大众公司轿车发动机供气系统的标准进气量为(   )。
  A. 1.0~2.0g/s   B. 2.0~5.0g/s   C. 5.0~10g/s

2. 发动机电子控制式燃油喷射系统控制的喷油时间一般为(   )。
  A. 1~2ms   B. 2~12ms   C. 10~20ms

3. 缸内喷射的燃油压力一般为(   )。
  A. 10MPa左右 B. 100MPa左右 C. 200MPa左右

4. 汽车电子控制式燃油喷射系统用磁感应式传感器的气隙设计值为(   )。
  A. 1mm左右   B. 2mm左右   C. 3mm左右

5. 当霍尔式传感器触发叶轮的叶片进入气隙时,信号发生器输出的信号电压为(   )。
  A. 高电平   B. 低电平   C. 零

6. 差动霍尔式传感器的输出电压由两个霍尔信号电压叠加而成,因此,转子凸齿与信号发生器之间的气隙可以增大到(   )。
  A. (1±0.5)mm B. (2±0.5)mm C. (3±0.5)mm

7. 为了保存各种电子控制系统的故障代码,随机存储器(RAM)不能断电。当发动机停止工作时,存储器消耗电流约为(   )。

A. 1~2mA　　　　　　B. 2~5mA　　　　　　C. 5~20mA

8. 在汽油喷射系统中,油压调节器调节的燃油压力与进气歧管的气压之差值是(　　)。
　　A. 100kPa　　　　　　B. 200kPa　　　　　　C. 300kPa

9. 在电控汽油喷射系统中,燃油压力与进气歧管的气压之差值由(　　)因素决定。
　　A. 调压弹簧　　　　　B. 进气压力　　　　　C. 燃油压力

10. 在电控汽油喷射系统中,电磁喷油器球阀或针阀的升程为(　　)。
　　A. 0.1~0.2mm　　　　B. 1~2mm　　　　　　C. 2~12mm

11. 电磁喷油器喷出燃油能够形成圆锥雾状的喷雾,其喷雾角度应当小于(　　)。
　　A. 15°　　　　　　　B. 35°　　　　　　　　C. 55°

12. 在电控汽油喷射系统中,凸轮轴位置传感器CIS输入ECU的汽缸判别信号一般在某一缸或每一缸的(　　)位置产生。
　　A. 进气 BTDC60°~BTDC90°
　　B. 排气 BTDC60°~BTDC90°
　　C. 做功 BTDC60°~BTDC90°

13. 汽油机和柴油机的经济空燃比分别为(　　)。
　　A. 14.7和1.0　　　　B. 1.0和14.3　　　　　C. 14.7和14.3

14. 在采用热丝式与热膜式空气流量传感器的电控汽油喷射系统中,当发动机转速升高时,其基本喷油时间将(　　)。
　　A. 增长　　　　　　　B. 缩短　　　　　　　C. 保持不变

15. 在电控汽油喷射系统中,当进气温度升高时,基本喷油时间将(　　)。
　　A. 增长　　　　　　　B. 缩短　　　　　　　C. 保持不变

16. 在电控汽油喷射系统中,当大气压力升高时,基本喷油时间将(　　)。
　　A. 增长　　　　　　　B. 缩短　　　　　　　C. 保持不变

17. 在电控汽油喷射系统中,当电源电压升高时,基本喷油时间将(　　)。
　　A. 增长　　　　　　　B. 缩短　　　　　　　C. 保持不变

18. 怠速控制步进电动机步进角的大小取决于(　　)。
　　A. 发动机转速　　　　B. 步进电动机转速　　C. 控制脉冲的宽度

19. 怠速控制步进电动机转速的快慢取决于(　　)。
　　A. 发动机转速　　　　B. 步进电动机结构　　C. 控制脉冲的频率

20. 桑塔纳系列轿车用旋转滑阀式怠速控制阀线圈电阻值约为(　　)。
　　A. 15Ω　　　　　　　B. 50Ω　　　　　　　C. 100Ω

复习题

1. 汽车电子控制发动机燃油喷射系统(EFI)由哪几部分组成?
2. 电控发动机空气供给系统的功用是什么?燃油喷射式发动机供气系统的显著特点是什么?
3. 电控发动机燃油供给系统的功用是什么?
4. 发动机燃油喷射系统采用的执行器主要有哪些?

5. 按控制方式不同,发动机燃油喷射系统分为哪几种类型?按喷油器喷油部位不同,发动机燃油喷射系统分为哪几种类型?
6. 何谓单点燃油喷射系统 SPI?何谓多点燃油喷射系统 MPI?
7. 空气流量传感器的功用是什么?根据检测进气量的方式不同,空气流量传感器分为哪两种类型?
8. L 型流量传感器可分为哪两种类型?汽车发动机燃油喷射系统采用的体积流量型传感器有哪些?质量流量型传感器有哪些?
9. 根据检测旋涡频率的方式不同,涡流式流量传感器分为哪两种类型?
10. 热丝式与热膜式空气流量传感器主要由哪些部件组成?为什么现代汽车电子控制汽油喷射系统普遍采用热膜式空气流量传感器?
11. 压力传感器的功用是什么?现代汽车常用压力传感器分为哪些类型?
12. 在汽车电控系统中,检测压力较低的进气歧管压力和大气压力时,采用什么形式的传感器?检测压力较高的制动油液或变速传动油液时,采用什么形式的传感器?
13. 曲轴位置传感器 CPS 的功用是什么?凸轮轴位置传感器 CIS 的功用是什么?
14. 发动机燃油喷射系统常用的曲轴与凸轮轴位置传感器有哪些?
15. 节气门位置传感器的功用何在?按结构和输出信号的类型不同,节气门位置传感器分为哪些类型?
16. 温度传感器的功用是什么?汽车上采用的温度传感器可分为哪两种类型?
17. 热敏电阻式温度传感器主要由哪些部件组成,主要部件是什么?
18. 电子控制燃油喷射系统常用开关控制信号有哪些?各种开关信号输入 ECU 后的目的分别是什么?
19. 在电子控制燃油喷射系统中,电动燃油泵的供油量远远大于发动机最大耗油量的目的是什么?
20. 按结构不同,电控喷油系统采用的电动燃油泵分为哪五种?常用的电动燃油泵有哪三种?
21. 按安装方式不同,发动机燃油喷射系统采用的电动燃油泵可分为哪两种?为什么大多数汽车燃油喷射系统都采用内装式电动燃油泵?
22. 发动机燃油喷射系统采用的电动燃油泵主要由哪些部件组成?电动燃油泵设置止回阀的目的是什么?电动燃油泵设置限压阀的目的是什么?
23. 在发动机燃油喷射系统中,油压调节器的功用是什么?一般安装在什么部位?
24. 电磁喷油器的功用是什么?按结构和阻值不同,喷油器可分为哪几种类型?
25. 根据燃油喷射时序不同,多点燃油喷射系统控制喷油正时的方式分为哪三种?当控制系统处于应急状态运行时,喷油正时采用哪一种控制方式?
26. 汽油发动机怠速时进气量的控制方式分为哪两种?怠速控制阀的功用是什么?
27. 什么是超速断油控制?超速断油控制的目的是什么?
28. 什么是减速断油控制?减速断油控制的目的是什么?减速断油控制的条件有哪些?
29. 何谓数据 MAP(数字地图)?汽油机起动后,ECU 怎样利用数据 MAP 来确定基本喷油量?
30. 试说明汽油机电控喷油系统的控制原理。

第三章 柴油机电控喷油(EDC)技术

柴油机电控喷油技术简称柴油电喷技术,全称是柴油发动机电子控制燃油喷射技术。柴油发动机为压燃式发动机,喷油压力很高(高达160～200MPa)。因此,研究柴油电喷技术主要是研究柴油机电子控制喷油压力技术和燃油喷射技术。

1893年2月23日,德国人鲁道夫·狄塞尔(Rudolf Diesel)博士发明了狄塞尔发动机(柴油发动机或柴油机)。100多年来,柴油机作为动力源具有优越的经济性和耐久性,在汽车及工程机械领域得到了广泛的应用,为经济建设和社会发展做出了不可磨灭的贡献。柴油机电子控制技术在汽车上的应用,有力地推动了柴油机技术的进一步发展。到目前为止,已经研制并生产出了不同种类、功能各异的柴油机电子控制燃油系统。控制功能更全、工作更可靠的新产品层出不穷,大大改善和提高了柴油发动机汽车的动力性、经济性和排放性能,取得了显著的经济效益和社会效益。

第一节 柴油机电控喷油技术概述

柴油发动机电子控制燃油喷射系统又称为电子控制柴油发动机系统(ECD,Electronic Control Diesel Engine System,日本电装公司)、电子式柴油机控制系统(EDC,Electronic Diesel Engine Control System,德国博世公司)和计算机控制柴油喷射系统(CDI,Computed Diesel Injection System,奔驰公司),英文缩写分别为ECD、EDC和CDI。为了区别于汽油机电控燃油喷射系统,通常称为柴油机电控喷油系统、电控柴油喷射系统或柴油机电控燃油喷射系统。

历史跨入21世纪以来,装备电控柴油喷射系统的载货汽车和轿车与日俱增。柴油机采用电子控制技术,特别是采用高压共轨式电控喷油技术,是柴油机技术发展的必然趋势。

一、柴油机电控喷油系统的分类

柴油发动机燃油喷射系统可分为机械式燃油喷射系统和电子控制式燃油喷射系统两大类。由于柴油机产品的多样性(在机械控制时代就已开发应用直列泵、分配泵、单体泵和泵喷嘴等结构形式、适用范围和自身特点完全不同的燃油系统),因此,在其基础上开发研制的电控燃油喷射系统种类繁多、形式各异。准确分类十分困难,大致可按下述情况进行分类,以供读者参考。

按控制方式不同,柴油机电控燃油喷射系统可分为位置控制式柴油喷射系统、时间控制式柴油喷射系统和高压共轨式电控燃油(柴油)喷射系统三种类型。

按控制对象不同,柴油机电控燃油喷射系统可分为电控喷油泵系统和共轨式电控喷油系统两大类。ECU 的控制对象前者是喷油泵,后者则直接控制喷油器和共轨压力。

按喷油泵供油机构的结构形式不同,电控喷油泵系统可分为直列泵式电控喷油系统、分配泵式电控喷油系统、泵喷嘴式电控喷油系统和单体泵式电控喷油系统四种类型。

共轨式喷油系统可分为高压共轨式喷油系统和中压共轨式喷油系统两种类型。目前使用的共轨式喷油系统大都是高压共轨式喷油系统。

高压共轨式喷油系统的特点是:燃油箱内燃油由输油泵(电动燃油泵)输送到高压泵(高压油泵),燃油压力约 250kPa;再由高压泵将低压燃油加压压缩成高压燃油并直接输送到公共油轨(即共轨、公共油管、燃油分配管或油架)内,燃油压力达 150MPa 以上。因此,在高压共轨喷油系统中,从高压油泵到喷油器之间均处于高压状态。

中压共轨式喷油系统的特点是:输油泵输出的燃油为中、低压燃油,压力为 10～30MPa,中低压燃油由燃油泵输送到共轨后再送入喷油器。在中压共轨式喷油系统的喷油器中,设置有液压放大机构(即增压器或增压机构),中低压燃油的压力由液压放大机构增大到 120MPa 以上,然后再喷入汽缸。因此,在中压共轨式喷油系统中,高压区域仅局限在喷油器中。

在上述电控柴油喷射系统中,只有共轨式电控喷油系统是一种新型的电子控制柴油喷射系统,其他系统都是在罗伯特·博世(Robert Bosch)公司 1926 年开发成功的喷油泵的基础上增设电子控制系统而构成,在技术上没有实质性的进步。

二、柴油机电控喷油系统的组成

柴油机电子控制燃油喷射系统同汽油机电子控制燃油喷射系统一样,也是由传感器、电子控制单元 ECU 和执行器三大部分组成。东风朝阳柴油机有限责任公司引进德国博世 Bosch 公司技术开发的高压共轨式电控柴油喷射系统的组成如图 3-1 所示。

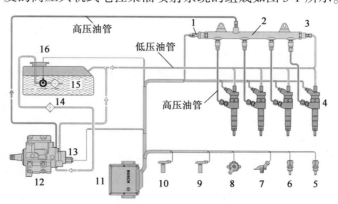

图 3-1 高压共轨式电控柴油喷射系统组成

1-油压传感器;2-共轨;3-限压阀;4-电控喷油器;5-进气温度传感器;6-冷却液温度传感器;7-大气压力传感器;8-加速踏板位置传感器;9-凸轮轴位置传感器;10-曲轴位置传感器;11-ECU;12-高压油泵;13-压力控制阀 PCV;14-燃油滤清器;15-燃油箱;16-电动燃油泵

传感器的功用是检测发动机运行时的状态参数。柴油机电子控制燃油系统常用的传感器有:曲轴位置(发动机转速与转角)传感器、凸轮轴位置传感器、加速踏板位置(或油量调节齿杆位置)传感器、大气压力传感器、进气温度传感器、燃油温度传感器、冷却液温度传感器、共轨油压传感器、空气流量传感器(增压柴油机采用)以及车速传感器等。

电子控制单元 ECU 是柴油机电子控制燃油系统的核心,是一个以单片机为核心的电子控制器。目前,中央处理器 CPU 普遍采用高速 32 位 CPU 进行数学运算和数据处理。ECU 的功用是根据发动机转速和油量调节齿杆位置等传感器检测的柴油机运行状态参数,与 ECU 中预先存储的发动机特性参数图谱(称为 MAP 图)进行比较,计算确定喷油量和喷油时间等控制参数,并按计算所得目标值向执行器发出控制指令。此外,电控单元还具有通信和其他功能,如与自动变速 ECU 进行数据传输和交换、适时修正喷油量和喷油提前角控制指令等。

执行器(执行机构)的功用是根据 ECU 发出的控制指令执行相应的任务,主要是控制喷油量、喷油定时和喷油压力等。控制系统的控制策略不同,采用执行器的种类也不相同。位置控制式柴油喷射系统采用的执行器有电磁铁机构、直流电动机、步进电动机和机械式喷油器;时间控制式柴油喷射系统采用的执行器有电磁阀和机械式喷油器;高压共轨式柴油喷射系统采用的执行器有电动燃油泵、燃油压力控制阀、电磁式喷油器或压电晶体式喷油器等。无论采用何种控制策略,喷油器都是控制喷油量和喷油定时的最终执行器。

在柴油机电控燃油喷射系统中,各种传感器的功用、组成及其结构原理与汽油发动机电控系统使用的传感器基本相同;但是,由于喷油压力高达 180~200MPa,对执行器的要求远远高于汽油机电控喷油系统,各种执行器的结构都非常复杂,加之机械式燃油系统久经考验证明其具有优越的性能,因此,柴油机电控喷油系统至今难以完全替代机械式燃油系统。

鉴于执行器是柴油机电控喷油系统的关键技术,以及柴油机技术发展的必然趋势是采用高压共轨式电控柴油喷射技术,所以本书将重点介绍典型柴油机电控喷油系统的执行器技术和高压共轨式电控柴油喷射技术。

三、柴油机电控喷油技术的发展

柴油发动机电子控制燃油喷射技术从诞生以来,先后开发了位置控制式柴油喷射系统、时间控制式柴油喷射系统和高压共轨式柴油喷射系统三代产品。人类锲而不舍地研究开发柴油机电子控制技术,并已取得骄人的成绩,其根本目的在于节约燃油、减少排放、降低噪声和提高柴油机的整机性能。

早在 20 世纪 70 年代,德国、美国和日本等工业发达国家就已竞相开发研制柴油机电子控制系统并应用于柴油车发动机的实时控制。最初投入使用的柴油机电子控制系统采用了传感器、模拟电子电路和执行器组成的电子控制系统来代替控制喷油量的调速器,能够比较精确地控制柴油机的转速。

进入 20 世纪 80 年代后,利用微型计算机代替模拟控制电路,利用电磁阀作为执行器控制喷油,大大提高了控制电路的设计自由度和系统的控制精度,柴油机电子控制系统圆满解决了当时提出的节约燃油、排气净化和降低噪声等问题。典型产品有日本杰克赛尔 Zexel 公司喷油定时可变型燃油喷射系统(TICS,Timing and Injection Rate Control System)和微型计算机控制喷油量和喷油定时的(COVEC-F,Computed Ve pump Control System-Full)电控分配泵系统、日本电装公司 ECD-V3 电控分配泵系统以及德国博世公司 EDC 型和 VP 系列电控分配泵系统等。

20 世纪 90 年代,一种全新的柴油机电控燃油喷射系统——高压共轨式电控柴油喷射系统的成功研制开辟了柴油机电控燃油喷射技术的新纪元。

人们对共轨式燃油喷射系统的基本原理并不陌生。早在 20 世纪 30 年代,汽油发动机就已采用共轨式燃油喷射技术并应用到军用战斗机上,20 世纪 50 年代应用到了赛车的汽油发动机上。到20世纪末,各型汽油机都圆满完成了从机械式供油系统(即化油器供油系统)向电控燃油喷射系统的转换。在柴油机电控共轨燃油喷射技术的研究方面,20世纪60年代后期,瑞士的哈勃(Hiber)教授成功开发了柴油机电控共轨系统基本原型,随后瑞士工业大学以加尼斯(Ganser)教授为中心的研究团队对柴油机电控共轨燃油系统也进行了一系列的研究。到20世纪90年代中期,柴油机电控共轨燃油喷射技术达到实用化阶段。

20世纪80年代中期,日本电装Denso公司完成了汽油发动机电控燃油喷射技术的研究与应用,时任电装公司燃油装置事业部主管的藤泽英也先生开始将汽油机电控燃油喷射技术应用到柴油机上。1990年,在日本千叶县幕张国际展览中心举办的国际汽车展览会上,电装公司展出了配装ECD-U2型高压共轨式电控柴油喷射系统的柴油机。直到1995年末,电装公司与丰田TOYOTA汽车公司联合开发成功的ECD-U2型高压共轨式电控柴油喷射系统才应用于载货汽车柴油发动机并开始实现批量生产,从此开创了柴油发动机高压共轨式电控柴油喷射系统的新时代,随后,电装公司又开发研制了ECD-U2P型高压共轨式电控柴油喷射系统。ECD-U2型高压共轨式电控柴油喷射系统是为增压、中冷、中型及重型柴油机设计的电控燃油喷射系统,也是全世界最早定型的高压共轨式电控柴油喷射系统;ECD-U2P型高压共轨式电控柴油喷射系统是为轿车柴油机设计的电控燃油喷射系统。从2000年开始,日本丰田、日野、五十铃、三菱和日产等公司都采用了这些高压共轨式电控柴油喷射系统。

德国博世Bosch公司也是世界著名的汽车电器与电控技术开发商,在电控共轨喷射技术的研究方面亦有杰出贡献。1994年年初,Bosch公司开始与戴姆勒—奔驰公司合作研制高压共轨式电控柴油喷射系统。同年,Bosch公司将高压共轨式电控柴油喷射系统应用于直喷式柴油机,并进行了200万km室外道路试验验证,证实了电控共轨系统在降低排放、减小噪声和简化发动机结构设计等方面的优越性。此后,Bosch公司与戴姆勒—奔驰公司、菲亚特FIAT公司以及菲亚特的子公司依莱赛斯Elasis四家公司联合成立开发组,共同开发共轨式电控柴油喷射系统。当时Elasis公司已经成功研制性能优越的供油泵和不带预喷射的电磁喷油器(准确地说,应该是电磁控制油压驱动喷油式喷油器)。1997年年末,Bosch公司研制的轿车柴油机用电控高压共轨系统(CRS,Common Rail System)开始批量投放市场。从2000年开始,Bosch公司投入了800~900名工程技术人员专门从事电控共轨喷射技术研究,2002~2003年期间,研制成功了利用压电晶体控制液压伺服机构的第二代电控喷油器(即压电晶体式喷油器),用以替代电控共轨喷射系统的高速电磁阀控制式喷油器(即第一代电控喷油器),喷油压力提高到160MPa,每个喷射循环都可实现预喷射、主喷射和多段喷射,预喷射油量可控制在每行程1mm^{3}以内。2009年,Bosch将喷油压力提高到了200MPa。

高压共轨式电控柴油喷射技术的基本原理与汽油喷射技术相似,电动燃油泵(即输油泵)将燃油箱内的柴油输送到高压油泵,高压油泵在发动机驱动下将柴油加压到160~200MPa后供入公共油轨(即CR,Common Rail,俗称"共轨",相当于电控汽油喷射系统的燃油分配管或燃油总管)内,在电控单元ECU的控制下,高压燃油经电控喷油器喷射到相应的汽缸内燃烧做功。高压共轨式电控喷油系统与传统的喷油泵供油系统以及电控喷油泵系统的显著区别在于:燃油高压的产生和喷油的控制是由ECU分别独立进行,燃油压力的产生与柴油机转速和负荷无关,是由ECU控制压力控制阀来调节高压油泵的供油量进行控制。高压共轨式电控喷油系统的显著特点是:能够自由改变喷油压力、喷油量、喷油定时(即何时开始喷油)和喷油特性(即实现引导喷射、预喷射、主喷射、后喷射和次后喷射等多段喷射,目前已可实现3次、5次或更多次喷射)。通过预喷射,可降低柴油机噪声;通过后喷射,可降低发动机氮氧化物 NO_x 和颗粒物(PM,Particulate Matter,即炭烟微粒或浮游微粒)的排放量。因此,柴油机采用高压共轨式电控柴油喷射技术,能使柴油良好雾化,提高燃烧效率,从而达到降低油耗、减少排放、降低噪声和减小振动之目的。

第二节　柴油机电控喷油技术基础

20世纪70年代以来,在满足柴油机排放法规和提高燃油经济性等要求的背景下,柴油机电控燃油喷射技术先后被各汽车生产厂家用来控制喷油量和喷油定时等控制参数,开发了各式各样的电控柴油喷射系统。由于控制对象各不相同,因此,各电控喷油系统的控制功能、控制策略与控制原理亦不尽相同。

一、柴油机电控喷油系统的控制功能

柴油发动机电控燃油喷射系统的种类不同、应用对象不同(轿车或载货汽车)以及控制策略不同,其控制功能的多少各不相同。但是,每一种电控柴油喷射系统都具有喷油量控制和故障自诊断控制等基本功能。到目前为止,电控柴油喷射系统具备的控制功能如表3-1所示。

柴油发动机电子控制燃油喷射系统的功能　　　　表3-1

控制功能	控制内容	备注
喷油量控制	基本喷油量控制	
	起动喷油量控制	
	怠速转速(喷油量)控制	
	加速时喷油量控制	
	各缸不均匀油量补偿控制	
	恒定车速(巡航)控制	
喷油定时控制	基本喷油定时控制	
	起动喷油定时控制	
	低温时喷油定时控制	
喷油压力控制	基本喷油压力控制	共轨式电控柴油喷射系统可以实现
喷油特性控制	预喷油量控制	
	预行程控制	
	多段喷射(引导喷射、预喷射、主喷射、后喷射、次后喷射)控制	高压共轨式电控柴油喷射系统才能实现
辅助控制	故障自诊断控制	
	故障应急处理控制	
	进气量控制	
	排气再循环 EGR 控制	EGR 系统才能实现
	……	

二、柴油机电控喷油系统的控制策略

几十年来,柴油机电控喷油系统已经经历了位置控制、时间控制和高压共轨控制三代变化。典型控制系统的控制策略和主要技术特点如表 3-2 所示。

柴油发动机电子控制燃油喷射系统的控制策略　　表 3-2

技术类别	控制策略	典型燃油系统名称	控制项目				技术特点
			喷油量	喷油定时	喷油压力	喷油特性	
第一代	凸轮压油+位置控制	COVEC-F	●	●	○	○	喷油量由 ECU 控制油量调节齿杆或滑套的位移量进行控制;喷油定时由定时控制阀 TCV 通过控制液压提前器活塞高压腔与低压腔之间的压差来控制
		ECD-V1	●	●	○	○	
		TICS	●	●	○	○	
第二代	凸轮压油+电磁阀时间控制	ECD-V3	●	●	○	○	喷油量由 ECU 控制电磁阀进行控制;喷油定时控制方法与第一代相同,但反馈控制信号不同
		VP	●	●	○	○	
第三代	燃油蓄压+喷油器时间控制	ECD–U2 ECD–U2P UNIJET CRS	●	●	●	●	喷油量和喷油定时均由 ECU 通过控制各缸喷油器的电磁机构来控制;喷油压力由 ECU 通过控制压力控制阀 PCV 来控制,燃油压力的产生与发动机转速和负荷无关

注:符号●表示具有该项控制功能;符号○表示没有该项控制功能。

喷油量是柴油机工作过程中最重要的参数之一。柴油机设计师们的最大理想就是根据柴油机的实际工况,自由控制每循环的喷油量。随着高压共轨式电控柴油喷射技术的应用,设计师们的梦想正在变为现实。

三、柴油机喷油量的计算方法

柴油机每个工作循环的基本喷油量可用下述公式进行计算。

$$Q_j = \frac{98 p_e V_h g_e}{27 \gamma_m} = \frac{50 N_e g_e}{3 n_t \gamma_m} \quad (\text{mm}^3/\text{冲程})$$

式中:Q_j——基本(标定工况)喷油量,mm^3;

p_e——平均有效压力,kPa;

V_h——每缸排量,L;

g_e——比油耗,$\text{g}/(\text{kW}\cdot\text{h})$;

γ_m——燃油密度(轻质柴油:$\gamma_m = 0.82 \sim 0.89 \text{g/cm}^3$);

N_e——每缸标定功率,kW;

n_t——标定工况凸轮转速,r/min。

标定工况的喷油量是柴油机工作过程中最基本的喷油量。上式说明,基本喷油量 Q_j 与凸轮转速 n_t 成反比。因为发动机转速 n_e 与凸轮转速 n_t 为一定比值关系,所以基本喷油量

Q_j 与发动机转速 n_e 也成反比关系。当转速升高时,发动机在一个工作循环内所占的时间缩短,其进气量将减小,所以基本喷油量 Q_j 减小。

柴油机在各种工况下工作时,每循环喷油量的变化范围是 $(1.0\sim1.5)Q_j$。其他工况下的喷油量与基本喷油量之间的关系如下。

起动喷油量为:
$$Q_q = (1.3\sim1.5)Q_j$$

怠速喷油量为:
$$Q_d = (0.2\sim0.25)Q_j$$

上述公式都是经验公式,用其计算的喷油量具有一定的精度,曾广泛应用于机械式供油系统喷油量的计算。由于柴油机各具特点,因此,最后仍应在此基础上,根据具体发动机进行试验修正后,即可得到较为理想实用的喷油量数据。

四、电控喷油泵系统喷油量的控制原理

在机械式燃油系统中,柴油机大都采用机械式调速器来调节喷油量,利用离心力与弹簧作用力的平衡关系决定调节齿杆的位移,从而控制喷油量的大小。在电控喷油系统中,喷油器则是在电控单元 ECU 的控制下喷射燃油。控制对象不同,喷油量的控制原理也不相同。

为了满足排放法规和油耗法规的要求,每循环的基本喷油量 Q_j 都经过精确计算和反复试验。利用计算机的存储功能,将试验得到的最佳数据(即发动机在不同转速和不同负荷下对应的最佳基本喷油量)以三维图形(称为曼谱图 MAP)形式存储在计算机的只读存储器 ROM 中,如图 3-2 所示。再利用计算机的查寻功能和控制功能,通过控制执行器动作将喷油量控制在最佳值。

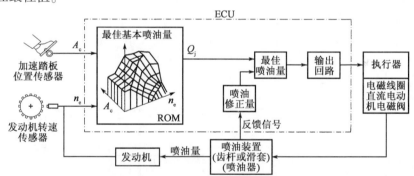

图 3-2 电控喷油泵系统基本喷油量的控制原理

当发动机工作时,ECU 根据加速踏板位置传感器信号(齿杆位置信号) A_c 和发动机转速(曲轴位置)传感器信号 n_e,利用计算机的查寻功能,即可从三维图形(MAP 图)中得到相应的最佳基本喷油量数值 Q_j;再利用计算机的数学计算与逻辑判断功能以及其他传感器提供的喷油量修正信号,即可计算确定最佳喷油量,并向执行器(电磁铁机构、直流电动机或电磁阀)发出控制指令;执行器在 ECU 输出回路的驱动下动作,使喷油器按最佳喷油量喷射柴油,完成一次喷油过程。

在发动机工作过程中,电控系统不断循环上述过程,即可实现喷油量的实时控制。

在位置控制式电控喷油泵系统中,利用转速传感器+齿杆(或滑套)位置传感器+电控单元 ECU+电磁执行机构来替代机械式调速器,由电控单元 ECU 根据各种传感器信号计算确定喷油量,通过控制这些执行机构动作使调节齿杆(或滑套)产生位移来控制喷油量,执行

器为电磁机构。齿杆(或滑套)的位移量信号为反馈信号,输入 ECU 对喷油量实现反馈控制。

在电磁阀时间控制式电控喷油泵系统中,执行器为电磁阀,ECU 则直接控制电磁阀来控制喷油量。因为电磁阀响应速度较快,故系统中未采用反馈控制信号来修正喷油量。

在柴油发动机中,因为每循环喷油量由柴油机的工作负荷确定,所以反映发动机负荷的加速踏板位置(齿杆位置)传感器信号 A_c 与反映发动机进气量的发动机转速(曲轴位置)传感器信号 n_e 是确定喷油量最基本也是最重要的信号。因此,加速踏板位置传感器或发动机转速传感器一旦发生故障,电控系统将控制发动机处于应急状态(跛行状态)运行,以便驾驶人回家或将车辆行驶到修理厂修理。

第三节 高压共轨式柴油喷射(CRS)系统

高压共轨式柴油喷射技术是一种全新的电子控制柴油喷射技术,其基本原理与汽油喷射技术相似。输油泵(电动燃油泵)将柴油从燃油箱输送到高压泵(高压油泵)内,高压泵在发动机的驱动下将柴油加压压缩成高压燃油(油压高达 160~200MPa)后供入公共油轨(俗称"共轨"),在电控单元 ECU 的控制下,共轨中的适量高压燃油经各缸高压油管和各缸电控喷油器直接喷射到汽缸内燃烧做功。

一、高压共轨式柴油喷射系统的组成

目前,全球提供共轨式柴油喷射系统的公司主要有德国博世(Bosch)公司和西门子(Siemens)公司、美国德尔菲(Delphi)公司和凯特皮勒(Caterpillar)公司(该公司是军用车辆的主要提供商)以及日本电装 Denso 公司。各公司研制的共轨式柴油喷射系统分为多种类型,结构原理大同小异,最具代表性的是 20 世纪 90 年代中后期 Bosch 公司和 Denso 公司推出的高压共轨式柴油喷射系统。其中,博世公司高压共轨式柴油喷射系统(CRS,Common Rail System)的组成如图 3-3 所示,控制部件在四缸柴油机上的安装位置如图 3-4 所示。

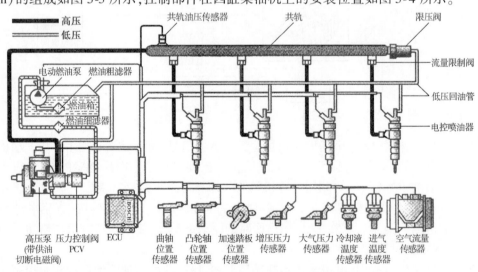

图 3-3 Bosch 公司高压共轨式柴油喷射系统的组成

高压共轨式柴油喷射系统采用的控制策略是:喷油量和喷油定时均由 ECU 通过控制各缸喷油器的电磁机构进行控制;喷油压力(即共轨中的燃油压力)由 ECU 通过控制压力控

制阀(PCV,Pressure Control Valve)进行控制。在电控汽油喷射系统中,电动燃油泵供给到公共油轨(燃油总管)中的汽油压力较低(250～350kPa),燃油压力(即喷油压力)可用机械式油压调节器进行调节。在高压共轨式电控柴油喷射系统中,高压燃油泵供给到公共油轨(共轨)中的柴油压力(即喷油压力)高达160～200MPa(160000～200000kPa),用机械式油压调节器难以实现精确调节,因此,喷油压力采用了压力控制阀(PCV,Pressure Control Valve)进行控制。同电控汽油喷射系统一样,燃油压力的产生同样与发动机转速和负荷无关。

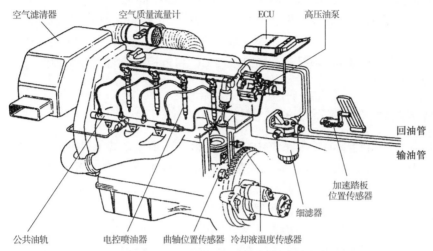

图3-4 Bosch公司高压共轨式柴油喷射系统控制部件的安装位置

高压共轨式电控柴油喷射系统的组成与电控汽油喷射系统相同,也是由空气供给系统、燃油供给系统和电子控制系统三大系统组成。其中,电子控制系统主要有电子控制油压系统和电子控制喷油系统两个子系统。

空气供给系统(供气系统)的功用及组成与电控汽油喷射系统基本相同,主要是向发动机提供燃油燃烧所需空气并检测出进入汽缸的空气量。供气系统配装的传感器主要有空气流量传感器(即空气流量计)、进气温度传感器、大气压力传感器和增压压力传感器。

空气流量传感器安装在进气管上,用于检测增压器增压后的空气量。进气温度传感器一般都安装在空气流量传感器内,用于检测进入汽缸的空气温度;大气压力传感器一般都安装在ECU内部的印刷电路板上,用于检测海拔高度不同时的大气压力;增压压力传感器安装在进气管上,用于检测增压器增压后的空气压力。进气温度、大气压力和增压压力三种传感器信号都是用于对空气量进行修正计算,以便得到进入汽缸空气量的精确数值。因为柴油机的空燃比为14.3,所以ECU根据空气量的精确数值,即可在每个燃烧循环调整每只喷油器的喷油量,从而大大减少有害物质的排放量。

燃油供给系统的功用是向公共油轨供给压力足够高和油量足够大的燃油。燃油的实际压力值和供油量取决于发动机转速高低与负荷大小,由系统设计与试验确定。最高油压可达200MPa甚至更高,供油量可达1600mm³/r。燃油供给系统可分为低压通道与高压通道两个部分。低压通道部分由燃油箱、输油泵(电动燃油泵)、柴油滤清器(粗滤器和细滤器)、低压输油管以及低压回油管等部件组成。高压通道部分由高压泵(供油泵或高压油泵)、高压油管、公共油轨(共轨)、限压阀、流量限制阀(流量限制器)和电控喷油器等部件组成。其中,限压阀和流量限制阀为安全装置。

电子控制油压系统又称为喷油压力电控系统或共轨压力电控系统，其功用是实时控制公共油轨中的燃油压力（即喷油压力），实现高压喷射，使柴油良好雾化，提高燃烧效率，从而达到降低油耗、减少排放、降低噪声和减小振动的目的。电控油压系统主要由共轨油压传感器、电控单元ECU和共轨压力控制阀PCV等部件组成。压力控制阀PCV是电控油压系统的执行器。

电子控制喷油系统的功用是根据各种传感器信号提供的柴油机转速、负荷等工况信息，自由改变喷油量、喷油定时和喷油特性（喷油量与喷油时间之间的关系）等控制参数，实现预喷射、主喷射、后喷射和多段喷射（已可实现5次或更多次喷射），提高柴油机的动力性、经济性和排放性能。电子控制喷油系统主要由曲轴位置传感器、凸轮轴位置传感器、加速踏板位置传感器、冷却液温度传感器、电控单元ECU和电控喷油器等部件组成。电控喷油器是电控喷油系统的执行器。

二、高压共轨式电控系统的关键技术

在高压共轨式电控柴油喷射系统中，各种传感器和供气系统部件的功用、结构及原理与电控汽油喷射系统基本相同，仅因柴油喷射压力高而技术要求更高而已，故不一一赘述，下面主要介绍特殊部件的功用、结构及原理。

在柴油供给系统中，燃油箱、粗滤器、细滤器、低压输油管、低压回油管和高压油管等部件的结构原理及功用与机械式柴油系统基本相同，不同之处有：用高压泵取代了原来的喷油泵；新增了输油泵（电动燃油泵）以及储存高压燃油的共轨组件；用电控喷油器取代了原来的机械式喷油器；高压油管的直径略有加大，如电装公司的ECD-U2型电控高压共轨系统各缸高压油管的外径由6.35mm增大到了8mm，内径由2mm增大到了4mm。

（一）输油泵

在高压共轨式电控柴油喷射系统中，输油泵为电动燃油泵，其结构原理与电控汽油喷射系统基本相同。在安装方式上，电动燃油泵既可安装在柴油箱内部，也可安装在柴油箱外面的低压油路上。安装在油箱内部易于散热，故普遍采用内装式。

输油泵的功用是向高压泵提供具有一定压力（一般为250kPa）和数量（最大供油量为3L/min）的燃油。输油泵受ECU控制，点火开关一旦接通，ECU便控制油泵继电器接通输油泵电路，输油泵就开始供油。如果在规定时间内（9s左右）仍未接通起动开关来起动发动机，ECU将自动切断输油泵电源电路，输油泵将停止运转。

（二）高压泵

高压泵又称为供油泵或高压油泵，是燃油供给系统低压通道与高压通道之间的接口部件。高压泵的功用是：在柴油机各种工况下，将低压柴油加压压缩，向共轨管内供入压力足够高、油量足够大的高压燃油。

高压泵与普通喷油泵一样安装在柴油机上，通过离合器、齿轮、链条或齿带由发动机驱动。但安装高压泵时，只需考虑供油功能，无须考虑定时位置。

1. 高压泵的结构特点

高压泵种类繁多、形式各异，德国博世与西门子公司以及日本电装公司典型高压泵的技术参数如表3-3所示。这些高压泵功用与结构原理大同小异，都是利用凸轮转子驱动柱塞运动将低压柴油加压压缩成为高压燃油。

高压共轨系统用典型高压泵的技术参数　　　　　　　　　　表3-3

公司名称	高压泵型号	柱塞直径（mm）	柱塞数量（个）	凸轮升程（mm）	几何供油量（mm³/r）	实际供油量（mm³/r）	转速（r/min）
博世 Bosch	CP3.1	5.5	3	6.0	427	—	—
	CP3.2	6.5	3	6.8	677	460	3750
	CP3.3	7.5	3	8.2	1087	850	3750
	CP3.4	7.5	3	9.5	1259	—	—
	CP3.5	7.5	3	12	1590	—	—
电装 Denso	HP3	8.5	2	8.8	1000	827	4000
	HP4	8.5	3	8.8	1500	1241	4000
西门子	3CYL	7.0	3	7.0	800	640	3000
	5CYL	7.0	5	7.0	1350	1050	3000

Bosch 公司高压共轨式电控喷油系统 CRS 采用 CP3 系列柱塞式高压泵的结构如图 3-5 所示，高压泵的轴向剖面结构如图 3-6 所示，主要由偏心轮、柱塞组件、进油阀、出油阀、壳体和油道等组成。

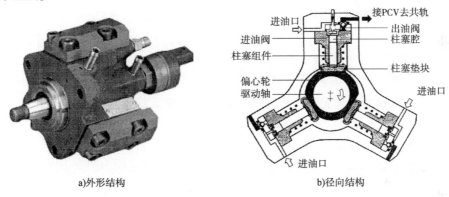

a) 外形结构　　　　　　　　　　b) 径向结构

图 3-5　Bosch 高压共轨系统 CP3 系列高压泵的结构

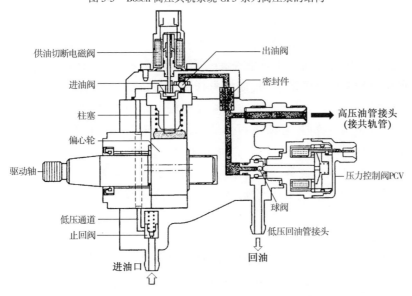

图 3-6　Bosch 高压共轨系统 CP3 系列高压泵的轴向结构

高压泵由偏心轮驱动,在泵内径向设有三套柱塞组件,柱塞相互间隔120°排列,如图3-5b)所示。偏心轮驱动平面与柱塞垫块之间的接触形式为面接触,比传统的凸轮与滚轮之间为线接触形式的接触应力要小得多,有利于燃油升压和延长使用寿命。由于高压泵每旋转一转有三个供油行程,故驱动装置受载均匀,驱动峰值转矩小(博世高压泵为16N·m),仅为分配泵驱动转矩的1/9左右。因此,高压共轨式燃油喷射系统对高压泵端驱动装置的要求远远低于机械式燃油系统。泵端驱动装置所需功率随共轨压力和高压泵转速的增加而成正比增加。对一台排量为2L的发动机而言,当设定转速下的共轨压力为135MPa时,高压泵(机械效率约为90%)消耗功率为3.8kW。如果考虑喷油器的喷油量和低压回油量以及压力控制阀的回油量等,高压泵的消耗功率应更高一些。高压泵转速较高(最高转速为3000~4000r/min),因此采用了柴油润滑与散热。

2. 高压泵的工作原理

各型高压泵的工作原理大同小异,博世高压共轨式电控喷油系统CRS采用的CP3系列高压泵的工作原理如下。

高压泵加压的燃油由输油泵供给。输油泵(电动燃油泵)运转时,将燃油箱内柴油经低压油管、高压泵进油口、止回阀和低压通道输送到进油阀处。当柴油机转动时,高压泵按一定速比随柴油机一同旋转。高压泵转动时,偏心轮便使柱塞径向移动。

当柱塞下行时,如图3-5b)所示,柱塞腔容积增大,压力降低使进油阀打开,低压燃油由进油阀进入柱塞腔,对高压泵进行充油。

当柱塞上行时,如图3-6所示,柱塞腔容积减小,压力增大使进油阀关闭,燃油建立起高压。当柱塞上行行程增大使腔内压力高于共轨中的燃油压力时,出油阀被打开,柱塞腔内的高压燃油便在压力控制阀PCV的控制下供入共轨管内。

3. 供油切断电磁阀的功用

博世CP3系列高压泵在柱塞腔上设有供油切断电磁阀,又称为断油电磁阀,如图3-6所示。该电磁阀的功用是适时切断柱塞供油,使供油量适应喷油量变化的需要,减少高压泵的功率消耗。

高压泵的供油量是按最大供油量进行设计的,在发动机怠速和部分负荷,柱塞压缩的燃油量将超过喷油器所需的喷油量,多余的燃油经压力控制阀PCV和共轨上的限压阀等流回油箱。由于已被压缩的燃油又流回到燃油箱并再次降压,不仅损失压缩能量,而且会使燃油升温。设置供油切断电磁阀后,当发动机怠速和部分负荷时,电磁阀适时通电使进油阀处于打开状态,使供油行程吸入的燃油不受压缩又流回低压通道,柱塞腔内不会建立高压。

当供油切断电磁阀工作时,柱塞不再连续压油,高压泵处于间歇供油状态,从而减少功率损失。可见,高压泵传动比的设计,一方面要满足发动机全负荷工作时需要的燃油量,另一方面要使多余供油量不要太多。高压泵的供油量与其转速成正比,高压泵的转速取决于发动机转速,高压泵与发动机之间可选取的传动比为2:1或5:2,具体数值视曲轴最高转速而定。

4. 止回阀的功用

在高压泵的低压通道上设有一只止回阀,如图3-6所示。该止回阀的功用是在高压泵停止转动时,关闭燃油回流通道,使低压通道内保持一定的燃油压力(止回阀量孔直径约2.3mm,保持油压在50kPa以上),保证再次起动发动机时能可靠起动。

(三)压力控制阀 PCV

压力控制阀(PCV,Pressure Control Valve)又称为调压阀、共轨压力控制阀或供油泵控制阀(PCV,Pump Control Valve),其功用是根据发动机负荷和转速变化,自动调节供入共轨管内的燃油压力(包括压力升高、降低或保持不变)。

1. 压力控制阀 PCV 的结构特点

各型压力控制阀 PCV 的结构原理大同小异,博世公司 CRS 采用 PCV 的结构如图 3-7 所示,主要由电磁线圈(电阻值为 3.2Ω)、衔铁(铁芯)、球阀和复位弹簧等部件组成。为了保证衔铁润滑和线圈散热,衔铁周围有燃油流过。

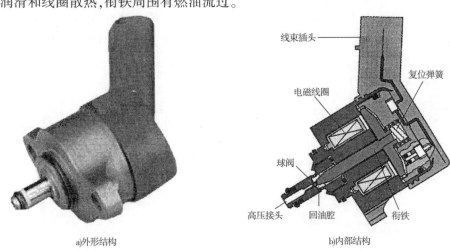

a)外形结构 b)内部结构

图 3-7 博世压力控制阀 PCV 的结构

2. 压力控制阀 PCV 的工作原理

压力控制阀 PCV 调节油压的原理是调节高压泵供入共轨管内的燃油量。供油量越大,燃油压力越高;反之,供油量越小,燃油压力越低。如果不计高压管路的油压损失(实际压降也很小),则共轨管内的燃油压力以及喷油器的喷油压力就等于高压泵(供油泵)高压接头出口处的燃油压力。因为压力控制阀 PCV 是一个电磁阀,所以,可以十分方便地安装在高压泵上,也可安装在共轨管上。

在压力控制阀 PCV 中,球阀是控制共轨燃油压力(即喷油压力)的关键元件。球阀一侧承受高压泵供给共轨的燃油压力,另一侧连接衔铁并与回油腔相通,回油腔与低压回油管连接。球阀受共轨的燃油压力、复位弹簧的预紧力以及电磁线圈在衔铁中产生的电磁力三个力的作用。

当电磁线圈断电时,复位弹簧的预紧力(张力)使球阀紧压在阀座上。复位弹簧的设计负荷一般为 10MPa,因此,当燃油压力超过 10MPa 时,球阀才能打开溢流,即共轨中的燃油压力至少要达到 10MPa 时,PCV 的回油腔中才有可能有燃油溢流到低压回油管路。

当电磁线圈通电时,共轨燃油压力除了要克服弹簧预紧力之外,还要克服电磁线圈在衔铁中产生的电磁力才能使球阀打开溢流。当共轨油压超过电磁力与弹簧力之和时,球阀才能打开泄油;反之,当共轨油压低于电磁力与弹簧力之和时,球阀则保持关闭。

对结构一定的压力控制阀 PCV 而言,其复位弹簧的预紧力是常量,所以,共轨燃油压力高低取决于电磁线圈产生的电磁力的大小。PCV 的电磁线圈受 ECU 控制,线圈产生电磁力的大小与流过线圈平均电流的大小成正比,所以 ECU 通过控制占空比的大小,即可控制线圈平均电流的大小,从而控制共轨燃油压力的高低。当占空比增大时,线圈平均电流增大,衔铁产生的电磁力增大使其一端的球阀对阀座的压力增大,共轨燃油压力随油量增大而升高;当占空比减小时,线圈平均电流减小,衔铁产生的电磁力减小使球阀对阀座的压力减小,共轨燃油压力降低;同理,当占空比不变时,共轨燃油压力则保持不变。试验证明:当占空比控制信号的频率为 1 kHz 时,可以避免衔铁脉动和共轨管内的燃油压力波动。

(四)共轨

共轨是公共油轨的简称,相当于电控汽油喷射系统的燃油分配管、燃油总管或油架。在共轨上连接有高压燃油入口接头、共轨油压(高压)传感器、限压阀和流量限制阀等,这些部件与公共油轨一起组成的总成称为共轨组件,如图 3-8 所示。其中,限压阀和流量限制阀为安全装置,防止供油系统部件发生故障导致共轨燃油压力过高而损坏机件或高压燃油泄漏。

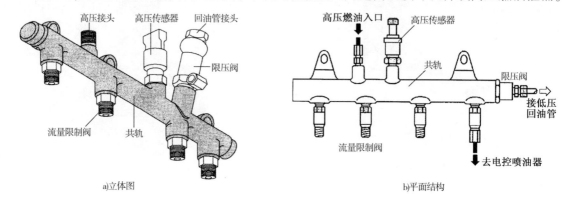

图 3-8 博世共轨组件的结构

共轨的功用是储存一定数量和一定压力的燃油,一方面保证柴油机起动和怠速时燃油迅速升压,满足起动和怠速工况对燃油压力的需求;另一方面是利用燃油液体的可压缩性,减小电控喷油器阀门开闭以及高压泵工作时引起的油压波动。共轨腔内容积较小(约 30mL)、燃油压力很高(达 160~200MPa)。

(五)限压阀

限压阀又称为压力限制阀或压力限制器。限压阀相当于一只安全阀,连接在共轨与低压回油管之间,其功用是限制共轨管内燃油的最高压力。当共轨中的燃油压力超过限压阀设定的最高压力值时,限压阀阀门打开溢流卸压,防止燃油供给系统损坏。博世公司限压阀的结构原理如图 3-9 所示,主要由阀体、锥形活塞、复位弹簧和限位套等组成。

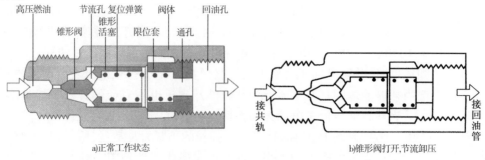

图 3-9 博世限压阀的结构原理

限压阀阀体的一端设有外螺纹,用其将阀安装在共轨管上,另一端设有内螺纹,用以连接限位套和通往油箱的低压回油管接头。调节限位套拧入阀体的位置,即可调节复位弹簧的预紧力,从而调节限压阀限定的最高压力。

锥形活塞相当于阀芯,其头部设有锥形阀,锥面上设有节流孔。当锥形阀打开时,共轨中的高压燃油从该节流孔溢流卸压。

阀体通往共轨的连接端相当于阀座,阀座轴向中心设有一个节流小孔。

在正常工作压力下,弹簧预紧力使锥形阀压在阀座上,节流小孔被关闭,如图3-9a)所示。此时,共轨压力随供油压力升高而升高。

当共轨中的燃油压力超过规定的最高压力时,锥形活塞在高压燃油压力作用下压缩复位弹簧并向右移动,如图3-9b)所示,高压燃油从共轨中经节流小孔和锥面节流孔节流卸压后流回油箱,使共轨中的燃油压力降低,从而限定最高压力,防止供油系统部件或发动机损坏。燃油流经通道为:共轨→阀座节流小孔→活塞锥面节流孔→活塞内腔→限位套内腔→通孔→低压回油管接头→回油管→燃油箱。

(六) 流量限制阀

流量限制阀又称为流量限制器,连接在共轨与喷油器高压油管之间,其功用是在喷油器及其高压油管泄漏燃油时,使高压油路关闭、供油停止,防止燃油持续泄漏。

1. 流量限制阀结构

流量限制阀的结构原理如图3-10所示,主要由阀体(壳体)、阀芯(活塞)和复位弹簧等组成。

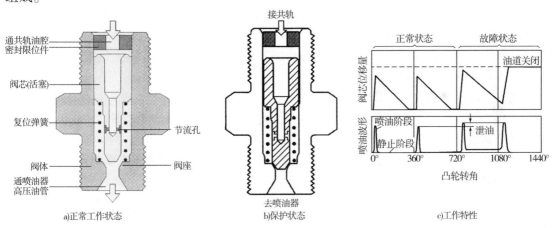

图3-10 流量限制阀结构与特性

阀体由金属壳体制成,两端制作有外螺纹,其中,一端拧在共轨上,另一端与各缸喷油器的高压油管连接。阀体内腔为中空结构,与共轨内腔和喷油器高压油管一起构成高压通道。阀体连接喷油器高压油管一端的内腔孔径较小而形成阀座。

阀芯是一个截面直径不同的活塞,密封安放在阀体腔内。阀芯轴向设有直径不同的内孔,孔径较大一端(图中上部)为进油孔,连接共轨内腔;孔径缩小一端(图中下部)的径向设有节流孔(出油孔)。在静止状态下,复位弹簧将阀芯压向共轨方向的密封限位件一端。

2. 正常喷油时流量限制阀的工作原理

在正常工作状态下,阀芯(活塞)处于静止位置,上端靠在共轨方向的密封限位件上,高压燃油经节流孔(出油孔)流出。燃油通道为共轨内腔→流量限制阀进油口→阀芯内孔→

节流孔→流量限制阀出油口→各缸高压油管→各缸喷油器。

当喷油器喷射一次燃油后,流量限制阀出口油压略有下降,阀芯向喷油器方向略有位移,如图3-10a)所示,阀芯(活塞)位移压出的容积等于喷油器喷出燃油的容积。此时,阀芯并未移到阀座上,燃油通道仍然畅通。

当喷油终了时,阀芯停止移动,复位弹簧将阀芯压回到静止位置,并一直保持到下一次喷油。

复位弹簧和节流孔尺寸的设计原则是:在最大喷油量(包括安全储备量)时,阀芯既不位移到阀座上关闭出油通道,还能复位到共轨端的密封限位体上。

3. 高压燃油泄漏时流量限制阀的保护原理

当从共轨流向某只喷油器的油量超过最大流量时,流量限制阀将自动关闭流向该喷油器的燃油通道,使喷油器停止喷油,防止高压油管泄漏燃油而发生火灾。

当某只喷油器泄漏油量过大或其高压油管发生漏油故障、导致流过流量限制阀的燃油流量远远超过最大流量时,由于阀芯(活塞)位移量过大,因此,阀芯将从静止位置移动到出油端的阀座上而关闭油道停止供油,如图3-10b)所示,并一直保持到发动机停机为止。

当某只喷油器泄漏油量不大或其高压油管发生漏油故障、导致流过流量限制阀的燃油流量超过最大流量不多时,泄漏燃油使流量增大,阀芯位移量增大,如图3-10c)所示。因此,阀芯不能复位到静止位置。经过几次喷油后,阀芯便移动到阀座上关闭出油通道停止供油,直到发动机停机时为止。

(七)共轨油压传感器

共轨油压传感器又称为共轨压力传感器、高压传感器或燃油压力传感器,该传感器安装在共轨上,用于检测共轨管内的燃油压力。因为喷油器内部的油压与共轨管内的油压相等,所以共轨油压传感器检测的燃油压力即为喷油器的喷油压力。

1. 共轨油压传感器的结构特点

共轨油压传感器普遍采用电阻应变计式压力传感器。博世公司共轨油压传感器的结构如图3-11所示,主要由弹性传感元件、信号处理电路、线束插头和安装接头组成。弹性传感元件由金属膜片和电阻应变片组成,金属膜片焊接在安装接头上,并与高压燃油通道相通,直接承受共轨管内高压燃油的压力,电阻应变片紧贴在金属膜片上,并连接成惠斯顿电桥电路,然后再与信号处理电路连接。

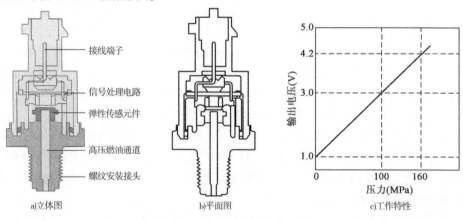

图3-11 博世共轨油压传感器结构与特性

2. 共轨油压传感器的工作原理

博世公司 CRS 型和电装公司 ECD-U2 型电控柴油喷射系统电阻应变计式油压传感器的工作原理完全相同。当共轨管内油压经传感器的高压燃油通道作用到传感元件时,传感元件的金属膜片和电阻应变片一同产生变形(油压 150MPa 时,变形量约 1mm),应变片上的应变电阻阻值随之发生变化,电桥电路的电压改变(电源电压为 5V 时,电压在 0 至 70mV 之间变化,具体数值由压力决定),经信号处理电路放大后可得传感器输出电压(0.5~4.5V),实测输出电压值如图 3-11c)所示。当油压为 0 时,输出电压为 1.0V;当油压为 100MPa 时,传感器输出电压为 3.0V;当油压为 160MPa 时,输出电压为 4.2V。

精确测量共轨中的燃油压力是电控共轨系统正常工作的必要条件。为此,要求压力传感器测量压力的允许偏差很小,在柴油机工作范围内,测量精度约为最大值的 2%。当共轨压力传感器失效时,压力控制阀 PCV 将以固定的预设值控制油压,使发动机处于应急状态运行。

(八) 电控喷油器

电控喷油器又称为电动喷油器,其功用是将燃油以雾状形式喷射到汽缸内燃烧,并计量燃油喷射量。

在电控共轨式柴油喷射系统中,设计和工艺难度最大的部件就是电控喷油器。20 世纪 80 年代以来,德国博世和日本电装公司在电控喷油器的开发方面,一直走在世界前列。到目前为止,品种最多的部件也是电控喷油器。世界主要公司电控喷油器的基本参数如表 3-4 所示。虽然电控喷油器种类繁多、形式各异,但其结构原理基本相同,仅外形有所不同而已。

高压共轨式柴油喷射系统各种电控喷油器的基本参数　　　　表 3-4

生产公司名称		德国博世 Bosch		日本电装 Denso		英国卢卡斯 Lucas	西门子 Siemens	TEMIC
电控机构形式		电磁线圈	压电晶体 PZT	电磁线圈	电磁线圈	电磁线圈	压电晶体 PZT	电磁线圈
喷油压力	最高喷油压力(MPa)	180	160	160	200	160	150	180
	最低喷油压力(MPa)	20	20	20	20	20	20	25
引导喷射	喷油量(mm^3/行程)	1.0	1.0	1.5~2.5	1.5~2.5	0.6	0.6	4~6
	时间间隔(ms)	0.3	0.2	0.4	0.4	0.3	0.1	0.4
容许喷油次数(次)		5	5	3	5	—	—	—
电控机构外形尺寸	最大外径(mm)	33	17	26.5	28.5	17	28	26
	高度(mm)	45	45	45	68	45	35	70
喷油机构外径(mm)		17、18、19 三种规格		17、18、19 三种规格	18、19 两种规格	17	17	14、17 两种规格

电控喷油器是由电控机构、液压伺服机构和孔式喷油器(俗称喷油嘴)三部分组成。电控机构分为电磁控制机构和压电晶体两种结构。因此,电控喷油器可分为电磁控制式喷油器和压电晶体式喷油器两种。液压伺服机构和孔式喷油器与柴油机用普通喷油器基本相同。电控喷油器的基本原理是:利用电控机构控制针阀偶件的背压来间接控制针阀的开启。

1. 电磁控制式喷油器

电磁控制式喷油器简称电磁式喷油器或电磁喷油器,是电控柴油喷射系统使用的第一代喷油器。

1) 电磁控制式喷油器的结构特点

博世公司电磁控制式喷油器的外形结构如图 3-12a) 所示,内部结构如图 3-12b) 所示,主要由电磁控制机构、液压伺服机构和孔式喷油器组成。值得注意的是,电控柴油喷射系统电磁喷油器的结构原理与汽油喷射系统电磁喷油器的结构原理大不相同,这是因为柴油喷射系统的燃油压力高、控制难度大,即电磁执行机构难以直接产生迅速打开针阀所需的电磁力,必须增设具有液力放大作用的液压伺服机构。

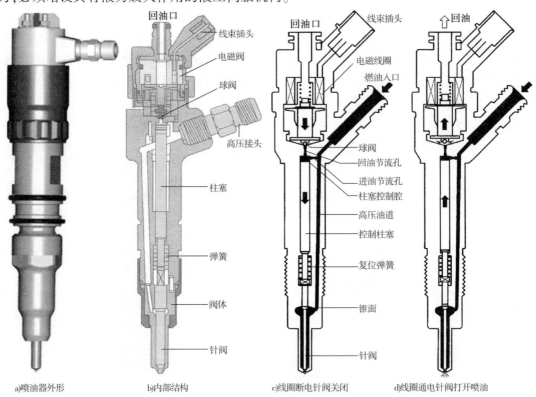

a) 喷油器外形　　b) 内部结构　　c) 线圈断电针阀关闭　　d) 线圈通电针阀打开喷油

图 3-12　博世电磁控制式喷油器的结构原理

电磁控制机构实际上是一只高速电磁阀,该电磁阀安装在喷油器的顶部,主要由电磁线圈、铁芯、复位弹簧和球阀等部件组成。球阀焊接在铁芯下端,当电磁线圈无电流流过时,在复位弹簧张力作用下,铁芯向下移动到极限位置,球阀处于关闭状态。

液压伺服机构由控制柱塞、柱塞控制腔、进油节流孔、回油节流孔、针阀锥面以及针阀复位弹簧组成。

孔式喷油器俗称喷油嘴或喷嘴,由针阀和阀体组成。

喷油器的高压接头为燃油入口,经高压油管与共轨连接。共轨管内的高压燃油经进油节流孔送入柱塞控制腔内,并经高压油道送入喷油器针阀锥面及阀座盛油槽内。控制腔经回油节流孔和球阀与回油口连接。回油口为低压燃油回流口,用低压油管与燃油箱连接。

2) 电控喷油器的工作原理

电磁控制式喷油器的基本原理是:利用电磁阀控制针阀偶件的背压来间接控制针阀的开启。即高速电磁阀使球阀打开接通回油通道,燃油回流使柱塞控制腔压力降低,针阀锥面燃油压力使针阀上升将阀门打开喷油。

(1) 当电磁阀断电时,喷油器不喷油。当电磁阀线圈断电时,球阀在弹簧力作用下紧压在阀座上,球阀阀门关闭使低压回油通道关闭,如图 3-12c)所示。此时,共轨管内的高压燃油经各缸高压油管、喷油器高压接头、进油节流孔、柱塞控制腔作用于柱塞顶部,使控制腔内建立起共轨高压,同样的共轨压力也作用于针阀盛油槽之中。柱塞顶部压力和针阀复位弹簧张力之和克服针阀盛油槽内高压燃油作用在针阀锥面(或承压面)的向上分力,使柱塞和针阀向下移动到极限位置,针阀紧压在阀座上将阀门关闭,喷油器不喷油。

针阀关闭速度取决于进油节流孔的流量。进油节流孔流量越大,针阀关闭时间越短,关闭速度就越快;反之,流量越小,关闭速度就越慢。

(2) 当电磁阀通电时,喷油器喷射燃油。当电磁阀线圈通电时,铁芯在极短时间(120μs)内产生电磁力并克服弹簧预紧力迅速向上移动,使球阀阀门立即打开将回油通道接通,部分高压燃油经回油通道流回燃油箱。回油通道为:高压油轨(共轨)→高压油管→喷油器高压接头→进油节流孔→柱塞控制腔→回油节流孔→球阀→回油口→低压回油管→燃油箱。在球阀打开使燃油流回油箱时,柱塞控制腔压力随之下降。当作用在柱塞顶部的压力与针阀复位弹簧张力之和小于针阀盛油槽内高压燃油作用在针阀锥面(承压面)的向上分力时,柱塞与针阀迅速上移,针阀阀门立即开启,高压燃油从喷油孔喷入燃烧室,如图3-12d)所示。

针阀开启速度取决于回油节流孔与进油节流孔之间的流量差。流量差越大,回油量越大,柱塞控制腔压力降低越快,针阀开启速度就越快;反之,流量差越小,针阀开启速度就越慢。当柱塞到达上限位置处于进、回油节流孔之间时,针阀全开,喷油压力接近共轨压力,燃油得到良好雾化喷入燃烧室燃烧,有利于减少排放,提高经济性和动力性。

综上所述,电磁阀通电时间等于喷油持续时间,电磁阀断电时间等于停止喷油时间。当燃油压力一定时,通电时间越长,喷油量越大;通电时间越短,喷油量越小。控制电磁阀线圈通电时间的长短,即可控制喷油器喷油量的大小。

上述分析可见,由于电磁阀不能产生足够的电磁力来克服高压燃油作用力使针阀向上移动将阀门开启,因此,巧妙地采用了液力放大机构(控制柱塞、针阀承压面、复位弹簧、进油节流孔和回油节流孔等),利用电控机构(电磁阀)控制针阀偶件的背压来间接控制针阀的开启,即利用进油节流孔和回油节流孔使共轨燃油节流降压,通过电磁阀控制少量燃油回流,从而实现高压燃油喷射。尽管如此,电磁阀线圈的控制电流也高达 30A 左右。如博世公司 CRIN2 型电磁控制式喷油器的控制参数为:针阀开启电流为 30A,保持电流为 12A;针阀开启时间为 110μs±10μs,关闭时间为 30μs±5μs;电磁阀线圈静态电阻为 0.23Ω。

2. 压电控制式喷油器

压电是指由机械压力引起电介质晶体放电,或应用电压而使电介质晶体产生压力。

压电控制式喷油器又称为压电晶体(PZT, Piezoelectric Crystal)式喷油器或压电跃变(PZT, Piezoelectric Transition)式喷油器,是电控柴油喷射系统使用的第二代喷油器。

在压电晶体式喷油器(简称 PZT 喷油器)的研究方面,德国西门子公司和博世公司一直处于领先地位,分别于 1996 年和 2003 年开始批量生产。实际上电磁控制式喷油器是在柴油机用普通喷油器的基础上增设电磁控制机构(电磁阀)而制成,PZT 喷油器则是用压电晶体替代电磁阀而制成。三种喷油器的本质区别在于控制方式不同:普通喷油器由液压伺服机构控制,电磁式喷油器由电磁阀控制,PZT 喷油器则由压电晶体控制。

1) PZT 喷油器结构

PZT 喷油器由压电控制机构、液压伺服机构和孔式喷油器组成。液压伺服机构和孔式喷油器的结构原理与上述电磁式喷油器相同。

压电控制机构主要由压电晶体、大活塞、小活塞、球阀、止回阀和线束插头组成,外形如图 3-13a) 所示,内部结构如图 3-13c) 所示。

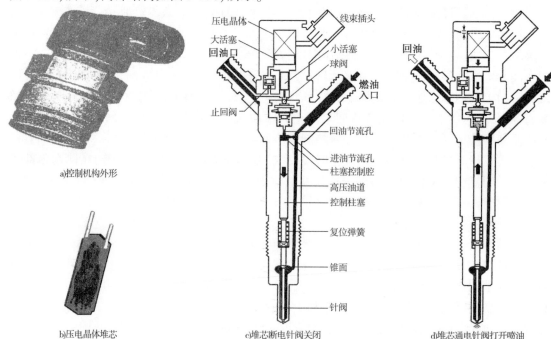

图 3-13　西门子公司压电晶体式喷油器的结构原理

压电晶体采用多层陶瓷(每层厚度 20～200μm)烧结成压电晶体堆芯,结构如图 3-13b)所示,层与层之间设有电极,生产技术与多层电容器相似。因为压电晶体具有受电压作用而伸长的特性,所以将其集成化制作成晶体堆芯作为喷油器的执行元件,是一种十分理想的结构。汽车高压共轨系统对压电晶体的基本要求是环境温度在 -40～150℃、工作电压为 100～200V、压电晶体作用升程为其厚度的 1/1000、开关迅速(全升程动作时间约 30μs)、耐久性好(大于 10 亿个循环)和强度高等。

小活塞下端设有一根顶杆,用于顶开球阀,以便燃油回流。回油口为低压燃油回流口,用低压油管与燃油箱连接。

共轨管内的高压燃油进入喷油器后分成两路:一路经进油节流孔送入柱塞控制腔、回油节流孔和球阀腔室;另一路经高压油道送入喷油器针阀锥面及阀座盛油槽。

2) PZT 喷油器工作原理

PZT 喷油器的基本原理是:利用压电晶体控制针阀偶件的背压来间接控制针阀的开启。压电晶体受电压作用而伸长,并推动活塞移动使球阀打开接通回油通道,燃油回流使柱塞控制腔压力降低,针阀锥面燃油压力使针阀上升将阀门打开喷油。可见,其原理与电磁控制式大同小异,仅仅是球阀打开的控制方式不同。

(1) 当压电晶体断电时,喷油器不喷油。当压电晶体断电时,球阀在弹簧力作用下紧压在阀座上,球阀阀门关闭使低压回油通道关闭,如图 3-13c) 所示。此时,共轨管内的高压燃油经各缸高压油管、喷油器高压接头、进油节流孔、柱塞控制腔作用于柱塞顶部,使控制腔内建立起共轨高压,同样的共轨压力也作用于针阀盛油槽之中。柱塞顶部压力和针阀复位弹簧张力之和克服针阀盛油槽内高压燃油作用在针阀锥面的向上分力,使柱塞和针阀向下移动到极限位置,针阀紧压在阀座上将阀门关闭,喷油器不喷油。

(2)当压电晶体通电时,喷油器喷射燃油。当压电晶体通电时,晶体堆芯伸长(图中l表示),推动大活塞压缩油腔中的燃油,再推动小活塞向下移动,小活塞顶杆将球阀(钢球)推离座面并接通回油通道,部分高压燃油流回燃油箱。回油通道为:高压油轨(共轨)→高压油管→喷油器高压接头→进油节流孔→柱塞控制腔→回油节流孔→球阀→小活塞油腔→回油口→低压回油管→燃油箱。在球阀打开燃油流回油箱时,柱塞控制腔压力随之下降。当作用在柱塞顶部的压力与针阀复位弹簧张力之和小于针阀盛油槽内高压燃油作用在针阀锥面的向上分力时,柱塞与针阀迅速上移,针阀阀门立即开启,高压燃油从喷油孔喷入燃烧室,如图3-13d)所示。

止回阀用于补充大活塞压缩燃油时油腔中泄漏的燃油,保证喷油嘴可靠工作。

综上所述,压电晶体通电时间等于喷油持续时间,断电时间等于停止喷油时间。当燃油压力一定时,通电时间越长,喷油量越大;通电时间越短,喷油量越小。控制压电晶体通电时间的长短,即可控制喷油器喷油量的大小。

PZT 喷油器的显著优点是响应速度快(开关动作时间约 30μs)、喷油时间间隔小(喷油间隔角度越大,喷油控制越容易实现)、每行程喷油量小。喷射时间间隔与引导喷射喷油量:西门子 PZT 喷油器分别为 100μs 和 0.6mm^3/行程;博世 PZT 喷油器分别为 200μs 和 1.0mm^3/行程。因此,能够实现多段喷射(引导喷射、预喷射、主喷射、后喷射和次后喷射),从而减少有害物质的排放和降低燃烧噪声(引导喷射可通过预混合燃烧来减少颗粒物排放;预喷射可缩短主喷射的着火延迟时间,从而降低 NO_x 排放和燃烧噪声;后喷射可促进扩散燃烧来降低颗粒排放;次后喷射可使排温升高,能够增加催化剂的活性)。

PZT 喷油器还有重复性好、消耗能量小和耐久性好等优点。因为喷油时间间隔小,所以控制脉冲周期短、各缸喷油始点和喷油量变动很小,重复控制精度高,发动机运转平稳。

三、高压共轨式电控系统喷油量的控制

在高压共轨式电控柴油喷射系统中,喷油量主要由喷油压力(共轨压力)和喷油器电控机构(电磁线圈或压电晶体)的通电时间决定。因为喷油压力和喷油器都是由电控单元 ECU 独立进行控制,所以在喷油压力一定的情况下,喷油量取决于喷油器电磁线圈或压电晶体的通电时间。因此,高压共轨式电控柴油喷射系统又称为"时间—压力调节系统"。

(一)喷油量的控制方法

在高压共轨式电控柴油喷射系统中,电动燃油泵将燃油箱内的燃油输送到高压油泵,发动机驱动高压油泵再将燃油加压后供入共轨管内,喷油器在 ECU 的独立控制下,将高压燃油直接喷射到相应的汽缸内燃烧做功,喷油量的大小由 ECU 控制喷油器电磁线圈或压电晶体持续通电的时间长短决定,即喷油器喷油量的控制实际上就是喷油时间的控制,控制方法如图 3-14 所示。

当柴油机工作时,电控单元 ECU 根据加速踏板位置传感器信号(齿杆位置信号)A_c 和发动机转速传感器信号 n_e,利用计算机的查寻功能,即可从三维图形(MAP 图)中得到相应的最佳基本喷油量数值 Q_j;再利用计算机的数学计算与逻辑判断功能以及其他传感器提供

的喷油量修正信号(冷却液温度信号 t_w、进气温度和电源电压等信号),即可计算出喷油修正量、最佳喷油量以及预喷射、主喷射和后喷射的喷油量,根据凸轮轴位置传感器提供的上止点 TDC 位置信号计算确定喷油定时,并向执行器(电控喷油器)发出控制指令;喷油器在 ECU 输出回路的驱动下,按最佳喷油量和喷油时刻喷射柴油,完成一次喷油过程。

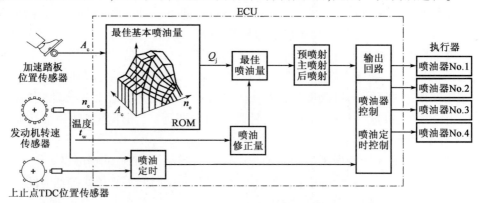

图 3-14 共轨式电控喷油系统喷油量的控制方法

(二)喷油时间的控制方法

在高压共轨式电控柴油喷射系统中,喷油器电磁线圈或压电晶体的通电时间控制方法与电控汽油喷射系统喷油时间的控制方法相同,也是由 ECU 喷油脉冲控制信号(占空比信号)的高电平宽度决定(或低电平宽度决定,视喷油器驱动电路而定,因为喷油器一般都采用 NPN 型三极管驱动,故由高电平宽度决定)。因此,改变占空比信号高电平的宽度(即喷油脉宽或喷油时间),即可控制喷油量的大小,且由 ECU 中预先编制的软件进行控制。

当发动机转速一定时,喷油脉宽(即喷油时间)对应于曲轴转过的一定转角。因此,喷油时间(喷油量)的控制事实上转变为喷油角度的控制。当四缸发动机转速 $n=4000\mathrm{r/min}$、喷油提前角 $\theta=18°$、喷油时间 $t=1\mathrm{ms}$(对应的喷油角度 $\alpha=(4000\times360°)\times1\mathrm{ms}\div60000\mathrm{ms}=24°$)时,喷油时间 t(或喷油角度 α)的控制过程如图 3-15 所示。

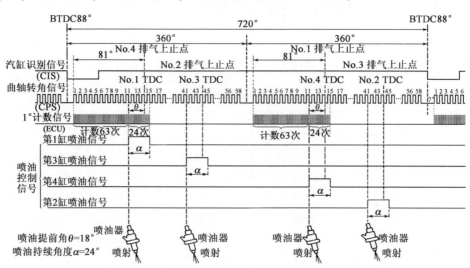

图 3-15 共轨式电控喷油系统喷油时间 1ms(喷油角度 24°)的控制过程

图中,汽缸识别信号由凸轮轴位置传感器 CIS 提供,曲轴转角信号由曲轴位置传感器

CPS提供，1°计数信号由ECU内部晶振产生，用于对曲轴转角信号进行计数运算，以便控制喷油提前角θ和喷油角度α。凸轮轴位置传感器CIS信号转子每转一转（相当于曲轴旋转720°）提供一个低电平信号，该低电平信号的下降沿对应于1缸活塞压缩上止点前88°（即BTDC88°）；曲轴位置传感器CPS信号转子每转一转提供58个高电平信号（每个信号占曲轴转角均为3°）、57个低电平信号（每个信号占曲轴转角也为3°）和一个宽低电平信号（占曲轴转角15°，相当于2个高电平和3个低电平信号所占曲轴转角）。宽低电平信号后的第一个高电平信号对应于1缸或4缸上止点前81°。这些条件均为已知条件，由系统设计和安装保证，控制过程如下。

在发动机工作过程中，ECU根据曲轴位置传感器CPS、加速踏板位置传感器和其他传感器信号确定最终喷油量的同时，还要查寻确定最佳喷油提前角θ（本例θ=18°），根据油压控制系统控制的喷油压力和喷油器流量参数计算喷油时间t（本例t=1ms），再根据曲轴位置传感器CPS提供的信号计算喷油角度α（本例α=24°）。当ECU接收到凸轮轴位置传感器CIS输入的低电平信号下降沿时，说明1缸活塞即将到达压缩上止点（处于BTDC88°），ECU开始监测曲轴位置传感器CPS提供的信号；当CPS输入宽低电平信号后的上升沿时，ECU内部的1°计数信号开始对CPS信号进行计数；因为喷油提前角θ=18°，所以计数到63（81°-18°=63°）次结束，从第64次开始接通喷油器电路并对曲轴转角（喷油角度）进行计数，喷油器电路接通开始喷油；因为喷油角度α=24°，所以ECU计数到24次时切断喷油器电路，喷油器停止喷油。

从ECU对第1缸喷油角度进行计数开始，到计数180次后，从第181次（即CPS第41个脉冲信号下降沿）开始接通下一缸（第3缸）喷油器电路，并对喷油角度进行计数控制，从而实现喷油角度24°（喷油时间1ms）、喷油提前角18°的实时控制。

由此可见，高压共轨式柴油喷射系统喷油时间的控制方法与汽油机电控喷油系统喷油时间的控制方法相同，也是根据曲轴位置传感器和凸轮轴位置传感器等信号之间的相位关系进行控制。但是，由于柴油喷射还有引导喷射、预喷射、后喷射和次后喷射等，因此，喷油时间的控制过程比汽油喷油要复杂得多。

四、高压共轨式电控系统喷油压力控制

众所周知，从地下开采出来的石油称为原油，车用汽油和柴油都是炼油厂使用炼油塔将原油加热蒸馏得来。车用轻柴油的沸点较高（300～365℃，车用汽油为75～200℃），所以很难得到均匀的混合气。在燃油浓度高的区域（一般是大负荷工况），由于局部高温缺氧，燃油被裂解成炭，因此，柴油机会产生炭烟（俗称"冒黑烟"）。

（一）喷油压力控制的目的

控制柴油机喷油压力的目的是：使柴油良好雾化，从而提高燃烧效率、降低油耗和减少排放。

在实施排放法规之前，追求高喷油压力的目的是提高燃油的雾化质量。实施排放法规以后，追求高喷油压力的目的在于减少炭烟和颗粒物的排放量。炭烟和颗粒物的排放值与喷油压力之间的关系如图3-16所示。由图可见，当喷油压力升高时，炭烟和颗粒物的排放值均可降低。

柴油机燃烧的关键技术就是使燃油均匀地雾化，在汽缸内形成均匀的喷雾。也就是做到喷入汽缸中的燃油一边不停地雾化，一边使之燃烧。这就要求燃油喷射装置始终具有足

够高的喷油压力。随着柴油机排放要求的不断提高,改善缸内混合气的燃烧条件,提高混合气的燃烧质量,除了改进空气运动方式和燃烧室几何形状之外,提高喷油压力是改善柴油机排放的有效措施之一。

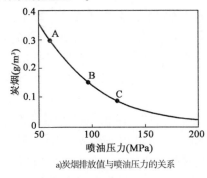
a) 炭烟排放值与喷油压力的关系

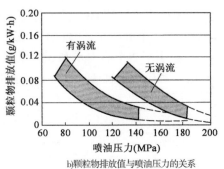
b) 颗粒物排放值与喷油压力的关系

图 3-16　炭烟和颗粒物排放值与喷油压力之间的关系

(二) 喷油压力的控制方法

试验研究表明:当燃烧系统的结构一定时,最佳的喷油压力随柴油机工况不同而发生变化。因此,喷油压力应随柴油机的工况变化而实时进行控制。

在机械式燃油系统和电控喷油泵系统中,喷油压力随发动机转速变化而升高或降低。特别是在低转速、大负荷工况时,难以产生较高的喷油压力,这正是柴油机起动时,导致柴油不完全燃烧而冒黑烟的根本原因。此外,提高喷油压力还会导致氮氧化物 NO_x 排放量增加。

高压共轨式电控燃油喷射系统与电控喷油泵系统不同的是,燃油高压的产生与喷油控制是由 ECU 分别且独立进行。因此,可据发动机转速与负荷等不同工况,在一定油压(20～200MPa)范围内,改变喷油压力,实现多段喷射(引导喷射、预喷射、主喷射、后喷射和次后喷射),从而提高燃烧效率,改善柴油机的经济性与排放性能。

在高压共轨式电控柴油喷油系统中,配有共轨油压传感器、压力控制阀 PCV、限压阀和流量限制阀等组成的独立控制喷油压力的电子控制油压系统,其功用就是自由控制共轨管中的燃油压力(即喷油压力),控制方法如图 3-17 所示。

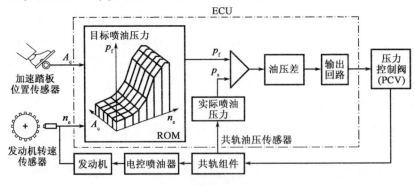

图 3-17　喷油压力的控制方法

当柴油机工作时,电控单元 ECU 根据加速踏板位置传感器信号(齿杆位置信号) A_c 和发动机转速传感器信号 n_e,利用计算机的查寻功能,从三维图形(MAP 图)中得到相应工况的目标喷油压力值 p_f,根据共轨油压传感器提供的信号计算出共轨管内燃油的实际喷油压力值 p_s;再将目标喷油压力值 p_f 与实际喷油压力值 p_s 进行比较运算并求出压力差值,然后向压力控制阀(供油泵控制阀)PCV的输出回路(驱动电路)发出控制指令,将实际喷油压力值 p_s 控制在目标喷油压力值 p_f。

当实际喷油压力值 p_s 小于目标喷油压力值 p_f 时,ECU将向压力控制阀PCV发出占空比增大的控制信号,使PCV线圈平均电流增大,共轨燃油压力则随供油量增大而升高。当实际喷油压力值 p_s 升高到目标喷油压力值 p_f 时,ECU再向压力控制阀PCV发出占空比保持不变的控制信号,从而使共轨燃油压力保持在目标喷油压力值 p_f。

当实际喷油压力值 p_s 大于目标喷油压力值 p_f 时,ECU将向压力控制阀PCV发出占空比减小的控制信号,使PCV线圈平均电流减小,线圈电磁力减小,当电磁力与复位弹簧力之和小于燃油压力时,PCV球阀打开泄油,使共轨燃油压力(喷油压力)降低。当实际喷油压力值 p_s 降低到目标喷油压力值 p_f 时,ECU再向PCV发出占空比保持不变的控制信号,使共轨燃油压力保持目标喷油压力值 p_f。

综上所述,当柴油机负荷和转速变化时,ECU通过调节控制信号的占空比,改变压力控制阀PCV的开度和高压泵供油量的大小,从而实现喷油压力的控制。

五、高压共轨式电控系统多段喷油控制

在高压共轨式柴油喷射系统中,供油泵提供的高压燃油存储在共轨管内,针阀阀门的开启与关闭由喷油器的电控机构(电磁阀或压电晶体)控制针阀偶件的背压决定,喷油压力的产生与发动机转速和负荷无关,由压力控制阀PCV始终将其控制在高压状态(一般为160MPa至200MPa之间的某一数值),喷油量的大小由针阀阀门开启时间(即电磁阀或压电晶体通电时间)的长短决定。因此,高压共轨系统不仅能够独立地、自由地控制喷油压力和喷油量,而且具有良好的喷油特性。喷油特性是指喷油量与喷油时间之间的关系,实现引导喷射、预喷射、主喷射、后喷射和次后喷射等多段喷油的喷油特性曲线如图3-18所示。

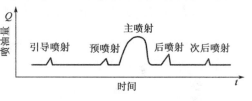

图3-18 共轨系统多段(五段)喷油特性示意图

多段喷油又称为多段喷射,是指将一个工作循环中的喷油过程分成若干阶段进行喷射。多段喷油理论是1994年美国威斯康星大学的瑞兹(Reiz)教授研究提出的,目的是控制燃烧速率,减少有害物质(颗粒物PM和氮氧化物NO_x)的排放量和降低燃烧噪声。在发动机转速为100r/min、喷油压力为160MPa的条件下,喷油器在各阶段的驱动电流、针阀升程和喷油特性曲线如图3-19所示。

在多段喷油过程中,引导喷射、预喷射、主喷射、后喷射和次后喷射等各个阶段是相互联系、各自独立的喷油阶段,各段喷油的作用与目的各不相同,喷油特性试验结果如下。

(1)引导喷射。引导喷射是在主喷射开始之前,进行一次提前角度较大、喷油量较小的喷射。通过引导喷射使柴油预混合燃烧,能够明显减少颗粒物PM的排放量和降低燃烧噪声。引导喷射越提前,烟度和噪声越低。

(2)预喷射。预喷射是在紧靠主喷射之前进行一次喷油量较小的喷射。通过预喷射来缩短主喷射的着火延迟期,当预喷射与主喷射之间的时间间隔约1ms时,能够明显减少氮氧化物NO_x的排放量和降低燃烧噪声,但颗粒物PM的排放量会有所增加。因此,应当尽可能缩短预喷射与主喷射之间的时间间隔(≤0.4ms),以便控制颗粒物PM的排放量。

(3)后喷射。后喷射是在紧靠主喷射之后进行一次喷油量稍大一点的喷射。后喷射的

作用是加快扩散燃烧,降低颗粒物 PM 的排放量。在发动机中速、中负荷时,当后喷射紧靠主喷射(时间间隔≤0.7ms)时,能够减少颗粒物 PM 的排放量,但是氮氧化物 NO_x 的排放量会稍有增加。

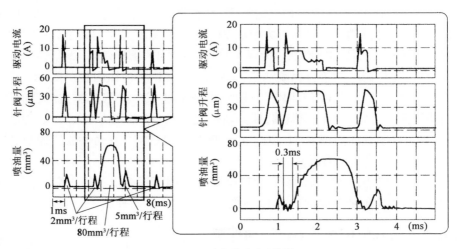

图 3-19　多段喷油试验结果

(4)次后喷射。次后喷射是在后喷射之后进行一次喷油量较小的喷射。次后喷射可使排气温度升高,通过供给还原剂,则可增加催化剂的活性,有利于排气净化。次后喷射不能过迟,以免燃油附着在汽缸壁上。次后喷射与后喷射之间的时间间隔一般控制在 2ms 左右。

六、柴油机起动时喷油量的控制

在电控发动机汽车上,起动喷油量由电控单元 ECU 依据发动机温度等信号进行调节,起动困难的现象十分罕见,起动喷油量的控制方法如图 3-20 所示。

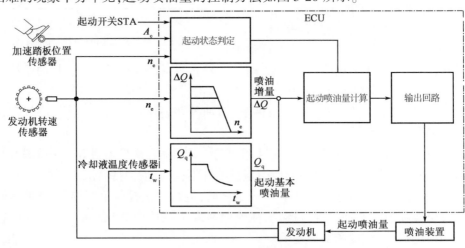

图 3-20　柴油机起动时喷油量的控制方法

柴油发动机的起动过程由初始发火、完全发火、转速上升到起动完成等几个阶段组成。从开始起动到完全发火之间的时间越短,则起动性能越好。从发动机开始起动到速度开始上升经历的时间越短,则起动响应特性越好,即反应速度越快。

在低温起动时,由于发动机机件摩擦产生的阻力矩大,起动性能和响应特性都会变差。

所以,起动时必须增大喷油量,使发动机产生的驱动转矩大于发动机自身的阻力矩。这就是起动喷油量控制的任务。机械式供油系统虽然能够实现起动喷油量控制功能,但是,当温度和海拔高度等外界条件发生较大变化时,起动喷油量控制就难以实现了,就会出现发动机起动困难的现象。

在柴油机电控喷油系统中,起动喷油量控制过程与汽油机基本相同。电控单元ECU首先根据起动开关信号、发动机转速传感器和加速踏板位置(齿杆位置)传感器等信号判断发动机是否处于起动状态。当判定结果为起动状态时,首先根据冷却液温度传感器信号确定起动基本喷油量,再根据发动机转速传感器信号确定喷油增量(补偿油量),二者的计算结果即为起动喷油量,然后向执行器(喷油装置)发出控制指令。执行器在ECU输出回路的驱动下,按起动喷油量进行喷油。因为起动喷油量相对较大(起动喷油量为基本喷油量的1.3~1.5倍),且以发动机温度为基准,并辅之以喷油增量进行控制,所以电控发动机都能顺利起动。

七、高压共轨式喷油系统的特点

高压共轨式柴油喷射技术是20世纪90年代中期研究成功的一项全新的柴油机电控技术。该技术的显著特点是:喷油压力与喷油过程由ECU分别独立进行控制,能够自由调节喷油压力、喷油量、喷油定时和喷油特性。实践证明,高压共轨式柴油喷射系统具有以下优点。

(1)喷油压力高。喷油压力(即共轨压力)一般都维持在160MPa以上,最高可达200MPa,比一般直列泵的喷油压力(60~95MPa)高出1倍。由于喷油压力高、燃油雾化好、燃烧过程得以改善,因此,发动机的油耗、排放及噪声等性能能得到明显改善,并可改善发动机转矩特性,提高发动机的动力性。

(2)喷油压力自由调节。喷油压力的产生与发动机转速和负荷无关,电动燃油泵(即输油泵)将燃油箱内的柴油输送到高压油泵之后,高压油泵供入共轨管内的燃油压力(即喷油压力)由ECU控制压力控制阀PCV进行调节,PCV通过调节高压油泵供入共轨管内的燃油量来调节喷油压力。喷油压力调节范围为20~200MPa。

(3)喷油量自由调节。喷油量和喷油定时由系统设计试验与预先编程确定,ECU根据发动机转速和加速踏板位置等传感器信号,直接控制各缸喷油器的电控机构(电磁线圈或压电元件)实现精确控制。在喷油压力一定的情况下,喷油量的大小由喷油器电磁线圈或压电元件的通电时间长短决定。通电时间越长,喷油量越大;通电时间越短,喷油量越小。

(4)喷油特性满足排放要求。在发动机的一个工作循环内,能够实现引导喷射、预喷射、主喷射、后喷射和次后喷射以及更多次喷油控制,使柴油良好雾化与混合,提高燃烧效率,从而减少氮氧化物 NO_x 和颗粒物 PM(炭烟微粒或浮游微粒)排放,降低噪声和节约燃油。

(5)适用于旧柴油机升级改造。应用实践证明,共轨式电控柴油喷射系统代表着柴油机燃油喷射技术的发展方向。与分配泵只能用于小型发动机,或泵喷嘴、单体泵需要改动发动机不同,共轨式电控柴油喷射系统既能与小型、中型和重型柴油机匹配使用,也适用于现有柴油机的升级改造。共轨沿发动机纵向布置,高压泵、共轨和喷油器各自的安装位置相互独立,便于在发动机上安装和布置。对旧柴油机进行改造时,对缸体和缸盖的改动很小。

一、简答题

1. 高压共轨式电控柴油喷射技术的基本原理是什么?
2. 高压共轨式电控喷油系统的显著特点是什么?与电控喷油泵系统的显著区别是什么?
3. 柴油机电控喷油系统控制喷油量的基本原理是什么?
4. 在高压共轨式电控柴油喷射系统中,压力控制阀PCV的功用是什么?怎样调节喷油压力?
5. 高压共轨式电控柴油喷射系统采用的电磁式喷油器与电控汽油喷射系统采用的电磁式喷油器在结构组成和工作原理方面有何区别?
6. 何谓喷油特性?高压共轨式柴油喷射系统各阶段喷射的目的分别是什么?

二、选择题

1. 高压共轨式电控柴油喷射系统研制成功并批量装备汽车应用的年代是( )。
   A. 70年代　　　　　B. 80年代　　　　　C. 90年代
2. 柴油机技术发展的必然趋势是采用何种电子控制柴油喷射技术( )。
   A. 位置控制式　　　B. 时间控制式　　　C. 高压共轨式
3. 在高压共轨式电控柴油喷射系统中,电控单元ECU控制喷油量的方法是控制( )。
   A. 喷油开始时间　　B. 喷油结束时间　　C. 喷油持续时间
4. 在高压共轨式柴油喷射系统中,电控单元ECU控制喷油定时的方法是控制( )。
   A. 喷油开始时间　　B. 喷油结束时间　　C. 喷油持续时间
5. 在高压共轨式柴油喷射系统中,压力控制阀PCV通电调节喷油压力值的范围一般为( )。
   A. 10~20MPa　　　　B. 20~100MPa　　　C. 20~200MPa
6. 柴油机在各种工况下工作时,每循环喷油量的变化范围为基本喷油量的( )。
   A. (0.2~0.25)倍　　B. (1.0~1.5)倍　　　C. (1.3~1.5)倍
7. 柴油机产生炭烟(俗称"冒黑烟")的根本原因是车用轻柴油的沸点较高,很难得到均匀的混合气。当燃油浓度高的区域出现( )情况时,燃油就被裂解生成炭烟。
   A. 局部高温缺氧　　B. 局部高温富氧　　C. 局部低温缺氧

1. 柴油机电控燃油喷射系统按控制方式不同分为哪些类型?按控制对象不同分为哪些类型?按喷油泵供油机构的结构形式不同,电控喷油泵系统可分为哪些类型?
2. 自20世纪70年代以来,人类锲而不舍地研究开发柴油机电子控制技术,并已取得骄人的成绩,其根本目的是什么?

3. 高压共轨式电控柴油喷射系统由那几个子系统组成？各子系统的功用分别是什么？

4. 在高压共轨式电控柴油喷射系统中，供气系统配装的传感器主要有哪些？各种传感器的有何功用？

5. 在高压共轨式电控柴油喷射系统中，燃油供给系统由哪些部件组成？

6. 在高压共轨式电控柴油喷射系统中，电子控制油压系统主要由哪些部件组成？

7. 在高压共轨式电控柴油喷射系统中，电子控制喷油系统主要由哪些部件组成？

8. 高压泵的功用是什么？柱塞式高压泵主要由哪些部件组成？

9. 共轨组件由哪些部件组成？公共油轨(共轨)的功用是什么？限压阀的功用是什么？怎样限定共轨管内燃油的最高压力？

10. 流量限制阀的功用是什么？当某只喷油器泄漏燃油或其高压油管发生漏油故障时，流量限制阀怎样起到保护作用？

11. 在高压共轨式电控柴油喷射系统中，电控喷油器的功用是什么？电控喷油器由哪几部分组成？分为哪些类型？

12. 压电晶体式喷油器PZT的显著优点是什么？电磁式喷油器和压电晶体式喷油器怎样控制喷油？

13. 为什么将高压共轨式电控柴油喷射系统称为"时间—压力调节系统"？

14. 高压共轨式柴油喷射系统的显著特点是什么？怎样控制喷油量？举例说明喷油时间的控制过程。

15. 控制柴油机喷油压力的目的是什么？

16. 高压共轨式柴油喷射系统具有哪些优点？

第四章 汽油机点火控制(ECI)技术

点火控制技术水平的高低直接影响汽油发动机的动力性、经济性和排放性能。汽油发动机点火控制系统由微机控制点火系统和发动机爆震控制系统两个子系统组成。微机控制点火系统与发动机爆震控制系统相互配合,能将点火提前角控制在最佳值,使可燃混合气燃烧后产生的温度和压力达到最大值,在显著提高发动机动力性的同时,还能提高燃油经济性和减少有害气体的排放量。

第一节 微机控制点火(MCI)系统

一、微机控制点火系统的组成

微机控制点火系统(MCI,Microcomputer Controlled Ignition System)主要由凸轮轴位置(上止点位置)传感器(CIS)、曲轴位置(曲轴转速与转角)传感器(CPS)、空气流量(负荷)传感器(AFS)、节气门位置(负荷)传感器(TPS)、冷却液温度传感器(CTS)、进气温度传感器(IATS)、车速传感器(VSS)、各种控制开关、电控单元(ECU)、点火控制器、点火线圈以及火花塞等组成。大众公司轿车微机控制直接点火系统的组成如图4-1所示。

传感器用来检测与点火有关的发动机工作和状况信息,并将检测结果输入ECU,作为计算和控制点火时刻的依据。虽然各型汽车采用的传感器的类型、数量、结构及安装位置不尽相同,但其作用大同小异,而且这些传感器大多与燃油喷射系统和其他电子控制系统共用。

凸轮轴位置(上止点位置)传感器CIS是确定曲轴基准位置和点火基准的传感器。该传感器在曲轴旋转至某一特定的位置(如第一缸压缩上止点前某一确定的角度)时,输出一个脉冲信号,ECU将这一脉冲信号作为计算曲轴位置的基准信号,再利用曲轴转角信号计算出曲轴任一时刻所处的具体位置。

曲轴位置(转角与转速)传感器CPS将发动机曲轴转过的角度变换为电信号输入ECU,曲轴每转过一定角度就发出一个脉冲信号,ECU通过不断地检测脉冲个数,即可计算出曲轴转过的角度。与此同时,ECU根据单位时间内接收到的脉冲个数,即可计算出发动机的转速。在微机控制电子点火系统中,发动机曲轴转角信号用来计算具体的点火时刻,转速信号用来计算和读取基本点火提前角。凸轮轴位置和曲轴位置信号是保证ECU控制电子点火系统正常工作最基本的信号。

空气流量传感器AFS是确定进气量大小的传感器。在L型(流量型)电控燃油喷射系统中,采用的是流量型传感器直接检测空气流量;在D型(压力型)电控燃油喷射系统中,采用的是压力传感器,通过检测节气门后进气歧管内的负压(真空度)来间接检测空气流量。空气流量信号输入ECU后,除了用于计算基本喷油时间之外,还用作负荷信号来计算和确定基本点火提前角。

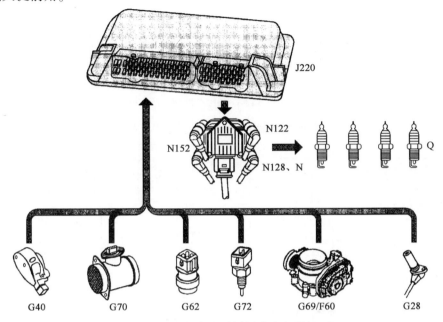

图4-1 大众公司轿车微机控制直接点火系统组成

G40-凸轮轴位置(上止点位置)传感器;G70-空气流量传感器;G62-冷却液温度传感器;G72-进气温度传感器;G69-节气门位置传感器;F60-怠速触点开关;G28-曲轴位置(曲轴转速与转角)传感器;J220-电控单元;N152-点火控制组件;N122-点火控制器;N128、N-点火线圈;Q-火花塞

进气温度传感器IATS是反映发动机吸入空气温度的传感器。在微机控制电子点火系统中,ECU利用该信号对基本点火提前角进行修正。

冷却液温度传感器CTS是反映发动机工作温度高低的传感器。在微机控制点火系统中,ECU除了利用该信号对基本点火提前角进行修正之外,还要利用该信号控制起动和发动机暖机期间的点火提前角。

节气门位置传感器TPS将节气门开启角度转换为电信号输入ECU,ECU利用该信号和车速传感器信号来综合判断发动机所处的工况(怠速、中等负荷、大负荷、减速),并对点火提前角进行修正。

各种开关信号用于修正点火提前角。起动开关信号用于起动时修正点火提前角;空调开关信号用于怠速工况下使用空调时修正点火提前角;空挡安全开关仅在采用自动变速器的汽车上使用,ECU利用该开关信号来判断发动机是处于空挡停车状态还是行驶状态,然后对点火提前角进行必要的修正。

上述传感器和开关信号的结构原理在发动机燃油喷射系统中已经介绍,故不赘述。

二、微机控制点火系统的控制原理

微机控制点火系统的控制原理如图4-2所示。各种传感器输入ECU的信号首先经输入接口电路和A/D转换器等电路进行数据处理,然后存储在随机存储器RAM之中备用。曲轴位置传感器CPS向ECU提供发动机转速、曲轴转角信号,转速信号用于计算确定点火提前角,曲轴转角信号用于控制点火时刻(点火提前角)。空气流量传感器 AFS 和节气门位置传感器 TPS 向 ECU 提供发动机负荷信号,用于计算确定点火提前角。冷却液温度信号 CTS、进气温度信号 IATS、车速信号 VSS 以及空调开关信号 A/C 等,用于修正点火提前角。

发动机转动时,CPU 首先根据反映发动机工况的转速与负荷传感器信号,从预先存储在只读存储器 ROM 中的点火提前角三维数据 MAP 中查询得到相应工况下的基本点火提前角,再根据其他传感器信号确定点火提前修正量,并计算确定最佳点火提前角。然后不断检测凸轮轴位置传感器信号(即标志位信号),判定是哪一缸即将到达压缩上止点。当接收到标志信号时,CPU 立即开始对曲轴转角信号进行计数,并对点火提前角进行控制。

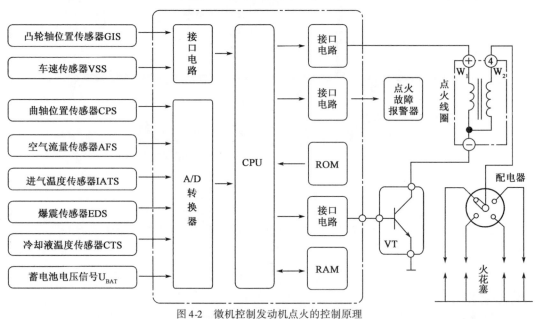

图 4-2 微机控制发动机点火的控制原理

当计数到曲轴转角等于最佳点火提前角时,CPU 立即向点火控制器发出控制指令,使其大功率三极管 VT 截止,点火线圈初级电流切断,次级绕组产生高压,并按发动机的点火顺序,分配到相应汽缸的火花塞跳火点着可燃混合气。

上述控制过程是指发动机在正常状态下点火时刻的控制过程。当发动机起动、怠速或汽车滑行工况时,则由预先设定的控制程序进行控制。

三、微机控制点火提前角的确定

汽油发动机的可燃混合气在汽缸内燃烧不是瞬时完成的,需要先经诱导期,然后才能进入猛烈的明显燃烧期。因此,要使发动机发出最大功率,混合气应在压缩冲程上止点前点燃。通常把发动机发出功率最大和油耗最少的点火提前角称为最佳点火提前角。

点火提前角大小直接影响发动机的输出功率、油耗、排放等。发动机工况不同,需要的最佳点火提前角也不相同,怠速时的最佳点火提前角是为了使怠速运转平稳、降低有害气体排放量和减少燃油消耗量;部分负荷时的最佳点火提前角是为了减少燃油消耗量和有害气体排放量,提高经济性和排放性能;大负荷时的最佳点火提前角是为了增大输出转矩,提高动力性能。

微机控制的点火提前角 θ 由初始点火提前角 θ_i、基本点火提前角 θ_b 和修正点火提前角 θ_c 三部分组成，即：

$$\theta = \theta_i + \theta_b + \theta_c$$

(一)初始点火提前角 θ_i

初始点火提前角又称为固定点火提前角，其值大小取决于发动机的结构类型，并由曲轴位置传感器的初始位置决定，一般设定为上止点前 BTDC10°左右。

在发动机起动时、发动机转速低于 400r/min 时、检查初始点火提前角时，由于发动机转速变化大，空气流量不稳定，进气量传感器输出的流量信号就不稳定，点火提前角不能准确控制，因此采用固定的初始点火提前角进行控制，其实际点火提前角等于初始点火提前。

(二)基本点火提前角 θ_b

基本点火提前角是发动机最主要的点火提前角，是设计微机控制点火系统时确定的点火提前角。由于发动机本身的结构复杂，影响点火的因素较多，理论推导基本点火提前角的数学模型比较困难，而且很难适应发动机的运行状态。因此，国内外普遍采用台架试验方法，利用发动机最佳运行状态下的试验数据来确定基本点火提前角。

台架试验方法首先测试发动机转速与最佳点火提前角的特性，试验时节气门全开(排除真空度的影响)，在每一转速下，逐渐增加点火提前角，直至得到最大功率为止，此时对应的点火提前角即为该转速下的最佳点火提前角。用相同方法测出不同转速下的最佳点火提前角，即可绘出一组转速与最佳点火提前角的特性曲线。然后测试发动机负荷(真空度)与点火提前角的特性，将发动机固定在某一转速，调节真空度大小，在每一真空度下将点火提前角逐渐增加，直到测得最大功率为止。改变发动机转速，用同样方法测出不同真空度下的最佳点火提前角，即可绘出一组发动机负荷与最佳点火提前角的特性曲线。综合考虑发动机油耗、转矩、排放和爆震等因素，对试验结果进行优化处理后，即可得到如图 4-3 所示的以转速和负荷为变量的点火提前角三维数据 MAP。

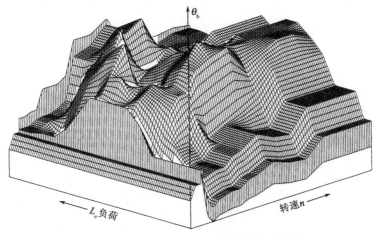

图 4-3 不同转速和负荷条件下的点火提前角三维数据 MAP

各型发动机的点火提前角三维数据 MAP 都以数据形式存储在 ECU 的 ROM 中。当发动机运行时，CPU 根据发动机转速信号(由曲轴位置传感器提供)和负荷信号(由空气流量和节气门位置传感器提供)，从 ROM 中查询得到相应的基本点火提前角，从而对点火时刻进行控制。

(三)修正点火提前角 θ_c

为使实际点火提前角适应发动机的运转状况,以便得到良好的动力性、经济性和排放性能,必须根据相关因素(冷却液温度、进气温度、开关信号等)适当增大或减小点火提前角,即对点火提前角进行必要的修正。修正点火提前角的项目有多有少,主要有暖机修正和急速修正。

(1)暖机修正。暖机修正是指节气门位置传感器(TPS)的急速触点 IDL 闭合、发动机冷却液温度变化时,对点火提前角进行的修正。当冷却液温度低时,应当增大点火提前角,以促使发动机尽快暖机;当冷却液温度升高后,点火提前应相应减小。

(2)急速修正。急速修正是为了保证急速运转稳定而对点火提前角进行的修正。发动机急速运转时,由于负荷变化,ECU 会将急速转速调整到设定的目标转速。如动力转向开关或空调开关接通,发动机实际转速低于规定的目标转速时,ECU 将根据转速之差,相应地减小点火提前角,使急速运转平稳,防止发动机急速熄火。

发动机的实际点火提前角是上述三个点火提前角之和。发动机每转一转,ECU 计算处理后就输出一个提前角信号。因此,当传感器检测到发动机转速、负荷、冷却液温度发生变化时,ECU 就会自动调整点火提前角。当 ECU 确定的点火提前角超过允许的最大提前角(或小于允许的最小提前角)时,发动机很难正常运转,此时 ECU 则将以最大(或最小点火提前角允许值)进行控制。

四、微机控制点火系统的控制过程

微机控制点火系统的控制过程可分为点火提前角控制和点火导通角控制两个阶段。为了说明微机控制点火系统的控制过程,下面以大众公司轿车四缸发动机点火控制过程为例说明。发动机判缸信号在第 1 缸压缩上止点前 BTDC88° 时产生,设曲轴转速 2000r/min 时最佳点火提前角为上止点前 BTDC30° 曲轴转角,其控制时序与波形如图 4-4 所示。

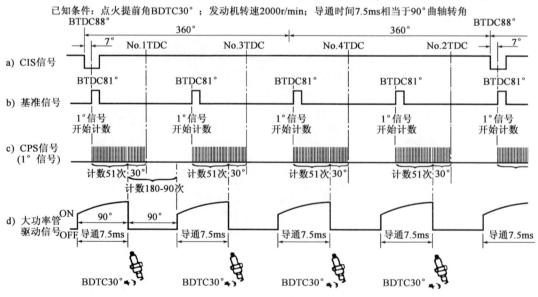

图 4-4 点火提前角与导通角的控制时序与波形

(一)点火提前角的控制

点火提前角的大小直接影响点火性能,提前角过大会导致发动机产生爆震,提前角过小又会导致发动机过热,所以必须精确控制,一般精确到1°。由发动机电控系统凸轮轴位置传感器和曲轴位置传感器结构原理可知,当凸轮轴位置传感器产生的判缸信号下降沿输入ECU时,表明第1缸活塞处于压缩上止点前BTDC88°位置,如图4-4a)所示。当ECU接收到判缸信号下降沿时,将对曲轴位置传感器CPS输入的转速与转角信号进行计数。

计数开始时的信号称为基准信号,由ECU内部电路控制,曲轴每旋转180°产生一个基准信号。因为曲轴位置传感器大齿缺后的第一个凸齿信号上升沿在判缸信号下降沿后7°时产生,所以基准信号对应于第1缸活塞压缩上止点前BTDC81°位置,如图4-4b)所示。又因为点火提前角为上止点前BTDC30°,所以ECU计数到第51个1°信号(即从接收到CIS信号7°+51°=58°)后,在第52个1°信号时向点火控制器发出指令,使功率三极管截止(OFF),如图4-4d)所示,切断点火线圈初级电流,次级绕组产生高压电并送到火花塞电极上跳火,从而将点火提前角控制在第1缸压缩上止点前30°。因为基准信号每180°产生一个,所以同理可按1-3-4-2的发动机汽缸工作顺序将各缸点火提前角控制在压缩上止点前30°。当点火提前角改变时,控制过程和方法与此相同。

(二)点火导通角的控制

点火导通角是指点火线圈初级电路的大功率三极管导通期间发动机曲轴转过的角度。导通角的控制方法是:ECU首先根据电源电压高低,从预先试验并存储在存储器ROM中的导通时间数据MAP中查询得到导通时间,然后根据发动机转速确定导通角的大小。

设电源电压为14V时,导通时间为7.5ms。当发动机转速为2000r/min,7.5ms则相当于曲轴转角为(360°×2000)/60000ms×7.5ms=90°,即在上述发动机工作条件下,功率管VT从开始导通至截止时刻经历的这段时间内,必须保证曲轴转过90°转角。因为四缸发动机跳火间隔角度为180°曲轴转角,所以在功率管截止期间,需要曲轴转过的角度 = 跳火间隔角度 − 导通角 = 180° − 90° = 90°。实际控制时,1°信号从ECU发出功率管截止指令开始对曲轴位置传感器信号进行计数,计数90次(180° − 90° = 90°)后,在第91个1°信号上升沿到来时向点火控制器发出指令,使三极管导通(ON),接通点火线圈初级电流,保证导通角具有90°,如图4-4d)所示。

五、微机控制点火高压的分配方式

微机控制点火系统高压电的分配方式可分为机械配电方式和电子配电方式两种。

(一)机械配电方式

机械配电方式是指由分火头将高压电分配至分电器盖旁电极,再通过高压线输送到各缸火花塞上的传统配电方式。机械配电方式存在以下缺点。

(1)分火头与分电器盖旁电极之间必须保留一定间隙才能进行高压电分配,因此,必然损失一部分火花能量,同时也是一个主要的无线电干扰源。

(2)为了抑制无线电的干扰信号,高压线采用了高阻抗电缆,也要消耗一部分能量。

(3)分火头、分电器盖或高压导线漏电时,会导致高压电火花减弱、缺火或断火。

(4)曲轴位置传感器转子由分电器轴驱动,旋转机构的机械磨损会影响点火时刻的控制精度。

(5)分电器安装的位置和占据的空间,会给发动机的结构布置和汽车的外形设计造成一定的困难。

(二)电子配电方式

电子配电方式是指在点火控制器控制下,点火线圈的高压电按照一定的点火顺序,直接加到火花塞上的直接点火方式。采用电子配电方式分配高压电的点火系统称为无分电器点火系统DLI(Distributor-Less Ignition),由于机械配电方式存在上述缺点,因此,越来越多的汽车采用了电子配电方式控制点火。常用电子配电方式分为双缸同时点火和各缸单独点火两种配电方式,如图4-5所示。

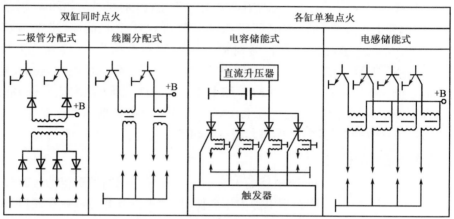

图4-5 点火高压电子配电方式的类型

1. 双缸同时点火的控制

双缸同时点火是指点火线圈每产生一次高压电,都使两个汽缸的火花塞同时跳火。次级绕组产生的高压电将直接加在两个汽缸(四缸发动机的1、4缸或2、3缸;六缸发动机的1、6缸,2、5缸或3、4缸)的火花塞电极上跳火。

在双缸同时点火时,一个汽缸处于压缩行程末期,是有效点火,另一个汽缸处于排气行程末期,缸内温度较高而压力很低,火花塞电极间隙的击穿电压很低,对有效点火汽缸火花塞的击穿电压和火花放电能量影响很小,是无效点火。曲轴旋转一转后,两缸所处行程恰好相反。双缸同时点火时,高压电的分配方式又分为二极管分配和点火线圈分配两种形式。

1) 二极管分配式双缸同时点火的控制

利用二极管分配高压电的双缸同时点火电路原理如图4-6所示。点火线圈由两个初级绕组和一个次级绕组构成,次级绕组的两端通过4只高压二极管与火花塞构成回路。4只二极管有内装式(安装在点火线圈内部)和外装式两种。对于点火顺序为1-3-4-2的发动机,1、4缸为一组,2、3缸为另一组。点火控制器中的两只功率三极管分别控制一个初级绕组,两只功率三极管由ECU按点火顺序交替控制其导通与截止。

当电控单元ECU将1、4缸的点火触发信号输入点火控制器时,功率三极管VT_1截止,初级绕组A中的电流切断,次级绕组中就会产生高压电动势,方向如图4-6中实线箭头方向所示。在该电动势的作用下,二极管D_1、D_4正向导通,1、4缸火花塞电极上的电压迅速升高直至跳火,高压放电电流经图中实线箭头所指方向构成回路;D_2、D_3反向截止,不能构成放电回路,因此,2、3缸火花塞电极上无高压火花放电电流而不能跳火。

当ECU将2、3缸点火触发信号输入点火控制器时,三极管VT_2截止,初级绕组B中的电流切断,次级绕组产生高压电动势,方向如图4-6中虚线箭头方向所示。此时二极管D_1、

D_4 反向截止,D_2、D_3 正向导通,因此,2、3 缸火花塞电极上的电压迅速升高直至跳火,高压放电电流经图中虚线箭头所指方向构成回路。

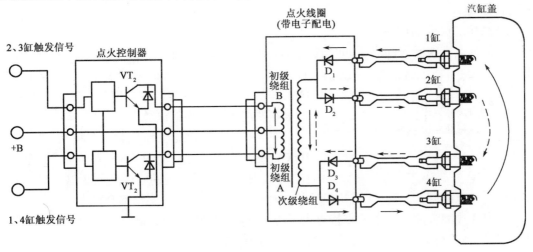

图 4-6 二极管分配高压同时点火电路原理图

2) 点火线圈分配式双缸同时点火的控制

利用点火线圈直接分配高压的同时点火电路原理如图 4-7 所示。

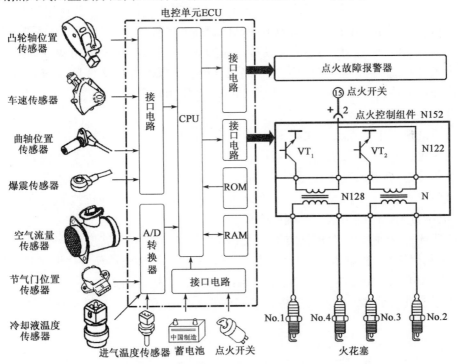

图 4-7 点火线圈分配高压同时点火电路原理图

点火线圈组件由两个(4 缸发动机)或三个(6 缸发动机)独立的点火线圈组成,每个点火线圈供给成对的两个火花塞工作(4 缸发动机的 1、4 缸和 2、3 缸分别共用一个点火线圈;6 缸发动机 1、6 缸,2、5 缸和 3、4 缸分别共用一个点火线圈)。点火控制组件中设置有与点火线圈数量相等的功率三极管,分别控制一个点火线圈工作。点火控制器根据电控单元

ECU 输出的点火控制信号,按点火顺序轮流触发功率三极管导通与截止,从而控制每个点火线圈轮流产生高压电,再通过高压线直接输送到成对的两缸火花塞电极间隙上跳火点着可燃混合气。

3) 高压二极管的作用

在部分点火线圈分配高压同时点火系统中,点火线圈次级回路中连接有一只高压二极管,如图 4-8 所示,该高压二极管的作用是:防止次级绕组在初级电流接通时产生的电压(约为 1000V)加到火花塞电极上而导致误跳火。

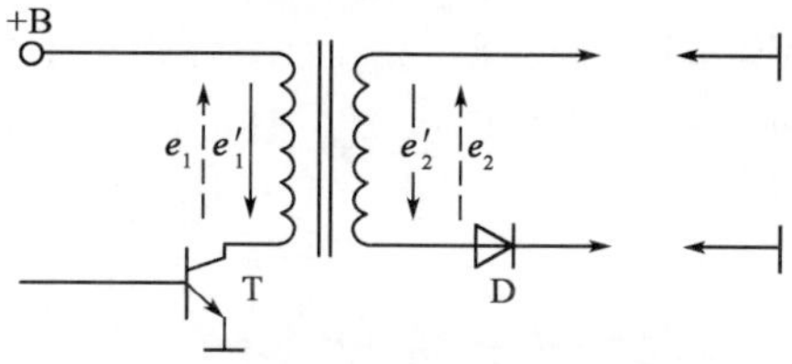

图 4-8 高压二极管的作用

在初级绕组电流接通瞬间,次级绕组可产生 1000V 左右的感应电动势。在传统的机械配电方式中,分火头与旁电极之间的间隙阻碍了这一电压直接加在火花塞电极两端。因此,无论发动机在什么行程工作,火花塞都不会跳火。

在点火线圈分配高压电的直接点火系统中,除了火花塞电极间隙之外,没有其他附加间隙。因此,当初级电流接通时,次级绕组产生的 1000V 左右的电压就会直接加在火花塞电极间隙上。如果此时汽缸处于进气行程接近终了时刻或压缩行程刚刚开始时刻,由于缸内压力低,又有可燃混合气体,那么,1000V 左右的电压就有可能击穿火花塞电极间隙而产生火花跳火。

上述非正常跳火现象称为误跳火,会影响发动机正常工作。为了避免这种误点火,在点火线圈次级绕组回路中串接一只反向击穿电压较高的二极管,利用二极管的反向截止功能,使初级电流接通时次级产生的感应电动势不能形成放电回路,火花塞电极之间就不会有火花放电电流,因此就不可能引起误跳火。部分直接点火系统在点火线圈次级绕组与火花塞之间的高压回路中,设置有 3~4mm 的空气间隙,其作用与高压二极管相同。

2. 各缸单独点火的控制

点火系统采用单独点火方式时,每一个汽缸都配有一个点火线圈,并安装在火花塞上方。在点火控制器中,设置有与点火线圈相同数目的大功率三极管,分别控制每个线圈次级绕组电流的接通与切断,其工作原理与同时点火方式相同。单独点火的优点是省去了高压线,点火能量损耗进一步减少;此外,所有高压部件都可安装在发动机汽缸盖上的金属屏蔽罩内,点火系对无线电的干扰可大幅度降低。

综上所述,微机控制无分电器点火系统(DLI)消除了分电器高压配电的不足。由于点火线圈(或初级绕组)数量增加,对每一个点火线圈来说,初级绕组允许通电时间可增加 2~6 倍。因此,即使发动机高速运转时,初级绕组也有足够充足的通电时间。换句话说,无分电器点火系统具有足够大的点火能量和足够高的次级电压来保证发动机在任何工况都能可靠点火。

第二节 汽油机爆震控制(EDCS)系统

汽油发动机获得最大功率和最佳燃油经济性的有效方法之一是增大点火提前角。但是,点火提前角过大又会引起发动机爆震。爆震是指汽缸内的可燃混合气在火焰前锋尚未到达之前自行燃烧导致压力急剧上升而引起缸体振动的现象。

爆震的主要危害:一是导致发动机输出功率降低;二是导致发动机使用寿命缩短甚至损

坏。发动机在大负荷状态工作时,这种可能性更大。消除爆震最有效的方法就是推迟点火提前角。在发动机电控系统中,当点火时刻采用闭环控制时,就能有效地抑制发动机爆震,并能提高动力性。

一、汽油机爆震控制系统(EDCS)组成

理论与实践证明:剧烈的爆震会使发动机的动力性和经济性严重恶化,而当发动机工作在爆震的临界点或有轻微的爆震时,发动机热效率最高,动力性和经济性最好。因此,利用点火提前角闭环控制系统能够有效地控制点火提前角,从而使发动机工作在爆震的临界状态。

发动机爆震控制系统是在点火控制系统的基础上,增设爆震传感器、带通滤波电路、信号放大电路、整形滤波电路、比较基准电压形成电路、积分电路和提前角控制电路等组成点火提前角闭环控制系统,如图4-9所示。

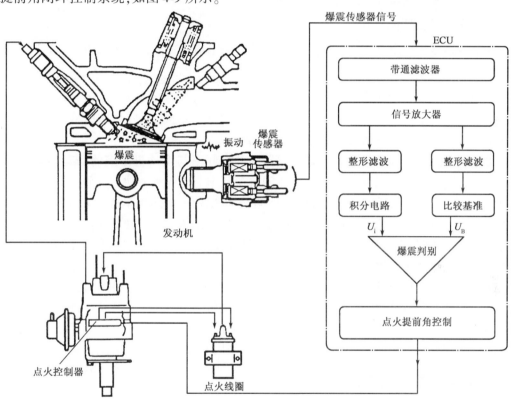

图4-9　汽油机爆震控制系统的组成以及爆震控制过程

爆震传感器用于检测发动机是否发生爆震,每台发动机一般安装1~2只。带通滤波器只允许发动机爆震信号(频率为6~9kHz的信号)或接近爆震的信号输入ECU进行处理,其他频率的信号则被衰减。信号放大器的作用是对输入ECU的信号进行放大,以便整形滤波电路进行处理。接近爆震的信号经过整形滤波和比较基准电路处理后,形成判定是否发生爆震的基准电压U_B。爆震信号经过整形滤波和积分电路处理后,形成的积分信号用于判定爆震强度。

二、汽油机爆震的检测方法

汽油发动机爆震的检测方法有三种:一是检测发动机缸体的振动频率;二是检测发动机

燃烧室压力的变化；三是检测混合气燃烧的噪声。

检测混合气燃烧噪声为非接触式检测，其耐久性较好，但测量精度和灵敏度较低，实际应用很少。

直接检测燃烧室压力变化来检测发动机振动的测量精度较高，但传感器安装困难，且耐久性较差，一般用于测量仪器，实际应用的压力检测传感器均为间接检测式。

检测发动机缸体振动频率来检测爆震的主要优点是测量精度较高、传感器安装方便（一般都安装在缸体侧面）且输出电压较高。因此，现代汽车广泛采用。

三、爆震传感器功用与分类

发动机爆震传感器（EDS，Engine Detonation Sensor）简称为爆震传感器。爆震传感器是点火提前角闭环控制系统必不可少的传感器。

（一）爆震传感器的功用

爆震传感器的功用是将汽油机爆震信号转换为电信号输入发动机ECU，以便ECU修正点火提前角来消除爆震。

（二）爆震传感器的分类

爆震传感器是一种振动加速度传感器。按检测方式不同，可分为共振型与非共振型两种；按结构不同，可分为磁致伸缩式和压电式两种。

共振型爆震传感器的显著特点是传感器的共振频率与发动机爆震的固有频率相匹配，因此，其内部设有共振体，并且要使共振体的共振频率与爆震频率协调一致。其优点是输出电压高，不需要滤波器，信号处理比较方便。由于机械共振体的频率特性尖且频带窄，因此，无法响应发动机结构变化引起的爆震频率变化。换句话说，共振型爆震传感器只适用于特定的发动机，不能与其他发动机互换使用，装车自由度很小。美国通用和日本日产汽车采用的磁致伸缩式爆震传感器就属于共振型爆震传感器。

非共振型爆震传感器的突出优点是适用于各种型号的发动机，装车自由度很大。但其输出电压较低，频率特性平坦且频带较宽，需要配用带通滤波器（即只允许特定频带的信号通过，对其他频率的信号进行衰减的滤波器。带通滤波器一般由线圈和电容器组合而成），信号处理比较复杂。中国、日本和欧洲汽车大都采用非共振型爆震传感器。

四、压电式爆震传感器

压电式爆震传感器利用1880年发现的压电效应制成。国内外轿车普遍采用非共振型压电式爆震传感器。

（一）压电式爆震传感器的结构组成

压电式爆震传感器主要由套筒底座、压电元件、惯性配重、塑料壳体和接线插座等组成，结构如图4-10所示。采用一只爆震传感器时，其一般安装在缸体右侧（车前视）2、3缸之间；采用两只爆震传感器时，其一般分别安装在发动机进气道一侧缸体上1、2缸之间和3、4缸之间，一只检测1、2缸爆震信号，另一只检测3、4缸爆震信号。

压电元件是爆震传感器的主要部件，由压电材料制成垫圈形状，在其两个侧面上安放有金属垫圈作为电极，并用导线引到接线插座上。惯性配重与压电元件以及压电元件与传感器套筒之间安放有绝缘垫圈，套筒中心制作有螺孔，传感器用螺栓安装固定在发动机缸体上,调整螺栓的拧紧力矩便可调整传感器输出的信号电压(注意:传感器的输出特性出厂时已经调好,使用中拧紧力矩不得随意调整)。

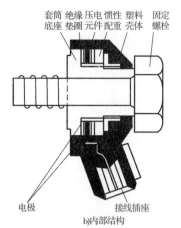

a)传感器外形　　　　　　　　　　b)内部结构

图4-10　压电式爆震传感器的结构

惯性配重用来传递发动机振动产生的惯性力,惯性配重与塑料壳体之间安装有盘形弹簧,借弹簧张力将惯性配重、压电元件和垫圈等部件压紧在一起。传感器插座上有三根引线,其中两根为信号线,一根为屏蔽线。

压电式爆震传感器也可制作成共振型爆震传感器,其结构与非共振型基本相同,有所不同的是在壳体内设有一个共振体。

(二)压电式爆震传感器的工作原理

压电效应是指某些晶体(如石英、陶瓷、酒石酸盐、食盐、糖)薄片受到压力或机械振动之后产生电荷的现象。当晶体受到外力作用时,在晶体的某两个表面上就会产生电荷(输出电压);当外力去掉时,晶体又恢复到不带电状态;晶体受力产生的电荷量与外力大小成正比。

当发动机缸体产生振动时,传感器套筒底座及惯性配重随之产生振动,套筒底座和配重的振动作用在压电元件上,由压电效应可知,压电元件的信号输出端就会输出与振动频率和振动强度有关的交变电压信号,如图4-11所示。试验证明:发动机爆震产生的压力冲击波频率在6~9kHz时振动强度较大,所以信号电压较高。发动机转速越高,信号电压幅值越大。

发动机爆震是在活塞运行到压缩上止点前后产生,此时缸体振动强度最大,所以爆震传感器在活塞运行到压缩上止点前后产生的输出电压较高。爆震传感器输出信号与曲轴转角的对应关系如图4-12所示,传感器的灵敏度约为 $20mV/g(g=9.8m/s^2)$。

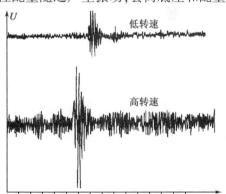

图4-11　转速不同时压电式非共振型爆震传感器的输出波形

五、磁致伸缩式爆震传感器

(一)磁致伸缩式爆震传感器的结构组成

磁致伸缩式爆震传感器为共振型爆震传感器,结构如图4-13所示,主要由感应线圈、弹性元件伸缩杆、永久磁铁和外壳组成。伸缩杆用高镍合金制成，在其一端设置有永久磁铁，另一端安放在弹性元件上。传感线圈绕制在伸缩杆的周围，线圈两端引出电极与控制线路连接。

磁致伸缩式爆震传感器的外形结构与发动机润滑油压力传感器相似，其不同之处在于爆震传感器旋入发动机缸体部分为实芯结构，而发动机润滑油压力传感器则设计有进油孔。

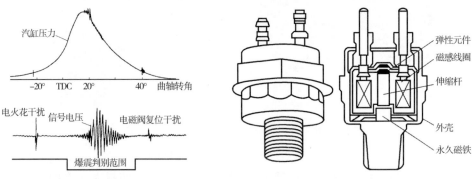

图 4-12　爆震传感器输出信号的对应关系　　图 4-13　磁致伸缩式爆震传感器的结构

(二) 磁致伸缩式爆震传感器的工作原理

当发动机缸体产生振动时，传感器的伸缩杆就会随之振动，感应线圈中的磁通量就会发生变化。由电磁感应原理可知，线圈中就会感应产生交变电动势，即传感器就有信号电压输出，输出电压高低取决于发动机的振动强度和振动频率。

当发动机缸体振动频率达到 6~9kHz 时，传感器产生共振，振动强度最大，线圈中产生的电压最高，如图 4-14 所示。

六、压力检测式爆震传感器

直接检测燃烧压力来检测发动机爆震是测量精度最高的测量方法，但传感器安装困难且耐久性较差。汽车实用的是一种间接检测燃烧压力的方法，检测燃烧压力的传感器安装在火花塞垫圈下面，如图 4-15 所示。这种传感器又称为垫圈式爆震传感器，奥迪轿车采用过这种传感器。

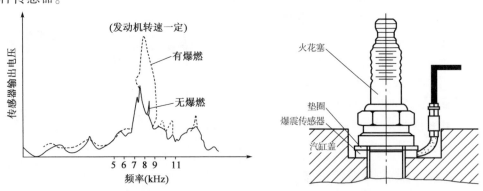

图 4-14　共振型爆震传感器信号波形　　图 4-15　垫圈式爆震传感器安装位置

垫圈式爆震传感器是一种非共振型压电效应式传感器，结构原理与前述压电式爆震传感器相同。传感器安装在火花塞垫圈与发动机汽缸盖之间，燃烧压力作用到火花塞上，经过火花塞垫圈再传递给传感器。作用力变化时,传感器信号电压随之变化,从而间接地测量燃烧压力。

七、汽油机爆震的判别方法

发动机爆震一般仅在大负荷、中低转速(小于3000r/min)时产生,由于爆震传感器输出电压的振幅随发动机转速高低不同而有很大的变化,因此,判定发动机是否发生爆震不能根据爆震传感器输出电压的绝对值进行判别,常用方法是:将发动机无爆震时传感器输出的电压信号与产生爆震时输出的电压信号进行比较,从而做出判定结论。

(一)基准电压的确定

判定爆震的基准电压通常利用发动机即将爆震时的传感器输出信号电压来确定。最简单的方法如图4-16所示,首先对传感器输出信号进行滤波和半波整流,利用平均电路求得信号电压的平均值,然后再乘以常数倍即可形成基准电压 U_B,平均值的倍数由设计制造时试验确定。因为发动机转速升高时,爆震传感器输出电压的幅值增大,所以基准电压并不是一个固定值,其值将随发动机转速升高而增大。

图4-16 基准电压的确定方法

(二)爆震强度的判别

发动机爆震的强度取决于爆震传感器输出信号电压的振幅和持续时间。爆震信号电压值超过基准电压值的次数越多,爆震强度越大;反之,超过基准电压值的次数越少,说明爆震强度越小。确定爆震强度常用的方法如图4-17所示,首先利用基准电压值对传感器输出信号进行整形处理,然后对整形后的波形进行积分,求得积分值 U_i。爆震强度越大,积分值 U_i 越大;反之,爆震强度越小,积分值 U_i 越小。当积分值 U_i 超过基准电压值 U_B 时,ECU将判定发动机发生爆震。

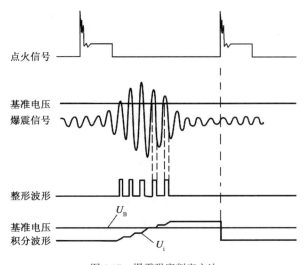

图4-17 爆震强度判定方法

八、汽油机爆震的控制过程

爆震控制系统是一个闭环控制系统。当发动机工作时,ECU 首先根据各传感器信号,从预先试验测试并存储在 ROM 中的点火提前角三维数据 MAP 中查寻得到点火提前角;然后根据 CIS、CPS 以及其他传感器信号控制点火时刻,控制结果由爆震传感器反馈到 ECU 输入端,再由 ECU 对点火提前角进行修正。爆震控制系统控制的点火提前角曲线如图 4-18 所示。

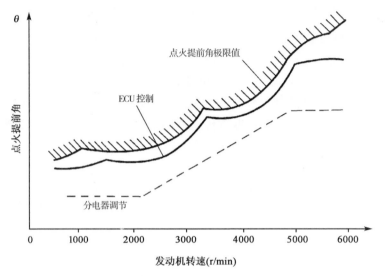

图 4-18　爆震反馈控制的点火提前角曲线

爆震传感器信号输入 ECU 后,ECU 便将积分值 U_i 与基准电压 U_B 进行比较。当积分值 U_i 高于基准电压 U_B 时,ECU 立即发出指令,控制点火时刻推迟,每次推迟 0.5°～1.0°曲轴转角,修正速度为 0.7°/s 左右,直到爆震消除。爆震强度越大,点火时间推迟越多;爆震强度越小,点火时间推迟越少。当积分值 U_i 低于基准电压 U_B 时,说明爆震已经消除,ECU 又递增一定量的提前角控制点火,直到再次产生爆震为止。

发动机工作时,缸体振动频繁剧烈,为使监测得到的爆震信号准确无误,在监测爆震过程中,并非随时都在进行,而是在发出点火信号后的一定范围内进行,这是因为发动机产生爆震的最大可能性是在点火后的一段时间内。

九、汽油机点火控制流程

微机控制发动机点火与爆震的软件流程简图如图 4-19 所示。微机控制发动机点火与爆震采用实时控制方式进行控制,其控制精度高、运算速度快,因此,一般都采用汇编语言编程。为了便于程序编制与调试,一般采用模块化结构,将程序分成若干个子程序进行编制与调试。

该系统主要由主程序、自检程序、故障报警子程序、起动子程序、滑行子程序和怠速子程序等组成。主程序的功用是监测判定发动机工作状态,计算或从点火脉谱图中查询确定点火时间、点火提前时间(提前角),并发出点火指令、控制点火线圈初级电流接通与切断等。

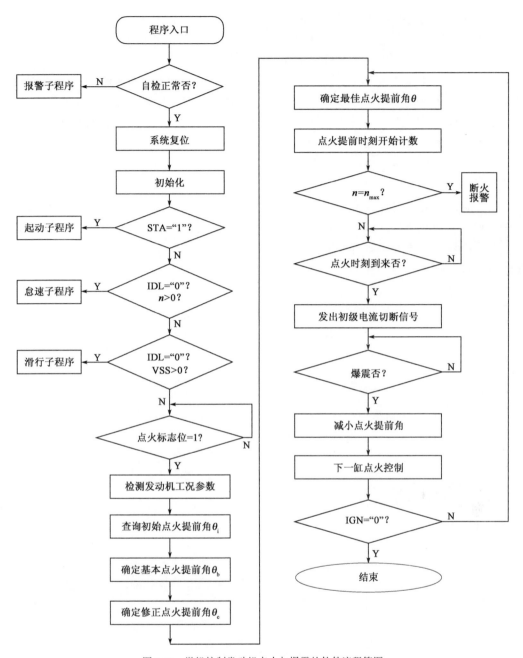

图 4-19 微机控制发动机点火与爆震的软件流程简图

一、简答题

1. 为什么说微机控制点火系统和爆震控制系统能够提高汽油机的动力性、经济性和排放性能?

2. 在微机控制点火系统中,各种传感器的作用分别是什么?

3. 微机控制点火系统的控制原理是什么?

4. 在微机控制点火系统中,发动机的基本点火提前角三维数据 MAP 怎样确定?

5. 一台四缸四行程汽油机微机控制点火系统凸轮轴位置传感器 CIS 的汽缸判别信号下降沿(低电平占28°曲轴转角)在第1缸活塞压缩上止点前80°(BTDC80°)时产生,曲轴位置传感器 CPS 有1个大齿缺(占15°)、58个凸齿和57个小齿缺,每个凸齿和小齿缺均占3°,大齿缺信号后的第一个凸齿信号上升沿在第1缸活塞压缩上止点前75°(BTDC75°)时产生。当曲轴转速为2000r/min时,最佳点火提前角为上止点前BTDC30°曲轴转角。试绘出点火提前角的控制时序与波形,并说明其控制过程。

二、选择题

1. 汽油机微机控制点火系统的执行器是( )。
   A. 点火线圈　　　　　B. ECU　　　　　C. 点火器

2. 在微机控制点火系统中,ECU 从点火提前角三维数据 MAP 中查询基本点火提前角所依据发动机的传感器信号是( )。
   A. 温度与压力信号　　B. 转速与负荷信号　C. 爆震信号

3. 当汽油机的冷却液温度低时,为使发动机尽快暖机,点火提前角应当( )。
   A. 减小　　　　　　　B. 增大　　　　　　C. 保持不变

4. 当汽油机怠速运转时,如果接通空调开关,为了防止发动机熄火,点火提前角应当( )。
   A. 减小　　　　　　　B. 增大　　　　　　C. 保持不变

5. 试验表明:当汽油机振动强度较大时,所产生的压力冲击波的频率一般为( )。
   A. 1~3kHz　　　　　B. 3~6kHz　　　　　C. 6~9kHz

复习题

1. 汽油机微机控制点火系统 MCI 由哪些部件组成?系统的功用是什么?
2. 汽油机微机控制点火系统控制的点火提前角由哪几部分组成?
3. 微机控制点火系统控制的点火提前角在哪些情况下是按初始点火提前角进行控制?
4. 微机控制点火系统高压电的分配方式有哪些?
5. 什么是电子配电方式?常用电子配电方式分为哪两种?
6. 在点火线圈次级回路中,连接一只高压二极管的作用是什么?
7. 何谓发动机爆震?发动机爆震的危害是什么?检测发动机爆震的方法有哪些?
8. 按检测爆震的方式不同,爆震传感器分为哪两种类型?国产轿车普遍采用什么形式的爆震传感器?
9. 压电式爆震传感器怎样检测发动机爆震?
10. 发动机爆震控制系统怎样控制点火提前角?

第五章 汽车排放电控技术

汽车为人类造福的同时,也带来了大气污染问题。因此,必须针对汽车排放的有害物质采取相应的控制措施,为保护人类和地球做出贡献。

第一节 汽车排放物的危害与控制对策

汽车排放对自然和人类危害最大的有害物质主要有一氧化碳CO、氮氧化物NO_x、碳氢化合物HC、光化学烟雾和炭烟。

一、一氧化碳(CO)的危害

一氧化碳CO是石油燃料中的烃分子或煤炭中的碳分子燃烧不完全时产生的一种无色、无味、毒性较强的气体,其危害是破坏人体内血红蛋白的正常输氧功能。在汽车与内燃机排出的有害气体中,CO所占浓度最大。就地区大气污染而言,美国和日本大气中95%~99%的CO来自汽车。随着我国汽车产销量以及家庭轿车日益增加,CO的排放量不可轻视。

CO与人体内血红蛋白(血液中输送氧气的载体)的结合能力很强,是氧气的240倍。吸入人体的CO很容易与血红蛋白结合并输送至体内各个部位,"CO中毒"(即通常所说的"煤气中毒")症状就是由于一氧化碳阻碍血红素带氧,造成人体缺氧而引起的窒息状态。当人体内75%的血红蛋白丧失输氧能力时,就会导致人体窒息。一旦通过高压氧舱输氧来解除这种体内缺氧窒息状态,中毒症状就会随之消失。

CO在大气中能够停留2~3年时间,从而在一些大城市上空形成稳定的污染层,对大气环境造成严重的危害。最新研究表明:当大气中的CO浓度超过100ppm(百万分率符号"ppm"是指单位体积污染物的体积浓度,用厘米^3/米^{3}表示,10000ppm=1%)时,会使人体缺氧而头痛、恶心;CO浓度达到10000ppm时,会使人急性中毒而失去知觉,导致窒息而死亡。

二、氮氧化物(NO_x)的危害

氮氧化物NO_x有多种,与环境污染有关的主要是一氧化氮NO和二氧化氮NO_2,统称为氮氧化物NO_x。氮氧化物是烃类燃料在燃烧室内高温燃烧而产生的,氮氧化首先生成NO,然后与大气中的氧相遇而生成NO_2。NO_2是一种褐色气体,有刺激性臭味,是内燃机排气中恶臭物质成分之一。在大气污染中,美国32%~55%的氮氧化物来自汽车排放,日本东京

约为36%。

氮氧化物 NO_x 是一种有毒并带恶臭的气体。一氧化氮浓度高时会引起人体中枢神经瘫痪和痉挛,二氧化氮会致人患肺水肿和支气管炎。

三、碳氢化合物(HC)的危害

碳氢化合物 HC 是石油的基本成分。HC 与氧燃烧所释放的热量是发动机运转所需的能量。但是,其未燃烧或燃烧不完全而产生的有害物质有苯丙芘。早在20世纪30年代就已证实,苯丙芘是一种很强的致癌物质。HC 与 NO_x 一样,是生成光化学烟雾的参与物,因此,其危害更加引人注目。

四、光化学烟雾的危害

光化学烟雾是 NO_x 与 HC 在太阳光(紫外线 3000~4000Å,1Å = 0.1nm = 10^{-10}m)的照射下进行光化学反应,生成光化学过氧化物而形成的褐色烟雾,称之为光化学烟雾。光化学反应生成物主要有氧化能力极强的臭氧(O_3)和过氧酰基硝酸盐 PAN(Peroxyacyl Nitrates),此外,还有甲醛、丙烯醛、酮、硫酸雾等。臭氧(O_3)是一种强氧化剂,有特殊臭味。

光化学烟雾具有强氧化能力和特殊臭味,对人体和生物的危害极大,轻则刺激眼睛致视力减弱,重则患肺气肿、全身疼痛、麻木或死亡。1943年9月8日,美国洛杉矶被光化学烟雾笼罩一天就夺去了400余人的生命;1952年12月,英国"雾都"伦敦烟雾弥漫,4天之内导致4000余人中毒死亡;1971年,日本东京因光化学烟雾而中毒4800余人。

五、炭烟的危害

在柴油机的排放物中,除了上述有害物质之外,主要还有炭烟。炭烟是燃料不完全燃烧的产物,主要由直径为 0.1~10μm 的多孔性炭粒构成,是柴油机的主要颗粒物。

炭烟通常黏附有二氧化硫 SO_2 和致癌物苯丙芘等有机化合物以及臭气成分,对人体和生物十分有害。在一般情况下,直径为 0.1~0.5μm 的炭烟除了致癌作用外,吸入肺部会导致慢性病、肺气肿、皮肤病及变态性疾病。

六、汽车排放的控制对策

人类在保护生存环境,减少汽车有害物质排放方面,已经做出很大贡献。目前,已经研制出了检测上述有害气体的 NO_x 浓度传感器、HC 浓度传感器等,以便对其进行有效控制。前述汽油机燃油喷射电控(EFI)系统、微机控制点火(MCI)系统、爆震控制系统(EDCS)、发动机怠速控制系统(ISCS)、断油控制系统(SFIS)以及柴油机高压共轨式喷油系统(CRS)等不仅能够提高发动机的动力性、经济性与工作稳定性,而且还能提高排放性能,对排气污染的控制也都起到了重要作用。因此,燃油喷射控制、点火提前角控制及高压共轨等电控技术,亦可归于汽车排放控制技术范畴。除此之外,汽车上还采用了其他专门控制汽车排放的装置。这些控制装置种类较多,按控制方式不同,可分为机内净化、机外净化和污染源封闭循环净化三类。

(一)机内净化装置

机内净化是从进气系统着手,通过改善混合气质量来减少有害物质的产生。这类排放控制装置或系统有:进气温度自动调节装置、电控废气再循环(EGR)系统、可变气门定时控制(VVT-i)系统等。

(二)机外净化装置

机外净化是对发动机排出的废气进行再净化处理,将废气中的 CO、HC 和 NO_x 等有害气体转化为无害的水(H_2O)、二氧化碳(CO_2)和氮(N_2)等气体。这类排放控制装置有:三元催化转换器、二次空气供给装置、热反应器、氧化触媒转换器等。汽车普遍使用的是三元催化转换装置。

(三)污染源封闭循环净化装置

这类装置是对曲轴箱、气门室的气体及燃油蒸气等碳氢化合物 HC 实施封闭处理,阻止其排入大气。这类装置有:曲轴箱强制通风装置、活性炭罐和燃油蒸气回收(FEC)系统等。

现代汽车为了达到节能净化目的,满足不断严格的汽车排放法规要求,往往同时采用几种排气净化装置。汽车档次越高,采用排气净化装置越多。下面重点介绍空燃比反馈控制(AFC)系统、燃油蒸气回收(FEC)系统和电控废气再循环(EGR)系统等电控技术。

第二节 空燃比反馈控制系统(AFC)

空燃比反馈控制(AFC,Air Fuel Ratio Feedback Control)系统的全称是发动机空燃比反馈控制系统,常用英文缩写字母 AFC 表示。

在控制系统中,凡是系统的输出端与输入端之间存在反馈回路,即输出量对控制作用有直接影响的系统,就称为闭环控制系统。反馈控制又称为闭环控制。"闭环"的含意就是应用反馈调节作用来减小系统的误差。国内外电喷发动机汽车都已配装空燃比反馈控制系统。

一、空燃比反馈控制的目的

在电喷发动机汽车上,仅仅利用空气流量传感器和发动机转速传感器信号来计算确定喷油量,很难将空燃比控制在理论空燃比(14.7)附近。配装空燃比反馈控制系统后,利用氧传感器反馈的空燃比信号对喷油脉冲宽度进行反馈控制,即可将空燃比控制在理论空燃比(14.7)附近,再利用三元催化转换器将排气中的三种主要有害物质 HC、CO、NO_x 转化为无害成分,从而节约燃油和净化排气,满足油耗法规和排放法规的要求。

试验证明:当发动机混合气的空燃比($\lambda = A/F$)控制在理论空燃比(14.7)附近时,三元(HC、CO、NO_x)催化转换器才能使碳氢化合物 HC、一氧化碳 CO、氢气 H_2 的还原作用和氮氧化物 NO_x、氧气 O_2 的氧化作用同时进行,并将排气中的三种有害气体 HC、CO、NO_x 转化为二氧化碳 CO_2 和水 H_2O 等无害物质,净化率曲线如图 5-1 所示。

二、空燃比反馈控制系统组成

空燃比反馈控制系统是在燃油喷射系统的基础上增设氧传感器而构成,如图 5-2 所示。发动机工作时,电控单元 ECU 根据氧传感器的信号电压来判断可燃混合气是偏浓还是偏稀,再发出控制指令对喷油量进行修正。

氧传感器是实现空燃比反馈控制的关键部件,安装在排气门至三元催化转换器之间的排气管上。如果在同一根排气管上安装两只氧传感器,如日本丰田凌志 LS400 型、天津一汽丰田皇冠 3.0 型轿车,则在三元催化转换器的前端和后端各安装一只氧传感器。

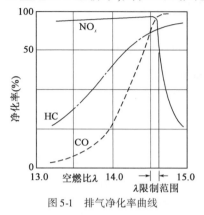

图 5-1 排气净化率曲线

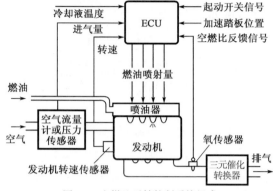

图 5-2 空燃比反馈控制系统组成

氧传感器是排气氧传感器(EGO,Exhaust Gas Oxygen Sensor)的简称,又称为氧量传感器(O_2S)或兰姆达 λ(Lambda)传感器,其功用是通过监测排气中氧离子的含量来获得混合气的空燃比信号,并将空燃比信号转变为电信号输入发动机 ECU。ECU 根据氧传感器信号对喷油时间进行修正,实现空燃比反馈控制(闭环控制),即将空燃比控制在 14.7 左右,使发动机得到最佳浓度的混合气,从而达到降低有害气体的排放量和节约燃油之目的。

汽车发动机燃油喷射系统采用的氧传感器分为氧化锆(ZrO_2)式和氧化钛(TiO_2)式两种类型,氧化锆式又分为加热型与非加热型氧传感器两种,氧化钛式一般都为加热型传感器。由于实用的氧化钛式氧传感器价格便宜,且不易受硅离子的腐蚀,因此越来越多的汽车采用氧化钛式氧传感器。

三、氧化锆式氧传感器的结构原理

空气中的氧离子在某些固体电解质中容易扩散,已经发现的具有多孔性的固体电解质材料有二氧化锆(ZrO_2)、氧化钍(ThO_2)、氧化铋(Bi_2O_3)、氧化铈(CeO_2)等。当这些电解质的表面与内部之间氧气的浓度不同(即存在浓度差)时,氧气浓度高处的氧离子就会向浓度低的一侧扩散,以求达到平衡状态。当固体电解质表面设置集中用多孔电极之后,在其两个表面之间就可得到电动势,因此,将其称为"氧浓差电池"。氧化锆式氧传感器就是根据这一原理制成的氧离子浓度传感器,又称为"电压型"氧离子浓度传感器。

(一)氧化锆式氧传感器的结构组成

氧化锆式氧传感器的结构如图 5-3 所示,主要由钢质护管、钢质壳体、锆管、加热元件、电极引线、防水护套和线束插头等组成。

锆管是在二氧化锆(ZrO_2)固体电解质粉末中添加少量的添加剂压制成型后,再烧结而成的陶瓷管,其加工工艺与火花塞绝缘体的成型工艺完全相同。二氧化锆晶体的体积变化量为 4% 左右,其体积变化容易导致晶体老化而失效(阻止氧离子扩散),加入添加剂的目的就是防止二氧化锆晶体老化。目前常用的添加剂是氧化钇(Y_2O_3)。锆管制作成试管形状,以便氧离子能均匀扩散与渗透。锆管内表面通大气,外表面通排气。为了防止发动机排出的废气腐蚀外层铂电极,在外层铂电极表面还涂敷有陶瓷保护层。

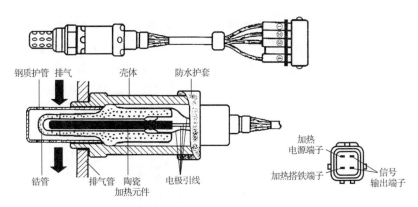

图 5-3 氧化锆式氧传感器的结构

在锆管的内、外表面都涂覆有一层金属铂(催化剂)作为电极,并用金属线与传感器信号输出端子连接。金属铂除了起到电极作用将信号电压引出传感器之外,另一个更重要的作用是催化作用。在催化剂铂的作用下,当发动机排气中的一氧化碳(CO)有害气体与氧气(O_2)接触时,就会生成二氧化碳(CO_2)无害气体。氧化锆陶瓷管的强度很低,而且安装在排气管上承受排气压力冲击。为了防止锆管受排气压力冲击而造成陶瓷管破碎,因此将锆管封装在钢质护管内。护管上制作有若干个小孔,以便于排气流通。在钢质壳体上制作有六角螺边和螺纹,以便安装(拧紧力矩为 40~60N·m)和拆卸传感器。

氧化锆式氧传感器有加热型与非加热型两种。非加热型氧传感器的线束插头只有一个或两个接线端子。中高档轿车大都采用加热型氧传感器,其线束插头有三个或四个接线端子。

(二)氧化锆式氧传感器的工作原理

二氧化锆(ZrO_2)式氧传感器的固体电解质普遍使用二氧化锆,其工作原理如图 5-4 所示。因为锆管内侧与氧离子浓度高的大气相通,外侧与氧离子浓度低的排气相通,且锆管外侧的氧离子随可燃混合气浓度变化而变化,所以当氧离子在锆管中扩散时,锆管内外表面之间的电位差将随可燃混合气浓度变化而变化,即锆管相当于一个氧浓差电池,传感器的信号源相当于一个可变电源。

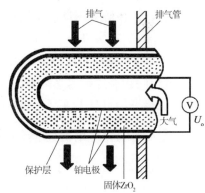

图 5-4 氧化锆式氧传感器原理

氧传感器的输出特性如图 5-5a)所示。当供给发动机的可燃混合气较浓(即空燃比 $\lambda<14.7$ 或过量空气系数 $\alpha<1$)时,排气中氧离子含量较少,一氧化碳(CO)浓度较大。在锆管外表面催化剂铂的催化作用下,氧离子几乎全部都与 CO 发生氧化反应生成二氧化碳气体,使外表面上氧离子浓度为 0。由于锆管内表面与大气相通,氧离子浓度很大,因此,锆管内、外表面之间的氧离子浓度差较大,两个铂电极之间的电位差较高,约 0.9V。

当供给发动机的可燃混合气较稀(即空燃比 $\lambda>14.7$ 或过量空气系数 $\alpha>1$)时,排气中氧离子含量较多,CO 浓度较小,即使 CO 全部都与氧离子产生化学反应,锆管外表面上还是有多余的氧离子存在。因此,锆管内、外表面之间氧离子的浓度差较小,两个铂电极之间的电位差较低,约 0.1V。

当空燃比 λ 接近于理论空燃比 14.7(或过量空气系数 α 接近于 1)时,排气中的氧离子和 CO 含量都很少。在催化剂铂的作用下,氧离子与 CO 的化学反应从缺氧状态(CO 过剩、氧离子浓度接近于 0)急剧变化为富氧状态(CO 接近于 0、氧离子过剩)。由于氧离子浓度差急剧变化,因此,铂电极之间的电位差急剧变化,使传感器输出电压从 0.9V 急剧变化为 0.1V。

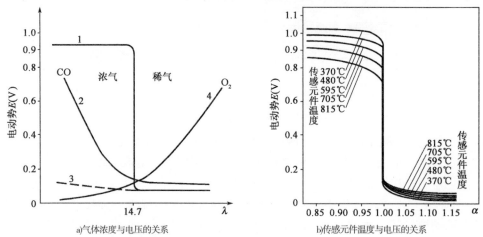

图 5-5 氧化锆式氧传感器输出特性
1-传感器的电动势;2-一氧化碳 CO 浓度;3-无铂电极时的电动势;4-氧离子浓度

由图 5-5a)可见,当可燃混合气浓时,如果没有催化剂铂的催化作用使氧离子浓度急剧减小到接近于 0,那么在混合气由浓变稀时,固体电解质两侧氧离子的浓度差将连续变化,传感器的电动势将按曲线 3 所示连续变化,即电动势不会出现跃变现象。

在使用过程中,铂在催化反应过程中自身会有消耗,故氧化锆式氧传感器是一种消耗型传感器。此外,汽油和润滑油硫化产生的硅酮等颗粒物质附着在铂电极表面上会导致铂电极逐渐失效,传感器内部端子处用于防水的硅橡胶也会逐渐污染内侧电极。因此,氧化锆式氧传感器必须定期更换。目前规定,汽车每行驶 16 万公里必须换用新品。

(三)氧化锆式氧传感器的工作条件

氧化锆式氧传感器必须满足以下三个条件,才能正常调节混合气浓度:发动机温度高于 60℃;氧传感器自身温度高于 300℃;发动机工作在怠速工况和部分负荷工况。

四、氧化钛式氧传感器的结构原理

二氧化钛(TiO_2)属于 N 型半导体材料,其阻值大小取决于材料温度以及周围环境中氧离子的浓度。因此,可用来检测排气中的氧离子浓度。氧化钛式氧传感器又称为"电阻型"氧离子浓度传感器。

1975 年,美国福特汽车公司率先利用二氧化钛材料研制成功了芯片式氧化钛传感器,1976 年研制出了用金属铂(Pt)作催化剂的芯片式氧化钛传感器,1979 年又研制成功了用热敏电阻进行温度补偿的氧化钛式传感器。丰田公司于 1984 年研制成功了管芯式氧化钛传感器,1985 年研制成功厚膜式氧化钛传感器并批量生产。

(一)氧化钛式氧传感器的结构组成

氧化钛式氧传感器的外形与氧化锆式氧传感器相似,结构如图 5-6 所示,主要由二氧化钛传感元件、钢质壳体、加热元件和电极引线等组成。

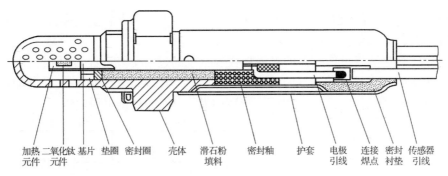

图 5-6　氧化钛式氧传感器结构

钢质壳体上制有螺纹,以便于传感器安装。与氧化锆式氧传感器不同的是,氧化钛式氧传感器不需要与大气压进行比较,因此传感元件的密封与防水十分方便,利用二氧化硅或滑石粉等密封即可达到使用要求。此外,在电极引线与护套之间设置一个硅橡胶密封衬垫,可以防止水汽浸入传感器内部而腐蚀电极。

氧化钛传感元件有芯片式和厚膜式两种,如图 5-7 所示。芯片式将铂金属线埋入二氧化钛芯片中,金属铂兼作催化剂。厚膜式采用半导体封装工艺中的氧化铝层压板工艺制成,从而使成本降低,可靠性提高。

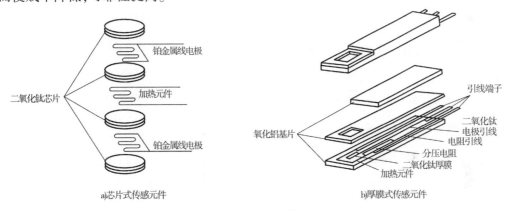

图 5-7　氧化钛式氧传感器传感元件结构

加热元件用钨丝或陶瓷材料制成,加热的目的是使传感元件二氧化钛温度保持恒定,从而使传感器的输出特性不受温度影响。因为二氧化钛是一种多孔性的陶瓷材料,利用热传导方式对氧化钛芯片或厚膜可以直接进行加热,所以加热效率高,达到激活温度(规定温度为 600℃)需要的时间很短,这对降低发动机刚刚起动后碳氢化合物 HC 的排放量十分有利。

(二)氧化钛式氧传感器的工作原理

二氧化钛半导体材料的电阻具有随氧离子浓度变化而变化的特性。因此,氧化钛式氧传感器的信号源相当于一个可变电阻,其电阻值与过量空气系数的关系如图 5-8 所示。

当发动机的可燃混合气浓(过量空气系数小于 1)时,由于燃烧不完全,排气中会剩余少量氧气,传感元件周围的氧离子很少,二氧化钛呈现高阻状态。与此同时,在催化剂铂的催化作用下,使剩余氧离子与排气中的一氧化碳 CO 产生化学反应,生成二氧化碳 CO_2,将排气中的氧离子进一步消耗掉,从而大大提高了传感器的灵敏度。

当发动机混合气稀(过量空气系数大于1)时,排气中氧离子含量较多,传感元件周围的氧离子浓度较大,二氧化钛呈现低阻状态。

由上可见,氧化钛式氧传感器的电阻将在混合气的过量空气系数约为1(空燃比 λ 约为14.7)时产生突变。当给氧传感器施加稳定的电压时,电路如图5-9所示,在其输出端便可得到一个交替变化的信号。该稳定电压一般由ECU内部的稳压电源提供。

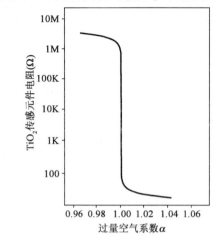

图5-8 氧化钛式氧传感器的特性　　　　图5-9 氧化钛式氧传感器工作电路

(三)氧化钛式氧传感器的工作条件

氧化钛式氧传感器必须满足三个条件,才能正常调节混合气浓度:发动机温度高于60℃;氧传感器自身温度高于600℃;发动机工作在怠速工况和部分负荷工况。

五、空燃比反馈控制过程

电喷发动机空燃比的反馈控制过程如图5-10所示。氧传感器输出电压的平均值称为限制电平。当ECU接收到氧传感器的信号电压高于限制电平(0.5V)时,表明混合气偏浓,空燃比偏小,ECU首先发出控制指令使空燃比反馈修正系数 K_{AF} 骤然下降一个 P_R 值,使喷油时间 T_B 缩短,喷油量减少,然后逐渐减小修正系数,使混合气逐渐变稀,空燃比逐渐增大。

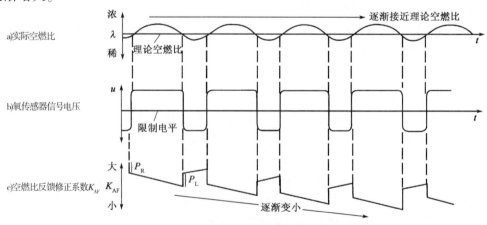

图5-10 空燃比反馈控制特性曲线示意图

当ECU接收到氧传感器的信号电压低于限制电平(0.5V)时,表明混合气偏稀,空燃比偏大,ECU首先发出控制指令使空燃比反馈修正系数K_{AF}急剧上升一个P_L值,使喷油时间增长,喷油量增大,然后逐渐增大修正系数,使喷油量逐渐增加,混合气逐渐变浓,空燃比逐渐减小。

在空燃比反馈控制过程中,由于发动机工作循环需要一定的时间(即从喷油器喷油开始到氧传感器检测出氧离子浓度为止,发动机要经过进气、压缩、做功和排气等行程)。因此,要使空燃比收敛于理论空燃比值是不可能的。实际反馈控制只能将空燃比控制在理论空燃比附近的一个狭小范围内,如图5-10a)所示。

氧传感器输入ECU的信号电压在低电平(0.1~0.3V)与高电平(0.7~0.9V)之间的变化频率为10次/min以上。如果氧传感器信号电压变化过慢(低于10次/min)或电压保持不变(保持高电平或低电平不变),就说明氧传感器有故障。在使用过程中,当氧传感器失效时,ECU将对空燃比进行开环控制。由于开环控制不能将空燃比控制在理论空燃比附近,因此,发动机燃油消耗量和有害气体排放量都将大大增加。

六、空燃比反馈控制条件

为了保证发动机具有良好的动力性、经济性和排放性,空燃比并不是在发动机所有工况都进行反馈控制。发动机ECU对空燃比实施反馈控制的条件是:

(1) 发动机冷却液温度达到正常工作温度(80℃)。
(2) 发动机运行在怠速工况和部分负荷工况。
(3) 氧传感器温度达到正常工作温度。
(4) 氧传感器输入ECU的信号电压变化频率不低于10次/min。

在下述情况下,发动机ECU将对空燃比实施开环控制:

(1) 发动机起动工况。起动需要浓混合气,以便起动发动机。
(2) 发动机暖机工况。发动机刚起动的温度低于正常工作温度(80℃),需要迅速升温。
(3) 发动机大负荷工况。大负荷时需要加浓混合气,使发动机输出较大转矩。
(4) 加速工况。加速时需要发动机输出较大转矩,以便提高车速。
(5) 减速工况。此时需要停止喷油,使发动机转速迅速降低。
(6) 氧传感器温度低于正常工作温度。氧化锆式氧传感器温度达到300℃、氧化钛式氧传感器温度达到600℃时才能输出信号。
(7) 氧传感器输入ECU的信号电压持续10s以上时间保持不变时。信号电压持续10s以上时间不变说明氧传感器失效,ECU将自动进入开环控制状态。

第三节 燃油蒸发排放控制系统(FEC)

汽车燃油特别是汽油是一种挥发性很强的物质,燃油箱、曲轴箱、气门室和燃油管路内部的燃油受热后,表面就会产生蒸气,如不妥善处理,就会散发到大气之中造成环境污染。

燃油蒸发排放控制系统(FEC/FECS,Fuel Evaporative Emission Control System)又称为燃油蒸气回收系统。其功用就是防止燃油蒸气排入大气而污染环境,同时还可节约能源。燃油蒸发排放控制系统利用活性炭罐吸附燃油箱、曲轴箱、气门室及管路中挥发的燃油蒸气,待发动机起动后,再将活性炭罐中吸附的燃油送入燃烧室燃烧,使燃油蒸气的排放量降低95%以上。

一、燃油蒸发排放控制系统的组成

各型汽车FEC的组成大同小异,如图5-11所示,主要由活性炭罐、活性炭罐电磁阀N80、通风管以及电控单元ECU等组成。

炭罐内部装有活性炭,活性炭是一种吸附能力极强的物质,用于吸附收集燃油箱、曲轴箱、气门室及管路中挥发的燃油蒸气。

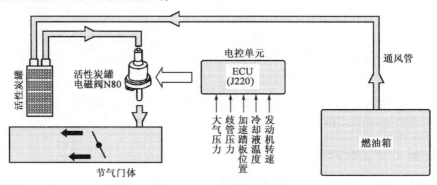

图5-11 燃油蒸发排放控制系统的组成

大众公司轿车活性炭罐与电磁阀、通风管的连接情况如图5-12所示。活性炭罐电磁阀又称为再生电磁阀或油箱通风阀,简称炭罐电磁阀,安装在活性炭罐与节气门体之间,结构原理与普通电磁阀基本相同。

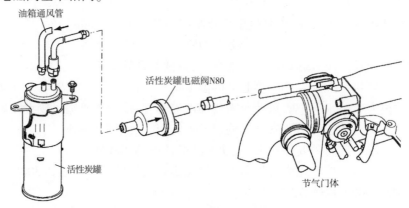

图5-12 活性炭罐与电磁阀、通风管的连接

炭罐电磁阀受控于电控单元J220,桑塔纳系列轿车用炭罐电磁阀的工作电压为9~16V,工作温度为-30~+120℃,燃油蒸气流量为2~3m^3/h(压力200kPa),控制频率为30Hz,最小控制脉冲为7ms,电磁阀线圈电阻为26Ω,消耗电流为0.5A(电压13.5V时)。

二、燃油蒸发排放控制原理

燃油蒸发排放控制系统在发动机温度和转速达到一定值时才能投入工作,工作原理如图5-13所示。来自油箱的通风管将燃油蒸气引入活性炭罐,使燃油蒸气被活性炭吸附,直至燃油蒸气饱和为止。

当发动机运转时,节气门开度(柴油机为加速踏板位置)发生变化,进气歧管内部压力

p_i 将低于大气环境压力 p_e,即产生一个压差 $\Delta p (\Delta p = p_e - p_i)$。与此同时,ECU 根据发动机转速和压力等信号,向炭罐电磁阀发出占空比控制指令,在输出回路的驱动下,炭罐电磁阀就有电流流过,其平均电流产生的电磁吸力就会克服其复位弹簧预紧力,使其阀门保持一定开度。

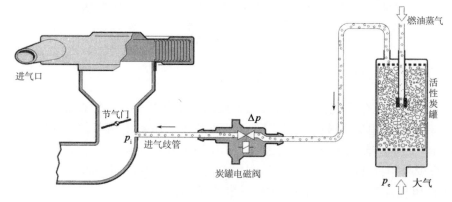

图 5-13 燃油蒸发排放控制系统 FEC 工作原理

(Δp 为环境压力 p_e 与进气歧管压力 p_i 之差)

炭罐电磁阀开度的大小由 ECU 根据电磁阀两端的压差决定。ECU 改变占空比的大小,即可控制电磁阀阀门开度。占空比越大,平均电流越大,电磁阀阀门开度就越大;反之,占空比越小,阀门开度越小。

当炭罐电磁阀阀门开启时,在压差作用下,活性炭罐内部储存的饱和燃油蒸气便经电磁阀阀门流入进气歧管,并与新鲜空气混合形成再生气流,再被吸入燃烧室燃烧,从而避免燃油蒸气排入大气污染环境。

在发动机运转过程中,ECU 控制炭罐电磁阀周期性的通电与断电,使其流过一定的平均电流来保持阀门的开启程度,此时用手触摸炭罐电磁阀会有振动感觉。因此,可以根据这一现象来判断 FEC 系统与电磁阀工作是否正常。

第四节 废气再循环(EGR)控制系统

废气再循环 EGR 又称为排气再循环(EGR,Exhaust Gas Recirculation),是指将发动机排出的部分废气引入进气管,与新鲜空气混合后再吸入汽缸参与工作循环。

一、废气再循环 EGR 的目的

内燃机燃油在高温(高于1370℃)条件下燃烧时,氮与氧气化合就会生成有毒并带恶臭的气体氮氧化物 NO_x。在其他条件相同的情况下,发动机燃烧温度越高,产生氮氧化物也就越多。

废气再循环 EGR 的目的是:利用废气中所含二氧化碳不能燃烧、却能吸热的特性来降低燃烧温度,减少氮氧化物 NO_x 的排放量。

二、废气再循环率(EGR 率)

二氧化碳具有吸收热量的特性。因此,废气再循环量越大,发动机最高温度就越低,抑制氮氧化物的效果也越好。但是,废气再循环量过大,会导致混合气着火性能变差,不仅会使发动机动力性降低、油耗增加,而且还会增大碳氢化合物 HC 的排放量。因此,必须对废气再循环量进行合理控制,在保证发动机正常工作的前提下,最大限度地减少氮氧化物的排放。

发动机废气参与再循环的量,通常用废气再循环率(即 EGR 率)表示,即:

$$EGR 率 = \frac{EGR 气体量}{吸入空气量 + EGR 气体量} \times 100\%$$

三、废气再循环(EGR)的控制方式

EGR 的控制方式分为机械控制式和电子控制式两种类型。机械控制式 EGR 系统的控制部件为膜片阀,利用进气歧管的真空度(负压)和排气压力来调节膜片阀阀门的开度,从而实现 EGR。机械控制式 EGR 系统控制的 EGR 率不可改变或变化范围较小(一般为5%~15%),已很少采用,目前,普遍采用的是利用 ECU 控制电磁阀,电磁阀再控制 EGR 阀来调节 EGR 率的电控式 EGR 系统,电控 EGR 系统可据发动机工况,将 EGR 率控制在最佳范围,能够最大限度地减少氮氧化物的排放量。

四、电控 EGR 系统的组成

电子控制式废气再循环系统(EGR,Electronic Control Exhaust Gas Recirculation System)简称电控 EGR 系统或电控 EGR。

电控 EGR 系统的组成与原理如图 5-14 所示,由各种传感器和控制开关、ECU、EGR 电磁阀和 EGR 阀组成。传感器和控制开关主要有:曲轴位置传感器、空气流量传感器、进气歧管压力传感器、节气门位置传感器或加速踏板位置传感器(柴油机)、冷却液温度传感器、点火起动开关等。

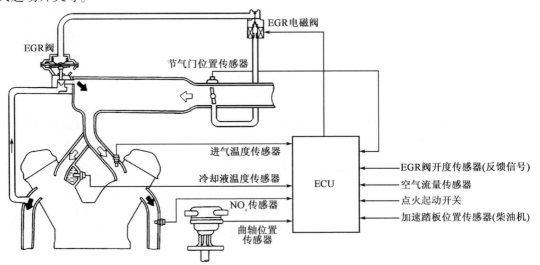

图 5-14 电控废气再循环 EGR 系统组成

曲轴位置传感器提供发动机转速信号,空气流量传感器、进气歧管压力传感器、节气门位置传感器或加速踏板位置传感器(柴油机)提供发动机负荷信号,发动机冷却液温度传感器提供发动机温度信号,点火起动开关提供发动机起动信号。

执行器有 EGR 电磁阀和 EGR 阀(真空阀)。在部分汽车上,还配装有 NO_x 传感器或 EGR 阀开度传感器,用于 EGR 的反馈控制。有的电控 EGR 系统则取消了 EGR 阀,采用 EGR 线性电磁阀直接控制废气循环量。

五、电控 EGR 系统的结构原理

电控 EGR 系统大多数传感器都与其他电控系统公用。下面主要介绍 EGR 系统的执行器、EGR 阀开度传感器和 NO_x 传感器的结构原理。

(一) EGR 阀及其开度传感器

EGR 阀又称为 EGR 控制阀或 EGR 调节阀,是一种膜片式真空阀。其内部膜片的一侧(图 5-14 所示 EGR 阀下部)通大气,装有弹簧的另一侧(图 5-14 所示 EGR 阀上部)为真空室,其真空度由 EGR 电磁阀控制。真空室的真空度增大时,膜片克服弹簧预紧力向上拱曲,阀门开度增大,废气循环流量增加。当上部失去真空度时,膜片在弹簧力作用下复位,其阀门关闭气流通道,使废气循环停止。

EGR 阀开度传感器有位移量传感器和电位计式传感器两种,前者精确但结构复杂,后者结构简单且实用。配装电位计式开度传感器的 EGR 阀结构如图 5-15 所示。

阀体连接在阀杆(测量杆)上,阀杆与 EGR 阀的膜片相连接。当 EGR 阀开度变化时,通过膜片带动阀杆移动,电位计(或位移量传感器)输出端就会输出信号电压,经信号处理电路处理后,便可转换为 EGR 阀的开度信号输送到 ECU。

(二) EGR 电磁阀

EGR 电磁阀是一个三通电磁阀,结构如图 5-16 所示。EGR 电磁阀设有三个通气口,当电磁阀线圈断电时,弹簧预紧力使阀体向上复位,阀体上端将通大气的阀口关闭,此时 EGR 电磁阀使进气歧管与 EGR 阀真空室相通。

当 EGR 电磁阀通电时,其线圈产生电磁吸力克服复位弹簧力使阀体下移,阀体下端将通进气歧管的真空通道关闭,阀体上端通大气的阀口打开,使 EGR 阀的真空室与大气相通。

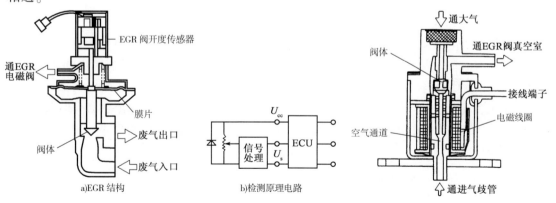

图 5-15　EGR 阀结构与电路　　　　图 5-16　EGR 电磁阀结构

由此可见,当需要增大废气循环流量时,ECU 将向 EGR 电磁阀发出占空比减小指令,EGR 电磁阀线圈通电时间相对缩短,使 EGR 阀真空室与大气相通的时间相对缩短、其真空室与进气歧管相通的时间相对增长,EGR 阀真空度增大而阀门开度增大,从而达到废气循环流量增加之目的。同理,当减小废气循环流量时,ECU 将发出占空比增大指令,使 EGR 阀

阀门开度减小。

当 ECU 输出占空比为 0（持续低电平）时，EGR 电磁阀断电，此时 EGR 阀真空室与进气歧管直接相通，其真空度达到最大（此时 EGR 阀真空室的真空度取决于进气歧管的真空度），EGR 阀开度最大，废气循环流量达到最大值。

（三）EGR 线性电磁阀

在采用 EGR 线性电磁阀直接控制 EGR 的系统中，去掉了 EGR 阀（真空阀）。EGR 线性电磁阀的结构如图 5-17 所示，进气口与排气管相连，出气口与进气歧管相连。在这种电磁阀上，通常都配装有阀门开度传感器提供废气循环量的反馈控制信号。

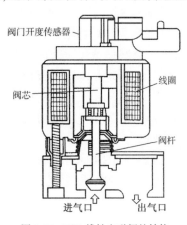

图 5-17　EGR 线性电磁阀的结构

发动机工作时，ECU 根据发动机转速和负荷等信号，通过调节占空比的大小来直接控制阀门开度，从而控制废气循环量。

当占空比增大时，电磁阀线圈平均电流增大，阀芯产生的电磁吸力增大，克服复位弹簧预紧力向上位移量增大，并带动阀杆一同上移使阀门开度增大，废气循环量增大。同理，当占空比减小时，废气循环量减小。

当阀芯位移时，电磁阀开度传感器内部的检测元件（电位计或位移量检测部件）将阀芯位移量转换为电信号，并输入 ECU 作为废气循环量的反馈控制信号，从而实现废气循环量的闭环控制。因此，EGR 量的控制精度比真空阀高，且响应速度比真空阀快得多。目前，采用这种线性电磁阀的 EGR 系统应用越来越广。

（四）NO_x 传感器

NO_x 传感器又称为 NO_x 浓度传感器，是一种吸收型传感器，用于检测排气中所含的 NO_x 浓度。其外形结构与加热型氧化锆式氧传感器相似，内部结构由碱类化合物薄层、氧化锆薄层和催化剂铂（作为电极）构成。

检测 NO_x 浓度的关键问题是抑制排气中大量的 NO 与氧结合生成有害气体 NO_2，其检测原理是：将 NO 作为硝酸化合物吸收到碱类化合物材料中，再利用催化剂铂将其还原成无害的氮气（N_2）和氧气（O_2）排到大气之中。实验表明：当排气中 NO_x 浓度在 0~1‰（千分之一）范围内变化时，NO_x 传感器输出电压在 1~5V 之间线性变化。事实上，NO_x 传感器是由氧化锆式氧传感器改进而成，因此，能够同时检测排气中 NO_x 和 O_2 的含量。但是，NO_x 传感器结构复杂、价格昂贵，信号处理电路复杂，可靠性也有待提高。

六、电控 EGR 系统的控制原理

当发动机工作时，ECU 首先根据各种传感器信号判定发动机工况，确定是否需要 EGR 以及废气循环流量的大小，然后向 EGR 电磁阀输出占空比可变的控制脉冲信号，通过调节 EGR 阀的开度来实现最佳 EGR 率控制。

电控 EGR 系统预先试验测定有各工况下的最佳废气循环流量值，通常以 EGR 电磁阀对应的占空比数据 MAP 形式储存在存储器 ROM 中，如图 5-18 所示。

发动机运转时，ECU 根据发动机转速与负荷（空气流量、进气压力、节气门开度或加速踏板位置）传感器信号，在占空比数据 MAP 中查寻确定最佳的 EGR 电磁阀占空比值，再向电磁阀输出相应的占空比控制信号，从而将废气再循环量控制在最佳值，使 NO_x 排放量降低到规定标准值。电控 EGR 系统控制精度高，所控制的 EGR 率可达 25% 左右。

在配置 EGR 阀开度或 NO_x 传感器的系统中，ECU 还要根据该种传感器信号调整 EGR 电磁阀的占空比来调节 EGR 阀的开度，对排气再循环量实现反馈控制，使 NO_x 排放量降低到规定标准值。

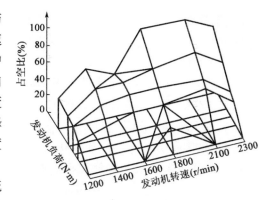

图 5-18　电控 EGR 的占空比数据 MAP

七、电控 EGR 系统实施 EGR 的条件

电控 EGR 系统并非在发动机所有工况下都能进行 EGR。在下述情况之一时，电控 EGR 系统的 ECU 将停止向 EGR 电磁阀发送控制指令，废气再循环系统将停止废气再循环，保证发动机正常工作。

（1）发动机起动时。一是发动机温度较低，产生 NO_x 气体较少；二是为了保证发动机可靠起动。

（2）发动机怠速时。一是怠速时温度低，产生 NO_x 气体较少；二是保证迅速升温而正常工作，防止出现怠速不稳定现象。

（3）发动机转速低于 900r/min 或高于 3200r/min（上、下限值取决于发动机型号）时，转速低时进行 EGR 容易导致转速不稳；转速高时为了保证发动机输出足够动力。

一、简答题

1. 汽车排放的主要有害物质有哪些？各有什么危害？
2. 解决汽车有害物质排放的对策主要有哪些？
3. 氧传感器的功用是什么？为什么氧传感器必须定期更换？
4. 在燃油喷射系统中，发动机 ECU 对空燃比进行闭环控制（反馈控制）的条件是什么？
5. 空燃比反馈控制系统在哪些情况下对空燃比进行开环控制？
6. 燃油蒸发排放控制系统的基本原理是什么？
7. 电控 EGR 系统主要由哪些控制部件组成？各种控制部件的功用分别是什么？
8. EGR 阀、EGR 电磁阀和 EGR 线性电磁阀有何区别？
9. EGR 线性电磁阀的工作原理是什么？
10. 配装 EGR 电磁阀与配装 EGR 线性电磁阀的 EGR 系统，在废气循环量的控制上有何区别？

二、选择题

1. 氧化钛式氧传感器输出信号时,其自身温度必须达到( )。
   A. 300℃   B. 600℃   C. 900℃
2. 氧化锆式氧传感器输出信号时,其自身温度必须达到( )。
   A. 300℃   B. 600℃   C. 900℃
3. 氧传感器输入 ECU 的信号电压正常时,其变化频率应不低于( )。
   A. 1000 次/min   B. 100 次/min   C. 10 次/min
4. 计量汽车排放气体的浓度单位可用"ppm"表示,1 000ppm 的含义是( )。
   A. 1/10   B. 1%   C. 1‰
5. 发动机空燃比反馈控制的目的是减少( )有害物质的排放量。
   A. HC、CO   B. HC、CO、NO_x C. HC、CO、NO_x、炭烟

复习题

1. 何谓光化学烟雾? 有何危害?
2. 氧化锆式氧传感器正常工作必须满足的条件分别是什么?
3. 氧化钛式氧传感器正常工作必须满足的条件分别是什么?
4. 燃油蒸发排放控制系统(FEC)的功用是什么? 由哪些部件组成?
5. 大众公司轿车用活性炭罐电磁阀的控制频率和电磁阀线圈的电阻值分别是多少?
6. 废气再循环(EGR)控制系统的功用是什么?
7. 何谓 EGR 率? 电控 EGR 系统控制的 EGR 率是否越大越好,为什么?
8. EGR 电磁阀的工作原理是什么?
9. 电控 EGR 系统的基本控制原理是什么?
10. 电控 EGR 系统实施 EGR 的条件有哪些?

第六章 汽车行驶安全电控技术

汽车装备的安全装置分为主动安全装置与被动安全装置两大类。主动安全装置的功用是避免车辆发生交通事故,被动安全装置的功用是减轻车辆交通事故导致的伤害程度。

现代汽车普遍装备的主动安全装置主要有电子控制防抱死制动系统 ABS、电子控制制动力分配系统 EBD、电子控制制动辅助系统 EBA、驱动轮防滑转调节系统 ASR(即牵引力控制系统 TCS/TRC)、车身稳定性控制系统 VSC、倒车报警系统 RVAS、雷达车距报警系统 RPW、防盗报警系统 GATA、中央门锁控制系统 CLCS 和车辆保安系统 VESS、车轮制动器、转向灯光信号与音响信号报警系统、风窗玻璃刮水与清洗控制系统 WWCS、前照灯控制与清洗系统 HAW 等。汽车普遍装备的被动安全装置主要有安全气囊控制系统 SRS、安全带紧急收缩触发系统 SRTS、座椅安全带、护膝垫、两节或三节式转向柱等。

第一节 防抱死制动系统(ABS)

防抱死制动系统的英文名称是 Anti-lock Braking System(防锁死制动系统)或 Anti-skid Braking System(防滑移制动系统),缩写均为 ABS。

一、防抱死制动系统 ABS 的功用

在汽车制动过程中,当车轮制动器制动力(即轮胎周缘为了克服制动器摩擦力矩所需施加的力)小于或等于轮胎—道路附着力(即地面阻止车轮滑动所能提供的切向反作用力的极限值,通常简称为附着力,附着力取决于地面对轮胎的法向反作用力与轮胎—道路的附着系数)时,车轮将滚动运动,如图 6-1a)所示;当制动器制动力大于附着力时,车轮就会抱死滑移,如图 6-1b)所示。

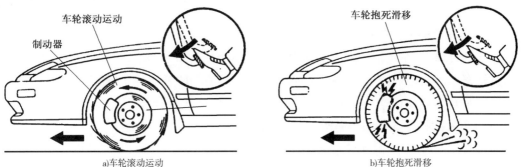

图 6-1 制动车轮运动状态

当车轮抱死时,汽车就会失去转向控制能力和行驶稳定性,其危害程度极大。因为如果

前轮抱死,虽然汽车能沿直线向前行驶,但是失去转向控制能力。由于维持前轮转弯运动能力的横向附着力丧失,因此,汽车仍将按原行驶方向滑行,可能冲入其他车道与迎面车辆相撞或冲出路面与障碍物相撞而发生恶性交通事故。如果后轮抱死,汽车的制动稳定性就会变差,抵抗横向外力的能力很弱,后轮稍有外力(如侧向风力或地面障碍物阻力)作用就会发生侧滑(甩尾),甚至出现掉头(即突然出现180°转弯)等危险现象。

电子控制防抱死制动系统的功用是:在汽车制动过程中,自动调节车轮的制动力,防止车轮抱死滑移,从而获得最佳制动效能(缩短制动距离、增强转向控制能力、提高行驶稳定性),减少交通事故。需要特别指出的是,电子控制防抱死制动系统ABS是汽车最基本的主动安全系统。如电子控制制动力分配系统EBD、电子控制制动辅助系统EBA和车身稳定性控制系统VSC等都是在其基础上拓展安全功能的主动安全系统。

二、防抱死制动的基本理论

当汽车匀速行驶时,实际车速v(即车轮中心的纵向速度)与车轮速度v_w(即车轮滚动的圆周速度)相等,车轮在路面上的运动为纯滚动运动。然而,在汽车实际运行过程中,当驾驶人踩下制动踏板后,在制动器摩擦力矩的作用下,车轮的角速度减小,实际车速与车轮速度之间就会产生一个速度差,轮胎与地面之间就会产生相对滑移。

(一)车轮滑移率 S

轮胎滑移的程度用滑移率S来表示。车轮滑移率是指:实际车速v与车轮速度v_w之差同实际车速v的比率,其表达式为:

$$S = \left(\frac{v - v_w}{v}\right) \times 100\% = \left(1 - \frac{v_w}{v}\right) \times 100\% = \left(1 - \frac{r\omega}{v}\right) \times 100\%$$

式中:S——车轮滑移率;

v——车速(车轮中心纵向速度),m/s;

v_w——车轮速度(车轮瞬时圆周速度,$v_w = r\omega$),m/s;

r——车轮半径,m;

ω——车轮转动角速度($\omega = 2\pi n$),rad/s。

当$v = v_w$时,滑移率$S = 0$,车轮自由滚动;当$v_w = 0$时,滑移率$S = 100\%$,车轮完全抱死滑移;当$v > v_w$时,滑移率$0 < S < 100\%$,车轮既滚动又滑移。滑移率越大,车轮滑移程度越大。

(二)车轮滑移率 S 的影响因素

在制动过程中,车轮抱死滑移的根本原因是制动器制动力大于轮胎附着力。因此,影响车轮滑移率的因素包括:汽车载客人数或载物量;前、后轴的载荷分布情况;轮胎种类及轮胎与道路的附着状况;路面种类和路面状况;制动力大小及其增长速率。

(三)车轮滑移率 S 与附着系数 φ 的关系

在汽车制动过程中,除车轮旋转平面的纵向附着力外,还有垂直于车轮旋转平面的横向附着力。纵向附着力决定汽车纵向运动,影响汽车的制动距离;横向附着力则决定汽车的横向运动,影响汽车的转向控制能力和行驶稳定性。

汽车纵向附着系数和侧向附着系数对滑移率有很大影响。试验证明,在地面附着条件差(如在冰雪路面上制动)的情况下,由于道路附着力很小,使可以得到的最大地面制动力减小。因此,在制动踏板力(或制动分泵压力)很小时,地面制动力就会达到最大附着力,车轮就会抱死滑移。在不同路面上附着系数与滑移率之间的关系如图 6-2a) 所示(图中虚线与实线标注的上下顺序一一对应)。

(1)附着系数取决于路面性质。一般说来,干燥路面附着系数大,潮湿路面附着系数小,冰雪路面附着系数更小。

(2)在各种路面上,附着系数都随滑移率的变化而变化。

(3)在各种路面上,当滑移率为 20% 左右时,纵向附着系数最大,制动效果最好。

纵向附着系数最大时的滑移率称为理想滑移率或最佳滑移率。当滑移率超过理想滑移率时,纵向附着系数减小,产生的地面制动力随之下降,制动距离将增长。滑移率大于理想滑移率后的区域称为非稳定制动区域或非稳定区,如图 6-2b) 所示。

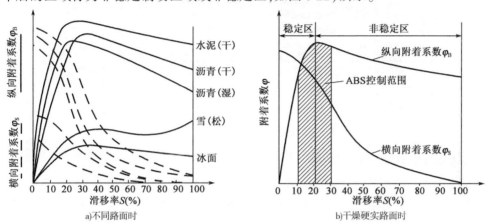

图 6-2 附着系数与滑移率的关系

横向附着系数是研究汽车行驶稳定性的重要指标之一。横向附着系数越大,汽车制动时的行驶稳定性和保持转向控制的能力越强。当滑移率为零时,横向附着系数最大;随着滑移率的增加,横向附着系数逐渐减小。

综上所述,为了获得最佳的制动效能,应将车轮滑移率控制在 10% ~ 30% 范围内,采用电子控制防抱死制动系统 ABS 即可达到这一目的。电子控制防抱死制动系统防止前轮抱死制动的效果如图 6-3 所示。在装备 ABS 的情况下,因为前轮不会抱死,所以汽车具有转向控制能力,能够躲避前方的障碍物。在无 ABS 的情况下,由于汽车失去转向控制能力,维持前轮转弯运动能力的横向附着力丧失,因此,汽车仍按原行驶方向滑行而将前方障碍物撞倒。

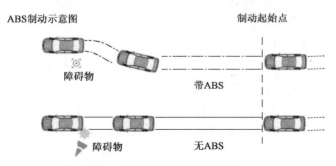

图 6-3 防抱死制动效果示意图

三、防抱死制动系统的组成

尽管各型汽车防抱死制动系统的结构形式各不相同,但都是在常规制动系统(液压制动系统或气压制动系统)的基础上,增设一个电子控制系统而构成。由此可见,防抱死制动系统是由制动压力调节系统和防抱死制动电子控制系统两个子系统组成,如图6-4所示。

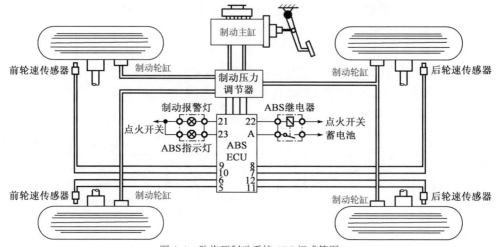

图6-4 防抱死制动系统ABS组成简图

(一)防抱死制动电子控制系统

防抱死制动电子控制系统由轮速传感器、制动灯开关、防抱死制动电控单元(ABS ECU)、ABS指示灯和制动压力调节器等构成,控制部件的安装位置如图6-5所示。其中,制动压力调节器既是电子控制系统的执行元件,也是制动压力调节系统的始控元件。

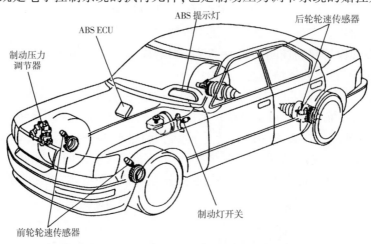

图6-5 防抱死制动电子控制系统控制部件的安装位置

ABS采用的传感器有车轮速度传感器和减速度传感器两种。车轮速度传感器又称为车轮转速传感器,简称轮速传感器。轮速传感器是ABS必需的传感器,其功用是检测车轮的运动状态,将车轮转速变换为电信号输入ABS ECU,以便ABS ECU计算车轮速度。一个防抱死制动系统设有2~4只轮速传感器,轿车一般采用4只,载货汽车一般采用2只。减速度传感器仅在控制精度较高的ABS中采用,其功用是检测汽车车身的减速度,以供ABS

ECU 判别路面状况并采取相应的控制措施。减速度传感器又分为纵向和横向两种减速度传感器。

防抱死制动电控单元(ABS ECU)又称为防抱死制动电子控制器,主要功用是接收轮速传感器、减速度传感器和控制开关信号,计算汽车的轮速、车速、加减速度和滑移率,并输出控制指令控制制动压力调节器等执行元件工作。

ABS ECU 具有失效保护和故障自诊断功能,一旦发现故障,ABS ECU 就会终止电子控制系统工作,恢复到常规制动状态。与此同时,还将控制 ABS 故障指示灯(或 Anti-Lock 故障指示灯)发亮指示,警告驾驶人系统发生故障。

制动压力调节器的功用是根据 ABS ECU 的控制指令,驱动制动压力调节器中的电磁阀和回液泵电动机工作,使制动压力"升高""保持"或"降低",从而实现制动压力自动调节。

(二)制动压力调节系统

制动压力调节系统由常规制动系统和制动压力调节器组成。常规制动系统主要由制动主缸、制动助力器、制动轮缸、制动管路和制动器(盘式或鼓式制动器)等组成。因为汽车制动动力源分为液压和气压两种,所以制动压力调节系统相应地有液压调节系统和气压调节系统。小轿车普遍采用液压调节系统,载货汽车普遍采用气压调节系统。在液压调节系统中,制动压力调节器又称为液压调节器,主要由电磁阀、止回阀和回液泵电动机等组成。

(三)防抱死制动与常规制动的关系

防抱死制动系统是在常规制动系统的基础上增设一套电子控制系统而构成,控制过程也是在常规制动过程的基础上进行。在制动过程中,当车轮尚未抱死时,制动过程与常规制动完全相同。只有当车轮趋于抱死时,ABS 才对制动压力进行调节。因此,当防抱死制动系统发生故障时,如果常规制动装置正常,那么常规制动系统照样具有制动功能。但是,如果常规制动装置发生故障,那么防抱死制动系统 ABS 将随之失效。

(四)防抱死制动系统的优点

防抱死制动系统 ABS 是根据车轮滑移率变化来自动调节制动压力。在制动过程中,当车轮趋于抱死即滑移率进入非稳定区时,ABS 能迅速调节制动压力,使滑移率恢复到靠近理想滑移率的稳定区域内。通过自动调节制动力,使车轮滑移率保持在理想滑移率附近的狭小范围内,每个车轮尽可能获得较大的地面制动力,防止紧急制动时车轮抱死滑移,从而获得最佳制动效能。ABS 具有以下优点:

(1)缩短制动距离。ABS 能保证汽车在雨后、冰雪及泥泞路面上获得较高的制动效能,防止汽车侧滑甩尾(松散的沙土和积雪很深的路面除外)。

(2)保持汽车制动时的行驶稳定性。

(3)保持汽车制动时的转向控制能力。

(4)减少汽车制动时轮胎的磨损。ABS 能防止轮胎在制动过程中产生剧烈地拖痕,延长轮胎使用寿命。

(5)减小驾驶人的疲劳强度,特别是汽车制动时的紧张情绪。

四、防抱死制动系统的分类

ABS 分为机械式 ABS 和电子式 ABS 两大类。纯机械式 ABS 早已淘汰,目前主要采用机电一体化控制的电子控制式 ABS。电子控制式 ABS 的种类很多,分类方法如下。

(一)按结构形式分类

按 ABS 制动压力调节器与制动主缸的结构类型分为分离式和整体式两种。

分离式 ABS 的制动压力调节器为独立总成,通过制动管路与制动主缸和制动轮缸相连,其突出优点是零部件安装灵活,适合于 ABS 作为选装部件时采用。

整体式 ABS 的制动压力调节器与制动主缸以及制动助力器组合为一个整体,其优点是结构紧凑、节省安装空间,一般都作为汽车的标准装备配装汽车。整体式 ABS 结构复杂、成本较高,高级轿车采用较多。

(二)按车轮控制方式分类

按车轮控制方式不同,电子控制防抱死制动系统可分为"轮控式"与"轴控式"两种。轴控式又分为"低选控制(SL,Select Low)"和"高选控制(SH,Select High)"两种。

在制动系统中,制动压力能够独立进行调节的制动管路称为控制通道。每个车轮各占用一个控制通道的称为"轮控式"(又称为独立控制式或单轮控制式);两个车轮占用同一个控制通道的称为同时控制。当同时控制的两个车轮在同一轴上时,则称为"轴控式"。

在采用"轴控式"ABS 的汽车上,当左、右车轮行驶在附着系数不同的路面上时,由于左、右车轮与路面之间的附着力不同,因此,左、右车轮在制动时抱死的时机就会不同,附着系数小的车轮先抱死,附着系数大的车轮后抱死。如果"以保证附着系数较小的车轮不发生抱死为原则来调节制动压力",这两个车轮就是"按低选原则进行控制",简称"低选控制(SL)";如果"以保证附着系数较大的车轮不发生抱死为原则来调节制动压力",这两个车轮就是"按高选原则进行控制",简称"高选控制(SH)"。

目前,部分小轿车(如奥迪轿车)采用了三通道 ABS,即对两个前轮采用"独立控制",对两个后轮采用"低选控制(SL)"。这是因为对两后轮采用"低选控制"可以保证汽车在各种条件下,左、右两个后轮的制动力相等。即使两侧车轮的附着力相差较大,两个车轮的制动力也能限制在附着力较小的水平,使两个后轮的制动力始终保持平衡,从而保证汽车在各种条件下制动时,都具有良好的行驶稳定性。虽然两个后轮按低选原则控制存在后轮附着系数较大一侧的附着力不能充分利用、汽车的总制动力有所减小的问题,但是在紧急制动时,由于汽车轴荷向前移动,在总制动力中,后轮的制动力所占比重较小,尤其是小轿车,前轮的附着力比后轮的附着力大得多,后轮制动力通常只占总制动力的 30% 左右。因此,后轮附着力未能充分利用,对汽车的总制动力影响不大。

对两个前轮进行独立控制,主要是考虑小轿车(特别是前轮驱动轿车)前轮的制动力占总制动力的比例较大(可达 70% 左右),可以充分利用两前轮的附着力,一方面使汽车获得尽可能大的总制动力,有利于缩短制动距离;另一方面可使两前轮在制动过程中始终保持较大的横向附着力,使汽车保持良好的转向控制能力。尽管两个前轮独立控制可能导致两个前轮制动力不平衡,但是两前轮制动力不平衡对汽车的行驶稳定性影响相对较小,并可通过驾驶人操纵转向盘进行修正。

(三)按控制通道和传感器数量分类

根据控制通道和传感器数量不同,电子控制防抱死制动系统 ABS 可分为如图 6-6 所示的七种类型:四通道四传感器 ABS(形式 1、2)、三通道四传感器 ABS(形式 3)、三通道三传感器ABS(形式4)、两通道三传感器ABS(形式5)、两通道两传感器ABS(形式6、7)、单通道一传感器ABS(形式8)、六通道六传感器ABS(适用于带挂车的汽车,图中未画)。

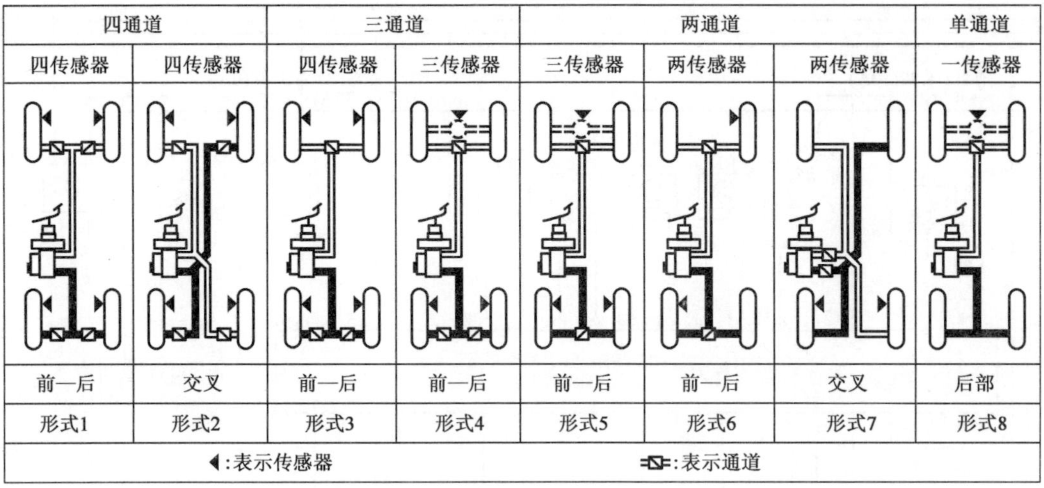

四通道			三通道		两通道		单通道
四传感器	四传感器	四传感器	三传感器	三传感器	两传感器	两传感器	一传感器
前—后	交叉	前—后	前—后	前—后	前—后	交叉	后部
形式1	形式2	形式3	形式4	形式5	形式6	形式7	形式8

图 6-6 ABS 的类型与分布形式

(四) 按控制车轮数量分类

按控制车轮的数量不同,可分为两轮 ABS 和四轮 ABS。两轮 ABS 只控制两个后轮,结构简单、价格低廉,适用于轻型载货汽车和客货两用汽车。四轮 ABS 又分为四通道 ABS 和三通道 ABS。四通道 ABS 的分布形式如图 6-6 中形式 1、2 所示,三通道 ABS 的分布形式如图 6-6 中形式 3、4 所示。

除此之外,按制动压力调节器的动力源可分为液压式和气压式;按制动压力调节器的调压方式可分为流通式和变容式等。

五、防抱死制动电控系统的结构原理

防抱死制动电子控制系统由车轮速度传感器、减速度传感器、各种控制开关、防抱死制动电控单元 ABS ECU、ABS 指示灯、制动压力调节器组成。大众公司轿车所采用的 MK20-I 型电子控制系统的控制电路如图 6-7 所示。制动压力调节器由电磁阀组成的压力调节单元和回液泵电动机等组成。其中,电磁阀和回液泵电动机既是电子控制系统的执行元件,也是制动压力调节系统的始控元件。

(一) 车轮速度传感器

车轮速度传感器简称轮速传感器,其功用是检测车轮转速,并转换为电信号输入 ABS ECU,用以计算车轮速度。

轮速传感器有磁感应式和差动霍尔式两种。目前,ABS 普遍采用磁感应式轮速传感器,由传感元件和信号转子组成。传感元件为静止部件,由永久磁铁、信号线圈(感应线圈)和线束插头等组成,安装在车轮附近的静止部件(如转向节、半轴套管、悬架构件等)上,不随车轮转动。信号转子由铁磁材料制成带齿的圆环,又称为齿圈转子,安装在与车轮一同转动的部件(如轮毂、半轴等)上。MK20-I 型 ABS 在 4 只轮速传感器信号转子的圆周上均制作有 43 个凸齿,安装位置如图 6-8 所示,前轮速度传感器的传感元件安装在转向节上,信号转子安装在传动轴上,随前轮传动轴转动而转动,如图 6-8a) 所示。后轮速度传感器的传感元件安装在固定支架上,信号转子安装在与车轮一同转动的后轮毂上,如图6-8b)所示。

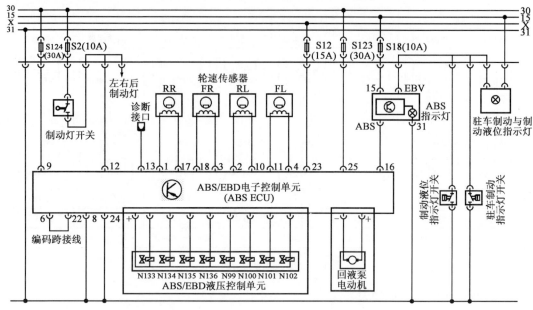

图6-7 MK20-I型ABS电子控制系统控制电路

传感元件与信号转子之间留有一定的间隙,一般为0.4~2.0mm。如MK20-I型ABS前轮传感器间隙为1.10~1.97mm,后轮传感器间隙为0.42~0.80mm。传感器安装必须牢靠,否则就会影响传感器正常输出信号或在汽车行驶振动时受到损伤。为了避免灰尘和飞溅的水、泥等影响传感器工作,安装前应在传感器上涂敷防锈液。

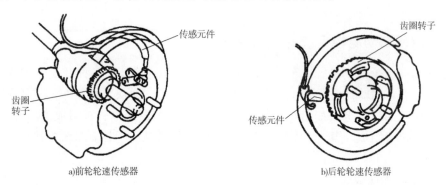

图6-8 MK20-I型ABS轮速传感器安装位置

(二) 减速度传感器

减速度传感器又称为加速度传感器,其功用是:检测汽车的减速度大小,并转换为电信号输入ABS ECU,以便判别路面状况并采取相应的控制措施。汽车在高附着系数路面上制动时,减速度很大;在低附着系数路面上制动时,减速度很小,ABS ECU根据减速度传感器信号即可判断路面状况。例如,当判定汽车是在附着系数很小的冰雪路面上行驶时,就会按照低附着系数路面的控制方式进行控制,以便提高制动效能。

1. 减速度传感器分类

减速度传感器按结构不同,可分为光电式、水银式、差动变压器式和半导体式等。按用途不同,可分为纵向减速度传感器和横向减(加)速度传感器两种。横向加速度传感器在高级轿车和赛车上采用较多。减速度传感器的安装位置依车而异,有的安装在行李舱内(如丰田赛利卡和佳美轿车),有的安装在发动机舱内。

2. 光电式减速度传感器

光电式减速度传感器由两只发光二极管 LED、两只光电三极管、一块透光板和信号处理电路等组成,结构如图 6-9a) 所示。

光电管是把光能变成电能的器件,内部装有能够产生光电效应的电极,受到光线照射就会向外发射电子,广泛用于无线电传真、自动控制和电影领域。光电效应是指某些物质因受到光的照射而发出电子的现象。光电管有光电二极管和光电三极管两种。

光电式减速度传感器透光板的作用是透光或遮光。当透光板上的开口位于发光二极管与光电三极管之间时,发光二极管发出的光线能够照射到光电三极管上,使光电三极管导通,如图 6-9b) 所示。当透光板上的齿扇位于发光二极管与光电三极管之间时,发光二极管发出的光线被透光板上的齿扇挡住而不能照射到光电三极管上,光电三极管处于截止状态,如图 6-9c) 所示。

汽车匀速行驶时,透光板静止不动,传感器无信号输出。当汽车减速时,透光板沿汽车纵向摆动,如图 6-10 所示。

减速度大小不同,透光板摆动角度就不同,两只光电三极管"导通"与"截止"状态也就不相同。减速度越大,透光板摆动角度越大。根据两只光电三极管的输出信号,就可将汽车减速度区分为四个等级,如表 6-1 所示。ABS ECU 接收到传感器信号后,就可判定出路面状况,从而采取相应的控制措施。

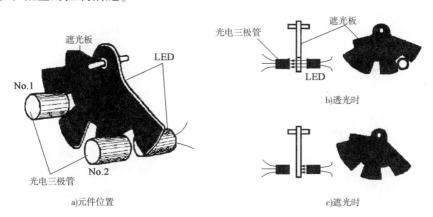

图 6-9 光电式减速度传感器结构原理

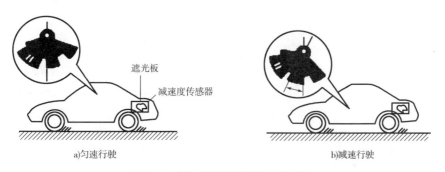

图 6-10 光电式减速度传感器工作情况

减速度速率的等级　　　　　　　　　　　　　　　表 6-1

减速度率等级	低减速率1	低减速率2	中等减速率	高减速率
No.1 三极管	导通	截止	截止	导通
No.2 三极管	导通	导通	截止	截止

(三) 控制开关

(1) 制动灯开关。制动灯开关安装在制动踏板旁边。当驾驶人踩下制动踏板时,制动灯开关接通,将制动信号输入 ABS ECU,同时接通汽车尾部的制动灯电路。

(2) 制动液位指示灯开关。当制动液液面位置降低到一定时,制动液位指示灯开关接通,同时接通制动液位指示灯和 ABS 指示灯电路,指示灯发亮提醒驾驶人及时添加制动液。

(3) 驻车制动指示灯开关。当驾驶人拉紧驻车制动手柄时,驻车制动指示灯开关接通,同时接通驻车制动指示灯和 ABS 指示灯电路,指示灯发亮;当驻车制动手柄放松时,指示灯熄灭,ABS 可以投入工作。

(四) 防抱死制动电子控制单元(ABS ECU)

防抱死制动电子控制单元 ABS ECU 的主要功用是接收轮速传感器、减速度传感器信号和各种控制开关信号,根据设定的控制逻辑,通过数学计算和逻辑判断输出控制指令,控制制动压力调节器调节制动轮缸的制动压力。

各种车型 ABS ECU 内部电路及控制程序各不相同,但其基本组成大致相同,如图 6-11 所示,主要由主控 CPU、辅控 CPU、稳压模块电路、电磁阀电源模块电路、电磁阀驱动模块电路、回液泵电动机驱动模块电路、信号处理模块电路元件安全保护电路等组成。

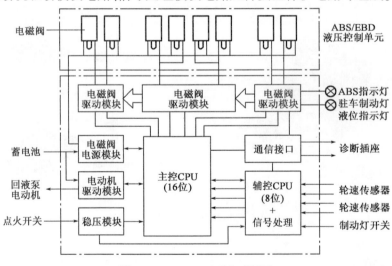

图 6-11　ABS ECU 电路组成框图

ABS ECU 的显著特点是采用了两个微处理器 CPU,其中一个为主控 CPU,另一个为辅控 CPU,主要目的是保证 ABS 的安全性。两个 CPU 接收同样的输入信号,在运算处理过程中,通过通信对两个微处理器的处理结果进行比较。如果两个微处理器处理结果不一致,微处理器立即发出控制指令使 ABS 退出工作,防止系统发生逻辑错误。

(1) 信号处理电路。信号处理模块电路由低通滤波电路和整形放大电路等组成,其功用是对轮速传感器输入的交变电压信号进行处理,并传送给主控 CPU 和辅控 CPU。与此同时,信号处理电路还要接收点火开关、制动灯开关、液位开关等外部信号。

(2)计算电路。计算电路是ABS ECU的核心,主要由微处理器构成。其功用是根据轮速传感器和控制开关信号,按照预先编制的程序进行数学计算和逻辑判断,形成相应的控制指令。计算电路按照设定的程序,根据轮速传感器输入的轮速信号,计算出车轮瞬时速度,然后得出加(减)速度、初始速度、参考车速和滑移率,最后根据加、减速度和滑移率形成相应的控制指令,再向电磁阀控制电路输出制动压力"降低""保持"或"升高"的控制信号。计算电路不仅能够监测自己内部的工作过程,而且还能监测系统控制部件的工作状况,如轮速传感器、回液泵电动机工作电路、电磁阀工作电路等,当监测到电路工作不正常时,立即向安全保护电路输出指令,使ABS停止工作。

(3)驱动电路。驱动模块电路的主要功用是将CPU输出的数字信号(如控制压力升高、保持、降低信号)进行功率放大并驱动执行元件(电磁阀、电动机)工作,实现制动压力"升高""保持"或"降低"的调节功能。

(4)安全保护电路。安全保护电路由电源监控、故障记忆和ABS指示灯驱动电路等组成。其主要功用是接收蓄电池(或发电机)的电压信号,监控电源电压是否在稳定范围内,同时将12V或14V电源电压变换为ECU工作需要的5V电压。

由于微处理器具有监测功能,该电路能根据微处理器输出的指令,对有关继电器电路、ABS指示灯电路进行控制。当发现影响ABS工作的故障(如电源电压、轮速传感器信号、计算电路、电磁阀控制电路等出现异常)时,CPU就会发出指令使ABS停止工作,恢复常规制动功能,起到失效保护作用,同时接通仪表板上的ABS指示灯电路使ABS指示灯发亮,提醒驾驶人及时检修。ABS ECU具有故障记忆功能,当ECU监测到ABS出现故障时,除控制执行上述动作外,还要将故障信息编成代码存储在存储器中,以备自诊断时读取故障代码,供维修诊断参考。

六、制动压力调节系统

制动压力调节系统由制动压力调节器和常规制动装置的制动主缸、制动轮缸、制动助力器、制动管路等组成,图6-12所示为MK20-I型ABS液压控制系统原理图。

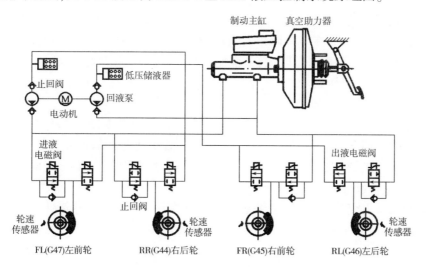

图6-12 MK20-I型ABS液压控制系统原理图

制动压力调节器(又称为液压调节器)是 ABS 的执行器,由电磁阀、储液器和回液泵电动机组成,安装在制动主缸与车轮制动轮缸之间,主要功用是根据 ABS ECU 的控制指令,自动调节制动轮缸的制动压力。

电磁阀是制动压力调节器的主要部件,通过电磁阀动作便可控制制动压力"升高""保持"和"降低"。ABS 常用的电磁阀有两位两通电磁阀和三位三通电磁阀两种。

(一)两位两通电磁阀

1. 两位两通电磁阀的结构特点

桑塔纳 2000GSi 型和红旗 CA7220E 型轿车 ABS 的制动压力调节器采用了 8 只两位两通电磁阀。在通向每一个车轮制动轮缸的管路中,都设有一个进液阀和一个出液阀,4 只进液阀为常开电磁阀,4 只出液阀为常闭电磁阀。两位两通常开电磁阀与常闭电磁阀的结构相同,基本结构如图 6-13 所示,主要由电磁铁机构、球阀、复位弹簧、顶杆、限压阀和阀体等组成。在电磁线圈未通电时,常开电磁阀的球阀与阀座处于分离状态,常闭电磁阀的球阀与阀座处于接触状态。

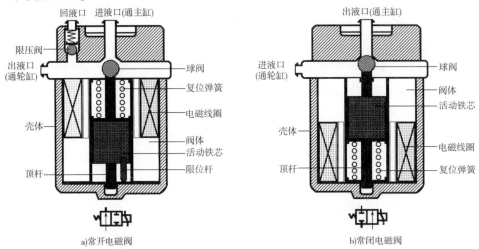

图 6-13 两位两通电磁阀的结构

在常开电磁阀中,设有一根顶杆,顶杆和限位杆与活动铁芯固定在一起,复位弹簧一端压在活动铁芯上,另一端压在与阀体相连的弹簧座上。限压阀的功用是限制电磁阀的最高压力。当制动液压力过高时,限压阀打开泄压,以免压力过高损坏电磁阀。在两位两通常闭电磁阀中,一般不设置限压阀。

2. 两位两通电磁阀的工作情况

两位两通常开与常闭电磁阀的工作原理相同,下面以常开电磁阀为例说明其工作过程。

当电磁线圈未通电时,在复位弹簧弹力作用下,活动铁芯带动顶杆和限位杆下移复位,直到限位杆与缓冲垫圈相抵为止。顶杆下移时,球阀随之下移,使电磁阀阀门处于开启状态,制动液从进液口经球阀阀门、出液口流出。

当电磁线圈有电流流过时,活动铁芯产生电磁吸力,压缩复位弹簧并带动顶杆一起上移,顶杆将球阀压在阀座上,电磁阀阀门处于关闭状态,进液口与出液口之间的制动液通道关闭。

由上可见,该电磁阀是根据电磁线圈通电和断电,使球阀处于关闭和开启两个位置或两种状态,同时又有进液口与出液口两条通路,因此称为两位两通(二位二通)电磁阀。球阀在电磁线圈未通电时处于开启状态,则称为两位两通常开电磁阀;如果电磁线圈未通电时,球阀处于关闭状态,那么就称为常闭电磁阀,如图6-13b)所示。

(二) 三位三通电磁阀

1. 三位三通电磁阀的结构特点

奥迪100/200型和丰田系列轿车ABS采用了三位三通电磁阀,结构如图6-14a)所示。电磁阀的进液口通过制动管路与制动主缸相连,出液口通过制动管路与制动轮缸相连,回液口通过回液管与储液器相连,回液球阀焊接在压板上,进液球阀焊接在压板上。进液口和出液口的过滤器用于过滤制动液中的杂质,保证球阀密封良好。球阀与阀座的加工精度极高,在20MPa压力下仍能保证密封良好。阀芯采用非磁性支承环导向,以便减小摩擦。

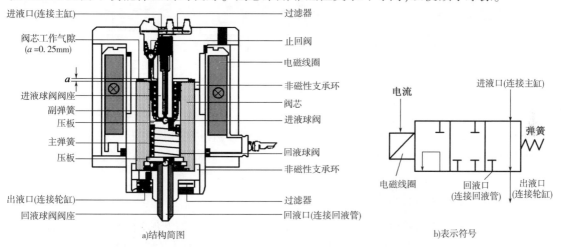

图6-14 奥迪100、200型轿车三位三通电磁阀结构与表示符号

2. 三位三通电磁阀的工作情况

三位三通电磁阀的工作状态由ABS ECU通过控制电磁线圈中流过电流的大小进行控制,工作情况为:当电磁线圈未接通电流($I=0A$)时,在主、副弹簧预紧力的作用下,阀芯下移至极限位置,使进液球阀打开(即进液口打开),回液球阀紧压在阀座上,回液阀处于关闭状态(即回液口关闭)。因此,来自制动主缸的制动液经进液口、进液球阀、电磁阀腔室、出液口流入车轮制动轮缸,如图6-15a)所示,从而使制动轮缸内制动液压力随制动踏板力升高而升高。

当电磁线圈通过电流较小($I=2A$)而产生的电磁吸力较小时,阀芯向上位移量较小(约0.1mm)。阀芯上移时,压缩刚度较大的主弹簧并推动压板压缩刚度较小的副弹簧,使进液球阀关闭(即进液口关闭),但压板位移量很小,不足以使回液球阀打开。由于进液口和回液口都被关闭,制动液既不增加也不减少,因此制动轮缸中制动液的压力保持不变,如图6-15b)所示。

当电磁线圈通过的电流较大($I=5A$)而产生的电磁吸力较大时,阀芯向上的位移量较大(0.25mm)。阀芯带动压板上移使回液阀开启(即回液口打开),进液阀保持关闭状态。此时制动轮缸的制动液经回液口、回液管流入储液器,使制动轮缸压力降低,如图6-15c)所示。

止回阀(图6-14)与进液阀并列设置的目的是:当电磁阀腔室内制动液压力高于进液口

制动液压力时,腔室内制动液压力将克服止回阀弹簧的弹力将止回阀推开,制动液将从进液口流出而泄压,保证电磁阀腔室内制动液压力不会高于进液口制动液的压力。止回阀的另一个功用是在制动踏板放松时,使制动轮缸中的制动液保持一定的压力。

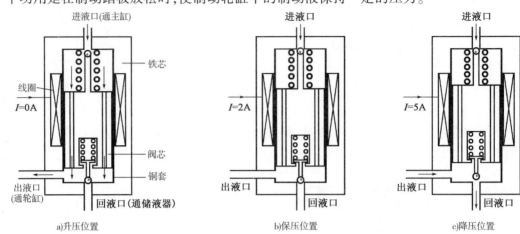

图 6-15　三位三通电磁阀工作原理

由上述可见,电磁阀在电磁线圈电流大小不同(较大电流、较小电流、零电流)时,其动作具有上、中、下三个工作位置。此外,由于该电磁阀具有进液口、出液口和回液口三个通路,所以称为三位三通电磁阀,简写为3/3电磁阀,在工程图上的表示符号如图6-14b)所示。

(三)储液器与电动回液泵

储液器分为低压储液器和高压储液器两种,分别与不同类型的制动压力调节器配用。低压储液器主要用于储存ABS减压过程中从制动轮缸流回的制动液,同时衰减回流制动液的压力波动。高压储液器通常称为蓄压器,用于储存制动时所需的高压制动液。高压储液器大多为黑色气囊,它是制动系统的能源,故又称为蓄能器。

1. 储液器与电动回液泵的结构特点

电动回液泵又称为电动泵或回液泵,由永磁式直流电动机与柱塞泵组成。电动机根据ABS ECU的控制指令,通过凸轮驱动柱塞在泵套内上下运动,如图6-16所示。低压储液器内设有一个活塞和弹簧。

2. 储液器与电动回液泵的工作原理

在ABS工作过程中,当需要制动压力降低时,制动压力调节器的回液阀打开,具有一定压力的制动液就会从制动轮缸经制动压力调节器的回液阀流入储液器和柱塞泵。与此同时,ABS ECU控制电动回液泵转动,驱动柱塞泵的凸轮随电动泵旋转而转动。

当凸轮驱动柱塞上升时,柱塞泵的进液阀打开,回液阀在弹簧弹力作用下关闭,制动液流入柱塞泵泵腔,如图6-16a)所示。

当柱塞下行时,泵腔内制动液压力升高,克服出液阀弹簧弹力将出液阀打开,制动液压入制动主缸,如图6-16b)所示。由于电动泵的主要功用是将制动液泵回制动主缸,所以称为电动回液泵。

制动液流入储液器时,推动活塞并压缩弹簧向下移动,使储液器储液容积增大,暂时储存制动液,减小回流制动液的压力波动。

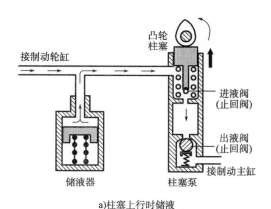 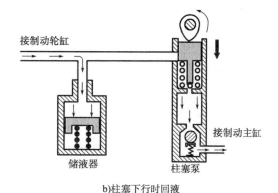

a) 柱塞上行时储液　　　　　　b) 柱塞下行时回液

图 6-16　低压储液器与电动泵

七、防抱死制动控制原理

电子控制防抱死制动系统的控制原理是：根据车轮减速度和滑移率是否达到某一设定值来判定车轮是工作在附着系数—滑移率曲线（前述图 6-2b）所示）的稳定区域还是工作在非稳定区域，并通过调节制动轮缸的制动液压力，充分利用轮胎—道路附着力将车轮滑移率控制在 10%~30% 的稳定区域范围内，从而获得最佳制动效能。

轮胎—道路接触面之间的附着系数和滑移率是影响制动效果的重要参数。现有 ABS 实用技术还不能直接测量轮胎—道路附着系数和滑移率，这是因为测量轮胎—道路附着系数需要使用五轮仪，测量汽车实际速度需要使用价格昂贵的多普勒雷达或加速度传感器。因此，防抱死制动普遍采用自适应控制方式来实现近似理想的控制过程。控制方法是预先设定车轮加、减速度以及滑移率阈值，通过检测车轮的角速度来计算车轮速度和加、减速度，再利用车轮速度和存储在存储器中的制动开始时的汽车速度计算车轮的参考滑移率。ABS 工作时，将这些控制参数与预先设定的阈值（又称为门限值）进行比较，根据比较结果控制制动压力调节器的电磁阀动作来改变制动压力大小，并在控制过程中记录前一控制周期（在制动过程中，从制动降压、保压到升压为一个控制周期）的各个控制参数，再根据这些参数值确定下一个控制周期的控制条件。

在汽车行驶过程中，车轮速度传感器不断向 ABS ECU 输入车轮速度信号。ABS ECU 根据轮速信号计算车轮圆周速度，再对车轮圆周速度进行微分计算即可得到车轮的加、减速度。

当踩下制动踏板时，制动灯开关接通，并向 ABS ECU 输入一个高电平（电源电压）信号，ABS 开始投入工作。因为在制动条件相同的情况下，轮胎—道路附着系数不同，制动效果也不相同，所以 ABS 一般都将制动控制过程分为高附着系数、低附着系数和附着系数由高到低三种情况分别进行控制。ABS 工作时，ABS ECU 首先根据减速度信号判定路面状况，减速度大于一定值为高附着系数路面，减速度小于一定值为低附着系数路面，然后根据判定结果调用相应的控制程序，通过控制电磁阀阀门打开与关闭，使电磁阀处于"降压""保压"或"升压"状态来改变车轮制动轮缸的压力，从而实现防抱死制动。下面以图 6-17 所示高附着系数路面的制动控制原理为例说明。

在制动初始阶段，车轮制动轮缸的制动液压力随制动踏板力升高而升高，车轮滚动的圆周速度 v_w 降低、减速度增加，如图 6-17 第 1 阶段曲线所示。

当减速度增加到设定阈值 $-a$ 时，ABS ECU 发出指令使相应的电磁阀转换到"保持压力"状态，控制过程进入第 2 阶段，此时制动轮缸压力保持不变。因为减速度刚刚超过设定阈值时，车轮还工作在 φ_B-S 曲线的稳定区域，所以滑移率较小，且小于设定阈值 S_1。滑移率利用参考车速 v_{ref} 计算求得，称为参考滑移率。参考车速由 ABS ECU 根据存储器中存储的制动开始时的车轮速度确定，并按设定的斜率（该斜率略大于纵向附着系数最大值所对应的汽车减速度值）下降。

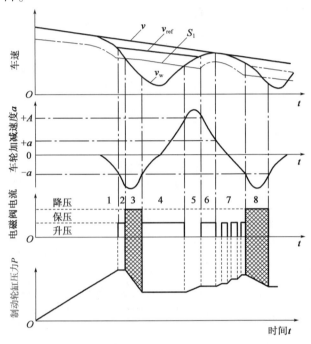

图 6-17　高附着系数路面的制动控制过程

v-车速；S_1-滑移率阈值；v_{ref}-参考车速；v_w-车轮圆周速度；$+A$、$+a$-车轮加速度阈值；$-a$-车轮减速度阈值

在制动过程中，任一时刻的参考滑移率可由参考车速计算得出。在保压过程中，参考滑移率会增大，当参考滑移率大于滑移率阈值时，ABS ECU 发出指令使相应的电磁阀转换到"压力降低"状态，控制过程进入第 3 阶段。

制动压力降低后，在汽车惯性力作用下车轮减速度开始回升。当减速度回升到高于减速度阈值 $-a$ 时，ABS ECU 发出指令使相应的电磁阀转换到"压力保持"状态，控制过程进入第 4 阶段。在制动部件以及制动液的惯性作用下，车轮开始加速，减速度由负值迅速增加到正值，直到超过加速度阈值 $+a$。

在制动压力保持过程中，加速度继续升高。当加速度超过更大的加速度阈值 $+A$ 时，ABS ECU 发出指令使相应的电磁阀转换到"压力升高"状态，控制过程进入第 5 阶段。

制动压力升高后，车轮加速度降低，当加速度降低到低于加速度阈值 $+A$ 时，ABS ECU 发出指令使相应的电磁阀转换到"压力保持"状态，控制过程进入第 6 阶段。因为此时车轮加速度高于设定阈值 $+a$，说明车轮工作在附着系数—滑移率曲线的稳定区域，且制动力不足，所以当加速度降低到加速度阈值 $+a$ 时，ABS ECU 将发出指令使相应的电磁阀在"压力升高"和"压力保持"状态之间交替转换，控制过程进入第 7 阶段，使车轮速度降低，加速度减小。当加速度降低到减速度阈值 $-a$ 时，控制过程进入第 8 阶段，ABS 进入第二个控制周期，控制过程与上述相同。

在车轮加速度从设定阈值 +A 减小到 -a 期间,即在第 6、7 控制阶段,因为制动压力已经降低,所以 ABS ECU 不再考虑滑移率的变化情况。

在 ABS ECU 的控制下,制动压力调节器以 2~10 次/s 的频率调节制动轮缸压力,将各车轮的滑移率控制在理想滑移率附近,不仅能够缩短制动距离,而且还能最大限度地保证制动时汽车的稳定性和安全性。

八、两位两通电磁阀式 ABS 的控制过程

各型汽车装备两位两通电磁阀式制动压力调节器时,其防抱死制动系统 ABS 的控制过程基本相同。下面以大众公司轿车所采用的 MK20-I 型 ABS 为例说明。

当驾驶人在汽车行驶之前每次接通点火开关时,ABS 就会自动进入自检状态,并持续到汽车行驶过程中,因为某些已经存在的故障只有在行驶时才能被识别出来。在自检过程中,仪表板上的 ABS 指示灯发亮约 2s 后自动熄灭,同时能够听到继电器触点断开与闭合的响声以及回液(油)泵电动机起动时的响声,在制动踏板上也能感觉到轻微的振动。

当 ABS 在汽车行驶过程中发生故障时,ABS 将自动关闭,同时控制仪表板上的 ABS 指示灯发亮,此时常规制动系统将继续保持正常工作状态。

当控制系统的电源电压低于容许的最低电压值(10.5V)时,ABS 将自动关闭,此时 ABS 指示灯将发亮指示。一旦电源电压恢复正常值时,控制系统将再次起动 ABS,指示灯自动熄灭。当驾驶人踩下制动踏板时,防抱死制动系统 ABS 将投入工作,制动压力调节器各执行元件的工作状态如表 6-2 所示。

MK20-I 型 ABS 制动压力调节器工作状态 表 6-2

执行元件名称	常规制动时	保 压 时	降 压 时	升 压 时
进液阀	打开	关闭	关闭	间歇开闭
出液阀	关闭	关闭	间歇开闭	关闭
回液泵电动机	不转动	运转	运转	运转

1. 常规制动(ABS 不工作)时制动系统工作情况

在汽车进行常规制动(ABS 未投入工作)时,制动系统的工作状态如图 6-18 所示。电子控制系统未投入工作,进液阀、出液阀和回液泵电动机均不通电,两位两通电磁阀在复位弹簧弹力作用下,进液阀阀门打开、出液阀阀门关闭。进液阀阀门打开将制动主缸与制动轮缸之间的油液管路构成通路;出液阀阀门关闭将制动轮缸与储液器之间的油液管路关闭。

当踩下制动踏板时,制动主缸中制动液压力升高,制动液从制动主缸直接流入制动轮缸,制动液通道为:制动主缸→两位两通进液阀进液口→电磁阀阀门→进液阀出液口→制动轮缸。制动轮缸制动液的压力随制动主缸制动液的压力升高而升高。

当放松制动踏板时,制动轮缸中具有一定压力的制动液通过两条通道流回制动主缸。一条通道是:制动轮缸→两位两通进液阀出液口→电磁阀阀门→进液口→制动主缸;另一条通道是:制动轮缸→两位两通进液阀出液口→电磁阀腔室→No.1 止回阀(泄压阀)→制动主缸。

在常规制动时,虽然 ABS 没有投入工作,其执行元件(制动压力调节器)处于初始状态(进液阀打开、出液阀关闭、回液泵不转动),但是 ABS 随时都在监测轮速传感器信号,判定是否进入防抱死制动状态。

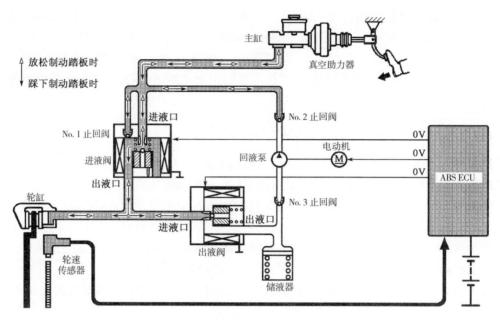

图 6-18　常规制动时 ABS 工作情况

2. 制动压力保持("保压")时制动系统工作情况

当四个车轮中的任意一个车轮趋于抱死时,制动压力调节器的电磁阀就会根据 ABS ECU 的控制指令,通过调节该车轮制动轮缸的制动液压力"保持(保压)""降低(降压)"或"升高(升压)",从而达到防抱死制动之目的。

当驾驶人踩下制动踏板的行程较大,使制动轮缸的制动力大于车轮与地面之间的附着力时,车轮就会抱死滑移,此时车轮减速度很大,并由轮速传感器将车轮即将抱死的信号输入电控单元 ABS ECU。当 ABS ECU 根据轮速传感器输入信号计算得到的车轮减速度达到设定阈值时,就会控制制动压力调节器进入"保压状态",如图 6-19 所示。

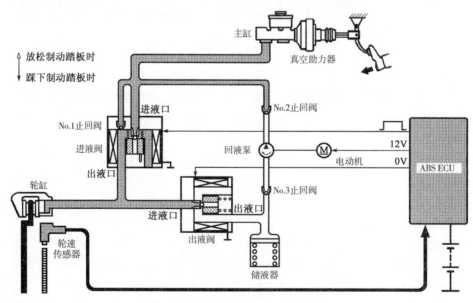

图 6-19　"保压"时 ABS 工作情况

控制"保压"时，ABS ECU 向进液阀和回液泵电动机的驱动模块电路发出高电平控制指令，向出液阀的驱动模块电路发出低电平控制指令。进液阀驱动模块电路接收到高电平控制指令时，便接通进液阀电磁线圈电流，进液阀阀芯产生电磁吸力并克服复位弹簧弹力而移动，常开阀门关闭，从而使制动主缸与制动轮缸之间的液压油路切断。控制出液阀的低电平指令使其阀门保持常闭状态。由于进液阀和出液阀均处于关闭状态，制动液在管路中不能流动，因此制动压力处于"保持"状态。回液泵电动机驱动模块电路接收到 ABS ECU 发出的高电平控制指令时，将使电动机接通 12V 电源，电动机运转的目的是将储液器中剩余的制动液泵回制动主缸。"保压"时各执行元件的工作状态如表 6-2 所示。

3. 制动压力降低("降压")时制动系统工作情况

在制动主缸与制动轮缸之间的液压油路切断后，车轮滑移率将逐渐增大，并会超出 ABS 的控制范围（MK20-I 型 ABS 设定为 15%～30%），因此需要降低制动轮缸内制动液的压力（即需要降压），使滑移率减小。"降压"通过将制动轮缸内的部分制动液泄流到低压储液器并利用电动回液泵将制动液泵回制动主缸来实现。

在 ABS 进入"保压"控制状态后，当 ABS ECU 根据轮速传感器输入信号计算得到的车轮滑移率达到设定阈值时，就会控制制动压力调节器进入"降压状态"，如图 6-20 所示。

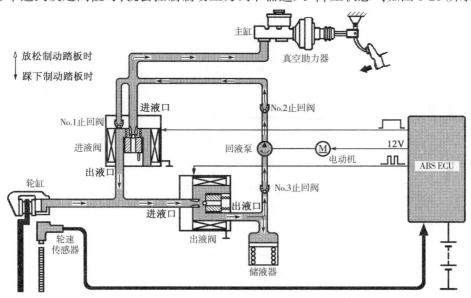

图 6-20 "降压"时 ABS 工作情况

控制"降压"时，ABS ECU 向进液阀的驱动模块电路发出高电平控制指令，使进液阀阀门保持关闭；向出液阀驱动模块电路发出一系列脉冲控制信号。当脉冲上升沿到来时，驱动模块电路使出液阀阀门打开；当脉冲下降沿到来时，驱动模块电路使出液阀阀门关闭，每个脉冲信号都将使出液阀迅速打开后又迅速关闭，使制动轮缸内制动液压力逐渐降低，从而使车轮抱死滑移成分减少，滚动成分增加。

当出液阀阀门打开时，制动轮缸内的制动液便经出液阀泄流到低压储液器。与此同时，ABS ECU 还将向回液泵驱动模块电路发出高电平控制指令，使电动机接通 12V 电源运转。制动液流入储液器时，推动活塞并压缩弹簧向下移动，使储液器储液容积增大，暂时存储制动液，可以减小回流制动液的压力波动。当储液器中的制动液达到一定量（储液器容量约为 3.6mL）时，电动回液泵运转便将储液器中的制动液泵回制动主缸，回液通道为：制动轮缸→出液阀进液口→出液阀阀门→出液阀出液口→储液器→No.3 止回阀→电动回液泵→No.2 止回阀→制动主缸。随着制动轮缸中的制动液流回制动主缸，制动管路中制动液的压力随之降低，从而达到防止车轮抱死滑移之目的。降压时各执行元件的工作状态如表 6-2 所示。

4. 制动压力升高（"升压"）时制动系统工作情况

"降压"控制使制动轮缸内制动液压力降低后，车轮制动力越来越小，车轮加速度越来越大，为了得到最佳制动效果，需要 ABS 进入"升高压力（升压）"状态，如图 6-21 所示。

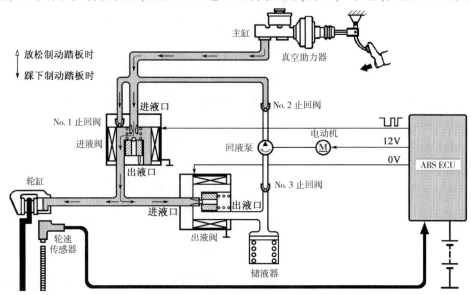

图 6-21 "升压"时 ABS 工作情况

在"降压"控制后，当 ABS ECU 根据轮速传感器信号计算得到的车轮加速度达到设定阈值时，将发出控制指令使出液阀保持常闭状态，将制动轮缸与储液器之间的油液管路关闭。与此同时，ABS ECU 向进液阀驱动模块电路发出一系列脉冲控制信号使进液阀间歇打开与关闭。当脉冲上升沿到来时，驱动模块电路使阀门常开的进液阀关闭；当脉冲下降沿到来时，驱动模块电路使进液阀阀门打开，将制动主缸与制动轮缸之间的管路构成通路，使制动轮缸的压力随制动主缸制动液压力升高而升高。

进液阀打开时制动液从制动主缸流入制动轮缸，制动液通道为：制动主缸→进液阀进液口→进液阀阀门→进液阀出液口→制动轮缸。每个脉冲信号都将使进液阀迅速关闭后又迅速打开，使制动轮缸内制动液压力逐渐升高，从而增强制动效果。"升压"时各执行元件的工作状态如表 6-2 所示，回液泵电动机运转将储液器中剩余的制动液泵回进液管路。

当驾驶人踩下制动踏板后，ABS 不断重复上述"升压""保压""降压"过程，从而将车轮滑移率控制在设定阈值范围内，防止车轮抱死滑移，控制曲线如图 6-22 所示。

当制动液从制动主缸流入制动轮缸（升压）时，制动踏板将下沉；当制动液从制动轮缸泵回制动主缸（降压）时，制动踏板将回升，制动踏板振动作用在脚掌上会有抖动感觉，这种感觉的频率在装备 MK20-I 型 ABS 的大众公司轿车上为 2~7 次/s。

当驾驶人踩下制动踏板时，制动压力"升高"和"降低"的作用力在脚掌上会有抖动的感觉。驾驶人可据这种现象来判断 ABS 工作是否正常。

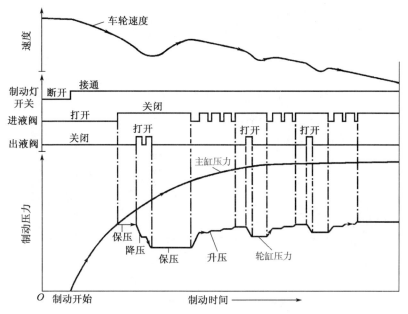

图 6-22 两位两通电磁阀式 ABS 控制曲线

九、三位三通电磁阀式 ABS 的控制过程

各型汽车用三位三通电磁阀式防抱死制动系统 ABS 的工作情况大同小异,下面以奥迪 100/200 型轿车装备的 ABS 为例说明。

在装备三位三通电磁阀式 ABS 的汽车上,每次接通点火开关时 ABS 就会自动进入自检状态。在自检过程中,仪表板上的 ABS 指示灯发亮约 2s 后自动熄灭,同时能够听到继电器触点断开与闭合的响声以及回液泵电动机起动时的响声,在制动踏板上也能感觉到轻微的振动。

在汽车行驶过程中,当 ABS 发生故障时,ABS 将自动关闭,同时控制仪表板上的 ABS 指示灯发亮指示,此时常规制动系统将继续保持正常工作状态。如常规制动系统也失效,则汽车制动将失灵。

当控制系统的电源电压低于容许的最低电压值(10.5V)时,ABS 也将自动关闭,此时 ABS 指示灯将发亮指示。一旦电源电压恢复正常值时,ABS 将再次起动,指示灯自动熄灭。

当驾驶人踩下制动踏板时,ABS 将投入工作,制动压力调节器中各执行元件的工作状态如表 6-3 所示。

1. 常规制动(ABS 不工作)时制动系统工作情况

汽车正常行驶或常规制动时,制动压力调节器的工作状态如图 6-23 所示。此时 ABS 未投入工作,电磁阀和回液泵电动机均不通电,三位三通电磁阀在复位弹簧预紧力的作用下,进液阀打开、回液阀关闭。进液阀打开将制动主缸与轮缸之间的制动液管路接通;回液阀关闭将制动轮缸与储液器之间的制动液管路关闭,各执行元件的工作状态如表 6-3 所示。

三位三通电磁阀式制动压力调节器工作状态   表 6-3

执行元件名称	常规制动时	保 压 时	降 压 时	升 压 时
进液阀	打开	关闭	关闭	打开
出液阀	关闭	关闭	打开	关闭
回液泵电动机	不转动	运转	运转	运转

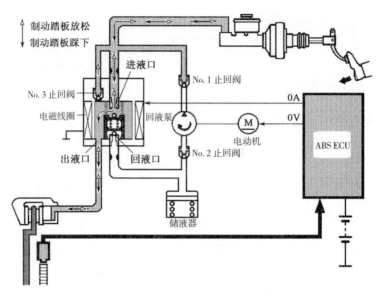

图 6-23 常规制动时三位三通电磁阀式 ABS 工作情况

当踩下制动踏板时,制动主缸中制动液压力升高,制动液从制动主缸流入制动轮缸,制动液通道为:制动主缸→三位三通电磁阀进液阀→进液阀阀门→出液口→制动轮缸。制动轮缸中制动液的压力随制动主缸制动液压力的升高而升高。

当放松制动踏板时,制动轮缸中具有一定压力的制动液通过两条通道流回制动主缸。一条通道是:制动轮缸→三位三通电磁阀出液口→进液阀阀门→进液口→制动主缸;另一条通道是:制动轮缸→三位三通电磁阀出液口→电磁阀腔室→No.3 止回阀→制动主缸。

回液泵管路中 No.2 止回阀的功用是:防止储液器和回液管路中的制动液流入回液泵。

2. 制动压力保持("保压")时制动系统工作情况

在汽车制动过程中,当四个车轮中的任意一个趋于抱死时,制动压力调节器就会根据 ABS ECU 的控制指令,通过调节该车轮制动轮缸的制动液压力"降压""保压"或"升压",从而达到防抱死制动的目的。

当制动轮缸管路中的制动液压力升高或降低、传感器信号表明车轮减速度或滑移率达到设定阈值需要保持制动压力时,ABS ECU 便控制电磁阀线圈接通较小电流(约 2A),电磁阀阀芯克服复位弹簧弹力移动较小距离(0.1mm),使进液阀和回液阀均处于关闭状态,制动液在管路中不能流动,如图 6-24 所示,压力处于"保持"状态。"保压"时各执行元件的工作状态如表 6-3 所示,此时回液泵电动机运转将储液器中剩余的制动液泵回制动主缸。

3. 制动压力降低("降压")时制动系统工作情况

当 ABS ECU 根据车速和车轮速度传感器信号计算并判定某个车轮制动趋于抱死需要降低制动轮缸压力时,ABS ECU 便控制电磁阀线圈接通较大电流(约 5A),产生较强电磁吸力使三位三通电磁阀的阀芯移动较大间隙(0.25mm),使进液阀阀门关闭、回液阀阀门打开,如图 6-25 所示,制动轮缸中的制动液便从出液口、电磁阀腔室、回液口流入储液器。与此同时,ABS ECU 还将接通回液泵电动机电源,使电动机和回液泵运转将储液器和回液管路中的制动液泵回制动主缸,各执行元件的工作状态如表 6-3 所示。回液通道为:制动轮缸→出液口→电磁阀腔室→回液阀→储液器→No.2 止回阀→电动回液泵→No.1 止回阀→制动主缸。随着制动轮缸中的制动液流回制动主缸,轮缸中制动液的压力随之降低,从而达到防止车轮抱死之目的。

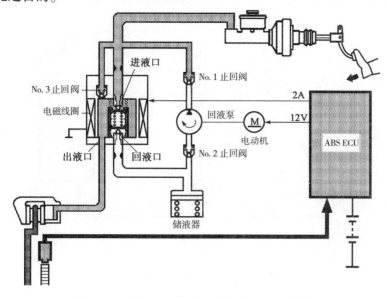

图6-24 "保压"时三位三通电磁阀式 ABS 工作情况

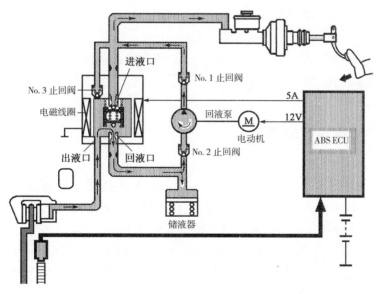

图6-25 "降压"时三位三通电磁阀式 ABS 工作情况

4. 制动压力升高("升压")时制动系统工作情况

当 ABS ECU 根据车速和车轮速度传感器信号计算并判定需要升高车轮制动轮缸制动液压力时,ABS ECU 将切断三位三通电磁阀线圈电流,电磁阀在复位弹簧弹力作用下复位,进液阀阀门打开、回液阀阀门关闭,如图6-26所示。进液阀打开使制动主缸与制动轮缸之间的管路构成通路;回液阀关闭使制动轮缸与储液器之间的油液管路关闭。

制动液从制动主缸流入制动轮缸,制动液通道为:制动主缸→进液口→进液阀阀门→电磁阀腔室→出液口→制动轮缸。制动轮缸的压力随制动主缸制动液压力升高而升高,各执行元件的工作状态如表6-3所示。回液泵电动机运转将储液器中剩余的制动液泵回制动主缸。

当驾驶人踩下制动踏板时,制动压力"升高"和"降低"的作用力在脚掌上会有抖动的感觉,这种感觉的频率在装备三位三通电磁阀 ABS 的奥迪 100/200 型轿车上为 4~10 次/s。

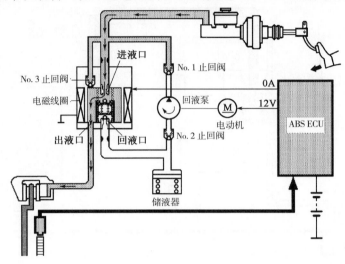

图 6-26 "升压"时三位三通电磁阀式 ABS 工作情况

第二节 制动力分配系统(EBD)

汽车获得良好制动效能的前提条件是具有足够的制动器制动力,同时地面又能提供较大的附着力。制动距离、转向控制能力和行驶稳定性不仅与车轮制动力的大小有关,而且还与制动力的分配比例有关。

一、制动力分配系统的功用

当汽车紧急制动时,整车轴荷前移,后轮制动力占总制动力的比重较小,特别是小轿车,其后轮制动力通常只占总制动力的 30% 左右。因此,后轮附着力未能充分利用。此外,当轴荷前移时,地面对前轮的法向反作用力增大,在道路附着系数不变的情况下,前轮附着力将增大。因此,也需要增大制动力来充分利用前轮的附着力。

电子控制制动力分配系统(EBD,Electronic Control Brakeforce Distribution System)的功用是根据制动减速度和车轮载荷的变化,自动改变车轮制动器制动力的分配比例,从而缩短制动距离和提高行驶稳定性。

二、制动力分配系统的组成

汽车电子控制制动力分配系统(EBD)由减速度传感器(制动减速度也可由轮速传感器提供的轮速变化率求得)、电控单元(EBD ECU)和制动压力调节器组成。因为 EBD 都是在 ABS 的基础上拓展开发的主动安全控制系统,其减速度传感器(或轮速传感器)、电控单元(EBD ECU)和制动压力调节器均可与 ABS 公用,在汽车已经装备 ABS 的基础上,无须增加任何硬件,只需增设与编制制动力分配软件程序,就能实现制动力分配控制功能,所以又称为电子控制制动力分配程序(EBD,Electronic Control Brakeforce Distribution Programs),相应的电控单元称为防抱死与制动力分配电控单元(即 ABS/EBD ECU),执行器是 ABS 制动压力调节器的电磁阀。

三、制动力分配的控制

在现有汽车前、后轮制动器制动力固定比值的制动系统中,实际制动力分配曲线与理想的制动力分配曲线相差很大,如图 6-27 所示,其制动力不可能按照轻载或承载时的理想分配曲线进行分配。因此,制动效能较低,前轮可能因抱死而丧失转向控制能力,后轮也可能抱死而发生"甩尾"现象。

实际制动力分配曲线兼顾制动稳定性和最短制动距离并优先考虑制动稳定性的原则进行控制。前、后车轮制动力的可调范围如图 6-27 中阴影范围所示,各型汽车不同制动减速度时的制动力数据预先经过试验测得,并以制动力数据 MAP 形式存储在 ROM 之中。

当汽车制动时,ABS/EBD ECU 首先根据制动减速度信号,从 ROM 存储的制动力数据 MAP 中查寻得到前、后车轮制动力的分配数值,然后向 ABS 的制动压力调节器(电磁阀)发出"升压"或"保压"控制指令,从而实现前、后车轮制动力的最佳分配。

汽车制动力分配系统 EBD 和防抱死制动系统 ABS 等主动安全技术是一个控制功能相互融合、工作时机相互协调的有机整体。当 EBD 分配给车轮的制动力大于轮胎附着力时,车轮就会抱死滑移,此时防抱死制动系统 ABS 就会投入工作,通过调节(减小)车轮的制动力将滑移率控制为 10%~30%,从而提高制动效能。

当汽车在弯道制动时,整车轴荷向外侧移动,内侧车轮的轴荷减小,外侧车轮的轴荷增大。因此,内侧车轮附着力未能充分利用,外侧车轮也需要增大制动力来充分利用其附着力。为此,增设一只转向盘转角传感器(也可与车身稳定性控制系统公用),用其检测出转向盘的转动方向与转动角速度,ABS/EBD ECU 即可实现弯道制动时,内、外侧车轮制动力的最佳分配,如图 6-28 所示。图中箭头长短表示制动力的大小。为了保证汽车在弯道行驶时的制动稳定性,ABS/EBD ECU 分配给外侧车轮的制动力明显大于内侧车轮的制动力,从而保证汽车沿弯道稳定行驶。

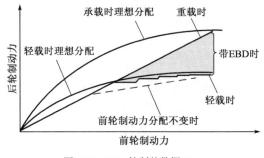

图 6-27　EBD 控制的数据 MAP

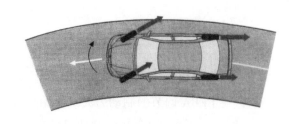

图 6-28　弯道制动时制动力分配

第三节　制动辅助系统(EBA/BAS/BA)

日本丰田汽车公司研究表明:当汽车紧急制动时,驾驶人操作制动踏板使车轮制动器产生足够制动力的分布情况如图 6-29 所示。由图可见,在紧急制动时,由于驾驶技术水平和精神紧张程度等原因,约有 42% 的驾驶人不能使车轮制动器产生足够的制动力,能使车轮制动器产生充足制动力的驾驶员比例为 53%,高度紧张而未踩制动踏板的比例为 5%。

一、制动辅助系统的功能

电子控制制动辅助系统(EBA,Electronic Control Brake Assist System,或缩写为 BAS 或 BA),其功用是根据制动踏板传感器信号和制动压力传感器信号,判断作用于制动踏板的速度和力量,自动增大汽车紧急制动时的制动力,从而缩短制动距离。

二、制动辅助系统的组成

制动辅助系统 EBA 是在 ABS 的基础上,增设一只制动踏板行程传感器和制动压力传感器,并在 ABS ECU 中增设与编制制动力调节软件程序(称为 ABS/EBA ECU)而构成。

制动踏板行程传感器用于检测驾驶人操作制动踏板的速度,制动压力传感器用于检测制动主缸制动液压力的高低,ABS/EBA ECU 根据制动踏板的速度信号和制动液压力信号来计算和判断本次制动属于常规制动还是紧急制动,并向 ABS 液压调节器中的电磁阀发出不同占空比的控制脉冲,以便控制制动力的大小。

三、制动辅助的控制

装备 EBA 后,ABS/EBA ECU 能够根据制动踏板传感器信号的变化率和制动压力传感器信号,计算确定驾驶人踩下制动踏板的速度和力量,从而判断出本次制动属于哪一类制动(常规制动或紧急制动)。当 ABS/EBA ECU 判断为紧急制动时,即使驾驶人踩下制动踏板的力量不大,ABS/EBA ECU 也能自动控制制动压力调节器使车轮制动器产生较大的制动力,如图 6-30 所示,从而缩短制动距离。

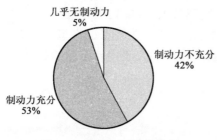

图 6-29 制动力充足程度分布

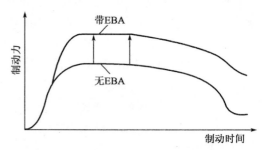

图 6-30 有无 EBA 时制动力比较

汽车 EBA 和 ABS 等主动安全技术是一个控制功能相互融合、工作时机相互协调的有机整体。当 EBA 调节的制动力大于轮胎附着力时,车轮就会抱死滑移,此时 ABS 就会投入工作,通过调节(减小)车轮的制动力将滑移率控制为 10% ~ 30%,从而缩短制动距离,提高制动效能。

四、制动辅助控制的效果

丰田汽车公司以 50km/h 的制动初速度在干燥路面上紧急制动试验的结果如图 6-31 所示。试验结果表明:对驾驶技术熟练的驾驶人而言,有无制动辅助系统 EBA 时的制动距离均为 12.5m 左右,EBA 的作用并不明显。但是,对驾驶技术不熟练的驾驶人而言,无制动辅助系统 EBA 时的制动距离约为 18m,有制动辅助系统 EBA 时的制动距离仅为 14m,由 ABS/EBA ECU 控制车轮制动器的制动力增大使制动距离缩短了 4m。因此,汽车行驶安全性大大提高。

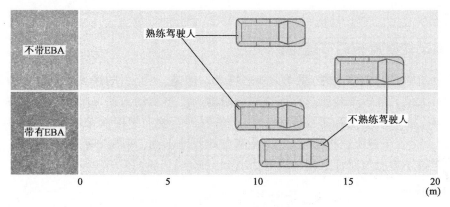

图 6-31　汽车紧急制动时制动距离对比

20 世纪 90 年代，EBA 主要装备中高档轿车。随着家用低档轿车日益增多，由于私家车驾驶人的驾驶技术水平普遍较低，因此，为了保证交通安全，装备 EBA 的低档轿车也越来越多。

第四节　驱动轮防滑转调节系统（ASR/TCS/TRC）

汽车在起步、加速或冰雪路面上行驶时，容易出现打滑现象。这是因为汽车发动机传递给车轮的最大驱动力是由轮胎与路面之间的附着系数和地面作用在驱动轮上的法向反力的乘积（即附着力）决定的。当传递给车轮的驱动力超过附着力时，车轮就会打滑空转（即滑转）。

当汽车在低附着系数路面（如泥泞路面、冰雪路面）上行驶时，由于地面对车轮施加的反作用转矩很小，因此在起步、加速时，驱动轮很容易发生滑转现象。此外，当汽车在越野条件下行驶时，如果某个（或某些）驱动轮处在附着系数极低的路面（如冰雪路面或泥泞路面）上，那么地面对车轮施加的反作用转矩将很小，虽然另一个（或一些）车轮处在附着系数较高的路面上，但是根据差速器转矩等量分配特性，能够提供的驱动转矩只能与处在低附着系数路面上车轮提供的驱动转矩相等。因此在驱动力不足的情况下，汽车将无法前进，发动机输出的功率大部分消耗在车轮的滑转上，不仅浪费燃油、加速轮胎磨损，而且降低车辆的通过性能和机动能力。防止驱动轮滑转曾采用过许多办法，如安装防滑链，使用防滑的雪地轮胎和带防滑钉的防滑轮胎等，但迄今为止最有效的办法还是采用汽车驱动轮加速滑移调节系统。

一、驱动轮防滑转调节系统的功用

汽车驱动轮加速滑移调节系统（ASR，Anti-Slip Regulation System 或 Acceleration Slip Regulation System）通常称为防滑转调节系统，因为防止驱动轮滑转都是通过调节驱动轮的驱动力（牵引力）来实现，故又称为牵引力控制系统（TCS 或 TRC，Traction Force Control System）。

驱动轮防滑转调节系统 ASR 的功用是：在车轮开始滑转时，自动降低发动机的输出转矩来减小传递给驱动轮的驱动力，防止驱动力超过轮胎与路面之间的附着力而导致驱动轮滑转（或通过增大滑转驱动轮的阻力来增大未滑转驱动轮的驱动力，使所有驱动轮的总驱动力增大），从而提高车辆的通过性以及起步、加速时的安全性。

ASR 与 ABS 密切相关，都是汽车的主动安全装置，两个系统通常同时采用。ABS 的作用是自动调节（增大或减小）制动力，防止车轮抱死滑移；ASR 的作用是维持附着条件，增大总驱动力。

二、驱动轮防滑转调节理论

当发动机输出转矩增大时,驱动力随之增大。但是,驱动力的增大受到附着力的限制,驱动力的最大值只能等于轮胎与路面之间的附着力。当驱动力超过附着力时,驱动轮将在路面上滑转。在日常生活和影视警匪片中,经常看到驾驶人想使汽车快速起步而用力踩下加速踏板时,尽管车轮快速打滑转动,但是汽车却原地不动,其原因就是发动机传递给车轮的驱动力超过了轮胎与路面之间的附着力。

(一) 滑转率

汽车车轮"打滑"分为两种情况,一是汽车制动时车轮抱死"滑移",二是汽车驱动时车轮"滑转"。防抱死制动系统 ABS 是防止车轮在制动时抱死而滑移,防滑转调节系统 ASR 则是防止驱动轮原地不动地滑转。驱动轮的滑转程度用滑转率 S_d 表示,其表达式为:

$$S_d = \frac{v_w - v}{v_w} \times 100\%$$

式中:v_w——车轮速度,即车轮瞬时圆周速度,$v_w = r\omega$,m/s;

r——车轮半径,m;

ω——车轮转动角速度,$\omega = 2\pi n$,rad/s;

v——车速(车轮中心纵向速度),m/s。

当 $v_w = v$ 时,滑转率 $S_d = 0$,车轮自由滚动;当 $v = 0$ 时,滑转率 $S_d = 100\%$,车轮完全处于滑转状态;当 $v_w > v$ 时,滑转率 $0 < S_d < 100\%$,车轮既滚动又滑转。滑转率越大,车轮滑转程度也就越大。

(二) 滑转率与附着系数的关系

车轮滑移率、滑转率与纵向附着系数的关系如图 6-32 所示,车轮制动时的滑移率分布在坐标系的第一象限,车轮滑转率分布在坐标系的第三象限。由图可见:

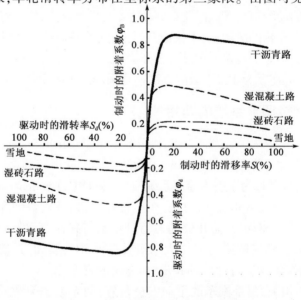

图 6-32 滑移率和滑转率与附着系数的关系

(1)附着系数随路面性质的不同而发生大幅度地变化。

(2)在各种路面上,附着系数均随滑转率的变化而变化,且在各种路面上当滑转率为20%左右时,附着系数达到最大值。若滑转率继续增大,则附着系数逐渐减小。

防滑转调节系统 ASR 的基本控制原理就是将滑转率控制在最佳滑转率(10%~30%)范围内,从而获得较大的附着系数,使路面提供的附着力得到充分利用。

汽车装备 ASR 后,当汽车起步、加速或在冰雪路面上行驶时,驾驶人无须特别小心地踩下加速踏板,ASR 就能根据路面状况调节驱动力,使驱动力达到最大值。

三、驱动轮防滑转调节方法

防止驱动轮滑转的控制方法主要有:控制发动机的输出转矩、控制驱动轮的制动力以及控制防滑转差速器的锁止程度三种。这些控制方法的最终目的都是调节驱动轮上的驱动力,并将驱动轮的滑转率控制在最佳滑转率范围内。

(一)控制发动机的输出转矩

通过调节发动机的输出转矩来调节驱动轮的驱动力是实现防滑转调节的方法之一。这种控制方法能够保证发动机输出转矩与地面提供的驱动转矩达到匹配,因此可以改善燃油经济性,减少轮胎磨损,使汽车具有良好的行驶稳定性和乘坐舒适性;对于前轮驱动汽车,能够得到良好的转向操纵性。在装备电子控制燃油喷射系统 EFI 的汽车上,普遍采用了控制发动机输出转矩的方法来实现防滑转调节。

控制发动机输出转矩的方法有:控制点火时间、控制燃油供给量、控制节气门开度等。

(1)控制点火时间。由内燃机原理可知:减小汽油发动机的点火提前角或切断个别汽缸的点火电流,均可微量降低发动机的输出转矩。

现代汽车普遍采用电子点火系统,其点火时刻是根据发动机转速、负荷以及冷却液温度等信号确定。在汽车行驶过程中,防滑转调节电控单元(ASR ECU)根据轮速传感器和车速传感器信号即可计算确定驱动轮滑转率的大小,通过减小点火提前角,即可微量降低发动机的输出转矩。当驱动轮滑转率很大,延迟点火时刻不能达到控制滑转率的目的时,则可中断个别汽缸点火来进一步减小滑转率。

在中断个别汽缸点火时,为了防止排放增加和三元催化转换器过热,在中止点火时必须中断燃油喷射。恢复点火时,点火时刻应缓慢提前,保证发动机输出转矩平稳增加。

(2)控制燃油供给量。短时间中断供油也可微量调节发动机的输出转矩,但响应速度没有减小点火提前角迅速。这种控制方法适用于采用燃油喷射系统的汽油发动机或柴油发动机汽车。在采用电子加速踏板的汽车上,根据加速踏板行程大小,通过调节汽油发动机节气门开度或柴油发动机喷油泵拉杆位置,使进气量或供油量改变即可调节发动机的输出转矩,控制方法如图 6-33 所示。

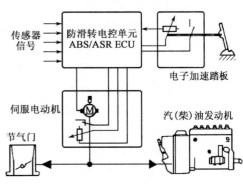

图 6-33 发动机输出转矩的控制

当驾驶人操作加速踏板时,加速踏板的行程信号由传感器输入防滑转电控单元(ASR ECU),ASR ECU 根据预先存储的数据和发动机转速、冷却液温度、进气温度等信号确定伺服电动机(步进电动机)控制电压或电流的大小,再由伺服电动机调节节气门开度或喷油泵拉杆位置,通过调节进气量或供油量来调节发动机的输出转矩。

(3)控制节气门开度。控制节气门位置(开度)可以控制进入汽缸的进气量,从而能够显著改变发动机的输出转矩,现代汽车(如丰田雷克萨斯LS300、LS400型、皇冠3.0型轿车等)普遍采用这种控制方式。

在装备EFI的汽车上,ASR ECU根据轮速传感器和车速传感器信号计算确定驱动轮滑转率的大小之后,通过控制节气门开度和燃油喷射量等即可调节发动机的输出转矩。当驱动轮滑转率超出规定值范围时,ASR ECU便向执行器发出控制指令,减小节气门的开度、缩短喷油器的喷射时间或中断个别喷油器喷油,迅速降低发动机输出转矩,防止驱动轮滑转。

(二)控制驱动轮的制动力

控制驱动轮的制动力实际上是利用差速器的差速作用(效能)来获得较大的驱动力,控制方法如图6-34所示。

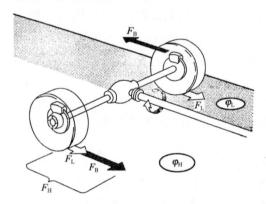

图6-34 作用在驱动轮上的纵向力

处于高附着系数 φ_H 路面上的右侧驱动轮能够产生的驱动力为 F_H,处于低附着系数 φ_L 路面上的左侧驱动轮能够产生的驱动力为 F_L。根据差速器转矩等量分配特性,此时汽车的驱动力只取决于低附着系数路面上的驱动力 F_L。尽管右侧驱动轮能够产生的驱动力为 F_H,但是其获得的驱动力只能与左侧驱动轮能够产生的驱动力 F_L 相等($F_H = F_L$),即两只驱动轮能够获得的驱动力为 $F_{tL} = F_H + F_L = 2F_L$。为了阻止低附着系数路面上行驶的左侧驱动轮产生滑转,对其施加一个制动力 F_B,通过差速器的差速作用,在右侧驱动轮上也会产生作用力 $F_B(F_H = F_L + F_B)$,此时两只驱动轮能够获得的驱动力就为 $F_{tH} = F_H + F_L = 2F_L + F_B$,即驱动力增大了制动力 F_B 值,发动机的输出转矩就可按增大后的驱动力进行调节。

对驱动轮施加制动力是使驱动轮保持最佳滑转率且响应速度较快的控制方法,一般作为仅采用控制节气门开度来调节发动机输出转矩的补充控制。在设计控制系统时,为了保证乘坐舒适性,制动力不能太大;此外,为了避免制动器过热,施加制动力的时间不能过长,因此,这种方法只限于低速行驶时短时间使用。

驱动轮制动力控制又称为电子差速锁(EDL,Electronic Differential Lock)控制。差速锁又称为差速限制器,是一种防止单侧驱动车轮高速滑转,将左右车轮的转速差自动限制在某数值以下的装置。驱动轮制动力控制是利用ABS的传感器来检测驱动轮的转速,根据左右驱动轮的转速差进行控制。当车速达到80km/h左右时,若一侧车轮的路面比较光滑(附着系数低),导致左右驱动轮之间产生的转速差约为100r/min时,防抱死制动与电子差速锁电控单元(ABS/EDL ECU)就会通过对打滑车轮施加制动力,利用差速原理将大部分驱动力传递给另一侧车轮,使两侧车轮的转速达到平衡,从而增大两只驱动轮的总驱动力,使汽车易于起步、加速和爬坡。

(三)控制差速器的锁止程度

控制差速器的锁止程度必须采用防滑转差速器进行控制。防滑转差速器是一种由电控单元控制的可锁止差速器,控制原理如图6-35所示。

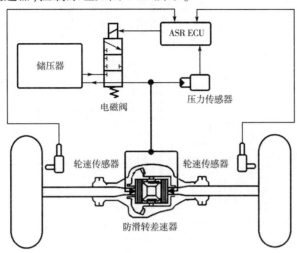

图6-35 防滑转差速器锁止控制示意图

在防滑转差速器向车轮输出驱动力的输出端设置有一个离合器。调节作用在离合片上的油液压力,即可调节差速器的锁止程度。油压逐渐降低时,差速器锁止程度逐渐减小,传递给驱动轮的驱动力就逐渐减小;反之,油压升高时,驱动力将逐渐增大。油液压力来自储压器的高压油液,压力大小由防滑转调节系统的电控单元(ASR ECU)通过控制电磁阀使压力"升高""保持""降低"进行调节,并由压力传感器和驱动轮上的轮速传感器反馈给电控单元,从而实现反馈控制。通过调节防滑转差速器的锁止程度,即可调节传递给驱动轮的驱动力,所以汽车在各种附着系数不同的路面上起步和行驶时,都具有较好的稳定性和操纵性。对于越野汽车,则可大大提高越野通过性。

在汽车实际装备的ASR中,为了充分发挥电子控制系统的控制功能并有效地防止驱动轮滑转,一般都将不同的控制方法组合在一起进行控制。常用的组合方式有:组合控制发动机的输出转矩和驱动轮的制动力、组合控制发动机的输出转矩和控制差速器的锁止程度。下面以组合控制发动机输出转矩和驱动轮制动力的丰田系列轿车防滑转调节系统为例,说明ASR的结构特点与控制过程。

四、驱动轮防滑转调节系统的组成

实验证明:在控制驱动轮的制动力时,将ASR与ABS结合在一起是控制驱动轮制动力的最佳方案。这是因为对于前驱动汽车,考虑舒适性和操纵稳定性,ASR和ABS对制动压力的建立速度有不同要求。一般说来,制动压力的建立速度ASR比ABS要慢,因此,驱动轮的制动力可直接使用ABS的液压系统进行调节,只需在ABS的液压控制系统中增设一些防滑转液压调节装置即可。下面以丰田雷克萨斯LS400型轿车防滑转调节系统(丰田公司称为牵引力控制系统TRC)与ABS组合在一起的控制系统为例说明。

雷克萨斯LS400型轿车TRC与ABS的组成如图6-36所示,控制部件的安装位置如图6-37所示。在控制驱动轮制动力的过程中,ASR通过调节副节气门的开度和对驱动轮施加制动力来实现驱动轮防滑转调节。丰田系列轿车的 TRC 同 ABS 一样,也是由液压控制系统和电子控制系统两个子系统组成。

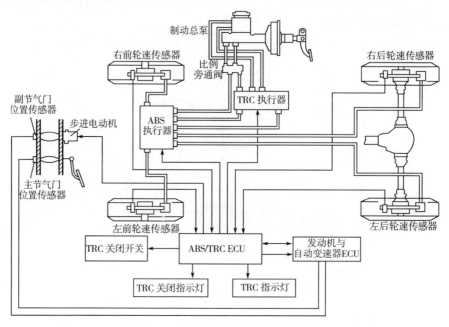

图 6-36　丰田汽车 ABS/TRC 组成简图

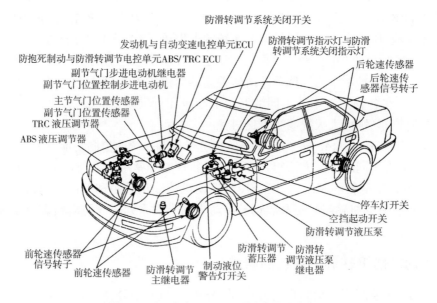

图 6-37　丰田汽车 ABS/TRC 控制部件安装位置

(一)防滑转液压控制系统

防滑转液压控制系统是在防抱死制动液压控制系统的基础上,增设 TRC 制动执行器(即 TRC 液压调节器)而构成,如图 6-38 所示。TRC 液压调节器由主制动油缸关断电磁阀、溢流阀、回液泵、回液泵电动机、蓄压器、蓄压器关闭电磁阀和储油罐关断电磁阀等组成。防滑转调节电控单元(TRC ECU)与 ABS ECU 组合为一体,称为 ABS/TRC ECU。

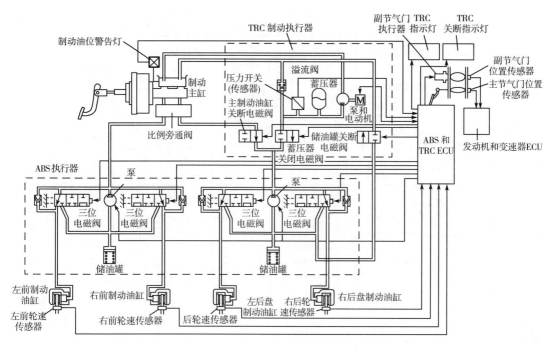

图 6-38 丰田汽车 ABS/TRC 液压控制系统

(二)防滑转电子控制系统

防滑转电子控制系统也是由传感器、控制开关、电控单元和执行器组成。防滑转电子控制系统在 ABS 的基础上,增设了传感器、控制开关、电控单元和执行器。雷克萨斯 LS400 型轿车防抱死制动电子控制系统与防滑转电子控制系统电路如图 6-39 所示。

增设的传感器有发动机副节气门位置传感器和 TRC 制动执行器中的压力传感器(开关),左前、右前、左后、右后共四只轮速传感器与 ABS 公用。增设的控制开关有防滑转调节系统关闭开关。增设的执行器有副节气门位置控制步进电动机、主制动油缸关断电磁阀、回液泵、回液泵电动机、蓄压器关断电磁阀、储油罐关断电磁阀、防滑转调节指示灯、防滑转调节系统关闭指示灯等。

五、驱动轮防滑转控制过程

丰田汽车发动机的输出转矩利用步进电动机调节副节气门开度进行调节,驱动轮的制动力利用 TRC 执行器结合 ABS 进行控制。在制动驱动轮产生差速作用(即驱动轮转速不同,两个半轴产生差动作用)时,控制驱动轮的制动力可使驱动力得到充分发挥,从而改善行驶稳定性和转向性能,这种作用对于两侧车轮所处路面的附着系数不同时更为显著。因此,这种控制系统特别适用于装备燃油喷射式发动机和 ABS 的前轮驱动轿车。

当发动机起动后,ABS/TRC ECU 便根据轮速传感器产生的车轮转速信号以及参考车速,计算确定驱动轮的滑移率和滑转率。在滑移率和滑转率未达到设定门限值时,ABS 执行器和 TRC 制动执行器中的电磁阀均不通电,各电磁阀处于如图 6-38 所示的初始状态,蓄压器中制动液的压力保持在一定范围之内,副节气门控制步进电动机不通电,副节气门保持在全开位置。

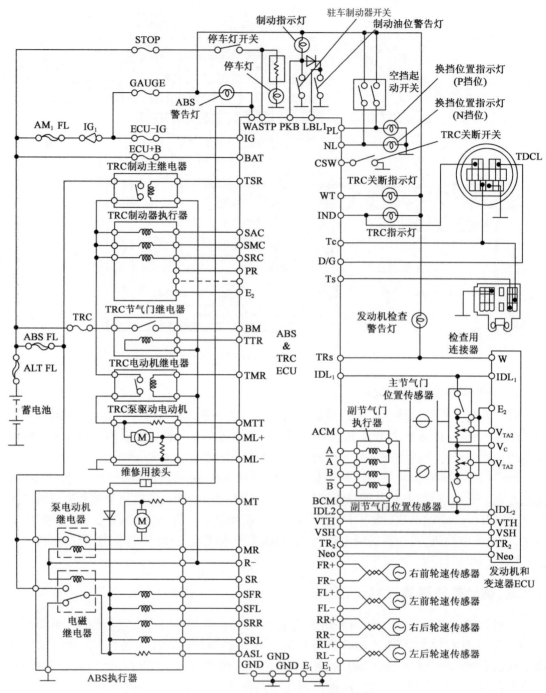

图 6-39 丰田汽车 ABS/TRC 电子控制系统

(一)防抱死制动控制过程

在驾驶人踩下制动踏板进行制动时,制动主缸的制动液将通过各个调压电磁阀进入各制动轮缸,各制动轮缸的压力将随制动主缸的压力变化而变化。当 ABS/TRC ECU 根据轮速传感器输入的信号判定某个车轮的滑移率达到设定门限值而趋于抱死时,ABS/TRC ECU 就会进入防抱死制动控制状态,通过控制 ABS 执行器中相应通道的电磁阀工作,使制动轮缸中的制动液压力"降低""保持"和"升高"来防止车轮抱死滑移。

(二)防滑转调节过程

在汽车行驶过程中,当 ABS/TRC ECU 根据轮速传感器产生的车轮转速信号以及参考车速,计算驱动轮的滑转率超过设定门限值时,ABS/TRC ECU 就会进入防滑转调节状态,通过控制发动机输出转矩和对驱动轮施加制动来避免发生滑转现象。当汽车行驶速度较低时,ABS/TRC ECU 一般采用控制驱动轮的驱动力来防止车轮滑转;当汽车行驶速度较高时,ABS/TRC ECU 一般采用控制发动机输出转矩来防止车轮滑转。

控制发动机输出转矩时,ABS/TRC ECU 首先向发动机与变速器 ECU 发送控制副节气门步进电动机的指令,然后再控制副节气门步进电动机动作。当副节气门控制步进电动机通电时,步进电动机步进转动,其轴一端的驱动齿轮就驱动副节气门轴上的扇形齿轮转动,使副节气门开度减小(副节气门在 TRC 不起作用时处于全开状态),减少发动机的进气量,使发动机的输出转矩减小。因为副节气门与主节气门为串联关系,所以,即使主节气门开度不变,发动机的进气量也会因副节气门开度减小而减小,从而使发动机输出转矩减小,驱动轮的驱动力随之减小。

控制驱动轮的驱动力时,ABS/TRC ECU 将向 TRC 制动执行器和 ABS 执行器发出控制指令来调节滑转率。向 TRC 制动执行器发出主制动油缸关断电磁阀、蓄压器关断电磁阀和储油罐关断电磁阀三个电磁阀通电指令,使主制动油缸电磁阀处于关闭(断流)状态,使蓄压器(储能器)关断电磁阀和储油罐关断电磁阀处于打开(通流)状态,蓄压器中具有较高压力的制动液就会进入后制动轮缸,后制动轮缸的制动压力即可随之增大。与此同时,ABS/TRC ECU 再像控制防抱死制动一样,向 ABS 执行器发出控制指令,通过独立地调节两后轮调压电磁阀的工作状态,使两个后制动轮缸的制动液压力"升高""保持"和"降低",从而将滑转率控制在设定范围内实现防滑转调节功能。

在防滑转调节过程中,如果驾驶人踩下制动踏板进行制动,ABS/TRC ECU 就会自动退出控制状态,不会影响防抱死制动功能的发挥。

第五节 车身稳定性控制系统(VSC/DSC/ESP)

当汽车在湿滑的路面上行驶时,如果前轮受到侧向力的作用而发生侧滑时,就会失去路径跟踪能力(又称为循迹能力)而偏离行驶轨迹;如果后轮受到侧向力的作用而发生侧滑(如转动转向盘用力过猛即转向过度,后轮产生较大的侧偏角)时,后轮就会侧滑甩尾而失去稳定性。

一、车身稳定性控制系统的功用

车身稳定性控制系统(VSC,Vehicle Stability Control System)又称为车身动态稳定性控制系统(DSC,Dynamic Stability Control System),因为车身稳定性控制系统主要是在防抱死制动系统 ABS 和防滑转控制系统 ASR 的基础上,增设控制程序和个别传感器构成,所以又称为电子控制稳定性程序(ESP,Electronically Controlled Stability Program)。

车身稳定性控制系统 VSC 的功用是:当汽车在湿滑的路面上行驶,其前轮或后轮发生侧滑时,自动调节各车轮的驱动力和制动力,确保车辆稳定行驶。VSC 是在 ABS 和 ASR 的基础上拓展而来的主动安全控制系统。

二、车身稳定性控制系统的组成

为了提高汽车行驶的安全性和稳定性,国产一汽马自达(Mazda6)、天津一汽丰田皇冠(CROWN3.0)、锐志(REIZ)等高档轿车都采用了车身稳定性控制系统VSC。图6-40所示为丰田系列轿车车身稳定性控制系统VSC组成部件的安装位置。

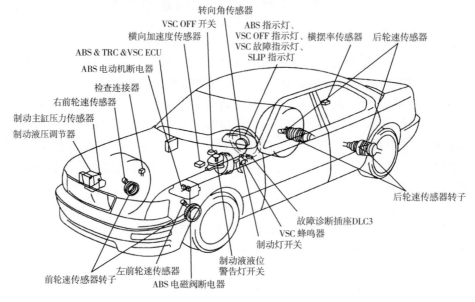

图6-40 丰田系列轿车VSC控制部件安装位置

车身稳定性控制系统VSC也是由传感器、电控单元(VSC ECU)和执行器三部分组成。因为VSC是ABS和ASR的完善与补充,所以VSC的大部分控制部件都可与ABS和ASR公用。为了实现防止车轮侧滑功能,VSC在ABS和ASR的基础上,传感器部分需要增设用于检测汽车状态的横摆率传感器、转向盘转角传感器、横向加速度传感器以及检测制动主缸压力的制动液压力传感器。电控单元(VSC ECU)需要增强运算能力、增加相应的信号处理电路、驱动放大电路和软件程序等,VSC ECU一般都与ABS ECU和TRC ECU组合为一体,称为ABS/TRC/VSC ECU。执行器部分既可像ABS或TRC那样单独设置压力调节器和发动机输出转矩调节器,也可对液压通道进行适当改进、直接利用ABS和TRC已有调节装置对制动力和发动机输出转矩进行调节即可。除此之外,还需设置VSC故障指示灯、VSC蜂鸣器等指示与报警装置。

(一)VSC传感器

(1)横摆率传感器又称为偏航率传感器,安装在汽车行李舱内、后轴上部中央位置,并与汽车车身中心垂直轴线平行,用于检测后轴绕车身中心垂直轴线旋转的角速度(横摆率)信号。横摆率传感器是反映后轮是否产生侧滑的关键部件。当横摆率传感器有信号输入VSC ECU时,说明后轮有侧滑现象。如果后轮向右侧滑时的横摆率传感器信号为正,则横摆率传感器信号为负时表示后轮向左侧滑。

(2)横向加速度传感器简称加速度传感器或G传感器,功能与横摆率传感器相同,安装在汽车重心前方、前轴上部中央位置的地板下面,用于检测前轴的横向加速度信号,供ABS/TRC/VSC ECU判断车身状态以及前轮是否产生侧滑。

(3) 转向盘转角传感器安装在转向盘的后侧,用于检测驾驶人转动转向盘的角度信号,主要用于 ABS/TRC/VSC ECU 判断驾驶人操纵转向盘的转向意图(向左转弯还是向右转弯)。

(4) 制动液压力传感器安装在 VSC 液压调节器的上部。用于检测制动主缸内制动液的压力,ABS/TRC/VSC ECU 根据制动液压力高低向液压调节器的电磁阀发出不同占空比的控制脉冲,以便控制车轮制动力的大小。

(5) 轮速传感器安装在每个车轮上检测车轮旋转的角速度,主要用于 ABS/TRC/VSC ECU 计算车轮滑移率和滑转率并采取相应的控制措施。

(6) 节气门位置传感器安装在节气门体上,用于检测驾驶人操纵加速踏板以及由 VSC 执行器调节发动机输出转矩时节气门开度的大小。

(二) VSC 执行器

(1) 制动液压调节器。目前,一般都直接利用 ABS 液压调节器来调节制动力。丰田系列轿车将 ABS 液压调节器、TRC 液压调节器和 VSC 液压调节器制作成一体,称为制动液压调节器,安装在发动机舱内右前侧。当汽车制动减速使车轮发生滑移时,液压调节器执行 ABS 功能;当车轮发生滑转时,液压调节器执行 TRC 功能;当车身发生侧滑时,液压调节器执行 VSC 功能,通过自动调节各车轮的制动力,实现 ABS、TRC 和 VSC 的功能。

液压调节器主要由蓄压器、储液器、回液泵、回液泵电动机、选择电磁阀和控制电磁阀等组成,其结构原理与前述同类装置大同小异。选择电磁阀在 VSC、TRC 或 ABS 工作时,接通或关闭制动主缸与控制电磁阀之间的液压管路。控制电磁阀在 VSC、TRC 或 ABS 工作时,升高、保持或降低每个车轮制动轮缸的制动液压力,调节每个车轮的制动力或驱动力,从而实现 VSC、TRC 或 ABS 功能。

(2) 节气门执行器。一般采用步进电动机与扇形齿轮配合对发动机副节气门的位置进行控制。丰田系列轿车称为副节气门位置控制步进电动机,安装在发动机节气门体旁边,与 TRC 公用。当 VSC 调节发动机输出转矩时,VSC ECU 向步进电动机发出控制指令,步进电动机步进转动,电动机轴一端的驱动齿轮驱动副节气门轴上的扇形齿轮转动,使副节气门开度减小(副节气门在 TRC、VSC 不起作用时处于全开状态),减少发动机的进气量,使发动机的输出转矩减小。

三、车身稳定性的控制

汽车前轮侧滑就会失去路径跟踪能力(即循迹能力),后轮侧滑就会发生甩尾现象。车身稳定性控制主要是指侧滑控制,控制内容包括两个方面:一是抑制前轮侧滑,保持汽车的路径跟踪能力;二是抑制后轮侧滑,防止车身出现甩尾现象,确保车辆稳定行驶。

VSC 抑制车轮侧滑的原理是:利用左右两侧车轮制动力之差产生的横摆力矩,使车身产生一个与侧滑相反的旋转运动,从而防止前轮侧滑失去路径跟踪能力以及防止后轮侧滑甩尾失去行驶稳定性。

在汽车行驶(特别是在湿滑的路面上转弯)过程中,前轮发生侧滑时就会产生较大的侧向(横向)加速度,后轮发生侧滑时就会产生较大的侧偏角,横向加速度传感器和横摆率传感器分别将这两种侧滑产生的信号输入 ABS/TRC/VSC ECU 后,ABS/TRC/VSC ECU 就会向发动机输出转矩调节装置(即副节气门位置控制步进电动机)发出控制指令,使发动机的输出转矩减小来降低车速。与此同时,ABS/TRC/VSC ECU 还要根据制动液压力高低向液压调节器的电磁阀发出不同占空比的控制脉冲,控制相应车轮的制动力,使车身产生一个与侧滑相反的旋转运动,从而防止前轮侧滑而失去路径跟踪能力或防止后轮侧滑甩尾而失去行驶稳定性,减少交通事故。

(一)前轮侧滑的控制过程

当前轮向右侧滑时,ABS/TRC/VSC ECU 首先向副节气门执行器发出控制指令,使发动机输出转矩减小来降低车速,同时向制动液压调节器中左后轮液压通道的电磁阀发出占空比控制脉冲,向左后轮施加一个制动力,如图 6-41a)所示(图中箭头表示制动力),以便产生沿逆时针方向旋转的运动,然后再对两个前轮施加制动力,使车速降低平稳行驶并保持路径跟踪能力。

当前轮向左侧滑时,ABS/TRC/VSC ECU 在控制副节气门执行器使发动机输出转矩减小的同时,还向右后轮液压通道的电磁阀发出占空比控制脉冲,向右后轮施加一个制动力,如图 6-41b)所示,以便产生沿顺时针方向旋转的运动,然后再对两个前轮施加制动力,使车速降低平稳行驶并保持路径跟踪能力。

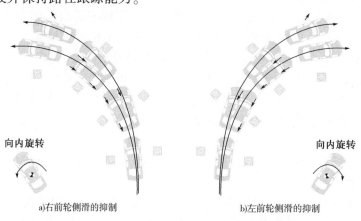

a)右前轮侧滑的抑制　　　　　　b)左前轮侧滑的抑制

图 6-41　前轮侧滑抑制原理(图中箭头表示制动力)

(二)后轮侧滑的控制过程

当后轮向右侧滑时,ABS/TRC/VSC ECU 首先向副节气门执行器发出控制指令,使发动机输出转矩减小来降低车速,同时向制动液压调节器中右前轮液压通道的电磁阀发出占空比控制脉冲,向右前轮额外施加一个制动力,如图 6-42a)所示,使车身产生沿顺时针方向旋转的运动,从而防止发生甩尾或掉头现象。

当后轮向左侧滑时,ABS/TRC/VSC ECU 在控制副节气门执行器使发动机输出转矩减小的同时,还向左前轮液压通道的电磁阀发出占空比控制脉冲,向左前轮额外施加一个制动力,如图 6-42b)所示,使车身产生沿逆时针方向旋转的运动,防止发生甩尾或掉头现象,从而确保汽车稳定行驶。

根据丰田汽车公司对三种丰田车型连续 5 年发生交通事故件数数据推算结果表明:装备 VSC 后,在每 10000 台汽车中,由于侧滑导致的事故率可以降低 35%,由于侧滑导致正面冲撞的事故率可以降低 30%。

综上所述,在汽车行驶主动安全系统中,ABS、EBD、EBA、ASR 和 VSC 的共同特点是:通过调节车轮制动器的制动力来提高控制效能(缩短制动距离、增强转向控制能力和提高行驶稳定性),从而减少交通事故。ASR 和 VSC 在调节车轮制动器制动力的同时,还要调节发动机的输出转矩。虽然 ABS、EBD、EBA、ASR 和 VSC 都可调节制动力,但其目的各不相同,ABS 是防止车轮制动力大于附着力而抱死滑移,EBD 是增大前、后车轮的制动力,EBA 是增大紧急制动时各个车轮的制动力,ASR 是通过施加制动力来增大总驱动力,VSC 是防止前、后轮发生侧滑。因为 EBD、EBA、ASR 和 VSC 等主动安全电子控制系统都是以 ABS 的轮速传感器和制动压力调节器为基础进行设计的,所以在学习汽车行驶主动安全技术过程中,首先熟悉 ABS 的结构原理、控制方法与控制过程,然后再学习 EBD、EBA、ASR 和 VSC 等电子控制系统,能够收到事半功倍的效果。

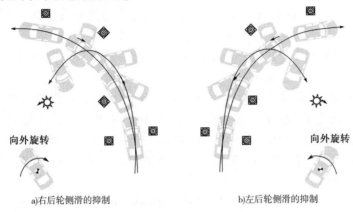

a)右后轮侧滑的抑制　　b)左后轮侧滑的抑制

图 6-42　后轮侧滑抑制原理(图中箭头表示制动力)

四、车身稳定性控制新技术

为了确保行车安全并获得更好的驾驶性能,车身稳定性控制技术的发展趋势是将 ABS、EBD、EBA、ASR 和 VSC 等控制制动力和驱动力的主动安全系统,与电子控制动力转向系统 EPS 和电子调节悬架系统 EMS 等组合成为车身动态综合管理系统(VDIM,Vehicle Dynamics Integrated Management System)。丰田汽车公司正在开发的由 ABS、EBD、EBA、ASR 和 VSC 等主动安全系统与电子控制动力转向系统 EPS 组合而成的车身动态综合管理系统 VDIM 如图 6-43 所示,该系统具有以下特点。

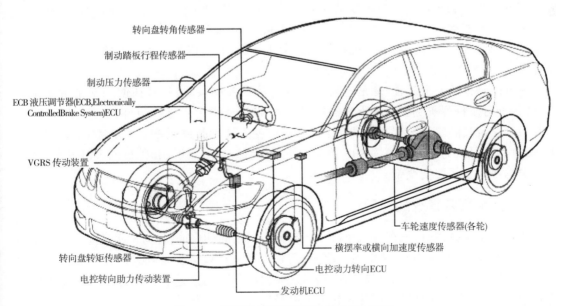

图 6-43　丰田汽车车身动态综合管理系统 VDIM

（1）VDIM 将 ABS、EBD、EBA、ASR 和 VSC 等主动安全系统组合成一体，液压调节装置也组合成为一体，称为电子控制制动系统（ECB，Electronically Controlled Brake System）液压调节器，由电子控制制动系统电控单元 ECB ECU 进行控制。

（2）VDIM 对车辆的操控性做了进一步的改进。传统的 ABS、TRC 和 VSC 均为各自独立的功能，改进后的 VDIM 除了能对包括转向在内的各系统功能进行统一管理之外，还能在发生侧滑之前就开始对车辆实行控制，不仅保证了更高的预防安全性能，同时还能使"行进、转弯、停止"这一车辆的基本运动性能迈上一个更高的台阶。

（3）VDIM 将 ABS、EBD、EBA、ASR、VSC 等主动安全系统与电控动力转向系统 EPS、电子调节悬架系统 EMS 等组合，能对车身姿态进行全方位调节。ABS、EBD、EBA 和 ASR 可以控制车轮的前后作用力（即制动力和驱动力），VSC 与 EPS 配合可以控制侧向作用力（即防止侧滑），在转弯控制方面，通过与电控转向助力的协调来控制转向力矩的助力量，实现更好的行驶安全性和操控性，EMS 可以调节车身前后左右的姿态。因此，将这些系统组合成一体对车身姿态进行综合控制，不仅能够提高车身的动态稳定性，而且还能大大提高汽车行驶安全性和乘坐舒适性。

（4）在转向控制方面，可变齿数比转向装置（VGRS）可使转向盘转动量与车轮转向角的关系产生灵活变化，电动助力转向可以调节转动转向盘的转矩，形成主动转向功能对前轮转向角和转向盘转矩进行最佳控制，从而可以根据制动力、发动机输出转矩以及转向转矩对前轮转向角实行最恰当的控制，同时将驾驶人对转向的修正量控制在最小范围内，实现更好的预防安全性能和更理想的车辆运动性能。

（5）为使车辆真正达到人车一体的境界，VDIM 采纳了智能识别与判断技术，并将在今后对这些技术作更进一步的改进。

第六节　安全气囊系统（SRS）

汽车安全气囊系统的确切名称是辅助防护系统（SRS，Supplemental Restraint System）或辅助防护气囊系统（Supplemental Restraint Air Bag System，英文缩写也为 SRS）。因为辅助防护系统的气囊在汽车发生碰撞时能够起到安全防护作用，所以人们一直都将其称为安全气囊系统。

SRS 既是被动安全装置，也是座椅安全带的辅助控制装置，只有在使用安全带的条件下，才能充分发挥保护驾驶人和乘员的作用。据 General 汽车公司 1989 年的一项研究表明：SRS 与安全带共同使用的保护效果最佳，可使驾驶人和前排乘员的伤亡人数减少 43% ~ 46%。由此可见，为了充分发挥 SRS 的保护作用，确保汽车驾驶人和乘员的人身安全，在汽车行驶时一定要系好安全带。

一、安全气囊系统的功用

当汽车发生碰撞时，汽车与汽车或汽车与障碍物之间的碰撞，称为一次碰撞。一次碰撞后，汽车速度将急剧减小，减速度急剧增大，驾驶人和乘员就会受到较大惯性力的作用而向前移动，使人体与转向盘、风窗玻璃或仪表板等构件发生碰撞，这种碰撞称为二次碰撞。在车辆事故中，二次碰撞是导致驾驶人和乘员遭受伤害的主要原因。

汽车碰撞分为正面碰撞和侧面碰撞。当汽车发生正面碰撞时，在惯性力的作用下，驾驶人面部或胸部可能与转向盘和风窗玻璃发生二次碰撞,前排乘员可能与仪表板和风窗玻璃发生二次碰撞,后排乘员可能与前排座椅发生二次碰撞。当汽车遭受侧面碰撞时,驾驶人和乘员可能与车门、车门玻璃或车门立柱发生二次碰撞。车速越高,惯性力就越大,遭受伤害的程度也就越严重。

安全气囊系统 SRS 的功用是:当汽车遭受碰撞导致驾驶人和乘员的惯性力急剧增大时,使气囊迅速膨胀,从而在驾驶人、乘员与车内构件之间铺垫一个气垫,利用气囊排气节流的阻尼作用来吸收人体惯性力产生的动能,从而减轻人体遭受伤害的程度。

正面气囊保护驾驶人和乘员的面部与胸部,如图 6-44 所示,侧面气囊保护驾驶人和乘员的颈部与腰部,护膝气囊(即护膝垫)保护驾驶人和前排乘员的膝部,气帘(即窗帘式气囊)保护驾驶人和乘员的头部。

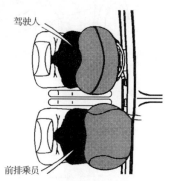

a)驾驶席气囊　　　　　　　　　　b)驾驶席与乘员席气囊

图 6-44　汽车遭受正面碰撞时 SRS 的作用情况

二、安全气囊系统的组成

安全气囊系统 SRS 主要由碰撞传感器、防护传感器、安全气囊电控单元(SRS ECU)、气囊组件和 SRS 指示灯等组成。正面 SRS 配装有左前和右前碰撞传感器,侧面 SRS 配装有左侧和右侧碰撞传感器,防护传感器一般都安装在 SRS ECU 内部,SRS 指示灯安装在组合仪表板上。正面 SRS 控制部件的安装位置如图 6-45 所示,控制电路由备用电源电路、故障记忆电路、故障诊断与监测电路、点火引爆电路等组成,如图 6-46 所示。

三、安全气囊系统的分类

按总体结构不同,SRS 可分为机械控制式 SRS 和电子控制式 SRS 两大类。机械控制式 SRS 早在 20 世纪 90 年代就已被淘汰,汽车目前装备的均为电子控制式 SRS。

按 SRS 功能不同,电子控制式 SRS 可分为正面 SRS(保护面部与胸部)、侧面 SRS(保护颈部与腰部)、护膝 SRS 和头部(气帘)SRS 四大类。

按气囊数量不同可分为单 SRS、双 SRS 和多 SRS。单 SRS 只装备驾驶席气囊。20 世纪 90 年代以前生产的汽车基本上都装备单 SRS。双 SRS 装备有驾驶席和前排乘员席两个气囊,90 年代后生产的大多数轿车都装备了双 SRS。装备 3 个或 3 个以上气囊的 SRS 称为多 SRS。

汽车品牌不同、档次不同,装备气囊的数量也各不相同。广州丰田汉兰达(HIGHLANDER)轿车装备有驾驶席正面、左侧和护膝 3 个气囊、前排乘员席正面和右侧 2 个气囊、驾驶席与前后排乘员席左右两侧 2 个气帘,共计 7 个气囊;天津一汽丰田轿车装备有驾驶席正面、左侧和护膝 3 个气囊,前排乘员席正面、右侧和护膝 3 个气囊,驾驶席与前后排乘员席左右两侧2个气帘,共计8个气囊,如图6-47所示;北京现代汽车公司生产的伊兰特Elantra轿车装备有驾驶席正面和左侧2个气囊、前排乘员席正面和右侧2个气囊,共计4个气囊;一汽马自达6(Mazda 6)和东风悦达起亚公司生产的赛拉图CERATO轿车装备有驾驶席正面和左侧2个气囊、前排乘员席正面和右侧2个气囊、驾驶席与前后排乘员席左右两侧2个气帘,共计6个气囊,如图6-48所示。

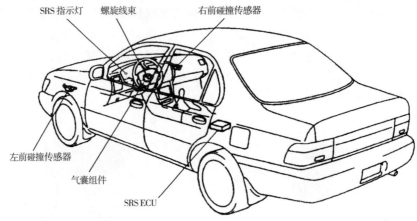

图6-45 SRS零部件安装位置

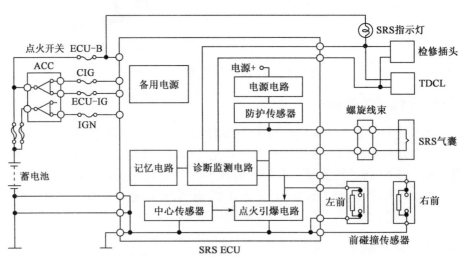

图6-46 丰田佳美、花冠轿车SRS电路框图

图6-47 8气囊和气帘膨胀状态　　　　图6-48 6气囊和气帘膨胀时的状态

在同一辆汽车上,无论气囊数量多少,既可集中进行控制,也可分别进行控制。一般来说,正面气囊和护膝气囊可用一个电控单元(SRS ECU)进行控制,侧面气囊和头部气帘(窗帘式气囊)可用一个 SRS ECU 进行控制。

四、安全气囊的控制过程

当汽车遭受正面碰撞和侧面碰撞时,安全气囊的控制过程完全相同。下面以图 6-49 所示正面碰撞为例,说明安全气囊的控制过程。

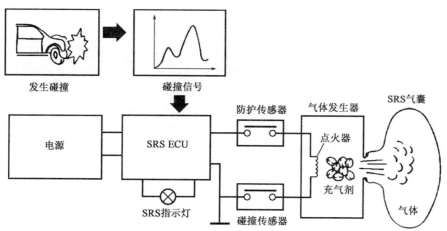

图 6-49 安全气囊系统的控制过程

当汽车遭受前方一定角度范围内的碰撞时,安装在汽车前部和 SRS ECU 内部的碰撞传感器都会检测到汽车突然减速的信号,并将信号输入 SRS ECU,以便判断是否发生碰撞。

当汽车遭受碰撞且减速度达到设定阈值时,SRS ECU 发出控制指令将气囊组件中的点火器(电雷管)电路接通,电雷管引爆使点火剂(引药)受热爆炸(即电热丝通电发热引爆炸药)。当点火剂引爆时,迅速产生大量热量,充气剂受热分解并释放出大量氮气(固态叠氮化钠受热300℃时就会分解释出氮气)充入气囊,使气囊冲开气囊组件上的装饰盖向驾驶人和乘员方向膨胀,在人体与车内构件之间铺垫一个气垫,驾驶人和乘员面部与胸部压靠在充满气体的气囊上,将人体与车内构件之间的碰撞变为弹性碰撞,通过气囊产生变形和排气节流来吸收人体碰撞产生的动能,从而达到保护人体的目的。

五、安全气囊的动作时序

根据德国 Bosch 公司在奥迪轿车上的试验研究表明:当汽车以车速 50km/h 与前方障碍物发生碰撞时,安全气囊的动作时序如图 6-50 所示。

(1)发生碰撞约 10ms 后,气囊达到引爆极限,点火器

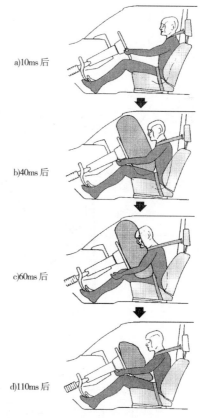

a)10ms 后
b)40ms 后
c)60ms 后
d)110ms 后

图 6-50 安全气囊动作时序

使点火剂引爆并产生大量热量,使充气剂(固态叠氮化钠)受热分解,驾驶人身体未发生移动,如图6-50a)所示。

(2)发生碰撞约40ms后,气囊完全充满,体积最大,驾驶人身体向前移动,安全带斜系在驾驶人身上并拉紧,部分冲击能量被吸收,如图6-50b)所示。

(3)发生碰撞约60ms后,驾驶人头部及身体上部压向气囊,气囊和气囊上的排气孔在气体和人体压力作用下排气节流吸收人体与气囊之间弹性碰撞产生的动能,如图6-50c)所示。

(4)发生碰撞约110ms后,大部分气体已从气囊逸出,驾驶人身体回靠到座椅靠背上,汽车前方恢复视野,如图6-50d)所示。

(5)发生碰撞约120ms后,碰撞危害解除,车速降低至零。

由此可见,气囊从开始充气到完全充满约需30ms。从汽车遭受碰撞开始到气囊收缩为止,所用时间约为120ms,而人们眨一下眼睛所用时间约为200ms。可见,其动作时间极短,动作状态无法用肉眼确认。气囊动作过程与经历时间之间的关系如表6-4所示。

安全气囊动作过程与经历时间的关系　　　　表6-4

碰撞之后经历时间	0	10ms	40ms	60ms	110ms	120ms
安全气囊动作状态	遭受碰撞	点火引爆开始充气	气囊充满人体前移	排气节流吸收动能	人体复位恢复视野	危害解除车速降零

六、安全气囊的有效范围

汽车SRS并非在所有碰撞情况下都能起作用。正面SRS只有在汽车正前方±30°角范围内发生碰撞、纵向减速度达到设定阈值、防护传感器和任意一只前碰撞传感器接通时,才能引爆气囊充气,如图6-51所示。在下列条件之一的情况下,正面气囊不会引爆充气。

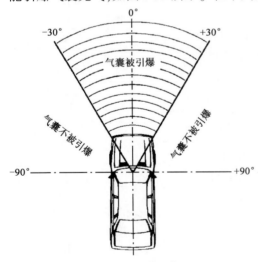

图6-51　正面碰撞SRS的有效范围

(1)汽车遭受侧面碰撞超过正前方±30°角时(此时侧面气囊将引爆充气)。

(2)汽车遭受横向碰撞时(此时侧面气囊将引爆充气)。

(3)汽车遭受后方碰撞时。

(4)汽车发生绕纵向轴线侧翻时(此时侧面气囊将引爆充气)。

(5)纵向减速度未达到设定阈值时。

(6)所有前碰撞传感器都未接通或SRS ECU内部的防护传感器未接通时。

(7)汽车正常行驶、正常制动或在路面不平的道路条件下行驶时。

减速度阈值根据SRS的性能进行设定。不同车型装备SRS的减速度阈值各不相同。在美国,SRS是按驾驶人不佩戴座椅安全带进行设计,气囊体积大、充气时间长,所以气囊应在较低的减速度阈值时引爆充气(一般在车速为25km/h发生碰撞时,气囊就应引爆)。在日本和欧洲,SRS是按驾驶人佩戴座椅安全带进行设计,气囊体积小、充气时间短,所以减速度阈值较大(一般在车速为35km/h发生碰撞时,气囊才引爆充气)。图6-52所示为丰田轿车以

55km/h 的速度与前方障碍物发生碰撞的试验结果,由图可见,虽然发动机舱和车身都已产生变形,但由于气囊已经引爆,驾驶人并未受到伤害。

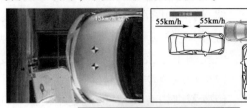

图 6-52　丰田轿车 55km/h 速度正面碰撞试验结果

七、安全气囊系统的结构原理

安全气囊系统 SRS 由碰撞传感器、电控单元 SRS ECU、气囊组件和 SRS 指示灯四部分组成。气囊组件和 SRS 指示灯是 SRS 的执行元件。

(一) 碰撞传感器

碰撞传感器实际上是一种减速度传感器,其功用是将碰撞信号输入 SRS 和座椅安全带收紧系统电控单元(SRS ECU),以便 SRS ECU 判定是否引爆气囊点火器和安全带收紧点火器。

1. 碰撞传感器分类

按用途不同,碰撞传感器可分为碰撞信号传感器和碰撞防护传感器两种类型。

碰撞信号传感器又称为碰撞烈度(激烈程度)传感器,安装在汽车左前与右前翼子板内侧,两侧前照灯支架下面,发动机散热器支架左、右两侧,左右仪表板下面等。

碰撞防护传感器又称为安全传感器或保险传感器,简称防护传感器,一般都安装在 SRS ECU 内部。防护传感器和碰撞信号传感器的结构原理完全相同,唯一区别在于设定的减速度阈值有所不同。换句话说,一只碰撞传感器既可用作碰撞信号传感器,也可用作碰撞防护传感器,但是必须重新设定其减速度阈值。设定减速度阈值的原则是:碰撞防护传感器的减速度阈值比碰撞信号传感器的减速度阈值稍小。在欧洲,当汽车以 35km/h 左右的速度撞到一辆静止或同样大小的汽车上,或以 25km/h 左右的速度迎面撞到一个不可变形的障碍物上时,减速度就会达到碰撞信号传感器设定的阈值,传感器就会动作。

按结构不同,碰撞传感器可分为机电结合式、水银开关式和电子式三种类型。机电结合式碰撞传感器是一种利用机械机构运动(滚动或转动),使电器触点闭合(或断开)来接通(或切断)气囊点火器电路的装置,常用的有滚球式、滚轴式和偏心锤式三种。水银开关式碰撞传感器是一种利用水银的良好导电特性,将气囊点火器电路直接接通或切断的装置。电子式碰撞传感器是一种将碰撞作用力转换为电信号,使电子电路导通(或截止)来接通(或切断)气囊点火器电路的装置,工作原理与压力传感器基本相同。这些传感器结构简单,使用方便。下面以典型的滚球式碰撞传感器为例说明其结构特点与工作原理。

2. 滚球式碰撞传感器

滚球式碰撞传感器又称为偏压磁铁式碰撞传感器,结构如图6-53所示,主要由铁质滚球、永久磁铁、导缸、固定触点和壳体等组成。两个触点分别与传感器引线端子连接。滚球用来测量减速度大小,可在导缸内移动或滚动。壳体上印制有箭头标记,箭头方向与传感器结构有关,有的规定指向汽车前方(如丰田雷克萨斯LS400型轿车),有的规定指向汽车后方。因此,在安装传感器时,箭头方向必须符合使用说明书规定。

滚球式碰撞传感器工作原理如图6-54所示。当传感器处于静止状态时,在永久磁铁磁力作用下,导缸内的滚球被吸向磁铁,两个触点与滚球分离,如图6-54a)所示,传感器电路处于断开状态。

当汽车遭受碰撞且减速度达到设定阈值时,滚球产生的惯性力将大于永久磁铁的电磁吸力。在惯性力的作用下,滚球就会克服磁力沿导缸向两个固定触点运动并将固定触点接通,如图6-54b)所示。当传感器用作碰撞信号传感器时,固定触点接通则将碰撞信号输入SRS ECU;当传感器用作碰撞防护传感器时,则将点火器电源电路接通。

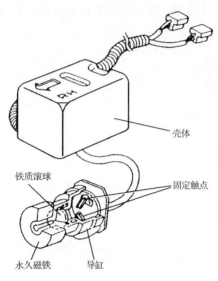

图6-53 滚球式碰撞传感器的结构

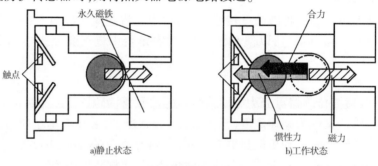

图6-54 滚球式碰撞传感器的工作原理

(二)安全气囊系统电控单元SRS ECU

安全气囊系统电控单元(SRS ECU)是安全气囊系统的核心部件,其安装位置因车型而异。当传感器与SRS ECU组装在一起时,SRS ECU必须安装在汽车纵向轴线上。不同车型SRS ECU的结构各有不同,福特林肯·城市(Lincoln City)轿车SRS ECU的内部结构如图6-55所示,主要由专用中央处理单元CPU、备用电源电路、稳压电路、信号处理电路、保护电路、点火电路和监测电路等组成。

(1)专用中央处理器CPU。专用中央处理器CPU由模/数(A/D)转换器、数/模(D/A)转换器、串行输入/输出(I/O)接口、只读存储器ROM、随机存储器RAM、可电擦除可编程只读存储器EEP ROM和定时器等组成,其主要功用是监测汽车纵向和横向减速度是否达到设定阈值。

(2)信号处理电路。信号处理电路主要由放大器和滤波电路组成,其功用是对传感器检测的信号进行整形和滤波处理,以便SRS ECU能够接收与识别。

(3)备用电源电路。SRS有两个电源:一个是汽车电源(蓄电池和交流发电机);另一个是备用电源。备用电源又称为后备电源或紧急备用电源,由电源控制电路和若干个电容器组成,其功用是当汽车电源与 SRS ECU 之间的电路被切断后,在一定时间(一般为6s)内维持 SRS 供电,保持 SRS 的正常功能。当汽车遭受碰撞而导致蓄电池或交流发电机与 SRS ECU 之间的电路切断时,备用电源能在6s之内向 ECU 供给电能,保证 SRS ECU 测出碰撞、发出点火指令等正常功能。点火备用电源能在6s之内向点火器供给足够的点火能量引爆点火剂。当时间超过6s之后,备用电源供电能力降低,SRS ECU 备用电源不能保证 ECU 测出碰撞和发出点火指令,点火备用电源不能供给最小点火能量,气囊将不能充气膨开。

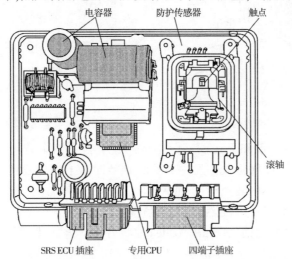

图6-55　林肯城市(Lincoln City)轿车 SRS ECU 的结构

(4)稳压保护电路。在汽车电器系统中,许多电器部件带有电感线圈,电器开关琳琅满目,电器负载变化频繁。当线圈电流接通或切断、开关接通或断开或负载电流突然变化时,都会产生瞬时脉冲电压(即过电压),如果这些瞬时脉冲电压加到 SRS 电路上,系统中的电子元件就可能因电压过高而损坏。为了防止 SRS 元件遭受损害,SRS ECU 中必须设置保护电路。同时,为了保证汽车电源电压变化时 SRS 能正常工作,还必须设置稳压电路。

(三)气囊组件

气囊组件是 SRS 的执行元件。按功能不同,气囊组件分为正面(保护面部与胸部)、侧面 SRS(保护颈部与腰部)、护膝和头部(气帘)四种类型。其中,正面气囊组件分为驾驶席、前排乘员席(副驾驶席)和后排乘员席三种。各种气囊组件都是由气囊、点火器和气体发生器组成,原理也相同,仅外形尺寸和形状有所不同。下面以驾驶席气囊组件为例说明。

驾驶席气囊组件的结构如图6-56所示,主要由气囊饰盖、气囊、气体发生器和安装在气体发生器内部的点火器组成。

(1)气囊。气囊一般采用聚酰胺织物(如尼龙)制成,内层涂有聚氯丁二烯,用以密闭气体。早期气囊的背面制作有2~4个通气小孔,用以排气节流吸收动能,目前普遍采用透气性较好的织物制作,因此没有制作通气孔。

气囊在静止状态时,像降落伞未打开时一样折叠成包,安放在气体发生器上部与气囊饰盖之间。气囊开口一侧固定在气囊安装支架上,先用金属垫圈与气囊支架座圈夹紧,然后用铆钉铆接。气囊饰盖表面模压有撕印,以便气囊充气时撕裂饰盖,减小冲出饰盖的阻力。驾驶席气囊充满氮气时的体积为35L左右。

(2) 气体发生器。气体发生器又称为充气器,用专用螺栓与螺母固定在转向盘上的气囊支架上,结构如图 6-57 所示,由气体发生器盖、金属滤网、充气剂、点火器和引爆炸药组成,其功用是在点火器引爆点火剂时,产生气体向气囊充气,使气囊膨开。

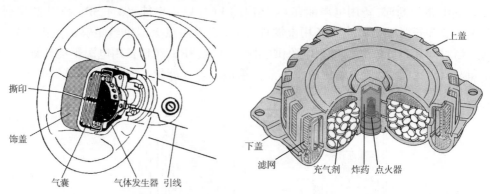

图 6-56 驾驶席气囊组件的结构　　图 6-57 气囊气体发生器的结构

气体发生器壳体由上盖和下盖两部分组成。在上盖上制有若干个长方形或圆形充气孔。下盖上制有安装孔,以便将气体发生器安装到转向盘上的气囊支架上。上盖与下盖用冷压工艺压装成一体,壳体内装充气剂、滤网和点火器。金属滤网安放在气体发生器壳体的内表面,用以过滤充气剂和点火剂燃烧产生的渣粒。

充气剂普遍采用叠氮化钠(Sodium Azide)片状合剂。叠氮化钠的分子式为 NaN_3,是无色六方形晶体,有剧毒,密度为 $1.846g/cm^3$,在温度约 300℃ 时分解出氮气。可由氨基钠与一氧化二氮作用制得。叠氮化钠与铅盐(如硝酸铅)作用可制备起爆药叠氮化铅 $Pb(N_3)_2$。目前,大多数气体发生器都是利用热效反应产生氮气而充入气囊。在点火器引爆点火剂瞬间,点火剂会产生大量热量,固态叠氮化钠受热立即分解释放氮气,并从充气孔充入气囊。虽然氮气是无毒气体,但是叠氮化钠的副产品有少量的氢氧化钠和碳酸氢钠(白色粉末)。这些物质是有害的,因此,在清洁气囊膨开后的车内空间时,应保证通风良好并采取防护措施。充气剂制作成片状合剂的目的是便于填装到气体发生器壳体内部。

(3) 点火器。气囊点火器外包铝箔,安装在气体发生器内部中央位置,结构如图 6-58 所示,主要由引爆炸药、药筒、引药、电热丝、电极和引出导线等组成。

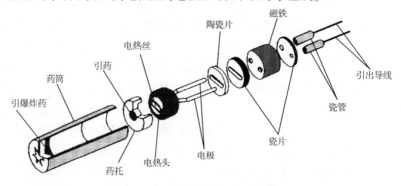

图 6-58 驾驶席气囊点火器零部件组成

点火器的功用是:当 SRS ECU 发出点火指令使电热丝电路接通时,电热丝迅速红热引爆引药,引药瞬间爆炸产生热量,药筒内温度和压力急剧升高并冲破药筒,使充气剂(叠氮化钠)受热分解释放氮气充入气囊。

点火器的所有部件均装在药筒内。点火剂包括引爆炸药和引药。引出导线与气囊连接器插头连接,连接器(一般都为黄色)中设有短路片(铜质弹簧片)。当连接器插头拔下或插头与插座未完全接合时,短路片将两根引线短接,防止静电或误通电将电热丝电路接通使点火剂引爆而造成气囊误膨开。

(四) SRS 指示灯

SRS 指示灯又称为 SRS 警告灯,安装在驾驶室仪表板面膜下面,并在面膜表面相应位置制作有气囊动作图形或字母"SRS""AIR BAG""SRS AIR BAG"等指示。

SRS 指示灯的功用是:指示安全气囊系统功能是否正常。当点火开关拨到"ON"或"ACC"位置后,如果指示灯发亮或闪亮约 6s 后自动熄灭,表示 SRS 功能正常。如果指示灯不亮、一直发亮或在汽车行驶途中突然发亮或闪亮,说明自诊断测试系统发现 SRS 故障,应及时排除。自诊断系统在控制 SRS 指示灯发亮或闪亮的同时,还会将所发现的故障编成代码存储在存储器中。

八、安全气囊系统的保险机构

安全气囊系统工作可靠与否,直接关系到人身安全。为了便于检查排除故障,安全气囊系统的线束和连接器与其他电器系统都有区别。早期曾采用深蓝色,目前大多数都采用黄色,欧洲汽车有的采用橘红色(如奔驰汽车就采用红色)。为了保证安全气囊系统可靠工作,其线束连接器采用了导电性、耐久性良好的镀金接线端子,并设计有防止气囊误爆机构、电路连接诊断机构、端子双重锁定机构、连接器双重锁定机构等保险装置。天津丰田花冠COROLLA 轿车 SRS 线束连接器示意图如图 6-59 所示,连接器采用的各种保险机构如表 6-5 所示。

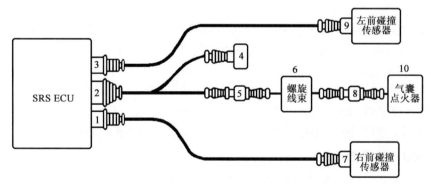

图 6-59 丰田 COROLLA 轿车 SRS 线束连接器位置示意图

1、2、3-SRS ECU 连接器;4-SRS 电源连接器;5-螺旋线束与 SRS ECU 之间的中间线束连接器;6-螺旋线束;7-右碰撞传感器连接器;8-SRS 气囊点火器与螺旋线束之间的连接器;9-左碰撞传感器连接器;10-SRS 气囊点火器

天津一汽丰田 COROLLA 轿车 SRS 采用的保险机构　　　表 6-5

序号	保险机构名称	采用该装置的连接器代号
1	防止气囊误爆机构	2、5、8
2	线路连接诊断机构	1、3、7、9
3	连接器双重锁定机构	5、8
4	端子双重锁定机构	1、2、3、4、5、7、8、9

(一)防止气囊误爆机构

防止误爆机构为一块铜质弹簧片(称为短路片),其功用是:当连接器拔开(插头拔下或插头与插座未完全接合)时,短路片(弹簧片)自动将靠近气囊点火器一侧插座上的两个引线端子短接,如图6-60所示,防止静电或误通电将点火器电路接通而造成气囊误膨开。图6-59所示的SRS ECU至气囊点火器之间的连接器2、5、8均采用了防止气囊误爆机构。

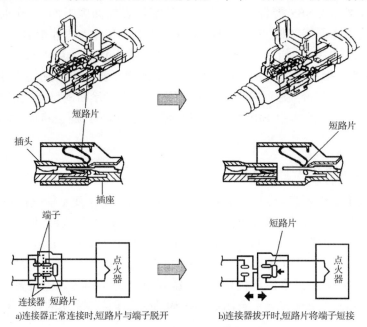

图6-60 防止气囊误爆机构的结构原理

短路片一般设在连接器插座上,当插头与插座正常连接时,插头的绝缘壳体将短路片向上顶起,如图6-60a)所示,短路片与连接器端子脱开,插头引线端子与插座引线端子接触良好,点火器电热丝电路处于正常连接状态。

当插头与插座脱开时,短路片将气囊点火器一侧插座上的引线端子短接,使点火器电热丝与短路片构成回路,如图6-60b)所示,此时即使将电源加到点火器一侧连接器插座上,由于电源被短路片短路,因此点火器不会引爆气囊,从而达到防止气囊误爆之目的。

(二)电路连接诊断机构

电路连接诊断机构的作用是监测连接器插头与插座是否可靠连接,结构如图6-61所示。图6-59所示的前碰撞传感器连接器及其与SRS ECU连接的连接器1、3、7、9采用了电路连接诊断机构。

在连接器插头(或插座)上设置有一个诊断销。在连接器插座上设置有两个诊断端子,端子上设有弹簧片,其中一个诊断端子与碰撞传感器的某一个触点相连,另一个诊断端子经过一个电阻(电阻值一般为1kΩ,丰田车系为755~885Ω)后与碰撞传感器的另一个触点相连。

当传感器插头与插座半连接(未可靠连接)时,诊断端子与诊断销尚未接触,如图6-61a)所示,此时电阻尚未与传感器触点构成并联电路,连接器引线"+"与"-"之间的电阻为无穷大。因为"+""-"引线与SRS ECU连接器1或3(图6-59)的插头连接,所以当SRS ECU监测到碰撞传感器的电阻为无穷大时,即判定连接器连接不可靠,SRS ECU就会控制 SRS 指示灯闪亮报警,同时将故障编成代码存储在存储器中。

当传感器插头与插座可靠连接时,诊断端子与诊断销可靠接触,如图 6-61b) 所示,此时电阻与碰撞传感器触点构成并联电路。因为碰撞传感器触点为常开触点,所以,当 SRS ECU 检测到传感器电路阻值为并联电阻阻值(一般为 1kΩ,丰田车系为 755～885Ω)时,即判定连接器可靠连接,传感器电路连接正常。

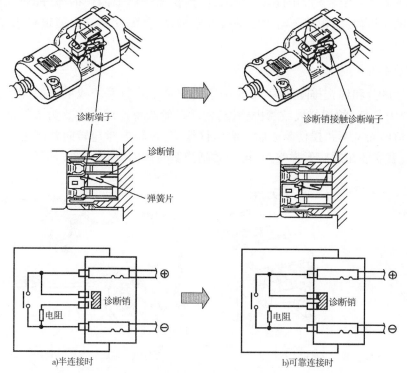

图 6-61 线束连接诊断机构的结构原理

(三)连接器双重锁定机构

连接器双重锁定机构的功用是:锁定连接器插头与插座,防止连接器脱开,结构如图 6-62 所示。在 SRS 和座椅安全带收紧系统线束中,各种气囊组件和螺旋线束等重要连接部位的连接器(图 6-59 中连接器 5、8)都采用了双重锁定机构。

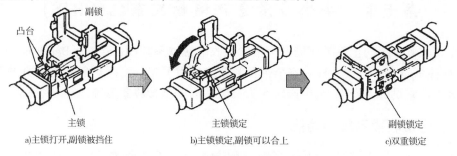

图 6-62 连接器双重锁定机构

在连接器插头上,设有主锁和两个凸台。在连接器插座上,设有锁柄能够转动的副锁。当主锁未锁定时,插头上的两个凸台就会阻止副锁锁定,如图 6-62a) 所示;当主锁完全锁定时,副锁锁柄方能转动并锁定,如图 6-62b) 所示;当主锁与副锁双重锁定后,连接器插头与插座的连接状态如图 6-62c) 所示,插头与插座可靠连接,从而防止连接器脱开。

(四) 接线端子双重锁定机构

在安全气囊系统的每一个连接器中,接线端子都设置有双重锁定机构,其作用是:防止接线端子滑动而导致接触不良。

接线端子双重锁定机构如图 6-63 所示,由连接器壳体上的锁柄与分隔片组成。其中,锁柄为一次锁定机构,防止端子沿导线轴线方向滑动;分隔片为二次锁定机构,防止端子沿导线径向移动。

(五) 螺旋线束

为了便于区分和检查排除故障,SRS 和座椅安全带收紧系统线束一般都套装在具有特殊颜色(一般为黄色)的塑料波纹管内,并与发动机舱线束连成一体。为了保证转向盘具有足够的转动角度而又不致损伤驾驶席气囊组件线束,在转向盘与转向柱管之间采用了螺旋线束,即将线束安装在螺旋形弹簧内,再安放到弹簧壳体内,如图 6-64 所示。

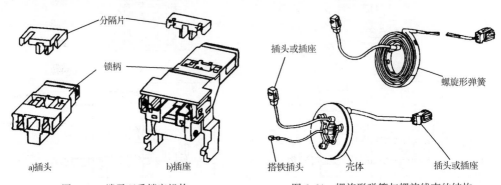

图 6-63 端子双重锁定机构　　图 6-64 螺旋形弹簧与螺旋线束的结构

在装备 SRS 的汽车上,电喇叭线束也安装在螺旋形弹簧内。螺旋弹簧安装在转向盘与转向柱管之间,安装时应注意安装位置和螺旋方向,否则将会导致转向盘转动角度不足或转向沉重。在不同车型的汽车电路图中,螺旋线束的名称各不相同,有的称为螺旋弹簧,有的称为时钟弹簧、游丝弹簧或游丝等。

第七节　安全带紧急收缩触发系统(SRTS)

安全带收紧系统的全称是座椅安全带紧急收缩触发系统 SRTS(Seat-Belt Emergency Retracting Triggering System),又称为安全带预紧系统。为了充分发挥安全带的保护作用,确保汽车驾驶人和乘员的人身安全,国产轿车大都装备有安全带收紧系统。

一、安全带收紧系统的功能

座椅安全带收紧系统的功用是:当汽车遭受碰撞时,在气囊膨开之前迅速收紧安全带,缩短驾驶人和乘员身体向前移动的距离,避免或减轻人体遭受伤害。

二、安全带收紧系统的组成

安全带收紧系统(SRTS)是在 SRS 的基础上,增设防护传感器和左、右座椅安全带收紧器构成。丰田雷克萨斯 LS400 型轿车 SRTS 与 SRS 控制部件的安装位置如图 6-65 所示。

安全带收紧系统（SRTS）的前碰撞传感器和 ECU 一般都与 SRS 公用（仍称为 SRS ECU），防护传感器设在 SRS ECU 内部，用于接通安全带收紧器的电源电路。

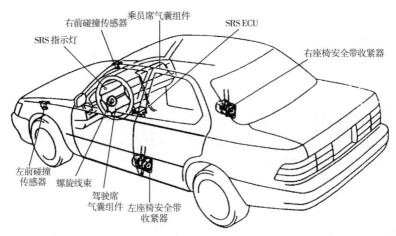

图 6-65　雷克萨斯 LS400 型轿车辅助防护系统控制部件位置

安全带收紧器为 SRTS 的执行器，又称为安全带紧急收紧收缩器，安装在座椅靠近左、右车身的两侧或左、右车门立柱旁边。按结构不同，安全带收紧器可分为活塞式和钢珠式两种类型。

（一）活塞式安全带收紧器

活塞式安全带收紧器由导管（又称为气缸）、活塞、钢丝绳、气体发生器、点火器和安全带收缩棘轮组成，结构如图 6-66 所示。

气体发生器和点火器的结构原理与 SRS 气体发生器和点火器基本相同，有所不同的是体积很小，因此，充气剂的用量很少。点火器安放在气体发生器内部。

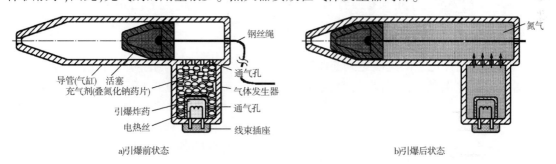

图 6-66　安全带收紧器结构原理

活塞直径约 20mm，安装在导管（气缸）内。活塞上焊接有一根钢丝绳，钢丝绳的另一端固定在棘轮机构的一个棘爪上。

棘轮机构设在安全带伸缩卷筒的一端，由三个棘爪、一个外齿圈和时钟弹簧组成。外齿圈固定在安全带伸缩卷筒的转轴上，可与转轴一同转动，棘爪安放在外齿圈周围的圆形固定架内。当钢丝绳不动时，棘爪在时钟弹簧作用下处于松弛状态，外齿圈可随安全带卷筒沿顺时针或逆时针方向转动；当拉动钢丝绳时，拉力力矩克服时钟弹簧弹力力矩使棘爪抱紧在外齿圈上，并带动安全带伸缩卷筒转动，从而便可使安全带收紧。

当点火器电路接通时，电热丝通电红热并引爆引药，引爆炸药释放大量热量使充气剂受热分解并释放出大量无毒氮气充入收紧器导管。活塞在膨胀气体的推力作用下带动钢丝绳迅速移动，如图 6-66b) 所示。与此同时，钢丝绳通过棘轮机构带动安全带卷筒转动将安全带收紧，使驾驶人和乘员身体向前移动距离缩短，避免或减轻面部、胸部与转向盘、风窗玻璃或仪表板发生碰撞而遭受伤害。

(二) 钢珠式安全带收紧器

钢珠式安全带收紧器的结构如图 6-67 所示，主要由气体发生器、点火器、钢珠、带齿转子、安全带卷筒和钢珠回收盒组成。

气体发生器和点火器的结构原理与 SRS 的气体发生器和点火器基本相同，但体积很小。点火器安放在气体发生器内部，钢珠安放在气体发生器前面的滚道内。带齿转子固定在安全带卷筒的一端，如图 6-67a) 所示。

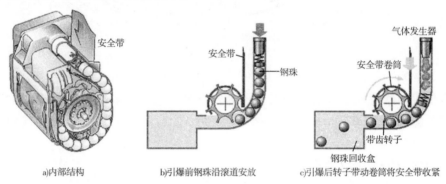

a) 内部结构　　b) 引爆前钢珠沿滚道安放　　c) 引爆后转子带动卷筒将安全带收紧

图 6-67　钢珠式安全带收紧器的结构原理

当点火器电路接通时，电热丝通电红热并引爆引药，引爆炸药释放大量热量使充气剂受热分解并迅速释放出大量氮气冲击钢球。滚道内的钢珠在膨胀气体地推力作用下连续射向转子齿槽，从而驱动转子带动卷筒转动将安全带收紧，如图 6-67b) 和图 6-67c) 所示。

三、安全带收紧的控制过程

当汽车遭受碰撞且减速度达到前碰撞传感器和防护传感器设定阈值时，防护传感器将安全带收紧点火器的电源电路接通，前碰撞传感器信号输入电控单元 SRS ECU 后，SRS ECU 立即向安全带收紧点火器发出点火指令使收紧点火器电路接通，气体发生器就会产生氮气使收紧器动作，如图 6-68 所示，在碰撞后约 10ms 内将安全带收紧 15~20cm，缩短驾驶人和前排乘员身体向前移动的距离，避免或减轻面部、胸部与转向盘、风窗玻璃或仪表板发生碰撞而遭受伤害。

在电控单元 SRS ECU 向安全带收紧点火器发出点火指令的同时，还要向气囊点火器发出点火指令，使气囊膨胀吸收碰撞产生的动能，达到保护驾驶人和乘员的目

图 6-68　安全带与气囊的动作情况

的。因为气囊在发生碰撞约 40 ms 后才能完全充气到最大体积,所以在座椅安全带收紧后,驾驶席和乘员席各种气囊(包括正面、侧面、护膝以及气帘等气囊)才会同时膨开。

一、简答题

1. 一辆轿车在行驶过程中,分别遭遇起步滑转、弯道紧急制动、后轮侧滑等特殊情况,怎样运用汽车电子控制防抱死制动系统 ABS、电子控制制动力分配系统 EBD、电子控制制动辅助系统 EBA、驱动轮防滑转调节系统 ASR、车身稳定性控制系统 VSC 等主动安全技术,解决这些问题,确保该车安全行驶?

2. 汽车装备安全装置的目的是什么?主动安全装置与被动安全装置主要有哪些?

3. 在汽车制动过程中,车轮抱死滑移的根本原因是什么?怎样防止车轮抱死滑移?

4. 分离式防抱死制动系统 ABS 和整体式防抱死制动系统 ABS 各有什么优点?

5. 什么是"轴控式"防抱死制动系统 ABS?轴控式防抱死制动系统 ABS 可分为哪两种?

6. 什么是"低选控制(SL)"?什么是"高选控制(SH)"?

7. 什么是汽车制动系统的控制通道?为什么小轿车普遍采用三通道防抱死制动系统?

8. 汽车防抱死制动系统用磁感应式轮速传感器与磁感应式曲轴位置传感器相比有何异同?

9. 为什么汽车防抱死制动电控单元 ABS ECU 要采用两个微处理器 CPU?

10. 驾驶人怎样判定防抱死制动系统功能是否正常?

11. 电子控制防抱死制动系统的控制原理是什么?

12. 分析说明两位两通电磁阀式防抱死制动系统 ABS 的控制过程。

13. 分析说明三位三通电磁阀式防抱死制动系统 ABS 的控制过程。

14. 为什么汽车电子控制制动力分配系统 EBD 又可称为电子控制制动力分配程序?

15. 当汽车起步、加速或在冰雪路面上行驶时,为什么车轮容易出现滑转现象?

16. 在控制发动机输出转矩和对驱动轮施加制动来调节驱动轮滑转率的控制系统中,当汽车低速和高速行驶时,分别采用什么方法来防止车轮滑转?

17. 车身稳定性控制系统 VSC 必须配置的传感器有哪些?这些传感器的功用分别是什么?

18. 车身稳定性控制系统 VSC 抑制车轮侧滑的基本原理是什么?

19. 当汽车前轮向右侧滑时,为了保持路径跟踪能力和稳定行驶,车身稳定性控制系统 VSC 将怎样控制车轮的制动力?

20. 当汽车后轮向右侧滑时,为了防止发生甩尾或掉头现象,VSC 将怎样控制车轮的制动力?

21. ABS、EBD、EBA、ASR 和 VSC 实现控制功能的共同特点是什么?

22. 汽车正面气囊引爆充气必须满足哪些条件?正面气囊在哪些情况下不会引爆充气?

23. 为什么美国汽车安全气囊系统 SRS 设定的减速度阈值小于欧洲国家 SRS 的减速度阈值?

24. 汽车安全气囊的充气剂普遍采用什么物质?为何制成片状合剂?该物质具有哪些

物理特性?

25. 为了保证安全气囊系统 SRS 可靠工作,在系统中设有哪些保险机构?各有什么特点?

二、选择题

1. 在汽车制动过程中,影响制动距离的是(　　)。
   A. 牵引力　　　　　　B. 纵向附着力　　　　　　C. 横向附着力

2. 在汽车制动过程中,影响行驶稳定性和转向控制能力是(　　)。
   A. 牵引力　　　　　　B. 纵向附着力　　　　　　C. 横向附着力

3. 为了获得最佳的制动效能,电子控制防抱死制动系统 ABS 应将车轮滑移率控制在(　　)。
   A. 1%~10%　　　　　B. 10%~30%　　　　　　C. 30%~60%

4. 在汽车制动时,如果前轮抱死,就会出现(　　)现象。
   A. 迎面撞车　　　　　B. 甩尾　　　　　　　　　C. 翻车

5. 在汽车制动时,如果后轮抱死,就会出现(　　)现象。
   A. 迎面撞车　　　　　B. 甩尾　　　　　　　　　C. 翻车

6. 汽车装备防抱死制动系统 ABS 后,当 ABS ECU 发生故障时,就会出现(　　)现象。
   A. 制动失效　　　　　B. 具有制动功能　　　　　C. 具有防抱死制动功能

7. 汽车防抱死制动系统 ABS 制动压力的调节频率一般为(　　)。
   A. (2~10)次/s　　　B. (10~20)次/s　　　　　C. (20~100)次/s

8. 当两位两通电磁阀式防抱死制动系统 ABS 升压工作时,其进液阀的状态是(　　)。
   A. 打开　　　　　　　B. 关闭　　　　　　　　　C. 间歇开闭

9. 当两位两通电磁阀式防抱死制动系统 ABS 降压工作时,其进液阀的状态是(　　)。
   A. 打开　　　　　　　B. 关闭　　　　　　　　　C. 间歇开闭

10. 当两位两通电磁阀式防抱死制动系统 ABS 保压工作时,其进液阀的状态是(　　)。
    A. 打开　　　　　　　B. 关闭　　　　　　　　　C. 间歇开闭

11. 当两位两通电磁阀式防抱死制动系统 ABS 在常规制动时,其进液阀的状态是(　　)。
    A. 打开　　　　　　　B. 关闭　　　　　　　　　C. 间歇开闭

12. 汽车电子控制制动力分配系统 EBD 的执行器是(　　)。
    A. ABS 的电磁阀　　　B. ABS 的比例阀　　　　　C. 回液泵电动机

13. 当汽车在弯道制动时,电控制动力分配系统 EBD 调节的内外侧车轮制动力为(　　)。
    A. 内侧大于外侧　　　B. 内侧等于外侧　　　　　C. 内侧小于外侧

14. 汽车电子控制制动辅助系统 EBA 主要是在(　　)情况时辅助制动。
    A. 常规制动　　　　　B. 紧急制动　　　　　　　C. 防抱死制动

15. 为使路面提供的附着力得到充分利用,防滑转调节系统 ASR 应将车轮滑转率控制在(　　)。
    A. 1%~10%　　　　　B. 10%~30%　　　　　　C. 30%~60%

16. 试验表明,从汽车遭受碰撞开始到气囊收缩为止经历时间约为(　　)。
    A. 40ms　　　　　　　B. 60ms　　　　　　　　　C. 120ms

17. 汽车安全气囊充满氮气的时间约为（　　）。
   A. 10ms　　　　　　　B. 30ms　　　　　　　C. 60ms
18. 汽车座椅安全带收紧系统SRTS收紧安全带的长度为（　　）。
   A. 10～15mm　　　　　B. 150～200mm　　　　C. 200～300mm
19. 在博世三位三通电磁阀式防抱死制动系统中，电磁阀阀芯的最大移动量为（　　）。
   A. 0.25mm　　　　　　B. 2.5mm　　　　　　 C. 0.1mm
20. 汽车安全气囊系统SRS与座椅安全带收紧系统SRTS的点火时序为（　　）。
   A. SRS先点火　　　　 B. SRTS先点火　　　　C. SRS与SRTS同时点火

复习题

1. 电子控制防抱死制动系统ABS的功用是什么？
2. 何谓车轮滑移率？何谓理想滑移率？影响车轮滑移率的因素有哪些？
3. 当汽车制动时,前轮抱死制动有什么危害？后轮抱死有什么危害？
4. 汽车防抱死制动系统ABS由哪几个子系统组成？
5. 防抱死制动压力调节系统由哪些部件组成？
6. 防抱死制动电子控制系统由哪些部件组成？
7. 在汽车防抱死制动系统ABS中,制动压力调节器的功用是什么？
8. 汽车防抱死制动系统ABS具有哪些优点？
9. 按制动压力调节器与制动主缸的结构形式不同,汽车防抱死制动系统ABS分为哪两种类型？
10. 按车轮控制方式不同,电子控制防抱死制动系统ABS分为哪两种类型？
11. 按制动压力调节器的动力源不同,防抱死制动系统ABS分为哪两种类型？
12. 按制动压力调节器调压方式不同,常用防抱死制动系统ABS分为哪两种类型？
13. 减速度传感器的功用是什么？分为哪些类型？
14. 汽车防抱死制动系统ABS常用电磁阀有哪些？
15. 电子控制制动力分配系统EBD的主要功用是什么？
16. 电子控制制动辅助系统EBA的主要功用是什么？
17. 研究结果表明：在汽车紧急制动时,由于驾驶技术水平和精神紧张程度等原因,不能使车轮制动器产生足够制动力的驾驶人比例是多少？能使车轮制动器产生充足制动力的驾驶人比例是多少？
18. 汽车驱动轮防滑转调节系统ASR的主要功用是什么？
19. 防止驱动轮滑转的控制方法有哪几种？这些控制方法的最终目的是什么？
20. 在汽车行驶过程中,防滑转调节电控单元（ASR ECU）根据那些传感器信号来计算确定驱动轮滑转率的大小？
21. 车身稳定性控制系统VSC的功用是什么？
22. 汽车安全气囊系统SRS的功用是什么？主要由哪些部件组成？
23. 在车辆事故中,什么是一次碰撞？什么是二次碰撞？
24. 在车辆事故中,导致驾驶人和乘员遭受伤害的主要原因是什么？

25. 按功能不同,汽车安全气囊系统分为哪些类型?分别保护人体的哪些部位?
26. 汽车正面气囊的主要功用是什么?侧面气囊的主要功用是什么?
27. 试说明汽车遭受碰撞且减速度达到设定阈值时,安全气囊系统的控制过程。
28. 试说明汽车以 50km/h 车速与前面障碍物碰撞时,安全气囊系统的动作时序与状态。
29. 气囊组件主要由哪几部分组成?按功用不同,气囊组件分为哪几种?
30. 座椅安全带收紧系统 SRTS 的功用是什么?安全带收紧器有哪些类型?各有什么特点?

第七章 汽车电控自动变速（ECT/CVT）技术

汽车电控自动变速技术的全称是汽车变速器电子控制自动变速技术，又称为电子控制液力机械自动变速技术。

电子控制自动变速技术是在机械式变速器、液力变矩器等机械与液力传动技术和电子控制技术的基础上发展而成。机械与液力传动技术于19世纪初发明于欧洲，液力变矩器早在1912年就已应用于船舶变速与变矩。因为液力变矩器不仅具有防止发动机过载的功能，而且还能实现无级变速（传动比在一定范围内连续变化），所以在汽车、飞机及其他机械传动领域迅速得到广泛应用。

第一节 电控自动变速系统（ECT）的组成

汽车自动变速是相对于手动换挡变速而言的，是指电控变速系统根据道路条件和负载变化，自动改变驱动轮的转速与转矩来满足汽车行驶要求。

电控自动变速系统（ECT，Electronic Controlled Automatic Transmission System）又称为电控自动变速器（ECT，Electronic Controlled Automatic Transmission），由齿轮变速系统、液压控制系统和自动变速电子控制系统3个子系统组成。丰田雷克萨斯LS400型轿车装备的A341E、A342E型电控四挡自动变速器的组成如图7-1所示。

一、齿轮变速系统

齿轮变速系统由液力变矩器、换挡执行机构和齿轮变速机构组成。

液力变矩器安装在发动机飞轮一端，其主要功用是将发动机输出的动力传递给齿轮变速机构的输入轴。除此之外，液力变矩器还能实现无级变速，且具有一定的减速增矩作用。

换挡执行机构包括换挡离合器和换挡制动器，其功用是改变齿轮变速机构的传动比，从而获得不同的挡位。

齿轮变速机构又称为齿轮变速器，其功用是实现由起步至最高车速范围内的传动比变化。

二、液压控制系统

液压控制系统由液压传动装置（油泵、自动传动液）、阀体（电磁阀、换挡阀、锁止阀和调压阀等）以及连接这些液压装置的油道组成。

液压控制系统的功用是：根据电磁阀的工作状态，控制换挡执行元件（换挡离合器和换挡制动器)和动力传递元件(锁止离合器)的油路,从而改变齿轮变速机构的传动比来实现自动换挡和改变液力变矩器的工作状态来实现动力传递。

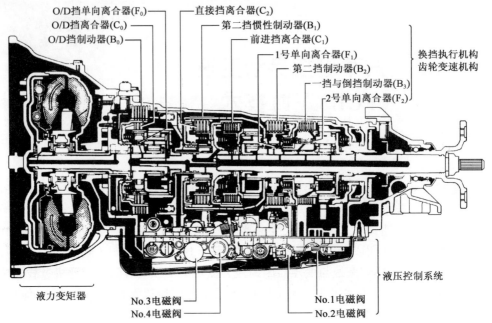

图 7-1　雷克萨斯 LS400 型轿车 A341E、A342E 型电控自动变速器组成

三、电子控制系统

自动变速电子控制系统与其他电子控制系统一样,也是由传感器与各种控制开关、电子控制自动变速电控单元(ECT ECU)和执行器三部分组成。主要功能是控制自动换挡和动力传递。

传感器包括节气门位置传感器 TPS、车速传感器 VSS、冷却液温度传感器 CTS 等;控制开关包括换挡规律选择开关(或驱动模式选择开关)、超速行驶(O/D,Over-Drive)开关、空挡起动开关、制动灯开关等。

执行器包括换挡电磁阀和锁止电磁阀。换挡电磁阀一般设有两只,即 No.1 电磁阀和 No.2 电磁阀;锁止电磁阀一般设有一只,即 No.3 电磁阀。除此之外,液压控制系统的换挡阀和锁止阀,变速系统的液力变矩器、换挡离合器、换挡制动器以及齿轮变速机构都是电子控制系统的执行元件。

四、自动变速系统的类型

汽车自动变速系统(AT,Automatic Transmission System)又称为自动变速器(AT,Automatic Transmission)。其种类繁多、形式各异,且各有特点。自动变速系统的分类方法有多种,可按汽车驱动方式、前进挡数目、变速齿轮类型、液力变矩器类型、控制方式等进行分类。

目前,常用方法是按控制方式分类,可分为液压控制式自动变速系统和电子控制式自动变速系统两种类型。

(一)液压控制式自动变速系统(A/T)

液压控制式自动变速系统的全称是全液压机械传动式自动变速系统,简称液压自动变速系统(或自动变速器),在电路图中常用英文字母"A/T"表示。

液压控制式自动变速系统由液力变矩器、带有液压控制换挡执行元件(离合器和制动器)的齿轮变速器(普遍采用行星齿轮变速器)以及液压控制阀(手控阀、换挡阀、反映节气门开度的节气门阀、反映车速的调速阀)等组成。

(二)电子控制式自动变速系统(ECT)

电子控制式自动变速系统(ECT)实际上是一种电子控制的液压机械传动式自动变速系统,由液力变矩器、带有液压控制换挡执行元件(离合器和制动器)的齿轮变速器(普遍采用行星齿轮变速器)、液压控制阀(手控阀、换挡阀等)和电子控制系统(传感器与控制开关、ECT ECU 和电磁阀)等组成。一般用字母 ECT 表示,以区别于液压控制式自动变速系统 A/T。生产公司不同,表示方法不尽相同。

目前,汽车装备的电子控制式自动变速系统主要有电子控制逐级变速系统(ECT)、电子控制无级变速系统(CVT,Electronic Controlled Continuously Variable Transmission System)和电子控制手动—自动一体变速系统(Activematic ECT,Electronic Controlled Active - matic Transmission System)三种类型。

五、电控变速与液控变速的区别

电子控制式自动变速与液压控制式自动变速在控制原理、控制方式和控制理论方面均有明显区别,如图 7-2 所示。

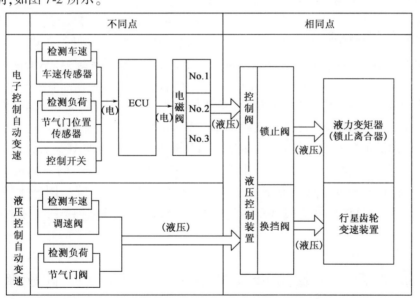

图 7-2　电子控制式与液压控制式自动变速的比较

液压控制式自动变速系统的控制原理是:液压控制阀是根据反映节气门开度的节气门阀和反映车速的调速阀的液压信号决定换挡挡位和换挡时机。控制方式是:利用液力操纵换挡阀和换挡元件动作来实现自动变速,其控制理论基于流体力学。

电子控制式自动变速系统(ECT)的控制原理是:自动变速电控单元(ECT ECU)根据反映节气门开度的节气门位置传感器(TPS)、反映汽车速度的车速传感器(VSS)以及发动机冷却液温度(CTS)、空挡起动开关、制动灯开关等电信号,从预先存储在只读存储器(ROM)中的换挡规律(MAP,换挡数据地图)中查寻得到换挡挡位和换挡时机。控制方式是:ECT

ECU向电磁阀发出控制指令,由电磁阀控制换挡阀动作,换挡阀再控制换挡执行元件动作来实现自动变速,其控制理论基于电工电子学和自动控制理论。

六、电控自动变速系统的优缺点

电子控制式自动变速系统具有以下优点:

(1) 驾驶操纵性好。由于自动变速取消了手动变速的离合器,无须频繁换挡,使得驾驶操作简单快捷,从而大大降低了劳动强度,提高了操纵方便性和行驶安全性。此外,驾驶人无须长时间培训,即可进行驾驶操作,这是汽车普及到家庭的条件之一,也是电控自动变速汽车广泛受到女士们青睐的原因之一。

(2) 延长发动机和传动系统的使用寿命。液力传动装置的工作介质(自动传动液)是液体,因为液体传力为柔性传力,具有缓冲作用,所以能够有效地衰减传动系统的扭转振动与冲击,防止传动系统过载损坏,延长发动机和传动系统零部件的使用寿命,这也是军用越野汽车采用自动变速系统的重要原因之一。

(3) 提高汽车的整体性能。自动变速系统在换挡过程中不会中断动力传递,液力变矩器可使驱动轮上的牵引力逐渐增大,发动机可维持在相对稳定的转速运转。因此,既能保证汽车平稳起步和加速,提高乘坐舒适性;也能自动适应行驶阻力的变化,提高汽车的通过性;还能在一定车速范围内实现逐级变速或无级变速,使发动机的功率得到充分利用,提高汽车的平均速度和发动机的动力性。

(4) 高速节约燃油和减少污染。装备自动变速器的汽车一般都设有"经济型"和"动力型"行驶模式供选择使用。当汽车在高速公路或高等级路面上行驶时,可以选择"经济型"行驶模式并使用超速挡行驶,使发动机经常处于经济、低排放工况运行,从而能够节约燃油和降低污染。

自动变速器的主要缺点是结构复杂,零部件加工工艺要求高、难度大、维修不便。此外,在低速行驶时,传动效率比手动变速器低。因此,装备自动变速器的汽车在一般道路(特别是城市道路)条件下行驶时,耗油量会有所增加(大约增加10%)。为了克服这一不足,汽车厂商在20世纪末开发出了既能自动换挡,又能手动换挡的灵活机动式自动变速系统(Activematic ECT),通常称为"手自一体式"自动变速系统。国产天津丰田皇冠3.0、帕萨特B5、马自达6和奥迪A6等各种轿车都已普遍装备这种"手自一体式"的自动变速系统。

第二节 电控自动变速系统(ECT)的控制原理

汽车电控自动变速系统的主要功能是:根据汽车车速和发动机负荷变化,自动控制换挡和动力传递(即自动控制变速机构的换挡时机和液力变矩器的锁止时机),使汽车获得良好的动力性和经济性。此外,还有失效保护功能和故障自诊断功能。失效保护功能是指电控系统的部分重要部件(如电磁阀、车速传感器)失效或其线路发生故障时,继续控制变速机构处于部分挡位(一般为一挡或抵挡),以便汽车继续行驶回家或驾驶到维修站维修。故障自诊断功能是指车速传感器和电磁阀等控制部件或其线路发生故障时,控制系统能将故障部位编成代码存储在存储器中,以便设计与维修时参考。

一、电控自动变速原理

在装备电控自动变速系统(ECT)的汽车上,变速机构自动换挡和液力变矩器自动锁止只有在汽车前进挡(D、3、2、1)时才能实现,在N(空挡)、P(停车挡)和R(倒挡)时,执行器将保持初始状态,变速器为纯机械与液压控制。电控自动变速主要包括换挡时机控制和液力变矩器锁止时机控制,控制原理如图7-3所示。

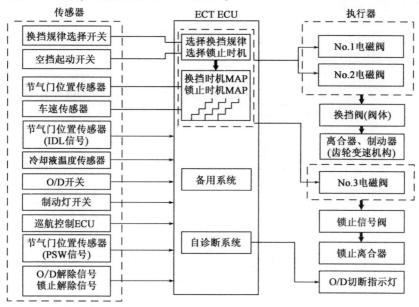

图7-3 电控自动变速的控制原理

自动变速电控单元(ECT ECU)是电控自动变速系统的控制核心。在ECT ECU的存储器ROM中,除了存储有进行数学计算和逻辑判断的控制程序之外,还存储有变速器换挡规律MAP和变矩器锁止时机MAP。这些数据MAP在电控自动变速系统设计制作完成之后,经过反复试验测试获得,并预先存储在ROM之中,以供ECT ECU在汽车行驶时查寻调用。

换挡规律又称为驱动模式,是指汽车发动机节气门开度与车速(或变速器输出轴转速)之间的关系。电控自动变速系统常用的换挡规律有普通型(NORM, Normal Mode)、动力型(PWR, Power Mode)和经济型(ECON, Economy Mode)三种。如果自动变速系统只提供有普通型与动力型,那么,其普通型(NORM)换挡规律就相当于经济型(ECON)换挡规律。

在自动变速电控单元(ECT ECU)的控制下,当选挡操纵手柄处于D、L、2、R位置时,起动继电器线圈不能接通,发动机不能起动。当选挡操纵手柄处于P或N位置时,起动继电器线圈电路才能接通,发动机才能被起动。

发动机一旦起动,各种传感器(车速传感器、节气门位置传感器等)信号和控制开关信号就不断输入ECT ECU,经过输入回路和模数转换电路转换成CPU能够识别的电信号,CPU按照一定频率对其进行采样,并将采样信号与预先存储在只读存储器ROM中的换挡规律MAP和变矩器锁止时机MAP进行比较运算或逻辑判断,从而确定是否换挡和是否锁止液力变矩器。

当选挡操纵手柄拨到前进挡位置时,ECT ECU首先根据换挡规律(驱动模式)选择开关的状态在换挡规律MAP中选择相应的换挡规律;然后根据节气门开度信号、车速信号和控制开关信号在换挡规律 MAP 中查寻确定变速机构的换挡时机、在变矩器锁止时机 MAP 中查寻确定液力变矩器的锁止时机。当确定为换挡(或变矩器锁止)时,CPU 立即向相应的电磁阀发出控制指令,电磁阀再控制换挡阀(或锁止阀)动作,换挡阀(或锁止阀)阀芯移动改变了换挡离合器和制动器(或锁止离合器)的控制油路,使离合器或制动器的工作状态(接合或分离)发生改变,从而实现自动换挡(或液力变矩器锁止)。

二、换挡时机控制原理

换挡(升挡或降挡)时机是指变速器自动切换挡位(即速比)的时机,又称为换挡点。换挡时机的控制原理如图 7-4 所示。

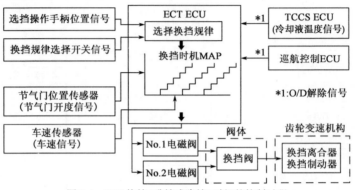

图 7-4 ECT 换挡(升挡或降挡)时机的控制过程

在汽车行驶过程中,ECT ECU 确定换挡时机的信息包括:空挡起动开关提供的选挡操纵手柄的位置(D、2 或 L 位)信号,换挡规律选择开关提供的驾驶人选择的换挡规律(NORM、PWR 或 ECON)信号,节气门位置传感器提供的发动机节气门开度(即发动机负荷)信号,车速传感器提供的汽车行驶速度信号。除此之外,还要接收发动机 ECU 和巡航控制 ECU 输送的解除超速行驶信号。

当驾驶人将选挡操纵手柄拨到 D、2 或 L 位置时,ECT ECU 便从空挡起动开关接收到一个表示选挡手柄位置的信号。此时 ECT ECU 首先根据换挡规律选择开关信号在换挡规律 MAP 中选择相应的换挡规律;然后根据节气门位置传感器和车速传感器信号与预先存储在 ROM 中的换挡规律 MAP 进行比较并确定变速机构的升挡或降挡时机。当节气门开度和车速达到选定换挡规律的最佳升挡或降挡时机时,ECT ECU 立即向 No.1 和 No.2 换挡电磁阀发出通电或断电指令,控制换挡阀动作。换挡阀阀芯移动时,就会接通或关闭行星齿轮变速机构中换挡离合器和制动器的控制油路,使离合器和制动器接合或分离,从而实现自动升挡或降挡,即改变速比和车速。

三、锁止时机控制原理

汽车电控自动变速系统普遍装备锁止式液力变矩器(即带有锁止离合器的液力变矩器)。当汽车在路面不好的道路上行驶时,为了发挥液力传动自动适应行驶阻力剧烈变化的优点,锁止离合器应当分离,使变矩器起作用;当汽车在路面良好的道路上行驶时,为了提高行驶速度和燃油经济性,锁止离合器应当接合,使变矩器的输入轴与输出轴成为刚性连接,将发动机动力直接传递到齿轮变速机构。当汽车高速行驶、变矩器速比增大到一定值(具体数值由液力变矩器结构决定,三元件变矩器一般为 0.8)时,变矩器将锁止传递动力。

锁止时机控制就是控制何时锁止液力变矩器,将发动机动力直接传递到变速器,从而提高传动效率(即提高车速),并改善燃油经济性。在 ECT ECU 根据节气门位置传感器信号和车速传感器信号确定变速机构换挡时机的同时,还要在变矩器锁止时机 MAP 中查寻确定液力变矩器的锁止时机,锁止时机的控制原理如图 7-5 所示。

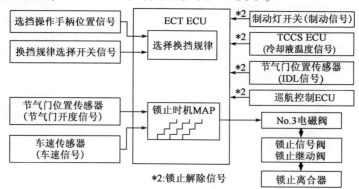

图 7-5　ECT 变矩器锁止时机的控制过程

当 ECT ECU 在变矩器锁止时机 MAP 中查寻确定锁止液力变矩器时,立即向锁止电磁阀(No.3 电磁阀)发出通电或断电指令,控制锁止信号阀和锁止继动阀动作。当锁止信号阀和锁止继动阀阀芯移动时,就会改变液力变矩器内锁止离合器的控制油路使离合器接合,将液力变矩器与发动机飞轮锁成一体。液力变矩器锁止时,发动机输入变矩器的动力将直接传递到变速器输入轴,传动效率达 100%。

解除锁止则由制动灯开关、巡航控制 ECU、冷却液温度传感器、节气门位置传感器怠速 IDL 触点信号决定。

第三节　齿轮变速系统的结构原理

自动变速器的齿轮变速系统由液力变矩器、齿轮变速机构和换挡执行机构三部分组成。在装备电控自动变速系统的汽车上,发动机输出的动力由液力变矩器和齿轮变速机构传递给驱动轮。

齿轮变速机构传动比的改变受控于换挡离合器和换挡制动器等换挡执行机构,换挡执行机构受控于换挡阀,换挡阀受控于电子控制系统的换挡电磁阀(No.1 电磁阀和 No.2 电磁阀),换挡电磁阀又受控于 ECT ECU;液力变矩器中的锁止离合器受控于锁止阀,锁止阀受控于锁止电磁阀(No.3 电磁阀),锁止电磁阀受控于 ECT ECU。

一、锁止式液力变矩器

液力变矩器是一种典型的柔性传递转矩的液力传动装置,是自动变速器必不可少的动力传递装置。液力变矩器的结构原理在《汽车构造》的"汽车传动系"部分都有介绍,故此处仅介绍锁止式液力变矩器的结构特点和控制原理。

(一)锁止式液力变矩器的结构特点

锁止式液力变矩器的结构如图 7-6 所示,由三元件液力变矩器、单向离合器(滚柱式和楔块式)和锁止离合器组成,又称为闭锁式液力变矩器。其显著优点是能够直接传递动力,即传动效率可达 100%。

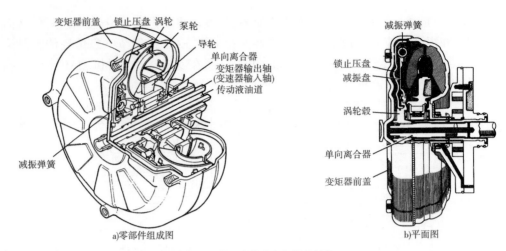

图 7-6 锁止式液力变矩器的结构

锁止离合器为湿式离合器,安装在涡轮与变矩器壳体前盖之间,由主动部件、从动部件和液压控制部件组成。液力变矩器壳体的前盖为主动部件,锁止压盘(又称为锁止活塞)与减振盘为从动部件,可沿轴向移动。变矩器前盖的后端面和锁止压盘的前端面均黏附有摩擦材料,即均有摩擦面。锁止压盘与减振盘外缘采用键与键槽连接,压盘与减振盘内缘均采用铆钉与涡轮毂铆接,减振盘和减振弹簧能够衰减离合器接合时的扭振。液压控制部件由控制油液和油道组成。

(二)锁止式液力变矩器的控制原理

锁止式液力变矩器的工作状态以及锁止离合器的接合与分离状态,由自动传动液(ATF,Automatic Transmission Fluid)及其流向进行控制,控制油道分为内油道和外油道,如图 7-7 所示。

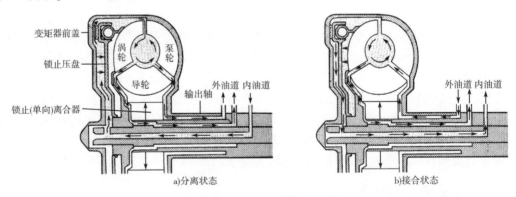

图 7-7 锁止式液力变矩器的控制原理

汽车低速行驶时速比较小,变矩器处于变矩工况工作。液压控制系统控制传动液 ATF 由变速器输入轴的中心油道(内油道)流入锁止压盘左侧,如图 7-7a)所示,锁止压盘在油压作用下向后移动,离合器处于分离状态。传动液由变速器轴中心的油道(内油道)流入,经变矩器从外油道流出使冷却器冷却。此时动力传递路线为:发动机→曲轴上的驱动盘→变矩器前盖→泵轮→涡轮→涡轮毂→变矩器输出轴(即变速器输入轴)。

当汽车高速行驶、速比增大到一定值($i = 0.8$)时,变矩器转换成液力耦合器工况。此时液压控制系统控制传动液 ATF 流向反向,传动液由导轮固定套中的油道(外油道)流入变矩器,从变速器输入轴中心油道(内油道)和导轮固定套与变速器轴之间的油道(外油道)流出。由于传动液从变速器输入轴的中心油道流出,因此锁止压盘左侧油压降低,而压盘右侧仍为变矩器油压。锁止压盘在左、右两侧压力差作用下前移并压在变矩器壳体前盖上,如图7-7b)所示,锁止离合器处于接合状态。因为锁止压盘内缘铆接在涡轮毂上,所以离合器接合便将涡轮与泵轮接合成一体,发动机输入的动力由变矩器壳体前盖、锁止压盘和涡轮毂直接传递到变速器输入轴,传动效率为100%。此时动力传递路线为:发动机→曲轴上的驱动盘→变矩器前盖→锁止压盘→涡轮毂→变矩器输出轴(即变速器输入轴)。

锁止式液力变矩器传递动力的大小既能自动适应汽车行驶阻力的变化,又能提高传动效率。因此,现代汽车普遍采用。

二、行星齿轮变速机构

汽车必须满足从停止到起步、从低速行驶到高速行驶和倒退行驶的使用要求。虽然液力变矩器在一定范围内能够自动、无级地改变输出转矩和转速,但是,其变矩系数较小(一般为2~3),难以满足使用要求。因此,汽车必须设置齿轮变速机构,且应具有速比可变(即具有变速挡)、转向可逆(即具有倒挡)和切断动力(即具有空挡)的功能。

齿轮变速机构主要有平行轴式和行星齿轮式两种。行星齿轮变速机构有辛普森(Simpson)式、拉维奈尔赫(Ravigneaux,又译为纳文脑)式和阿里森(Arnoldson)式等。汽车自动变速器采用的行星齿轮机构大都是由辛普森式双排行星齿轮机构或拉维奈尔赫式复合行星齿轮机构组成。

辛普森式行星齿轮变速机构的显著特点是:前后两个行星排的太阳轮连成一体,即"前后行星排共用一个太阳轮"。辛普森式行星齿轮变速器举世闻名,是以其设计者霍华德·辛普森(Howard Simpson)的名字命名而来,能够提供三个前进挡(即三速或三挡)和一个倒挡的行星齿轮变速器。欧、美、日等国采用的自动变速器大多数都是辛普森式行星齿轮变速器,仅美国三大汽车公司采用的辛普森式行星齿轮变速器就有近20个型号。

(一)行星齿轮机构的结构特点

行星齿轮机构是指:在齿轮机构中,至少有一个轴线可以绕共同的固定轴线转动的齿轮机构。自动变速器是由多个行星排组成,行星排的多少取决于排挡数量。最简单的行星齿轮机构称为单排行星齿轮机构,其结构如图7-8所示,由太阳轮、内齿圈、行星架、行星轮和行星轮轴组成。

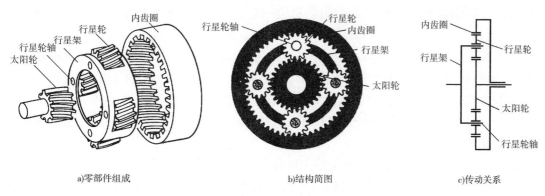

a)零部件组成　　　　b)结构简图　　　　c)传动关系

图7-8　单排行星齿轮机构的结构

太阳轮为中心齿轮;行星齿轮(简称行星轮)有3~6个,对称布置在太阳轮与内齿圈(环形齿圈)之间,行星轮轴上安装有滚针轴承。各行星轮用行星齿轮架(简称行星架)连接成为一个整体。因为各行星轮与太阳轮和内齿圈保持啮合,所以行星轮既能绕行星轮轴自转,又能围绕太阳轮公转,这种关系如同太阳系中地球与太阳的关系,因此,将这样的齿轮机构称为行星齿轮机构。

(二)行星齿轮机构的运动规律

在行星齿轮机构中,虽然将不是齿轮的行星架虚拟成一个具有明确齿数的齿轮(齿数 = 太阳轮齿数 + 内齿圈齿数)之后,其传动比也可按平行轴式齿轮变速机构传动比的计算公式来计算。但是,由于行星齿轮的轴线是转动的,且虚拟齿轮及其齿数来源不便于理解,因此,需要利用行星齿轮机构的运动规律方程式来计算其传动比。此外,通过分析单排行星齿轮机构的运动规律,便可了解双排、多排或其他形式组合而成的行星齿轮变速器的变速原理。

根据单排行星齿轮机构的受力情况建立力矩平衡方程式后,再根据能量守恒定律可得太阳轮、内齿圈和行星架三个部件上输入与输出功率的代数和等于零的方程式,即可得到单排行星齿轮机构的运动规律方程式,即:

$$n_1 + \alpha n_2 - (1 + \alpha) n_3 = 0$$

式中:n_1、n_2、n_3——分别为太阳轮、内齿圈和行星架的转速;

α——内齿圈齿数 Z_2 与太阳轮齿数 Z_1 之比。

(三)行星齿轮机构的变速原理

由运动规律方程式可见,将太阳轮、内齿圈和行星架三者中的任意元件与主动轴相连作为输入主动件,第二元件与被动轴相连作为输出从动件,再将第三元件强制固定(称为制动)使其转速为零或约束其运动使其转速为某一定值,则整个轮系就能以一定的传动比传递动力,实现不同挡位和速度的变化。

在行星齿轮机构中,行星轮对传动比没有任何影响,在传递动力过程中只起过渡作用,决定传动比的仍然是主、从动齿轮的齿数或转速。为了便于定量分析变速传动速比,设太阳轮齿数 $Z_1 = 24$,内齿圈齿数 $Z_2 = 56$,则 $\alpha = Z_2/Z_1 = 56/24 = 2.33$。

1. 内齿圈固定($n_2 = 0$)

1)太阳轮为主动件(输入),行星架为从动件(输出)——减速传动

在内齿圈固定的前提下,由行星齿轮机构的运动规律方程式可得传动比 i_{13} 为:

$$i_{13} = n_1/n_3 = 1 + \alpha = 1 + Z_2/Z_1 = 3.33$$

当太阳轮按顺时针方向转动时,如图7-9a)所示,各行星齿轮既要分别绕各自的轴沿逆时针方向转动(即自转),还要沿内齿圈并绕太阳轮沿顺时针方向滚动(即公转),同时带动行星架绕太阳轮沿顺时针方向旋转。太阳轮旋转3.33转,行星架旋转1转。因为从动件(行星架)与主动件(太阳轮)旋转方向相同,且从动件转速低于主动件转速,因此,这种传动方案可以实现减速传动。

2)行星架为主动件(输入),太阳轮为从动件(输出)——超速传动

在内齿圈固定($n_2 = 0$)的前提下,由行星齿轮机构的运动规律方程式可得传动比 i_{31} 为:

$$i_{31} = \frac{n_3}{n_1} = \frac{1}{1+\alpha} = 0.30$$

当行星架按顺时针方向转动时,如图7-9b)所示,各行星轮也将分别绕各自的轴沿逆时针方向转动(即自转),同时驱动太阳轮沿顺时针方向转动。行星架旋转0.3转,太阳轮旋转1转。因为从动件(太阳轮)与主动件(行星架)旋转方向相同,且从动件转速高于主动件转速,所以此种传动方案可以实现超速传动。

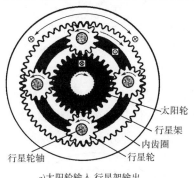

a)太阳轮输入,行星架输出　　　　b)行星架输入,太阳轮输出

图7-9　内齿圈固定时行星齿轮机构工作情况(⊗表示输入;⊙表示输出)

2. 太阳轮固定($n_1 = 0$)

1) 内齿圈为主动件(输入),行星架为从动件(输出)——减速传动

在太阳轮固定的前提下,由行星齿轮机构的运动规律方程式可得传动比i_{23}为:

$$i_{23} = \frac{n_2}{n_3} = \frac{1+\alpha}{\alpha} = 1.43$$

当内齿圈按顺时针方向转动时,如图7-10a)所示,各行星轮既要分别绕各自的轴沿顺时针方向转动(即自转),还要绕太阳轮沿顺时针方向滚动(公转),同时带动行星架沿顺时针方向旋转。内齿圈旋转1.43转,行星架旋转1转。从动件(行星架)与主动件(内齿圈)旋转方向相同,且从动件转速低于主动件转速,因此这种方案可以实现减速传动,但其转速降低和转矩增加比上述内齿圈固定时的减速传动方案少,如将上一种方案作为减速传动低挡,此种方案则可作为减速传动高挡。

2) 行星架为主动件(输入),内齿圈为从动件(输出)——超速传动

在太阳轮固定($n_1 = 0$)的前提下,由行星齿轮机构的运动规律方程式可得传动比i_{32}为:

$$i_{32} = \frac{n_3}{n_2} = \frac{\alpha}{1+\alpha} = 0.70$$

当行星架绕固定不动的太阳轮按顺时针方向转动时,如图7-10b)所示,就会带动各行星轮绕太阳轮沿顺时针方向滚动(公转)和绕各自的轴沿顺时针方向转动(即自转),与此同时,带动内齿圈沿顺时针方向转动。行星架旋转0.70转,内齿圈旋转1转。从动件(内齿圈)与主动件(行星架)旋转方向相同,且从动件转速高于主动件转速,这种方案可以实现超速传动。

3. 行星架固定($n_3 = 0$)

1) 太阳轮为主动件(输入),内齿圈为从动件(输出)——倒挡减速传动

在行星架固定的前提下,由行星齿轮机构的运动规律方程式可得传动比i_{12}为:

$$i_{12} = \frac{n_1}{n_2} = -\alpha = -2.33$$

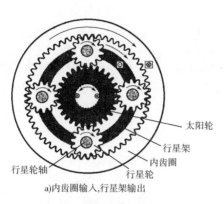
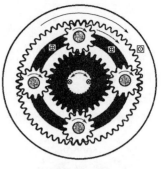

a) 内齿圈输入,行星架输出　　　　　　　b) 行星架输入,内齿圈输出

图 7-10　太阳轮固定时行星齿轮机构工作情况（⊗表示输入；⊙表示输出）

式中负号表示从动件与主动件的旋转方向相反。当行星架固定不动时,如图 7-11a）所示,各行星轮只能自转而无公转。此时行星轮作为惰轮使从动轮（内齿圈）与主动轮（太阳轮）反向转动。太阳轮转动 2.33 转,内齿圈转动 1 转。此种方案可以实现减速、倒挡传动。

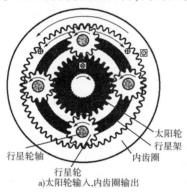
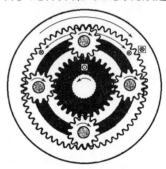

a) 太阳轮输入,内齿圈输出　　　　　　　b) 内齿圈输入,太阳轮输出

图 7-11　行星架固定时行星齿轮机构工作情况（⊗表示输入；⊙表示输出）

2）内齿圈为主动件（输入）,太阳轮为从动件（输出）——倒挡升速传动

在行星架固定（$n_3=0$）的前提下,由行星齿轮机构的运动规律方程式可得传动比 i_{21} 为：

$$i_{21} = \frac{n_2}{n_1} = -\frac{1}{\alpha} = -0.43$$

当行星架固定不动、内齿圈为主动轮时,如图 7-11b）所示。同理,行星轮作为惰轮使从动轮（太阳轮）与主动轮（内齿圈）反向转动。内齿圈转动 0.43 转,太阳轮转动 1 转。此种方案可以实现升速、倒挡传动。

4. 连锁任意两个元件（$n_1=n_2$ 或 $n_1=n_3$ 或 $n_2=n_3$）——直接挡传动

如将太阳轮、内齿圈和行星架三个元件中的任意两个元件连锁成一体（即 $n_1=n_2$ 或 n_3 或 $n_2=n_3$）,各齿轮间就没有相对运动,由行星齿轮机构的运动规律方程式可得 $n_1=n_2=n_3$,即整个行星齿轮机构将成一整体而旋转。此种方案可作为直接挡传动。

5. 所有元件都不受约束——空挡

在太阳轮、内齿圈和行星架三个元件中,如果所有元件都不受约束（固定）,任何两个元件也没有连锁成一体,则各元件将自动转动,即当输入轴转动时,输出轴可以不动,行星齿轮机构将不传递动力,此种方案可作为空挡。

综上所述,单排行星齿轮机构的运动规律可归纳为五种（减速、超速、反向、直接、空挡）传动方式和八种工作状态,如表 7-1 所示。

单排行星齿轮机构的运动规律 表 7-1

序号	固定件	主动件	从动件	传动比 i	工作状态	挡位应用
1	内齿圈	太阳轮	行星架	$i_{13} = \dfrac{n_1}{n_3} = 1 + \alpha = 3.33$	减速传动低挡	一挡
2	内齿圈	行星架	太阳轮	$i_{31} = \dfrac{n_3}{n_1} = \dfrac{1}{1+\alpha} = 0.30$	超速传动	未被采用
3	太阳轮	内齿圈	行星架	$i_{23} = \dfrac{n_2}{n_3} = \dfrac{1+\alpha}{\alpha} = 1.43$	减速传动高挡	二挡
4	太阳轮	行星架	内齿圈	$i_{32} = \dfrac{n_3}{n_2} = \dfrac{\alpha}{1+\alpha} = 0.70$	超速传动	超速挡
5	行星架	太阳轮	内齿圈	$i_{12} = \dfrac{n_1}{n_2} = -\alpha = -2.33$	反向减速传动	倒挡
6	行星架	内齿圈	太阳轮	$i_{21} = \dfrac{n_2}{n_1} = -\dfrac{1}{\alpha} = -0.43$	反向超速传动	不合实用未被采纳
7	三个元件中任意两个连成一体,第三元件与前两元件等速			$i = 1$	直接传动	直接挡(三挡)
8	所有元件不受约束			自动转动	失去传动作用	空挡

注:1. 表中 α 为内齿圈齿数 Z_2 与太阳轮齿数 Z_1 之比,$\alpha = Z_2/Z_1 = 56/24 = 2.33$;
　　2. 负号表示从动件与主动件转动方向相反。

单排行星齿轮机构的变速范围有限,不能满足汽车的实际需要,汽车用行星齿轮变速器是由两个或多个单排行星齿轮机构组成,其变速原理与单排行星齿轮机构相同,传动比可根据上述单排行星齿轮机构的运动规律方程式推导得出。

三、换挡执行机构

自动变速器的换挡执行机构有换挡离合器(简称离合器)和换挡制动器(简称制动器)两种。自动变速器采用的换挡离合器有单向离合器与片式离合器两种;换挡制动器有片式制动器和带式制动器两种。单向离合器的类型以及结构原理与液力变矩器以及起动系统使用的单向离合器基本相同,故不赘叙。片式离合器或片式制动器是一种利用传动液 ATF 压力来推动活塞移动,从而使离合器片(或制动器片)接合的离合器(或制动器),故又称为活塞式离合器(或制动器)。

(一)换挡离合器

在自动变速器中,换挡离合器的功用是将行星齿轮变速机构的输入轴与行星排的某一个元件或将行星排的某两个元件连接成一体,用以实现变速传动。

1. 片式离合器的结构特点

自动变速器采用的片式离合器的零部件组成如图 7-12 所示,主要由离合器毂、活塞、复位弹簧、离合器片、离合器壳等组成。

在离合器毂的内圆制作有若干个键槽,用于安放离合器片。离合器片由若干片主动片(钢片)和从动片(摩擦片)组成。主动钢片与离合器主动件相连,从动摩擦片与离合器从动件相连。在离合器片的外圆或内圆上制有若干个凸缘,以便与离合器毂或花键毂连接并传递动力。

在自动变速器中,具有离合器毂和花键毂的部件都可与变速器输入轴或行星排的某个元件连接。与输入轴相连的部件则为主动件,与行星排相连的部件则为从动件。在图 7-12

中,主动钢片的内圆制有若干个凸缘并安放在主动部件花键毂(图中未画出)外圆的键槽中,从动摩擦片的外缘制有若干个凸缘并安放在离合器毂内圆的键槽中。从动摩擦片由两个表面黏附有摩擦片的钢片制成。摩擦片由合成纤维、酚醛树脂和富有弹性的纸质材料经过硬化和浸渍处理后制成,具有很高的摩擦系数,其摩擦性能受压力和温度影响很小。因为变速器的离合器片都浸泡在传动液中,故又称为湿式摩擦片离合器。

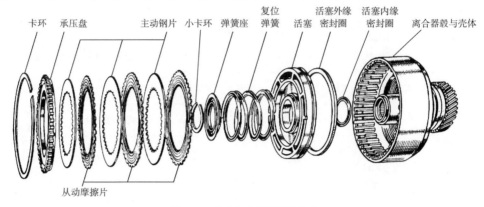

图 7-12　片式离合器零部件组成

2. 片式离合器的工作原理

片式离合器的工作原理如图 7-13 所示,输入轴为主动件,驱动齿轮与输入轴制成一体,主动钢片内圆的凸缘安放在驱动齿轮的键槽中,从而实现滑动连接。主动钢片既能随驱动齿轮转动,又能作少量轴向移动。

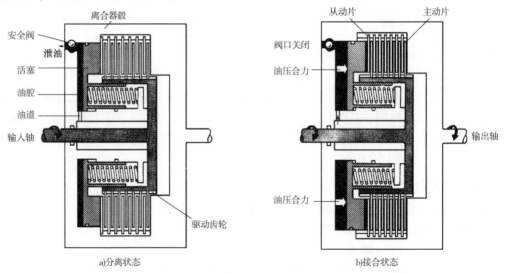

图 7-13　片式离合器工作原理(驱动齿轮为主动件,离合器毂为从动件)

离合器毂为从动件,从动摩擦片外圆上的凸缘安放在离合器毂内圆的键槽中,从而实现滑动连接。摩擦片也可作少量轴向移动。离合器的活塞安装在离合器毂内,活塞与离合器毂之间形成有一个环状油腔,该油腔与液压控制油道相通。环形油腔由活塞内外圆上的 O 形密封圈保证密封。

当液压控制系统的传动液 ATF 经控制油道进入环形油腔时,活塞在油压作用下,克服复位弹簧弹力向右移动,将主动钢片与从动摩擦片压紧在一起,离合器接合传递动力,如图

7-13b)所示。动力传递路线为:输入轴→驱动齿轮→主动片→从动片→离合器毂→输出轴。因此,当离合器处于接合状态时,便可将驱动齿轮和离合器毂连接的机件(变速器轴和行星排的基本元件)连接成一体,从而实现变速传动。

当液压控制系统的油压解除后,活塞在弹簧弹力的作用下复位,离合器又处于分离状态,如图 7-13a)所示。

3. 安全阀的作用

为了保证离合器工作时能够彻底分离,必须满足以下两个条件:

(1)当离合器处于分离状态时,主动片与从动片之间必须具有足够的间隙,标准间隙为 0.25~0.38mm。间隙不当时,可选用不同厚度的推力垫圈或从动摩擦片进行调整。

(2)当液压控制系统的油压解除后,离合器环形油腔内不能残存传动液。

在离合器的油腔内,由于结构限制,因此仅设有一条控制油道,通常设在活塞旋转的中心部位。离合器接合与分离时,传动液 ATF 均从同一油道流入与流出。因此当离合器分离时,残留在油腔中的传动液在离心力的作用下就会甩向油腔外缘,使油腔外缘产生一定的油压。这一油压作用在活塞上会使离合器分离不彻底,导致离合器从动摩擦片与主动钢片磨损加剧而缩短其使用寿命。为此,在油腔周围的离合器毂外缘或活塞外缘上设有一个球阀,称为安全阀或甩油阀。

当传动液流入环形油腔时,具有一定压力的传动液将球阀压紧在阀座上,如图 7-13b)所示,安全阀阀口处于关闭状态。传动液 ATF 充入油腔使油压升高。

当需要离合器分离时,液压控制系统接通回油油道,油腔内的传动液 ATF 流出,油压降低,球阀在离心力作用下离开阀座,如图 7-13a)所示,安全阀阀口处于开启状态,残留在油腔中的传动液在离心力的作用下便可从安全阀阀口流出,使离合器快速并彻底分离。

(二)换挡制动器

换挡制动器是换挡执行机构中的锁止元件,其功用是锁定行星排中的任意一个或两个元件,以便实现变速传动。换挡制动器分为片式制动器和带式制动器两种。

1. 片式制动器

片式制动器的结构原理与片式离合器基本相同,仅零部件的名称有所不同。分别称为制动器毂、制动器片(主动钢片、从动摩擦片)、活塞和复位弹簧等。当液压控制系统的传动液使活塞移动时,主动钢片与从动摩擦片压紧在一起,便将制动器连接的行星排元件与变速器壳体锁定,从而实现变速传动。

2. 带式制动器的结构原理

带式制动器由制动带及其伺服装置(即控制油缸)组成。

(1)制动带。制动带是内表面镀有一层摩擦材料的开口式环形钢带。

按制动带的变形能力不同,可分为刚性制动带和挠性制动带两种。刚性制动带比挠性制动带厚,具有较高的强度和较大的热容量,其缺点是不能产生与制动毂相适应的变形。挠性制动带可与制动毂完全贴合,因此制动效果好,且价格低廉。

按制动带的结构不同,可分为单边制动带和双边制动带两种,如图 7-14 所示。双边制动带制动效果比单边制动带好,多用于转矩较大的低挡和倒挡制动器。相同类型的制动带用于不同挡位时,其内表面的摩擦材料镀层不尽相同。低挡、倒挡制动带镀层大多采用金属摩擦材料,其目的是保证具有足够的制动力矩;高挡制动带镀层一般采用有机耐磨材料,其目的是防止制动毂过度磨损。

a) 刚性单边制动带　　　　b) 挠性单边制动带　　　　c) 双边制动带

图 7-14　带式制动器制动带的结构

(2) 伺服装置。伺服装置分为直接作用式和间接作用式两种。

直接作用式制动器的结构如图 7-15 所示,由制动带、活塞、复位弹簧和顶杆等组成。制动带开口的一端固定在调整螺杆前端的推杆上,调整螺杆固定在与变速器壳体相连的支座上,另一端支承在与油缸活塞相连的顶杆上。制动器不工作时,活塞在复位弹簧弹力作用下右移到极限位置。

当液压控制系统的传动液从控制油道进入活塞的工作油腔(即活塞右面无弹簧一侧油腔)时,在油压作用下,活塞克服弹簧弹力推动顶杆左移,制动带以左侧顶杆支承点为支点收紧。在制动力矩的作用下,制动带将制动毂抱死并停止转动,此时行星齿轮机构与制动毂连接的元件便处于锁止状态,从而实现变速传动。

当工作油缸泄压时,活塞在复位弹簧弹力作用下,带动顶杆一同复位,制动解除。如果仅靠弹簧弹力,则活塞复位速度较慢,这种结构多用于早期生产的自动变速器以及换入空挡用制动器。目前,大多数制动器设置了左侧油腔进油道,当右侧油腔回油使压力降低时,活塞在左侧油腔压力和复位弹簧弹力共同作用下复位,可迅速解除制动。

间接作用式伺服装置的结构如图 7-16 所示,与直接作用式制动器的区别在于增设了一套杠杆机构,杠杆一端与活塞推杆连接,另一端与制动带顶杆连接。活塞移动时,活塞推杆通过杠杆使制动带顶杆动作,从而使制动带收紧。由于采用了杠杆机构将活塞作用力放大,因此可以增大制动力矩。

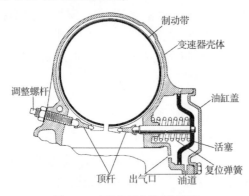
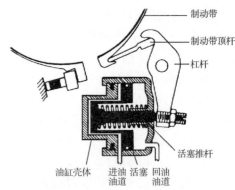

图 7-15　直接作用式带式制动器　　　　图 7-16　间接作用式制动器

3. 带式制动器间隙的调整

带式制动器在解除制动后,制动带与制动毂之间应有一定间隙,以便制动毂旋转,否则就会导致制动毂与制动带加速磨损,影响行星齿轮机构正常工作。制动带与制动毂间隙的调整方法有两种:一是通过调节调整螺杆进行调整,如图 7-15 所示;二是调节活塞推杆进行调整,如图 7-16 所示。调整方法是:先将调整螺杆或推杆拧紧到《维修手册》规定力矩,然后拧回规定圈数即可。

四、停车锁止机构

目前,大多数自动变速器都是通过锁止输出轴实现驻车(停车)。停车锁止机构的结构如图7-17a)所示,主要由停车棘爪、停车齿圈和锁止杆等组成。

停车棘爪上制作有一个锁止凸齿,一端支承在变速器壳体的支承销上,且可绕支承销转动。锁止杆的一端制作成直径大小不同的圆柱杆,如图7-17b)所示,另一端经连杆机构与选挡操作手柄连接。

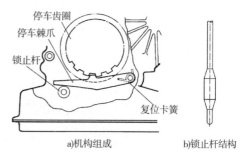

a)机构组成　　b)锁止杆结构

图7-17　停车锁止机构

当选挡操纵手柄拨到P位以外的任一位置时,手柄连杆机构带动锁止杆向离开停车棘爪方向移动,使锁止杆直径较小的圆柱杆与停车棘爪接触,停车棘爪在复位卡簧弹力的作用下复位,其锁止凸齿与外齿圈分离,变速器输出轴可以自由旋转。

当选挡操纵手柄拨到P(停车)位置时,手柄连杆机构推动锁止杆向接近停车棘爪方向移动,使锁止杆直径较大的圆柱杆部分与停车棘爪接触,将停车棘爪顶向停车齿圈。当锁止凸齿嵌入齿圈的齿槽时,便将输出轴与变速器壳体连成一体而无法转动,使汽车停止不动。

第四节　液压控制系统的结构原理

自动变速器的变速机构是由换挡执行机构(换挡离合器或换挡制动器)接合与分离来实现变速。由于换挡执行机构的接合与分离受控于液压控制系统,因此,在学习电子控制自动变速系统控制过程之前,还必须熟悉液压控制系统各种控制阀的结构原理。

各型汽车自动变速器液压控制系统的结构大同小异。丰田佳美(Camry)5S-FE 燃油喷射式发动机轿车和赛利卡(Celica)轿车采用的 A140E 型 ECT 液压控制系统的组成如图7-18所示,主要由液压传动装置(油泵、传动液 ATF)、液压控制装置(包括主副调压阀、节流阀、换挡阀、手控阀、电磁阀、锁止阀)以及连接这些液压装置的油道组成。

一、液压传动装置

自动变速器液压控制系统的液压传动装置主要包括液压油泵和传动液 ATF。

(一)液压油泵

液压油泵通常安装在液力变矩器的后面,由发动机飞轮通过液力变矩器壳体直接驱动,其功用:一是为液力变矩器和液压控制系统提供具有一定压力的传动油液;二是为齿轮变速机构和变速器运动部件提供润滑油液。油泵作为液压控制系统的动力源将油底壳中的传动液 ATF 泵出,经过调压阀将油压调节到规定值后,一部分输送到液力变矩器,其余输送到液压控制系统的控制机构、换挡执行机构和齿轮变速机构,以便实现挡位变换和润滑运动部件。

变速器传动挡位和工况不同,所需传动液压力也不相同。丰田车系电控自动变速器在不同挡位和工况时,液压传动管路的压力如表7-2所示。由表可见,当自动变速器工作时,需要液压油泵提供压力高达 1900kPa(约 19 个大气压)的传动液。

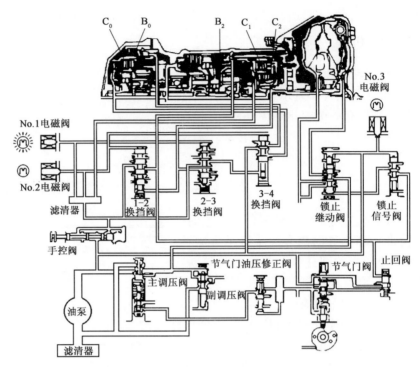

图 7-18 丰田 A140E 型 ECT 前进挡液压控制油路

丰田车系电控自动变速器液压管路传动液的压力 表 7-2

变速器型号		挡位	管路压力（kPa）		变速器结构特点	应用车型
			怠速	失速（涡轮转速为零）		
前桥驱动的电控自动驱动桥	A140E	D	373～422	902～1049	电控、四速、带锁止离合器	佳美 Camry（5S-FE）、Celica
		R	550～707	1412～1648		
	A240E	D	373～422	902～1049	电控、四速、带锁止离合器	花冠 Corolla 科罗纳 Corona
		R	550～707	1412～1648		
	A241E	D	373～422	903～1050	电控、四速、带锁止离合器	花冠 Corolla 科罗纳 Corona
		R	638～795	1560～1893		
	A540E	D	353～412	992～1040	电控、四速、带锁止离合器	雷克萨斯 ES250 佳美 Camry
		R	637～745	1608～1873		
后桥驱动的电控自动变速器	A340E	D	363～422	902～1147	电控、四速、带锁止离合器	皇冠 Crown3.0 赛利卡 Celica 超一流 Supra
		R	500～598	1236～1589		
	A341E	D	363～422	902～1147	电控（智能型）、四速、带锁止离合器	雷克萨斯 LS400
		R	500～598	1236～1589		
	A342E	D	363～422	902～1147	电控（智能型）、四速、带锁止离合器	雷克萨斯 LS400
		R	500～598	1236～1589		
	A43DE	D	353～402	1030～1196	电控、三速、带锁止离合器	克雷西达 Cressida
		R	550～569	1422～1785		

自动变速器常用油泵有内啮合齿轮泵、摆线转子泵和变量叶片泵三种，分别简称为齿轮泵、转子泵和叶片泵。三种油泵的共同特点是：主动部件（内转子）通过液力变矩器泵轮轴

套上的花键毂由发动机曲轴驱动,从动部件与主动部件之间具有一定的偏心距。因此,一旦发动机转动,就会驱动油泵泵油。

(二)传动液 ATF

传动液是自动传动液 ATF 的简称,具有传递能量、润滑、清洗和冷却等功用,是一种特殊的高级润滑油。在液力变矩器中,它是传递动力的介质;在液压控制系统中,它既是操纵油液也是润滑油液。在自动驱动桥中,传动液还用来润滑主减速器和差速器等。自动变速器使用的传动液 ATF 必须满足以下要求:

(1)适当的黏度和良好的黏度稳定性。自动变速器的工作温度变化范围较大,一般为 -40~170℃,其黏度变化范围也较大。就提高液力变矩器的传动效率和控制系统动作的灵敏度以及汽车低温顺利起步而言,传动液黏度低较为有利;就满足行星齿轮变速机构的润滑要求和防止泄漏而言,传动液黏度又不能过低。为了满足自动变速器各部机件的使用要求,传动液在不同温度条件下,必须达到规定的黏度值,如表 7-3 所示。

PTF-1 类传动液的黏度特性(单位:mm²/s)　　表 7-3

项　目	温度 (℃)	通用汽车公司 GM Dexron 型	通用汽车公司 GM DexronⅡ 型	福特汽车公司 Ford M2C33-E/F 型	克莱斯勒汽车公司 Chrysler MS-4228 型
黏度	99	7.0(最小)	—	7.0(最小)	7.25(最小)
	-17.8	—	—	1400(最大)	—
	-23.3	4000(最大)	4000(最大)	—	—
	-29	—	—	—	2300(最大)
	-40	55000(最大)	50000(最大)	55000(最大)	—
黏度稳定性 (耐久性试验)	90	5.5(最小)	5.5(最小)	6.2(最小)	6(最小)
	-17.8	—	—	1400(最大)	—

(2)良好的热氧化稳定性。传动液工作时的最高温度可达170℃,若热氧化稳定性不好,就会生成高温氧化沉淀物,使各种液压控制阀和换挡元件工作失灵。

(3)良好的抗磨性。自动变速器齿轮变速机构的工作条件比较苛刻,且其零部件分别采用钢、铜等不同金属材料制成。因此,要求传动液能够保证不同材料制成的零部件均不易磨损。

(4)良好的抗泡性。传动液产生泡沫,不仅会降低液力变矩器的传动效率和液压控制机构动作的灵敏度,而且还会导致液压传动系统油压波动,严重时会导致供油中断。因此,要求传动液具有良好的抗泡性,机械搅拌时产生的泡沫应能迅速消失。

(5)对橡胶密封材料具有良好的适应性。自动变速器的密封件采用丁腈橡胶、丙烯橡胶和硅橡胶(合成橡胶的一种,原料是二甲基二氯硅烷,能耐高温和低温,主要用来制造飞机和宇宙飞船的密封件、薄膜、胶管和绝缘材料)等密封材料制成。传动液应不会使这些密封件产生明显的膨胀、收缩和硬化现象,否则将会导致传动液泄漏。

进口汽车传动液的分类普遍采用美国材料试验学会(ASTM)和美国石油学会(API)共同提出的动力传动液 PTF(Power Transmission Fluid)分类法进行分类。该分类法将自动传动液分为 PTF-1、PTF-2、PTF-3 三类,如表 7-4 所示。

表7-4 国内外自动传动液的分类

类型	适用范围	国外产品规格	国内产品规格
PTF-1	轿车、轻型载货汽车自动变速器	1. 通用汽车公司 GM Dexron 型 2. 通用汽车公司 GM DexronⅡ 型 3. 福特汽车公司 Ford M2C33-E/F 型 4. 克莱斯勒汽车公司 Chrysler MS-4228 型	8号自动传动油液 (Q/SY018.4403—86)
PTF-2	重型载货汽车、越野汽车和工程机械的液力变速器	1. 通用汽车公司 GM Truck 型 2. 通用汽车公司 GM Coach 型 3. 通用汽车公司 GM Allison 型	6号自动传动油液 (Q/SY018.4403—86)
PTF-3	农业和野外建筑机械的液压、齿轮以及制动装置	1. 约翰·狄尔(John Deera)J20-A 2. 玛赛·费格森(Massey Ferguson)M-1135 3. 福特(Ford)M2C11A	拖拉机液压、传动两用油 (Q/SH007.1.23—87)

二、液压控制装置

电控自动变速液压控制系统的控制装置主要由调压阀、控制阀和液压控制油道等组成。液压控制系统的调压阀和控制阀以及电子控制系统的电磁阀都安装在阀体中，阀体一般都安装在变速器下部或侧面，由上阀体、下阀体、阀体板(阀板)组成。丰田雷克萨斯LS400型轿车装备的A341E、A342E型电控四速自动变速器阀体的结构如图7-19所示。

液压阀安装在上、下阀体之间，各种液压阀的控制油道分别制作在上、下阀体和阀板上。丰田A341E、A342E型电控自动变速器上阀体剖面如图7-20所示。下阀体结构及剖面与上阀体类似，因篇幅所限不再附图。当上、下阀体和阀板组装成一体时，便形成密密麻麻、弯弯曲曲、形似"迷宫"的控制油道。

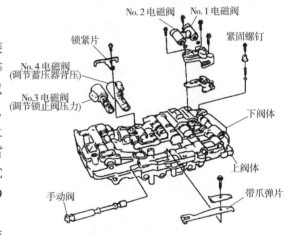

图7-19 丰田A341E、A342E型自动变速器阀体总成

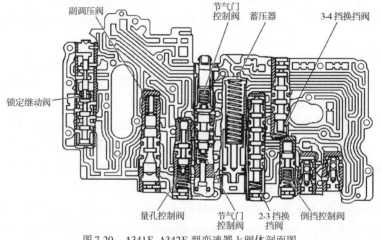

图7-20 A341E、A342E型变速器上阀体剖面图

(一) 调压阀

发动机一旦转动,液压油泵就在曲轴的带动下运转,将变速器油底壳中的传动液泵入主油路,使主油路油压升高。如果主油路油压过高,就会导致换挡冲击或传动液产生泡沫,影响变速器正常工作。调压阀的功用就是将主油路油压控制在一定范围内。根据总体结构不同,调压阀可分为球阀式、活塞式和滑阀式三种类型。

1. 球阀式调压阀

球阀式调压阀由球阀、弹簧和阀座组成,结构原理如图7-21所示。油路规定的油压由弹簧预紧力决定。当油路油压 F_1 低于弹簧预紧力 F_2 时,弹簧将球阀压紧在阀座上,如图7-21a) 所示,油路油压随油泵转速升高和油量增加而升高。

当油路压力 F_1 高于弹簧预紧力 F_2 时,弹簧被压缩,球阀打开,如图7-21b) 所示,部分传动液从球阀阀口排出,使油路压力降低到规定油压。

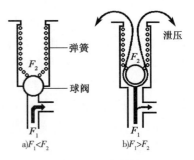

图7-21 球阀式调压阀结构原理

2. 活塞式调压阀

活塞式调压阀由活塞、弹簧和阀体组成,结构原理如图7-22所示。油路规定的油压由弹簧预紧力决定。来自油泵的液压油液从进液口进入阀体并作用到活塞的上端面上。当油路压力 F_1 低于弹簧预紧力 F_2 时,弹簧伸长,活塞将泄压的进排液口关闭,如图7-22a) 所示,油路油压随油泵转速升高和油量增加而升高。

当油路压力高于弹簧预紧力时,弹簧被压缩,活塞移动将进排液口打开,如图7-22b) 所示,部分传动液从进排液口排出泄压,使油路压力降低到规定油压。

3. 滑阀式调压阀

普通滑阀式调压阀由滑阀、弹簧、阀体组成,结构如图 7-23 所示,其工作原理与活塞式调压阀相似。弹簧预紧力 F_2 作用在滑阀底部端面 B 上,来自油泵的液压油液从进液口进入阀体并作用到滑阀上部端面 A 上。

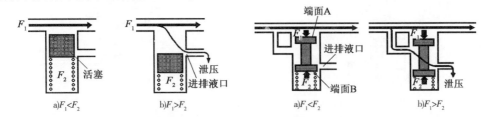

图7-22 活塞式调压阀结构原理　　图7-23 滑阀式调压阀结构原理

当油路压力对端面 A 的作用力 F_1 低于弹簧预紧力 F_2 时,弹簧伸长,滑阀上移将进排液口关闭,如图7-23a) 所示,油路油压随油泵转速升高和油量增加而升高。

当油路压力对端面 A 的作用力 F_1 高于弹簧预紧力 F_2 时,弹簧被压缩,滑阀向下移动将进排液口打开,如图7-23b) 所示,部分传动液从进排液口排出泄压,使油路压力降低到规定油压。

4. 改进滑阀式调压阀

改进滑阀式调压阀的结构如图 7-24 所示,其工作原理是根据传动液压力暂时升高或降低来调节油压,工作状态有保压、调压、降压、升压四种。在滑阀上作用有两个力,弹簧安装在滑阀底部,其预紧力 F_2 始终作用在滑阀上。来自油泵的传动液通过进排液口 1 加到滑阀端面 A 和端面 B 上,因为端面 B 的面积大于端面 A 的面积,所以在端面 B 上将作用一个力图使滑阀向下移动的力 F_1(作用力 F_1 等于端面 B 上压力减去端面 A 上的压力)。

当传动液压力低于规定值时,作用力 F_1 小于弹簧预紧力 F_2,进排液口 3 保持关闭,如图 7-24a)所示,来自油泵的传动液经过进排液口 1 直接从进排液口 2 排出,传动液压力不会改变(实现"保压"功能)。

当传动液压力超过规定值时,作用力 F_1 就会超过弹簧预紧力 F_2 并推动滑阀向下移动,将进排液口 3 打开,如图 7-24b)所示,来自油泵的部分传动液就会从进排液口 3 排出泄压,使进排液口 2 排出传动液的压力降低,从而实现"调压"功能。

如果将进排液口 4 与具有一定压力的油路接通,使滑阀底部增加一个向上的推力 F_3(相当于弹簧预紧力增大 F_3),如图 7-24c)所示,那么进排液口 3 的开启面积和传动液流量就会减小,相应地就会增大进排液口 2 处传动液的流量,使进排液口 2 处传动液的压力升高,从而起到"升压"作用。

同理,如果将进排液口 5 与具有一定压力的油路接通,使滑阀顶增加一个向下的推力 F_3,如图 7-24d)所示,那么进排液口 3 的开启面积和传动液流量就会增大,相应地就会减小进排液口 2 处传动液的流量,使进排液口 2 处传动液的压力降低,从而起到"降压"作用。

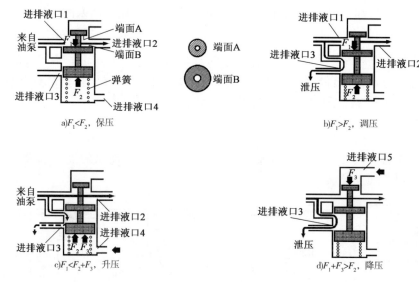

图 7-24 改进滑阀式调压阀结构原理

5. 调压阀的应用

在自动变速器中,一般都设有主调压阀和副调压阀(又称为第二调压阀)两只调压阀。丰田 A140E 型 ECT 液压控制系统的主调压阀与副调压阀的结构如图 7-25 所示。

主调压阀功用是:根据节气门开度和选挡操纵手柄的位置,将油泵输入到管路的油压调节到规定数值。管路油压是操纵换挡离合器、制动器以及液压控制装置的动力源。如果主调压阀工作异常,就会导致管路油压不定。管路油压过高会导致换挡产生冲击现象和发动机功率损失;管路油压过低会导致离合器、制动器打滑磨损或烧蚀而缩短变速器使用寿命。

副调压阀的功用是:调节供给液力变矩器和各摩擦副的润滑油压,并在发动机停止转动时关闭液力变矩器的油路,保证再次起动时变矩器具有足够的传动液传递动力。

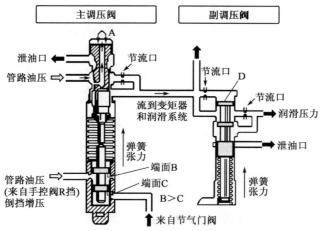

图 7-25　丰田 A140E 型 ECT 调压阀的结构原理

1) 主调压阀工作情况

主调压阀阀芯上部端面 A 受管路油压作用(油泵油液从主调压阀入口经阀芯内部油道作用到阀芯上部端面 A);阀芯下部受三个力作用:一个是弹簧张力,另一个是来自节气门阀并作用于端面 C 的液体压力,第三个是来自手控阀并作用于端面 B 的液体压力。主调压阀阀芯的位置取决于上述 4 个力的平衡条件。

当油泵压力升高时,管路油压升高,阀芯上部作用力增大,推动阀芯下移,使泄油口开度增大,传动液泄流量增大,从而使管路油压稳定在规定值。

当踩下加速踏板时,节气门开度增大使发动机负荷以及输出转矩增大。此时来自节气门阀的传动液压力升高,阀芯端面 C 上的作用力增大,阀芯就会向上移动使泄油口开度减小,从而使管路油压升高,变矩器可传递的额定转矩增大,用以满足传递发动机输出转矩的要求。

当选挡操纵手柄拨到 R 位置时,来自手控阀的传动液压力作用于阀芯端面 B。因为端面 B 的面积大于端面 C,所以在阀芯上将增加一个向上的推力(该推力等于管路油压对端面 B 的作用力减去对端面 C 的作用力),使阀芯向上移动,管路油压进一步升高,从而使管路油压在 R 挡位时比其他任何挡位都高,具体数值如前述表 7-2 所示。这是因为倒挡传动比较大,需要换挡元件(离合器、制动器)传递更大的力矩。

2) 副调压阀工作情况

副调压阀实际上是一个限压阀。其阀芯受到两个力的作用:一个是弹簧向上的张力;另一个是来自主调压阀并流到液力变矩器和润滑系统的传动液压力,作用力方向向下。当供给液力变矩器的传动液压力升高时,阀芯上端面 D 受到向下的液体作用力增大,阀芯将向下移动,部分传动液从泄油口泄流,使供给液力变矩器的液体压力保持不变。由此可见,液力变矩器和润滑系统的传动液压力是由副调压阀弹簧预紧力决定。

(二) 控制阀

控制阀的功用是转换通向各换挡执行元件(离合器、制动器)的油路,以便实现挡位变换。控制阀分为手动控制阀(手控阀)、液压控制阀(液压阀)和电磁控制阀(简称电磁阀)三种类型。

1. 手控阀

手控阀是一种由人工手动操作选挡元件控制的换向阀,基本结构如图 7-26 所示,滑阀

(阀芯)通过连杆机构或缆索与操纵手柄连接。当操纵手柄处于不同位置时,滑阀随阀杆移动至相应位置,从而接通相应的控制油路。

1) 选挡元件

选挡元件有按钮式和手柄式两种,手柄式选挡元件如图 7-27 所示。选挡手柄既可布置在驾驶室地板上,也可布置在转向柱管或仪表板上。按钮式选挡元件一般布置在仪表板上,通过操纵按钮来选择挡位。

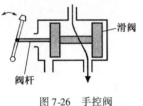

图 7-26 手控阀

2) 手控阀的功用

手控阀的功用是根据选挡手柄或操作按钮位置的不同,接通主调压阀与不同挡位(R、D、2 和 L)之间的油路。

各型汽车自动变速系统中的选挡阀就是一只多路手控阀。该手控阀通过连杆机构与驾驶室内的选挡元件连接,并由选挡元件选择挡位位置,控制油路如图 7-28 所示。当驾驶人操纵选挡手柄时,连杆机构便带动手控阀的阀芯移动,从而接通不同的油路。

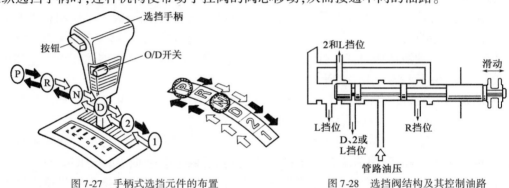

图 7-27 手柄式选挡元件的布置　　图 7-28 选挡阀结构及其控制油路

3) 挡位代号的含义

自动变速器选挡手柄所处的挡位与手动变速器有很大区别。对自动变速器而言,选挡操纵手柄所处的挡位与自动变速器所处的挡位是两个完全不同的概念。实际上,选挡操纵手柄只改变自动变速器阀体总成中手动阀的位置,而变速器所处的挡位是由手动阀和换挡执行元件(离合器、制动器等等)的工作状态决定,即不仅取决于手动阀的位置,而且还取决于汽车车速、发动机节气门开度等因素。选挡操纵手柄一般都有 P、R、N、D、2、L(或 1)六个挡位供驾驶人选择,各挡位代号的含义如下。

(1) 代号 P 位置(停车挡位置)。当选挡操纵手柄拨到 P 位置时,自动变速器中的停车锁止机构(机械机构)将变速器的输出轴锁止,使驱动轮不能转动,从而防止汽车移动。与此同时,换挡执行机构使自动变速器处于空挡状态。

(2) 代号 R 位置(倒车挡位置)。选挡手柄拨到 R 位置时,换挡执行机构将接通自动变速器倒挡传动的油路,使倒挡的动力传递路线接通,汽车驱动轮反转而实现倒退行驶。

(3) 代号 N 位置(空挡位置)。选挡操纵手柄拨到 N 位置时,换挡执行机构使自动变速器处于空挡状态,发动机的动力虽然能够经过输入轴输入变速器,但各齿轮只是空转,变速器输出轴不能输出动力。在使用过程中,只有当选挡操纵手柄处于 N 或 P 位置、使变速器处于空转状态时,发动机才能起动。此功能由空挡起动开关控制。

(4) 代号 D 位置(前进挡位置)。选挡操纵手柄拨到 D 位置时,大部分轿车的自动变速器可以获得四个不同的传动比传递动力,即一挡、二挡、三挡和超速(O/D:Over-Drive)挡。

在汽车行驶过程中,如果选挡操纵手柄位于 D 位置,自动变速器的控制系统(液压控制系统或电子控制系统)将根据汽车速度、节气门开度等电信号(电子控制式自动变速器)或液压信号(液压控制式自动变速器)参数,按照预先设定的换挡规律自动变换挡位,使汽车以不同车速行驶。在道路条件良好的情况下行驶时,选挡操纵手柄应当拨到 D 位置。

(5)代号 2 位置(高速发动机制动挡位置)。选挡操纵手柄拨到 2 位置时,自动变速器的控制系统(液压控制系统或电子控制系统)将限制前进挡的变化范围,只能接通一、二挡的油路,自动变速器只能在一、二挡之间变换挡位,无法升入更高挡位,从而使汽车具有足够的驱动力稳定地上坡,下坡时又可利用发动机制动,故称为"高速发动机制动挡"。

(6)代号 L(或 1)位置(低速发动机制动挡位置)。选挡操纵手柄拨到 L(或 1)位置时,自动变速器的控制系统(液压控制系统或电子控制系统)只能接通一挡油路,自动变速器只能在一挡行驶,无法升入高挡。因此,当选挡操纵手柄拨到 L(或 1)位置时,可以获得比选挡操纵手柄拨到 2 位置更强的发动机制动效果,故又称为"低速发动机制动挡"。此挡位适用于汽车在山区、上坡或下坡行驶,使汽车具有足够的驱动力稳定地上坡,下坡时又可利用发动机制动。

2. 液压阀

1)液压阀的结构原理

液压阀是一种由液压控制的换向阀,结构原理如图 7-29 所示,滑阀的一端作用着弹簧预紧力,另一端作用着传动液压力。

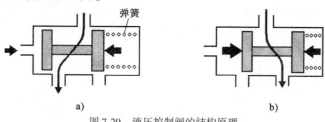

图 7-29 液压控制阀的结构原理

当传动液对滑阀的作用力低于弹簧预紧力时,弹簧伸长,滑阀左移,使控制阀左边油路接通、右边油路关闭,如图 7-29a)所示;当传动液压力高于弹簧预紧力时,滑阀压缩弹簧右移,使控制阀右边油路接通、左边油路关闭,如图 7-29b)所示,从而实现油路转换。

改进型液压阀滑阀(阀芯)的两端都可施加传动液压力,如图 7-30 所示。当传动液从进排液口 1 流入控制阀时,液体对阀芯的作用力 F_1 克服弹簧预紧力 F_2 推动滑阀右移,使控制阀右边的油路 A 接通,如图 7-30a)所示。如果在进排液口 1 和 2 处都施加相同压力的传动液压力 F_1 时,如图 7-30b)所示,此时滑阀两端的液体压力相等,在弹簧预紧力 F_2 作用下,滑阀就会向左移动,使控制阀左边的油路 B 接通,从而实现油路转换。自动变速器常用的液压阀有节气门阀、节气门油压修正阀、锁止信号阀、锁止继动阀和换挡阀等。

节气门阀的功用是:根据节气门开度大小建立一个控制管路油压(主油路油压)的节气门油压,使主调压阀调节的管路油压随节气门开度增大而升高或随节气门开度减小而降低,用以满足发动机负荷变化时换挡元件工作和零部件润滑对主油路油压的要求。

节气门油压修正阀的功用是:将作用于主调压阀的节气门油压转换成随节气门开度变化而成非线性变换的油压。其目的是在节气门开度较大时,使主调压阀调节的管路油压增长幅度减小,以满足传递发动机动力的需要,防止主油路油压过高而导致换挡产生冲击现象。

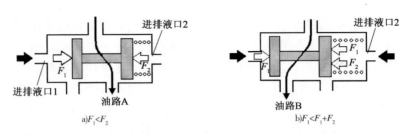

图 7-30 改进型液压控制阀的结构原理

锁止信号阀的功用是:控制二挡制动器 B_2 至锁止继动阀之间液压油路的接通与关闭。锁止信号阀受控于锁止电磁阀(No.3 电磁阀),No.3 电磁阀又受控于 ECT ECU。

锁止继动阀的功用是:根据锁止信号阀的锁定信号,通过改变传送到液力变矩器的传动液的流向,使液力变矩器内部的锁止离合器接合与分离。锁止继动阀受控于锁止信号阀。

换挡阀的功用是:控制换挡元件(离合器、制动器)油路的接通与关闭。换挡阀受控于换挡电磁阀(No.1、No.2 电磁阀),No.1、No.2 电磁阀又受控于 ECT ECU。

下面以锁止信号阀和 1-2 换挡阀的工作情况说明上述液压控制阀的控制原理。

2)锁止信号阀

液力变矩器的锁定与分离受锁止离合器控制,锁止离合器的接合与分离受锁止继动阀控制,锁止继动阀受锁止信号阀控制,锁止信号阀受锁止电磁阀 No.3 控制,No.3 电磁阀又受控于 ECT ECU。

锁止信号阀的结构原理如图 7-31 所示,阀芯受到两个力作用,上端面 A 与管路油压和 No.3 电磁阀阀门相通,受到的作用力随管路油压变化而变化,下端面受弹簧预紧力作用。

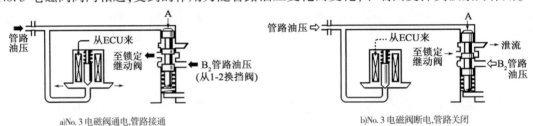

图 7-31 锁止信号阀结构原理

当 No.3 电磁阀接收到 ECT ECU 发出的接通指令时,电磁线圈电流接通,产生电磁吸力使阀芯向上移动,电磁阀阀门开启泄压,如图 7-31a)所示,使管路油压对信号阀阀芯上端面 A 的作用力减小。信号阀阀芯在弹簧预紧力推动下向上移动,将二挡制动器 B_2 至锁定继动阀之间的液压管路接通。此时锁定继动阀接通液力变矩器的锁止离合器油路,锁止离合器接合,将液力变矩器锁定而直接传递发动机动力。

当 ECT ECU 发出指令切断 No.3 电磁阀线圈电流时,电磁阀的电磁吸力消失,其阀芯在复位弹簧弹力作用下复位,电磁阀阀门关闭,如图 7-31b)所示。电磁阀阀门一旦关闭,管路油压就会升高,信号阀阀芯上端面 A 上的作用力增大,端面 A 上的作用力克服弹簧预紧力使阀芯向下移动,将二挡制动器 B_2 至锁定继动阀之间的液压管路关闭。

3)换挡阀

自动变速器一般设有 3 只换挡阀用于换挡控制,分别用 1-2、2-3 和 3-4 换挡阀表示,各种挡位之间的变换依靠 3 只换挡阀相互配合工作才能实现。换挡阀的工作状态受换挡电磁阀(即 No.1 和 No.2 电磁阀)控制,丰田 A140E 型自动变速器换挡电磁阀以及换挡执行元件的工作情况如表7-5所示,表中各换挡执行元件代号的含义分别为:C_0-超速离合器;F_0-超速单向离合器;B_0-超速制动器;C_1-前进离合器;C_2-直接挡离合器;B_1-二挡滑行制动器;B_2-二挡制动器;B_3-低、倒挡制动器;F_1-No.1 单向离合器;F_2-No.2 单向离合器。3 只换挡阀的工作原理相同,下面以图7-32所示1-2换挡阀的工作情况为例说明。

4)1-2换挡阀工作情况

当变速器挂入一挡时,由表7-5可知,ECT ECU 将控制 No.2 电磁阀断电,其阀门关闭将泄流回路关闭。此时,主调压阀调节的管路油压作用到1-2换挡阀阀芯上部 A 处,管路油压对阀芯上端面的作用力克服弹簧张力使阀芯向下移动,1-2换挡阀此时工作状态如图7-32a)所示。

丰田 A140E 型辛普森式四速自动变速器换挡电磁阀及执行元件工作情况　　表7-5

挡位	传动挡位	1号电磁阀	2号电磁阀	C_0	F_0	B_0	C_1	C_2	B_1	B_2	B_3	F_1	F_2
P	停车挡	通电	断电	●									
R	倒挡	通电	断电	●				●			●		
N	空挡	通电	断电	●									
D	一挡	通电	断电	●	●		●						●
D	二挡	断电	通电	●	●		●			●			
D	三挡	断电	通电	●	●		●	●	●				
D	O/D挡	断电	断电			●	●	●	●				
2	一挡	通电	断电	●	●		●						●
2	二挡	通电	通电	●	●		●		●	●			
2	三挡*	断电	通电	●	●		●	●	●				
L	一挡	通电	断电	●	●		●				●	●	
L	二挡*	通电	通电	●	●		●		●	●		●	

注:1. 符号●表示该元件投入工作。
　　2. 符号*表示仅下行换挡到2或L位时才能换入该挡,在2或L位时不能换入该挡。

当变速器挂入二挡或三挡时,由表7-5可知,ECT ECU 向 No.2 电磁阀发出通电指令,No.2 电磁阀线圈通电,阀门开启泄流降压,1-2换挡阀阀芯上部 A 处的管路油压降低。在换挡阀下部 B 处来自2-3换挡阀的管路油压以及弹簧张力作用下,1-2换挡阀阀芯向上移动,从而接通二挡制动器 B_2 油路,此时1-2换挡阀工作状态如图7-32b)所示。

当变速器挂入超速挡(O/D 挡)时,由表7-5可知,ECT ECU 将向 No.2 电磁阀发出断电指令。虽然 No.2 电磁阀断电时阀门关闭,管路油压将作用在1-2换挡阀上部 A 处,但是,由于来自2-3换挡阀的管路油压和弹簧张力一直作用在1-2换挡阀阀芯下部 B 处,因此1-2换挡阀阀芯保持在上述二挡或三挡时所处位置不变,二挡制动器 B_2 油路保持接通,此时1-2换挡阀工作状态如图7-32c)所示。

3. 电磁阀

电磁阀是一种用电磁力控制其阀门打开或关闭的机电一体阀。电磁阀一般安装在变速器阀体内部,有的安装在阀体外面,结构如图7-33所示,由电磁铁机构、阀芯和复位弹簧组成。阀芯控制传动液油路的接通与关闭,阀芯受控于电磁铁机构。

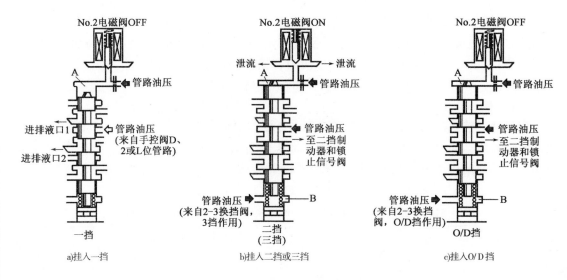

图 7-32　1-2 换挡阀工作情况

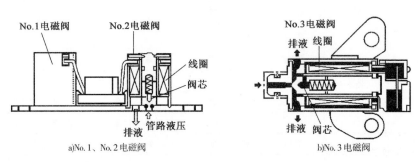

图 7-33　电磁阀的结构原理

当电磁线圈断电时,阀芯在弹簧弹力作用下将阀门关闭,油路切断。当电磁线圈接通电流时,阀芯在电磁吸力作用下,克服弹簧张力离开阀座将阀门打开,接通换挡执行元件或锁止离合器油路,从而实现挡位变换或离合器锁定。

电磁阀既是电子控制系统的执行元件,也是液压控制系统的始控元件。电控自动变速器一般设有 3 只(No.1、No.2、No.3)电磁阀。在高性能变速器上,设有 4 只或更多电磁阀。No.1、No.2 电磁阀控制挡位变换,No.3 电磁阀控制液力变矩器的锁止(锁定)离合器,No.4 或其他电磁阀用于提高换挡品质,使换挡离合器和制动器接合柔和。电磁阀越多,换挡品质越高,变速器性能越好。

第五节　自动变速电控系统的结构原理

汽车自动变速电子控制系统都是由传感器与控制开关、自动变速电控单元(ECT ECU)和执行器三部分组成。自动变速器型号不同、生产年代不同,其电子控制系统采用的传感器和控制开关不尽相同。常用的传感器与控制开关有节气门位置传感器、车速传感器、冷却液温度传感器、换挡规律选择开关(驱动模式选择开关)、超速 O/D 开关、空挡起动开关、制动灯开关等。执行器有 No.1 电磁阀、No.2 电磁阀和 No.3 电磁阀。丰田佳美、赛利卡轿车装备的 A140E 型自动变速电子控制系统部分控制部件的安装位置如图 7-34 所示。

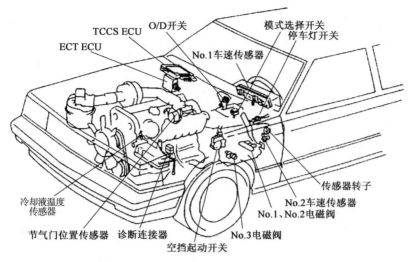

图 7-34 丰田 A140E 型 ECT 控制部件安装位置

一、节气门位置传感器

汽车电控自动变速器一般都与电控发动机同时装备或作为选装装备,节气门位置传感器 TPS 是发动机燃油喷射系统或自动变速器电控系统必不可少的传感器之一。在装备电控自动变速器的汽车上,TPS 将发动机负荷(对应于节气门开启角度)转换为电压信号之后,除输入发动机 ECU 之外,还要输入自动变速电控单元(ECT ECU)作为确定变速器换挡时机(换挡点)和变矩器锁止时机的主要信号之一。

(一)传感器的结构特点

在装备或选装自动变速器的汽车上,发动机电控系统和变速器电控系统一般都公用一只节气门位置传感器。为了较为精确地反映发动机负荷的大小,以便精确控制变速器的换挡时机和变矩器的锁止时机,当选用触点式节气门位置传感器时,其结构要复杂一些(即触点较多),图 7-35 所示为丰田系列轿车用 TPS 的结构。

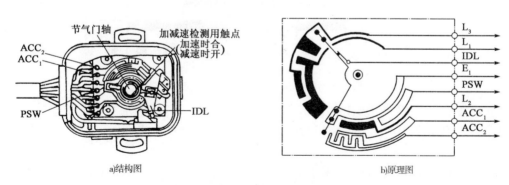

图 7-35 丰田轿车开关量输出型 TPS

节气门位置传感器安装在节气门轴的一端。传感器内部设有一个凸轮,套装在节气门轴上,随节气门开度变化而转动。传感器有 8 个输出端子,分别与传感器内部触点连接,端子 IDL、ACC_1、ACC_2、PSW 提供发动机控制信号;端子 L_1、L_2、L_3 提供自动变速器控制信号,E_2 为搭铁端子。

(二)传感器的输出特性

传感器的输出特性如图 7-36 所示,当节气门完全关闭,凸轮使怠速 IDL 触点接通时,IDL 端子输出低电平 0,ECT ECU 接收到 IDL 端子输出的低电平信号时,将判定发动机处于怠速状态。输出信号与节气门开度之间的关系如表 7-6 所示。

丰田 TOYOTA 开关输出型节气门位置传感器的输出特性   表 7-6

节气门开度(%)	传感器输出信号			
	IDL	L_1	L_2	L_3
0	0	1	1	1
0~7	1	1	1	1
7~15	1	1	1	0
15~25	1	1	0	0
25~35	1	1	0	1
35~50	1	0	0	1
50~65	1	0	0	0
65~85	1	0	1	0
85~100	1	0	1	1

注:输出信号为 0 表示触点闭合,输出为低电平(0V);输出信号为 1 表示触点断开,输出为高电平(5V)。

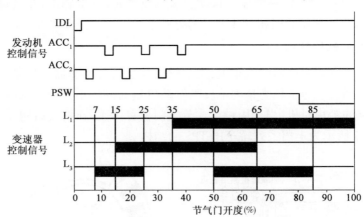

图 7-36 丰田轿车开关量输出型 TPS 输出特性

当 ECT ECU 接收到 IDL、L_1、L_2、L_3 输出均为高电平 1 时,将判定发动机负荷为 0~7%。

当 ECT ECU 接收到 IDL、L_1、L_2 输出为高电平 1,L_3 输出为低电平 0 时,将判定发动机负荷为 7%~15%。

当 ECT ECU 接收到 IDL、L_1 输出为高电平 1,L_2、L_3 输出为低电平 0 时,将判定发动机负荷为 15%~25%。节气门在其他开度时,传感器输出信号依此类推。

二、车速传感器

在汽车自动变速电子控制系统中,VSS 的功用是产生频率与车速成正比的信号电压,并输入 ECT ECU 作为确定变速器换挡时机和变矩器锁止时机的主要信号之一。

车速传感器一般都采用磁感应式和舌簧开关式。为了实现车速传感器失效保护功能,电控自动变速器(如丰田 A140E、A340E、A341E、A342E 和 A540E 型等)上配装有主车速传感器(No.2 车速传感器)和辅助车速传感器(No.1 车速传感器)。两只车速传感器的安装位置依车型而异,丰田雷克萨斯 LS400 型轿车用 A341E、A342E 型 ECT 和科罗纳 CORONA 轿车用 A240E、A241E 型 ECT 的 No.1、No.2 车速传感器均安装在自动变速器上。丰田佳美 CAMRY、赛利卡 Celica 轿车用 A140E 型 ECT、克雷西达 CRESSIDA 轿车用 A43DE 型等 ECT 的 No.2 车速传感器安装在变速器上,No.1 车速传感器安装在组合仪表板内,如图 7-34 所示。

当两只车速传感器工作都正常时,ECT ECU 只采用 No.2 车速传感器的脉冲信号来控制换挡。当 No.2 车速传感器发生故障,其输出信号的频率或幅值超出正常值范围时,ECT ECU 将自动切换运行程序,采用 No.1 车速传感器信号控制换挡。如果两只车速传感器都发生故障,那么,ECT ECU 将停止自动换挡。No.2 车速传感器定子安装在变速器延伸壳体上,信号转子安装在变速器输出轴上。转子上的磁铁随输出轴一同转动,从而使传感器定子中的舌簧开关产生频率与车速成正比的脉冲信号并输送到 ECT ECU。

三、换挡规律(驱动模式)选择开关

换挡规律(或驱动模式)选择开关用于选择换挡规律,安装在仪表板或选挡手柄上,如图 7-37 所示。

换挡规律有普通型(NORM)、动力型(PWR)和经济型(ECON)三种。在汽车行驶过程中,驾驶人可据行驶条件来选择不同的换挡规律。开关拨到不同位置,即可选择不同的换挡规律。

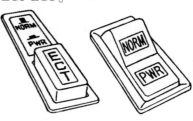

图 7-37 换挡规律选择开关

四、超速(O/D)开关

超速(Over-Drive)开关通常称为 O/D 开关,其功用是控制自动变速器能否升到超速挡(即 O/D 挡)行驶。O/D 开关一般都为按钮式开关,设在选挡操纵手柄上。同时在组合仪表板上设有相应的指示灯,称为超速切断(O/D OFF)指示灯,该指示灯受 O/D 开关控制,控制电路如图 7-38 所示。

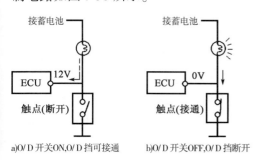

a) O/D 开关ON,O/D 挡可接通　　b) O/D 开关OFF,O/D 挡断开

图 7-38 O/D 开关及其指示灯电路

当按下 O/D 开关按钮使其处于 ON 位置时,开关触点断开,超速切断指示灯电路不通而熄灭,如图 7-38a)所示。电源电压(12V)经超速切断指示灯加到 ECT ECU 上,此时如选挡操纵手柄处于 D 位,ECT ECU 控制变速器升挡时,最高可以升到超速挡(相当于四挡)。

当再按一下 O/D 开关按钮开关处于 OFF 位置时,开关触点接通,超速切断指示灯接通而发亮,如图 7-38b)所示。此时 ECT ECU 接收到的信号电压为 0V,无论汽车在什么条件下行驶,变速器都不能升入超速挡,最高只能升到三挡。

当 O/D 开关按钮处于 ON 位置时,如果变速控制系统发生故障,自诊断系统将控制超速切断(O/D OFF)指示灯闪亮报警。

五、空挡起动开关 NSW

空挡起动开关 NSW(Neutral Start Switch)是一个由选挡操纵手柄控制的多位多功能开关,结构与电路连接如图 7-39 所示。

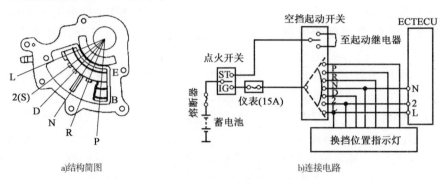

a)结构简图　　b)连接电路

图 7-39　空挡起动开关及其电路连接

当选挡操纵手柄拨到某一位置时,选挡操纵手柄的连杆机构使开关上相应的触点闭合,从而接通点火开关至 ECT ECU 和挡位指示灯之间的相应电路。ECT ECU 根据空挡起动开关输入的 N、2、L 三个(或 N、2、L、R 四个)位置信号(高电平信号)来判断选挡操纵手柄所处位置。如果 N、2、L 三个(或 N、2、L、R 四个)端子都无信号输入,ECT ECU 则判定选挡操纵手柄处于 D 位。空挡起动开关的具体功用如下:

(1) 当选挡操纵手柄拨到停车挡 P 位或空挡 N 位时,起动继电器线圈电路才能接通,发动机才能被起动,与此同时接通停车挡 P 或空挡 N 的挡位指示灯电路,故又称为空挡安全开关。

(2) 当选挡操纵手柄拨到倒车挡 R 位时,接通倒车灯开关和倒车挡挡位指示灯电路。

(3) 当选挡操纵手柄拨到前进挡 D 位时,变速器可由一挡顺序升至高挡。

(4) 当选挡操纵手柄拨到前进挡 2 位时,允许变速器从三挡降至一挡,或由一挡升至二挡。

(5) 当选挡操纵手柄拨到前进挡 L 或 1 位时,变速器被锁止在一挡。

六、制动灯开关

制动灯开关安装在制动踏板下面的支架上。当驾驶人踩下制动踏板时,制动灯开关接通,制动灯发亮,并从制动灯开关信号输入端子 STP(或 BK)向 ECT ECU 输入一个高电平(电源电压)信号。ECT ECU 从 STP(或 BK)端接收到高电平信号时,便知已经使用制动,立即发出解除液力变矩器锁止指令,使锁止离合器分离。其目的是在车轮抱死制动时,防止发动机突然熄火。

当驾驶人未踩下制动踏板时,STP(或 BK)端没有信号输入,ECT ECU 将按正常控制程序控制液力变矩器锁止与分离。

七、驻车制动灯开关

驻车制动灯开关又称为停车制动灯开关,受驻车制动手柄控制。当驻车制动手柄放松时,停车制动开关断开,制动报警灯熄灭,电源电压经制动报警灯从驻车制动灯开关信号输入端子 PKB 向 ECT ECU 输入一个高电平(12V)信号。ECT ECU 接收到这一信号后,在起步和换挡时,将控制减少车尾的下坐量。当驾驶人拉紧驻车制动手柄制动时,停车制动开关接通,制动报警灯亮,ECT ECU 的 PKB 端将接收到一个低电平(0V)信号,此信号告知 ECT ECU 驻车制动手柄已经拉紧。

八、执行机构

执行器的功用是根据 ECT ECU 的控制指令,完成自动换挡和变矩器锁止动作。电子控制自动变速系统的执行机构包括电磁阀和液压控制系统的换挡阀、换挡离合器与换挡制动器、变速齿轮机构、锁止信号阀、锁止继动阀、锁止离合器等。其中,电子控制系统的直接执行器是电磁阀。

在自动变速系统工作过程中,电磁阀接到 ECT ECU 的控制指令后,再控制液压控制系统各执行器,利用液压驱动换挡离合器和换挡制动器实现自动换挡功能、驱动锁止离合器实现变矩器锁止功能。

第六节 电控自动变速器系统(ECT)实例

自动变速器型号不同,其控制电路也不相同。下面以丰田佳美(Camry)和赛利卡(Celica)等轿车采用的 A140E 型自动变速器的电控系统为例进行说明。

一、自动变速器的控制电路

A140E 型电控自动变速器的控制电路如图 7-40 所示,ECT ECU 各接线端子的代号及其含义如下。

(1) +B:ECT ECU 备用电源端子。该端子为存储故障代码的随机存储器 RAM 等提供电源。

(2) IG:ECT ECU 电源端子,受点火开关控制。点火开关接通时,ECT ECU 接通 12V 电源。

(3) STP(或 BR):制动信号输入端子。当踩下制动踏板时,传感器向 ECT ECU 输入高电平(12V)信号,ECT ECU 立即发出解除液力变矩器锁止指令,防止发动机在车轮抱死制动时突然熄火。

(4) PWR:换挡规律(驱动模式)选择开关信号输入端子。PWR 端有信号电压(电源电压)输入时,ECT ECU 选用 PWR 型换挡规律控制换挡,组合仪表板上的 PWR 指示灯发亮;PWR 端无信号电压输入时,ECT ECU 选用 NORM 型换挡规律控制换挡,组合仪表板上的 PWR 指示灯熄灭,NORM 指示灯发亮。

(5) IDL:节气门位置传感器 TPS 怠速触点闭合信号输入端子。当发动机怠速或汽车急减速行驶时,节气门将关闭,TPS 怠速触点接通,IDL 端子将向 ECT ECU 输入一个高电平信号。此时,ECT ECU 将向 No.3 电磁阀发出解除变矩器锁止状态指令,防止发动机在驱动轮抱死时突然熄火。

(6) L_1、L_2、L_3:节气门开度信号输入端子。分别输入节气门不同开度时的信号电压。

(7) OD_1:超速与锁止解除信号输入端子。当发动机冷却液温度低于 60℃时,发动机电控单元(TCCS ECU)将向 ECT ECU 发出一个解除超速行驶信号,防止 ECT 自动升入超速挡行驶。此外,当使用巡航控制功能使汽车在超速挡行驶时,若因行驶条件或其他原因使实际车速降低到低于巡航控制系统预先设定的车速 4km/h 以上时,巡航控制 ECU 将向 ECT ECU 发出一个解除超速行驶信号,ECT ECU 将控制变速器换入超速挡以外的挡位行驶;在实际车速达到巡航控制系统预先设定的车速以前,ECT ECU 也不会控制 ECT 换回超速挡。

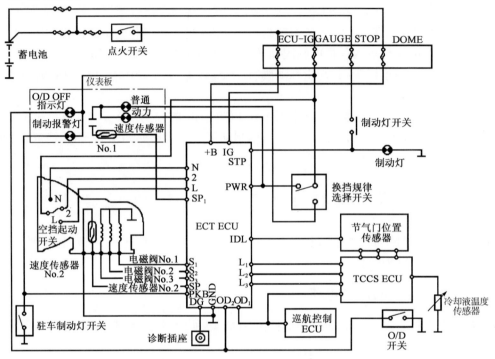

图 7-40 丰田 CAMRY 轿车 A140E 型 ECT 控制电路

(8) OD_2:超速切断信号输入端。当 O/D 开关置于 ON 位置(即按下 O/D 开关按钮)时,OD_2 端子将接收到电源电压(12V),如果此时选挡操纵手柄处于 D 位,ECT 最高可以升到超速挡(相当于四挡)。如再按一下 O/D 开关(即 O/D 开关置于 OFF 位置)时,OD_2 端子将接收到低电平 0V,此时无论汽车在什么条件下行驶,变速器都不能升入超速挡,最高只能升到三挡。

(9) GND:ECT ECU 搭铁端子。

(10) DG(或 ECT):故障自诊断测试触发端子。

(11) PKB:驻车制动信号输入端子。当放松驻车制动手柄时,制动报警灯熄灭,PKB 端子将接收到一个高电平(12V)信号,在起步和换挡时,ECT ECU 将控制减少车尾的下坐量。当驾驶人拉紧驻车制动手柄制动时,制动报警灯发亮,PKB 端将接收到一个低电平(0V)信号,通知 ECT ECU 驻车制动手柄已经拉紧。

(12) SP_1、SP_2:No.1、No.2 车速传感器信号输入端子。ECT ECU 优先采用 SP_2 端由 No.2 车速传感器输入的车速信号。当 SP_2 端子无信号或信号异常时,再采用 SP_1 端由 No.1 车速传感器输入的车速信号。

(13) S_1、S_2、S_3:电磁阀控制信号输出端子。ECT ECU 从 S_1、S_2 端子输出的控制指令控制 No.1、No.2 电磁阀通电与断电,从而控制行星齿轮变速器自动换挡;S_3 端子输出的控制指令控制 No.3 电磁阀通电与断电,从而控制液力变矩器的锁止离合器接合与分离。

(14)L、2、N:空挡起动开关输入信号端子。当L、2、N端子分别输入信号电压(电源电压)时,ECT ECU判定变速器分别处于L、2、N挡位;如L、2、N端子无信号输入,ECT ECU判定变速器处于D挡位。

二、自动变速器的换挡规律

各种电控自动变速系统的硬件结构大同小异,但软件程序千差万别,变速器换挡规律MAP和变矩器锁止时机MAP亦不尽相同,丰田A140E型电控自动变速器的换挡规律如表7-7所示。

丰田A140E型电控自动变速器ECT换挡规律(车速单位:km/h)　　　表7-7

挡位	模式选择开关	节气门全开(或全关)							
		1→2	2→3	3→O/D	(3→O/D)	(O/D→3)	O/D→3	3→2	2→1
D挡	NORM	53~61	104~115	164~176	(35~40)	(21~25)	159~171	97~107	43~48
	PWR	53~61	104~115	164~176	(35~40)	(21~25)	159~171	97~107	43~48
2挡	NORM PWR	53~61	—	—	—	—	—	97~107	43~48
L挡	NORM PWR	—	—	—	—	—	—	—	54~59

注:括号内数字表示节气门全关(即减速)时的车速。

(一)普通型(NORM)换挡规律

普通型换挡规律是指动力性和燃油经济性介于经济型与动力型之间的换挡规律,曲线如图7-41所示。普通型换挡规律适用于一般驾驶条件下选用,以便兼顾汽车的动力性和经济性。

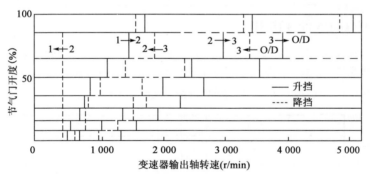

图7-41　普通型NORM换挡规律曲线

汽车在行驶过程中,车速升高时升挡,车速降低时降挡。由换挡规律可见,在节气门开度相同的情况下,相同挡位的升挡车速(如2挡升到3挡时的车速)比降挡车速(3挡降到2挡时的车速)要高,即降挡曲线均处在升挡曲线左侧,其目的是充分利用发动机动力和提高燃油经济性。

(二)动力型(PWR)换挡规律

动力型换挡规律是指汽车获得最大动力为目的的换挡规律,曲线如图7-42所示。动力型换挡规律适用于坡道和山区驾驶,能够通过改变变速器换挡时机和变矩器锁止时机,充分利用液力变矩器增加转矩的功能来提高汽车的动力性。

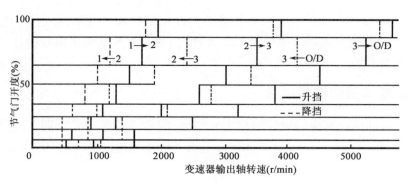

图 7-42 动力型 PWR 换挡规律曲线

由图 7-41 和图 7-42 所示曲线可见,节气门开度在 65%～85% 之间的换挡参数如表 7-8 所示。在节气门开度(即发动机负荷)相同的情况下,当变速器换入相同挡位时,动力型换挡规律的变速器输出轴转速(或车速)比普通型要高得多。这是因为在节气门开度相同的情况下,车速越高动力性就越好,所以动力型换挡规律的动力性比普通型换挡规律的动力性要好。反之,升挡车速(或降挡车速)越低,则燃油经济性越好。换句话说,动力型换挡规律则是牺牲一定的经济性来提高动力性,而普通型换挡规律是牺牲一定的动力性来提高燃油经济性。由于二者的目的各不相同,因此在使用中,应当根据行驶条件(如坡度大小、风阻大小、路面好坏等)选择适当的换挡规律。

表 7-8　PWR 型与 NORM 型换挡规律比较

挡位	模式选择开关	节气门开度 65%～85%(变速器输出轴转速,单位:r/min)					
		1→2	2→3	3→O/D	O/D→3	3→2	2→1
D 挡	NORM	1500	3000	3900	3400	1900	400
	PWR	1700	3600	5100	4100	2400	1200

(三)经济型(ECON)换挡规律

经济型换挡规律是指汽车获得最佳燃油经济性为目的的换挡规律,曲线如图 7-43 所示。因为经济型换挡规律是以提高燃油经济性为目的,汽车基本上都是以经济车速行驶,所以特别适用于道路条件良好的城市和高速公路行驶时选用。

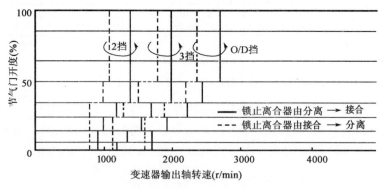

图 7-43 经济型 ECON 换挡规律曲线

三、变速器自动换挡控制过程

各种电控自动变速器的换挡控制过程大同小异,控制方法基本相同,都是 ECT ECU 根据节气门开度和车速传感器信号,在换挡规律 MAP 中查寻确定换挡时机,然后向换挡电磁阀(No.1、No.2 电磁阀)发出控制指令,换挡电磁阀再控制液压控制系统的换挡阀动作,使换挡离合器和换挡制动器的控制油路改变来实现挡位自动变换。下面分别以 A140E 型电控自动变速器挂入二挡和挂入三挡为例,说明自动变速系统的换挡控制过程。

(一)自动挂入二挡

丰田 A140E 型电控自动变速器换挡规律如表 7-7 所示,这些数据预先以数据地图的形式存储在 ECT ECU 的 ROM 中,称为换挡规律 MAP 或换挡数据地图。

1. 电子控制系统工作情况

当驾驶人将选挡操纵手柄拨到 D(或 2)位置、换挡规律选择开关置于 NORM(或 PWR)位置、节气门传感器信号表示节气门全开、车速传感器信号表示车速为 53~61km/h 时,ECT ECU 根据这些信号从换挡规律 MAP 中查寻确定结果为从一挡挂入二挡。

由表 7-5 所示自动变速器换挡电磁阀及执行元件工作情况可知,此时 ECT ECU 将向换挡电磁阀 No.1、No.2 发出通电指令,控制换挡阀接通前进离合器 C_1、超速离合器 C_0 和二挡制动器 B_2 油路。

2. 液压控制系统工作情况

由 1-2、2-3 和 3-4 换挡阀工作情况可知,当 No.2 电磁阀通电、变速器挂入二挡时,超速离合器 C_0、前进离合器 C_1 和二挡制动器 B_2 油路接通而接合,使行星齿轮变速器自动挂入二挡。

超速离合器 C_0 油路由 3-4 换挡阀接通,由图 7-18 可见,其控制油路为:油泵→3-4 换挡阀→超速离合器 C_0;

二挡制动器 B_2 油路由 1-2 换挡阀接通,如图 7-32b)和图 7-18 所示,其控制油路为:油泵→手控阀→1-2 换挡阀→二挡制动器 B_2;

前进离合器 C_1 油路由手控阀接通,由图 7-18 可见,其控制油路为:油泵→手控阀→滤清器→前进离合器 C_1。

当 No.1 电磁阀通电、变速器挂入二挡时,2-3 换挡阀将 3-4 换挡阀下部油路接通,保证 3-4 换挡阀向上移动接通 C_0 油路。

(二)自动挂入三挡

1. 电子控制系统工作情况

当汽车在上述条件下行驶时,如果选挡操纵手柄在 D 位置,那么,当车速升高到 104~115km/h 时,ECT ECU 根据节气门传感器全开信号和车速传感器信号从换挡规律 MAP 中查寻确定结果将为从二挡挂入三挡。

由表 7-5 可知,此时 ECT ECU 将发出 No.1 电磁阀断电、No.2 电磁阀通电指令,控制换挡阀接通超速离合器 C_0、前进离合器 C_1、直接挡离合器 C_2 和二挡制动器 B_2 油路。

2. 液压控制系统工作情况

由 1-2、2-3 和 3-4 换挡阀工作情况可知,当 No.1 电磁阀断电时,2-3 换挡阀将接通直接挡离合器 C_2 油路;No.2 电磁阀通电时,3-4 换挡阀将接通超速离合器 C_0 油路;1-2 换挡阀将接通二挡制动器 B_2 油路;前进离合器 C_1 油路由手控阀接通。C_1、C_2、C_0 和 B_2 油路接通而接合,使变速器自动挂入三挡。各控制油路由图 7-18 可见,分别如下。

直接挡离合器 C_2 油路为:油泵→手控阀→2-3 换挡阀→直接挡离合器 C_2。

超速离合器 C_0 油路为:油泵→3-4 换挡阀→超速离合器 C_0。

二挡制动器 B_2 油路为:油泵→手控阀→1-2 换挡阀→二挡制动器 B_2。

前进离合器 C_1 油路为:油泵→手控阀→滤清器→前进离合器 C_1。

四、变矩器自动锁止控制过程

液力变矩器的控制分为锁止时机控制和解除锁止状态两种情况。下面以丰田 A140E 型 ECT 液力变矩器的控制为例,说明锁止时机的控制过程。A140E 型 ECT 变矩器的锁止时机如表 7-9 所示。这些数据预先以数据地图的形式存储在 ECT ECU 的 ROM 中,称为锁止时机 MAP 或锁止数据地图。

丰田 A140E 型 ECT 变矩器的锁止时机　　　　表 7-9

挡位	模式选择开关	节气门开度 5%(车速,单位:km/h)					
		变矩器锁定			变矩器不锁定		
		二挡	三挡*	O/D 挡	二挡	三挡*	O/D 挡
D 挡	NORM	—	59~65	55~61	—	54~58	54~59
	PWR	—	59~65	55~61	—	54~58	54~59

注:* 号表示 O/D 开关处于 OFF 位置。

(一)电子控制系统工作情况

在汽车行驶过程时,当驾驶人将换挡规律开关置于 NORM 或 PWR 位置、O/D 开关置于 ON 位置时,如果节气门传感器信号表示节气门开度为 5%、车速传感器信号表示车速为 55~61km/h 时,ECT ECU 根据这些信号从锁止时机 MAP 中查寻确定结果就为变矩器锁止。当 ECT ECU 判定为锁止变矩器时,立即向 No.3 电磁阀发出通电指令,控制锁止信号阀和锁止继动阀的控制油路接通。

(二)液压控制系统工作情况

No.3 电磁阀通电时,线圈产生电磁吸力使阀门开启泄压,如图 7-31a) 所示,使管路油压对锁止信号阀阀芯上端面 A 的作用力减小,锁止信号阀阀芯在弹簧预紧力推动下向上移动,将二挡制动器 B_2 至锁定继动阀之间的液压管路接通,油压信号传送到锁止继动阀阀芯(参见图 7-18 所示,传送到继动阀阀芯下端面处,油压对阀芯下端面的作用力将克服油压对上端面的作用力与复位弹簧弹力之和,使阀芯向上移动),此时锁止继动阀阀芯将向上移动,将副调压阀输出油压经继动阀阀芯传送到液力变矩器,使变矩器的锁止离合器接合,变矩器锁定而直接传递发动机动力,从而提高车速和燃油经济性。由图 7-18 可见,各控制元件的油路如下。

锁止继动阀阀芯下端面油路为:油泵→手控阀→1-2 换挡阀→锁止信号阀→锁止继动阀阀芯下端面。

液力变矩器油路为:油泵→主调压阀→副调压阀→锁止继动阀→液力变矩器,见图 7-18 中左侧油路,如图 7-7b)所示。油路接通使变矩器锁止离合器的锁止压盘压在壳体前盖上,见图 7-7b),锁止离合器接合,将涡轮与泵轮接合成一体,发动机输入动力由变矩器壳体前盖、锁止压盘和涡轮毂直接传递到变速器输入轴,传动效率为 100%。

五、变矩器解除锁止的控制

在行星齿轮变速器升挡或降挡时,ECT ECU 将发出暂时解除变矩器锁止状态指令,使换挡离合器或制动器接合柔和，防止或减轻换挡冲击。

(一) 液力变矩器解除锁止状态的条件

在出现下列情况之一时，丰田 A140E 型电控自动变速器的 ECT ECU 将向锁止电磁阀 No.3 发出断电(OFF)指令，并通过锁止信号阀和锁止继动阀切换锁止离合器油路，强制解除液力变矩器的锁止状态。

(1) 当制动灯开关接通时。当踩下制动踏板时，ECT ECU 的 STP(或 BK) 端子将输入高电平(电源电压)信号，ECT ECU 接收到此信号后，立即发出解除液力变矩器锁止状态指令，以便制动器制动将车速降低，并防止发动机在驱动轮抱死制动时突然熄火。

(2) 当节气门位置传感器 TPS 怠速触点闭合表示节气门完全关闭时。当发动机怠速或汽车急减速行驶时，TPS 怠速触点接通，IDL 端子将向 ECT ECU 输入一个高电平信号。此时，ECT ECU 将向 No.3 电磁阀发出解除变矩器锁止状态指令，防止在驱动轮不转或抱死时导致发动机突然熄火。

(3) 当巡航控制 ECU 向 ECT ECU 发出解除锁止信号时。当使用巡航控制功能使汽车巡航行驶时，若因行驶条件(如坡道阻力、迎风阻力、路面阻力等)使实际车速降低到低于巡航控制系统预先设定的车速 4km/h 以上时，巡航控制 ECU 将向 ECT ECU 发出一个解除锁止信号，以便解除巡航控制状态。

(4) 当发动机冷却液温度低于 60℃ 时。当冷却液温度低于 60℃ 时，发动机 ECU 将向 ECT ECU 发出一个解除锁止信号，ECT ECU 将强制解除变矩器锁止状态，以便发动机加速预热达到正常工作温度。

(二) 液力变矩器解除锁止状态的控制

当自动变速器升挡或降挡以及在其他条件下需要解除液力变矩器锁止状态时，ECT ECU 将向电磁阀 No.3 发出断电指令，并通过锁止信号阀和锁止继动阀切换锁止离合器油路，使液力变矩器解除锁止状态。

解除液力变矩器锁止状态时，ECT ECU 向 No.3 电磁阀发出断电指令，电磁阀线圈电流切断，电磁吸力消失，其阀芯在复位弹簧弹力作用下复位，电磁阀阀门关闭，如图 7-31b) 所示。电磁阀阀门关闭后，管路油压升高，锁止信号阀阀芯上端面 A 上的作用力增大，克服弹簧预紧力使阀芯向下移动，将二挡制动器 B_2 至锁定继动阀之间的液压管路关闭，锁止继动阀阀芯在油泵输出的管路油压和复位弹簧张力作用下迅速(向下)移动，使液力变矩器传动液的流动方向迅速改变，锁止离合器迅速分离，从而解除变矩器锁止状态。由图 7-18 可见，此时液力变矩器油路为：油泵→主调压阀→副调压阀→锁止继动阀→液力变矩器，见图 7-18 中右侧油路。由图 7-7a) 可见，锁止压盘在油压作用下向后移动，使锁止离合器分离，变矩器解除锁止状态。

六、控制部件失效保护控制

车速传感器和电磁阀是 ECT 电控系统的重要部件。当电磁阀或车速传感器及其电路出现故障时，ECT ECU 将利用其备用功能，配合选挡操纵手柄和手控阀工作，以便汽车继续行驶回家或驾驶到维修站维修，这一功能称为电控自动变速系统的失效保护功能。

(一) 电磁阀及其电路失效保护控制

当 No.1、No.2 电磁阀正常时，在汽车行驶过程中，ECT ECU 通过控制 No.1 和 No.2 电磁阀通电或断电,即可控制换挡阀切换换挡元件油路,使变速器从一挡升挡到 O/D 挡或从 O/D 挡降挡到一挡。

当 No.1、No.2 电磁阀中的某一只电磁阀电路发生故障(短路、断路或搭铁)而失去油路控制作用时,ECT ECU 仍能继续控制另一只电磁阀通电或断电,使变速器进行部分挡位变换。电磁阀的失效保护功能如表 7-10 所示。

如果 No.1 电磁阀电路发生故障,ECT ECU 将继续控制 No.2 电磁阀通电或断电,使变速器按表 7-10 中"No.1 电磁阀故障"时所示的挡位换挡。

如果 No.2 电磁阀电路发生故障,ECT ECU 将继续控制 No.1 电磁阀通电或断电,使变速器按表 7-10 中"No.2 电磁阀故障"时所示的挡位换挡。

如果 No.1 和 No.2 电磁阀都发生故障,则电子控制系统不能控制换挡,此时只能由手动操纵换挡。手动换挡时,选挡操纵手柄将操纵手控阀按表 7-10 中"No.1、No.2 电磁阀故障"时所示的挡位换挡。

由表 7-10 可见,当电磁阀或其电路故障时,多数排挡都比电磁阀正常时偏高。例如,当两只电磁阀都发生故障时,如果选挡操纵手柄拨到 D 位,则挡位都为 O/D 挡;如果拨到 2(或 S)位,挡位则为三挡。因为挡位越高,传动比越小,车速越快,所以在使用中,必须根据行驶条件(平坦路面、坡道弯道、城市道路或野外公路等)慎重选择选挡操纵手柄位置,以免车速过高而导致发生事故。

ECT 换挡电磁阀 No.1、No.2 失效保护功能表　　　　　　表 7-10

挡位	正常状态			No.1 电磁阀故障			No.2 电磁阀故障			No.1、No.2 电磁阀故障
	传动挡位	电磁阀		传动挡位	电磁阀		传动挡位	电磁阀		手动操纵时换挡执行元件的排挡
		No.1	No.2		No.1	No.2		No.1	No.2	
D	一挡	通电	断电	三挡	×	通电	三挡	通电	×	O/D 挡
	二挡	通电	通电	三挡	×	通电	三挡	断电	×	O/D 挡
	三挡	断电	通电	三挡	×	通电	三挡	断电	×	O/D 挡
	O/D 挡	断电	断电	三挡	×	断电	O/D 挡	断电	×	O/D 挡
2 或 S	一挡	通电	断电	三挡	×	断电	三挡	通电	×	一挡	三挡
	二挡	通电	通电	三挡	×	通电	三挡	通电	×	三挡	三挡
	三挡	断电	通电	三挡	×	通电	三挡	断电	×	三挡	三挡
L	一挡	通电	断电	三挡	×	断电	一挡	通电	×	一挡	一挡
	二挡	通电	通电	三挡	×	通电	二挡	通电	×	一挡	一挡

注:× 号表示失效。

(二)车速传感器及其电路失效保护控制

在 No.1 和 No.2 车速传感器中,No.1 车速传感器为备用传感器。当 No.1、No.2 车速传感器正常时,ECT ECU 只利用 No.2 车速传感器信号控制换挡;当 No.2 车速传感器或其电路发生故障时,ECT ECU 将利用 No.1 车速传感器信号控制变速器换挡和变矩器锁止;当 No.1 和 No.2 车速传感器都发生故障时,ECT ECU 将无法进行控制,汽车只能用一挡行驶而无其他挡位;ECT ECU 既不会使 O/D OFF 指示灯闪亮报警,也不会存储任何故障代码。

第七节 电控无级变速(CVT)系统

20世纪90年代以来,世界著名的博世、通用、福特、菲亚特、日产、富士重工、三菱、ZF等公司投入大量研究资金,终于攻克了V形驱动带(即V形带)无级变速传动技术,先后开发成功了汽车电子控制连续可变传动比自动变速系统(CVT, Electronic Controlled Continuously Variable Transmission System),又称为电子控制无级自动变速系统或电子控制无级自动变速器,简称电控无级变速CVT系统或电控无级变速器CVT。国产奥迪A4、A6、A8等轿车都已采用电控无级变速系统CVT。

一、电控无级变速器(CVT)的优点

电控无级变速器(CVT)应用了V形带无级变速传动技术,与电控自动变速器(ECT)和手动变速器相比,具有以下显著优点。

(1)汽车经济性和排放性好。这是因为电控无级变速系统CVT能将汽车行驶条件与发动机负荷协调到最佳状态,使发动机总是工作在较高的效率区域。装备CVT的汽车与装备5挡手动变速器的汽车道路对比试验表明,前者的燃油消耗要少11.5%,碳氢化合物HC排放量少33%,一氧化碳CO排放量少20%。

(2)汽车动力性好。装备CVT后,因为传动比连续可变,没有动力间断,所以在变速过程中没有动力损失。与装备电控4挡自动变速系统ECT的汽车相比,从0~100km/h的加速时间缩短约10%。

(3)传递效率高。电控无级变速器CVT采用V形带传动技术,其传动比变化非常平滑,传动比曲线为光滑的曲线。因此,传动效率不仅优于电控液力自动变速系统ECT,而且接近于手动变速器。此外,还有动力传递无间断、对动力传动系统冲击小等优点。其操作方便性和乘坐舒适性均可与电控液力自动变速系统相媲美。

二、电控无级变速系统(CVT)的组成

电控无级变速系统(CVT)的组成与电控逐级变速系统ECT基本相同,也是由变速系统、液压控制系统和无级变速电控系统三大部分组成,国产奥迪轿车电控无级变速系统CVT的结构简图如图7-44所示。其中,液压控制系统和无级变速电控系统的功能、组成和结构原理与ECT大同小异,但变速系统的结构组成和变速原理却大不相同。

三、变速系统的结构组成

电控无级变速器(CVT)的变速系统主要由电磁离合器、齿轮传动机构、换挡执行机构和变速传动机构四部分组成。

电磁离合器的功用是将发动机输出的动力直接传递到齿轮传动机构,结构原理与空调系统的电磁离合器基本相同。该功能相当于电控逐级变速系统ECT的液力变矩器,因为是直接传递动力,所以必须采用锁止式液力变矩器,如图7-45所示。电磁离合器结构简单、电子控制方便,因此,汽车电控无级变速器(CVT)采用这种结构较多。

齿轮传动机构的功用是将发动机输出的动力由电磁离合器传递到机械变速机构,并在液压控制系统和电子控制系统的控制下,配合换挡执行机构(换挡离合器和换挡制动器)实

现汽车前进和倒车的挡位变换。

变速传动机构由主动带轮、被动带轮和 V 形驱动带组成,如图 7-46 所示。

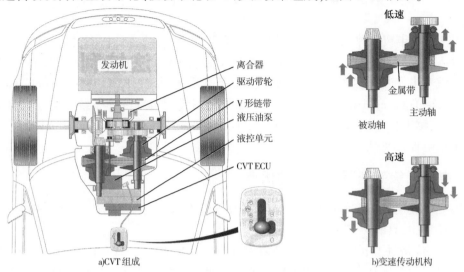

图 7-44 奥迪轿车电控无级变速系统 CVT 结构组成简图

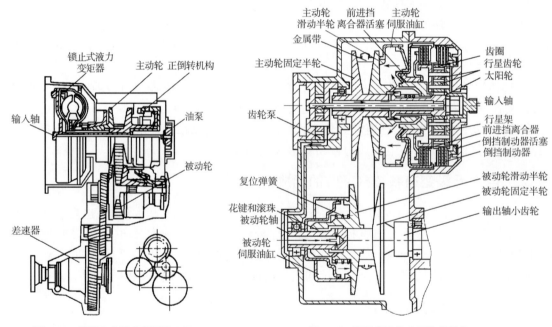

图 7-45 带锁止式液力变矩器 CVT

图 7-46 无级变速传动机构的结构

(一)主动带轮与被动带轮

变速传动机构的主动带轮和被动带轮都是由制有锥面的两个半轮组成。其中,一个半轮是固定的(即固定半轮),另一个半轮可以通过液压伺服油缸推动其沿轴向移动(即滑动半轮)。每对半轮之间构成的槽为 V 形槽,V 形驱动带能够紧贴在带轮的锥面上。主动带轮轴(输入轴)轴线与被动带轮轴(输出轴)轴线之间的距离固定不变,因此,主动轮与被动轮之间的传动比取决于驱动带与主动轮和从动轮的传动半径(即接触半径)。当液压控制机构推动滑动半轮轴向移动时,滑动半轮与固定半轮之间的轴向相对位置发生改变,主动轮与从动轮的传动半径发生变化,从而改变主动轮与被动轮之间的传动比。

(二) V形驱动带

V形驱动带是无级变速器CVT的关键部件。V形驱动带简称V形带,主要由多条柔性钢带和多块金属片组成,结构与连接关系如图7-47所示。

a) 带与半轮的连接

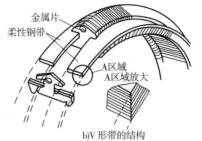
b) V形带的结构

c) 带与半轮的接触面

图7-47 无级变速器V形驱动带的结构与连接

一条V形带由2~11条柔性钢带和300片左右金属块组成,总长约600mm。其中,每条柔性钢带厚约0.18mm;每块金属片厚约2mm,宽约25mm,高约12mm。

金属片为工字形,夹紧在两侧钢带之间,如图7-47b)所示。工字下横部分(钢带下面)的金属片侧面为斜面,该斜面与带轮的锥面相接触,如图7-47c)所示。金属片夹在滑动半轮与固定半轮之间,并利用金属片斜面与带轮锥面之间的摩擦力传递动力。柔性钢带起到连接与保持作用。

四、变速传动机构无级变速原理

汽车电控无级变速器CVT的传动比是连续变化的,传动比变化曲线为连续平滑的曲线,其无级变速原理是:电控系统的执行元件(控制传动比的电磁阀),通过逐渐改变V形带滑动半轮液压伺服油缸的压力,使滑动半轮移动的位移量逐渐改变,从而使主动带轮和被动带轮的传动半径逐渐改变来实现无级变速,原理如图7-48所示。

当CVT ECU根据各种传感器信号从传动比数据MAP中查寻确定的传动比$i=1$时,CVT ECU分别向主动轮滑动半轮的传动比控制电磁阀和被动轮滑动半轮的传动比控制电磁阀发出占空比控制指令,电磁阀再控制液压阀调节两个滑动半轮液压伺服油缸的压力,液压油缸同时推动两个滑动半轮位移到主、被动轮传动半径相等的位置,如图7-48a)所示,从而使传动比$i=1$。CVT ECU还可根据变速器输出轴转速传感器信号(即车速传感器信号)对传动比进行反馈控制,通过调节电磁阀控制信号的占空比,修正滑动半轮的位移量,使传动比精确控制在CVT ECU查寻确定的数值。

当CVT ECU根据各种传感器信号从传动比数据MAP中查寻确定的传动比$i<1$时,CVT ECU将控制主、被动轮的滑动半轮向左滑移,如图7-48b)所示,使主动半轮之间的距离减小、传动半径增大;同时也使被动半轮之间的距离增大、传动半径减小,从而使汽车行驶速度升高。在CVT ECU改变占空比大小控制电磁阀时,电磁阀电流连续变化,电磁阀控制液压伺服油缸的压力也连续变化,使滑动半轮连续向左滑移,主动轮和被动轮的传动半径亦连续变化。当主动轮传动半径逐渐增大时,因为主动轮轴(输入轴)轴线与被动轮轴(输出轴)

轴线之间的距离固定不变,所以被动轮传动半径逐渐减小,使传动比逐渐减小。由于主、被动轮半径连续变化,因次,所形成的传动比也连续无级地减小,直到主动轮半径达到最大而从动轮半径达到最小为止,相当于汽车处于高挡加速行驶。

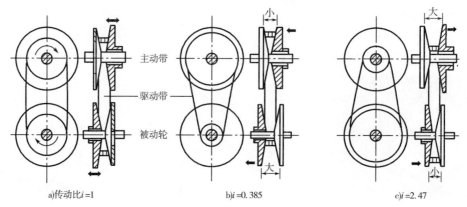

图 7-48　无级变速传动原理

同理可知,当 CVT ECU 根据各种传感器信号从传动比数据 MAP 中查寻确定的传动比 $i>1$,CVT ECU 将控制主、被动轮的滑动半轮向右滑移,如图 7-48c)所示,使主动半轮之间的距离逐渐增大、传动半径逐渐减小;同时也使被动半轮之间的距离逐渐减小、传动半径逐渐增大,传动比也连续增大,从而使汽车行驶速度逐渐降低,直到主动轮半径达到最小而从动轮半径达到最大为止,相当于汽车处于抵挡减速行驶。

汽车起步时,主动轮的传动半径较小,变速器可以获得较大的传动比,保证驱动桥具有足够大的驱动转矩,从而保证汽车稳定起步。随着车速的增加,主动轮的传动半径逐渐增大,被动轮的传动半径逐渐减小,CVT 的传动比减小,汽车能够稳步加速行驶。

五、电控无级变速系统(CVT)控制原理

汽车电控无级变速系统(CVT)的控制项目主要有控制电磁离合器、带轮油压和传动比。传动比控制流程是:传感器→CVT ECU→电磁阀→液压控制阀→滑动半轮位移→传动半径改变→传动比连续变化。

目前,确定电控无级变速器 CVT 传动比(即变速比或速比)的方法有两种,一种是由曲轴位置传感器提供的发动机转速信号(或主动带轮转速传感器信号)和反映发动机负荷大小的加速踏板位置信号(柴油机或汽油机)或节气门位置传感器信号(汽油机)、空调开关信号等决定;另一种是由主、被动轮转速信号和加速踏板位置信号决定。后者引入主、被动轮转速信号直接控制传动比,主、被动轮的滑动半轮分别进行控制,其控制方法更加灵活,控制原理如图 7-49 所示。

在电控无级变速系统 CVT 中,传动比数据 MAP 预先试验测定并存储在 CVT ECU 的 ROM 之中。发动机起动后,CVT ECU 首先根据选挡操纵手柄位置(一般 CVT 只设有 P、R、N、D 四个位置)信号判定是否控制变速。

当 CVT ECU 接收到选挡操纵手柄 D 和 R 位置信号时,立即控制电磁离合器接合,然后根据各种传感器信号从传动比数据 MAP 中查寻确定传动比,再向电磁阀发出占空比控制指令,电磁阀控制液压控制阀动作,通过调节滑动半轮液压伺服油缸的压力,改变滑动半轮移动的位移量,使主动带轮和被动带轮的传动半径改变,将传动比控制在最佳数值。

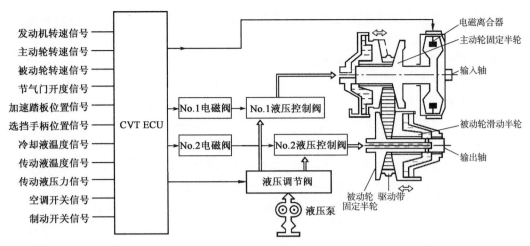

图 7-49 电控无级变速系统 CVT 的控制原理

一、简答题

1. 为什么进入 21 世纪以来,装备电控自动变速系统的轿车普遍受到家用汽车车主的青睐?
2. 与装备机械式变速器的汽车相比,为什么装备电控自动变速系统的汽车在涉水时容易熄火?
3. 液压控制式自动变速系统和电子控制式自动变速系统有何异同?
4. 目前,汽车装备的电控自动变速系统主要有哪些? 各有什么特点?
5. 为什么说电控自动变速系统能够提高汽车的动力性、经济性、舒适性和排放性能?
6. 汽车电控自动变速系统控制换挡的基本原理是什么?
7. 汽车电控自动变速系统怎样控制锁止式液力变矩器锁止?
8. 自动变速汽车选挡操纵手柄标示的 P、R、N、D、2、L 等代号的含义分别是什么? 如何合理运用之?
9. 当所有车速传感器都发生故障时,ECT ECU 能否继续进行自动换挡控制? 为什么?
10. 电控无级变速器 CVT 的变速传动机构怎样实现无级变速?

二、选择题

1. 锁止式液力变矩器与其他形式的液力变矩器的区别在于配装有(　　)。
   A. 单向离合器　　　　B. 湿式离合器　　　　C. 干式离合器
2. 装备电控自动变速系统的汽车在一般道路和城市道路行驶时,耗油量大约增加(　　)。
   A. 5%　　　　　　　B. 10%　　　　　　　C. 20%
3. 在汽车行驶过程中,当选挡操纵手柄处于(　　)位置时,电控自动变速系统才能自动换挡。
   A. N、P 和 R　　　　B. D、L、和 R　　　　C. D、3 和 2

4. 对于装备电控自动变速系统的汽车,当选挡操纵手柄处于( )位置时才能起动发动机。

    A. N、P 和 R   B. P 或 N   C. D、3 和 2

5. 如果自动变速系统没有提供经济型换挡规律,那么( )就相当于经济型。

    A. NORM   B. PWR   C. ECON

6. 在装备电控自动变速系统的汽车上,控制变速器自动换挡的电磁阀有( )。

    A. No.1 和 No.2 电磁阀   B. No.1 和 No.3 电磁阀   C. No.3 电磁阀

7. 在装备电控自动变速系统的汽车上,控制液力变矩器锁止的电磁阀有( )。

    A. No.1 和 No.2 电磁阀   B. No.1 和 No.3 电磁阀   C. No.3 电磁阀

8. 在装备电控自动变速系统的汽车上,当液力变矩器锁止时,汽车将行驶在( )状态。

    A. 高速   B. 中速   C. 低速

9. 在装备电控自动变速系统的汽车上,当液力变矩器锁止时,液力变矩器的传动效率为( )。

    A. 96%   B. 98%   C. 1

10. 在装备电控自动变速系统的汽车上,控制液力变矩器解除锁止状态的信号有( )。

    A. 车速信号   B. 巡航控制 ECU 信号   C. 节气门位置传感器信号

复习题

1. 何谓自动变速?电子控制自动变速系统的主要功用是什么?

2. 电子控制自动变速系统由哪几个子系统组成?

3. 自动变速器具有哪些优点?其齿轮变速系统由哪几部分组成?

4. 在自动变速器中,液力变矩器的主要功用是什么?

5. 在自动变速器中,换挡执行机构的功用是什么?由哪几部分组成?

6. 在自动变速器中,液压控制系统的功用是什么?由哪些部件组成?

7. 在自动变速器中,自动变速电控系统的功用是什么?由哪几部分组成?

8. 自动变速电子控制系统采用的传感器主要有哪些?采用的开关控制信号主要有哪些?

9. 何谓锁止式液力变矩器?为什么现代汽车普遍采用锁止式液力变矩器?

10. 什么是行星齿轮机构?单排行星齿轮机构由哪些部件组成?运动规律方程式是什么?

11. 在自动变速器中,换挡离合器的功用是什么?自动变速器采用的换挡离合器有哪几种?

12. 在自动变速器中,换挡制动器的功用是什么?自动变速器采用的换挡制动器有哪几种?

13. 在换挡离合器中,安全阀的作用是什么?

14. 自动变速器使用的传动液 ATF 必须满足哪些要求?在使用过程中应当注意哪些

问题?

15. 进口汽车传动液普遍采用什么分类法进行分类?该分类法将自动传动液 ATF 分为哪几类?

16. 在电子控制式自动变速器的液压控制系统中,调压阀的功用是什么?

17. 在电子控制式自动变速器的液压控制系统中,根据调压阀的结构不同,调压阀可分为哪几种类型?

18. 在电子控制式自动变速器的液压控制系统中,控制阀的功用是什么?分为哪几种类型?

19. 什么是电磁阀?在电子控制式自动变速器中,一般设有几只电磁阀?各电磁阀的用途是什么?

20. 什么是换挡规律?什么是普通型换挡规律?什么是动力型换挡规律?什么是经济型换挡规律?

21. 在装备自动变速器的汽车上,换挡规律(或驱动模式)选择开关的用途是什么?

22. 什么是换挡时机或换挡点?自动变速电控单元 ECT ECU 怎样控制换挡时机?

23. 什么是锁止时机?自动变速电控单元 ECT ECU 控制液力变矩器锁止的目的是什么?

24. 自动变速电控单元 ECT ECU 强制解除液力变矩器锁止状态的条件有哪些?

25. 当任意一只换挡电磁阀或其电路发生故障时,ECT ECU 能否继续控制自动变速?为什么?

第八章 汽车巡航(CCS)技术

巡航一词原意是指:飞机从某一航站飞行到另一航站的巡逻航行。早在1965年,日本丰田汽车公司就已开始在汽车上使用机械式巡航控制系统。随后不久,德国VDO公司成功研制了气动机械式巡航控制系统。1968年德国奔驰公司开发成功了由分立电子元件组成的巡航控制系统,并装备在莫克利汽车上使用。到20世纪70年代中期,汽车上已普遍采用模拟计算机控制的巡航系统。从1981年起,汽车便开始采用数字计算机控制的巡航系统。目前,国产中高档轿车都已普遍装备数字计算机控制的电子控制巡航系统。

第一节 汽车巡航电控系统(CCS)概述

汽车巡航电子控制系统通常简称巡航控制系统(CCS,Cruise Control System)。汽车巡航是指汽车以一定的速度匀速行驶,故汽车巡航控制系统又称为恒速控制系统。

汽车巡航电控系统的功用是:根据汽车行驶阻力的变化,自动调节发动机节气门(或供油拉杆)开度的大小,使汽车保持恒定速度行驶。

一、巡航电控系统组成

汽车巡航控制系统(CCS)主要由车速传感器、节气门位置传感器或加速踏板位置传感器(柴油机)、控制开关、巡航控制电控单元(CCS ECU)和执行机构等部件组成。图8-1所示为丰田凌志LEXUS400型轿车CCS控制部件的安装位置。

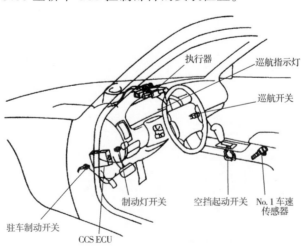

图8-1 凌志LEXUS400型轿车巡航控制部件安装位置

巡航控制系统的车速传感器（VSS）、节气门位置传感器（TPS）或加速踏板位置传感器既可与发动机控制系统或电子控制自动变速系统公用，也可专门独立设置。在 CCS 中，车速传感器和节气门位置传感器或加速踏板位置传感器的功用分别是向 CCS ECU 提供汽车行驶速度信号和发动机负荷信号，以便 CCS ECU 根据车速变化量来调节节气门或供油拉杆（柴油机）气门开度，从而使汽车行驶速度保持恒定。

控制开关主要有巡航开关、制动灯开关、驻车制动开关、点火开关、离合器开关（仅对手动变速器汽车）或空挡起动开关（对自动变速器汽车）等。巡航开关的功用是将恒速、加速或减速、恢复原速以及取消巡航行驶等指令信号输入 CCS ECU，其他开关的功用是将各种状态信息输入 CCS ECU，以便 CCS ECU 确定是否进行恒速控制。

巡航控制电控单元（CCS ECU）是巡航控制系统的控制核心，由分立电子元件、专用集成电路 IC 和 8 位、16 位或 32 位单片机组成。CCS ECU 具有数学计算、逻辑判断、记忆存储、故障自诊断等功能。

执行机构分为气动式和电动式两种。气动式主要由速度伺服装置和电磁阀等组成；电动式主要由电动机（永磁式或步进式电动机）、减速机构和电磁离合器等组成。执行机构的功用是根据 CCS ECU 指令，通过节气门拉索（钢索）或电子式节气门控制器调节发动机节气门的开度，使车速保持恒定。

二、巡航控制系统的控制原理

巡航控制系统是一个典型的闭环控制系统，控制原理如图 8-2 所示。输入 CCS ECU 的信号有两个：一个是驾驶人根据行驶条件，通过巡航开关设定的巡航车速指令信号；另一个是车速传感器输入的实际车速反馈信号（图 8-2）。

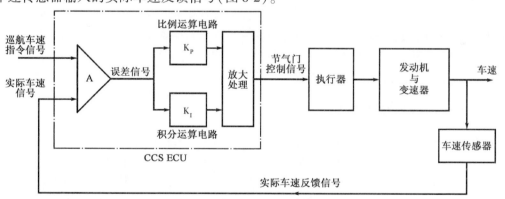

图 8-2　巡航控制系统的基本控制原理

当巡航车速指令信号和实际车速反馈信号输入 CCS ECU 后，CCS ECU 的比较器 A 经过比较运算便可得到两个信号之差，称之为误差信号。误差信号经过比例运算和积分运算后，再经过放大处理就可得到控制节气门开度大小的控制信号，CCS ECU 将控制指令发送给执行机构，执行机构就可驱动节气门拉索（或电子式节气门控制器）调节节气门开度的大小，将实际车速迅速调节到驾驶人设定的车速值，从而实现恒速控制（即巡航控制）。

在控制过程中，当实际车速低于驾驶人设定的巡航车速值时，CCS ECU 将向执行机构发出增大节气门开度的指令，使实际车速升高到巡航车速。反之，当实际车速高于驾驶人设定的巡航车速值时，CCS ECU 将向执行机构发出减小节气门开度的指令，使实际车速降低到巡航车速,从而使实际车速基本保持在驾驶人设定的巡航车速值不变。

三、巡航车速的控制方式

巡航车速一般都采用"比例—积分算法(Proportion and Integral Calculus)"进行控制,又称为"PI"控制方式。比较器 A 运算得到的误差信号经过比例运算电路 K_P 线性放大后,输出的信号将正比于误差信号;积分运算放大电路 K_I 设置有一条斜率可调的输出控制线,用以在短时间内将车速误差调节到趋近于零的很小范围,根据控制线控制的巡航车速与节气门开度之间的关系如图 8-3 所示。节气门控制信号则由比例运算电路和积分运算电路输出信号叠加而成。

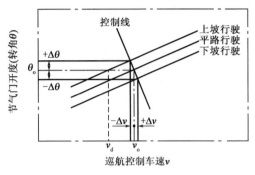

图 8-3 巡航车速控制原理

当汽车在平坦路面上以设定的巡航车速 v_o 行驶时,设节气门开度为 θ_o。如果此时 CCS ECU 向执行机构发出指令使节气门开度保持不变,则汽车将以设定的巡航车速 v_o 行驶。但是,当车辆遇到坡道上坡行驶或遇到刮风逆风行驶时,由于坡道阻力或风阻增加将使车速降低到 v_d,不能以设定的巡航车速 v_o 行驶。因此,CCS ECU 必须向执行机构发出指令使节气门开度增大(即节气门旋转角度增大 $\Delta\theta$),才能使车速接近于设定的巡航车速 v_o(即实际车速比巡航车速 v_o 低 Δv 值)行驶。同理,当车辆下坡或顺风行驶时,节气门旋转角度将减小 $\Delta\theta$,实际车速将比巡航车速 v_o 高 Δv 值。

由此可见,为使汽车巡航车速 v_o 不受行驶阻力变化的影响,巡航电控单元 CCS ECU 内部积分运算放大电路 K_I 控制的控制线应尽可能使车速变化范围减小,即控制线的斜率应尽可能小。由于 PI 控制方式设置了控制线,因此,当汽车行驶在上坡、下坡道路以及风阻等因素导致行驶阻力变化时,控制系统只要将节气门开度调整 $\pm\Delta\theta$ 转角,就可将车速变化幅度限制在 $\pm\Delta v$ 值的微小范围内。

四、巡航控制系统的优点

汽车巡航控制系统主要具有以下优点:

(1)减轻驾驶人的劳动强度,提高行驶安全性。在汽车行驶过程中,当车速达到一定值(超过 40km/h)后,只要驾驶人操作巡航开关设定一个想要恒速行驶的车速,CCS ECU 就能自动控制发动机节气门开度使汽车保持在设定的速度恒速行驶,不需驾驶人踩踏加速踏板,使劳动强度大大减轻。当汽车在高速公路或高等级公路上长时间行驶时,更能充分发挥 CCS 的优点,因为巡航行驶不用踩踏加速踏板,驾驶人的劳动强度大大减轻,所以行驶安全性将大大提高。

(2)行驶速度稳定,提高乘坐舒适性。在巡航行驶过程中,无论汽车在上坡或下坡路面上行驶,还是在平坦路面或风速变化的情况下行驶,只要是在发动机功率允许范围之内,汽车行驶速度都将保持设定的巡航车速不变。

(3)节省燃料消耗,提高燃油经济性和排放性能。实践证明:汽车在相同行驶条件下,利用巡航行驶可以节省 15% 左右的燃料。这是因为巡航控制系统 CCS 与发动机燃油喷射系统 EFI 以及自动变速控制系统 ECT 是相互配合工作的,巡航车速被控制在经济车速范围内,汽车巡航行驶时的燃料供给与发动机功率之间处于最佳配合状态,与此同时,有害气体的排放量也将大大减少。

第二节 汽车巡航控制系统(CCS)的结构原理

汽车巡航控制系统采用的车速传感器信号、节气门位置传感器信号、制动灯开关信号、驻车制动开关信号、点火开关信号、空挡起动开关(对于自动变速器汽车)信号等一般都与发动机控制系统和电子控制自动变速系统共用。本章主要介绍巡航开关、巡航控制电控单元(CCS ECU)和巡航执行机构的有关内容。

一、巡航控制开关

(一)巡航开关

巡航开关是巡航控制系统的主要控制开关,其功用是将恒速、加速或减速、恢复巡航车速以及取消巡航行驶等指令信号输入 CCS ECU,以便 CCS ECU 确定是否进行恒速控制。

巡航开关实际上是一个类似于风窗玻璃刮水与洗涤开关的组合手柄开关,一般都由"MAIN"(主开关)、"SET/COAST"(设置/巡航)、"RES/ACC"(恢复/加速)和"CANCEL"(取消)四个功能开关组成。巡航开关一般都安装在转向盘右下侧偏上位置,并随转向盘一同转动,以便于驾驶人操作。在驾驶人转动转向盘的同时,即可用右手手指拨动组合手柄开关进行巡航控制的有关操作。在每项功能开关的旁边,标注有完成相应功能时开关手柄的操纵方向。

各型汽车用巡航开关的工作原理基本相同。但是,巡航开关的外形结构各不相同,在设定巡航功能时,操纵手柄开关的方向也不尽相同。下面以图8-4所示丰田凌志 LEXUS400 型轿车用巡航开关的外形结构与内部电路为例说明。

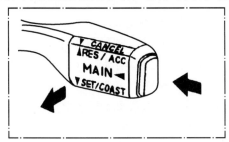
a)操纵手柄外形图

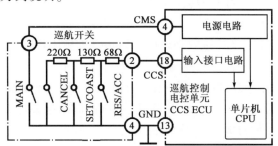
b)巡航开关电路图

图8-4 巡航开关操纵手柄的外形结构与内部电路

(1)主开关(MAIN):主开关(MAIN)为按钮式开关,设在开关操纵手柄的端部,是巡航控制系统的总开关。当单击一下操纵手柄端部的主开关(MAIN)按钮时,MAIN 触点接通,组合仪表板上的巡航指示灯将发亮指示,此时巡航控制系统处于待命状态,可以进行恒速控制。再次单击主开关(MAIN)按钮时,按钮将弹起,MAIN 触点断开,巡航指示灯将熄灭,指示巡航控制系统处于关闭状态,不能进行恒速控制。由图8-4b)所示电路可见,当主开关(MAIN)触点接通时,巡航电控单元 CCS ECU 的巡航主开关端子 CMS(即 CCS ECU 线束插座上第4号端子)通过主开关触点搭铁,CCS ECU 得到一个低电平(0V)信号。此时 CCS ECU 便控制巡航执行机构处于待命状态。与此同时,CCS ECU 还要控制巡航指示灯电路接通,使巡航指示灯发亮指示系统所处状态。如果主开关(MAIN)按钮按下时,巡航指示灯不亮,说明巡航控制系统有故障。

(2)设定/巡航(SET/COAST):即巡航速度设定开关。将巡航开关操纵手柄向下拨动并保持在向下位置时,巡航速度设定开关即可接通。当"设定/巡航"开关处于接通位置时,只要按住操纵手柄不动,汽车就会不断加速。当车速达到驾驶人想要巡航行驶的车速(注:车速应在40km/h以上,低于40km/h不能进行巡航行驶)时松开操纵手柄,手柄将自动复位,此时巡航控制系统就会使汽车以松开操纵手柄时的车速保持恒速行驶。

(3)恢复/加速(RES/ACC):即恢复(RESUME)巡航速度开关。向上拨动操纵手柄时,巡航速度"恢复/加速"开关即可接通。在汽车以设定的巡航速度行驶过程中,当驾驶人踩下加速踏板超车或踩下制动踏板制动,或将自动变速器选挡手柄拨到前进挡D以外的位置时会导致车速升高或降低,如果此时想要恢复到原来设定的巡航车速,那么,将巡航开关操纵手柄向上抬起并保持在该位置使"恢复/加速"开关保持接通,汽车即可迅速加速或减速并恢复到原来设定的巡航车速行驶。但是,如果行驶车速已经低于40km/h,则巡航车速不能恢复。

(4)取消(CANCEL):即取消巡航的操纵开关。将巡航开关操纵手柄向驾驶人方向拨动时,即可接通巡航速度"取消"开关来解除巡航行驶。由图8-4b)所示电路可见,"SET/COAST"(设定/巡航)、"RES/ACC"(恢复/加速)和"CANCEL"(取消巡航)三只开关的信号均从同一个端子(即"CCS"端子或18端子)输入电控单元CCS ECU。三只开关中的任意一只接通时,都是接通搭铁回路。但是,由于各开关之间连接有不同阻值的电阻,因此,当接口电路以恒流源供给恒定电流时,不同开关接通时输入CCS ECU的信号电压并不相同,CCS ECU根据信号电压高低即可判定是哪一只开关接通。

(二)制动灯开关

制动灯开关接通信号为解除巡航控制信号之一。制动灯开关接通信号的功用是:在驾驶人踩下制动踏板接通制动灯电路使其发亮的同时,向CCS ECU输入一个表示制动的信号,CCS ECU接收到该信号后将立即解除巡航控制状态,以便制动器制动将车速降低。

在装备巡航控制系统的汽车上,制动灯开关是一个双闸开关,即制动灯开关是在原有常开触点的两端,并联一个常闭触点构成。常开触点连接在CCS ECU与制动灯电路中,常闭触点连接在CCS ECU与巡航执行机构(电磁离合器线圈或电磁阀线圈)电路中。当驾驶人踩下制动踏板时,常开触点闭合接通制动灯电路,同时向CCS ECU输入一个表示制动的信号,CCS ECU立即关闭巡航控制程序并控制仪表板上的巡航指示灯发亮,指示巡航控制状态解除。与此同时,制动灯开关的常闭触点断开,切断巡航执行机构电路,使巡航执行机构动力传递路线切断。将制动开关常闭触点与控制节气门开度的巡航执行机构(电磁离合器线圈或电磁阀线圈)电路串联连接的目的是保证行车安全。因为这样连接可以保证驾驶人踩下制动踏板时,制动灯开关常闭触点断开能将执行机构的电源可靠切断,从而使节气门处于完全关闭状态。

(三)驻车制动开关

驻车制动开关接通信号为解除巡航控制信号之一。在汽车行驶过程中,当制动系统(防抱死制动系统或常规制动系统)发生故障时,就需要通过操作驻车制动器来降低车速。因此,驻车制动开关接通时的信号必须作为解除巡航控制的输入信号之一。驻车制动开关又称为手刹车或手制动开关,其功用是:向巡航电控单元 CCS ECU 输送一个电信号,以便 CCS ECU 解除巡航行驶状态。

当拉紧驻车制动器时,驻车制动开关触点闭合,在接通制动警告灯电路的同时,还向 CCS ECU 输送一个表示驻车制动器处于制动状态的信号(一般为低电平信号),CCS ECU 接收到该信号后将解除巡航行驶状态。

(四)空挡起动开关

空挡起动开关接通信号为解除巡航控制信号之一。在装备自动变速器的汽车上配装有空挡起动开关,安装在自动变速器侧面,由选挡操纵手柄(在手动变速器中称为变速杆)通过杠杆机构操纵。当选挡操纵手柄置于"空挡 N"位置时,空挡起动开关触点闭合,如果此时点火开关接通"起动 START"挡位,则空挡起动开关将向发动机电控单元 ECU 输入一个电信号(高电平或低电平信号)。

在汽车行驶过程中接通"空挡 N"位置时,说明驾驶人想要减速停车。因此,在装备巡航控制系统的汽车上,空挡起动开关还有一个功用就是:向巡航电控单元 CCS ECU 输入一个电信号,以便 CCS ECU 解除巡航行驶状态。

(五)离合器开关

离合器开关接通信号为解除巡航控制信号之一。在装备手动变速器而不是自动变速器的汽车上,当驾驶人踩下离合器踏板换挡时车速就会降低,巡航控制系统 CCS 就会发出指令使发动机转速升高,因此,可能导致发动机超速运转而损坏。为了确保安全,在离合器踏板下面设置有一个离合器开关,开关触点在驾驶人踩下离合器踏板时就会闭合。

离合器开关的功用是:当汽车处于巡航状态行驶时,如果驾驶人踩踏离合器踏板(以便变换变速器挡位等),离合器开关触点就会闭合,并向 CCS ECU 输入一个电信号(低电平或高电平信号),以便 CCS ECU 解除巡航控制状态,同时也便于驾驶人变换变速器挡位。

二、巡航电控单元(CCS ECU)

在 20 世纪 70 年代汽车装备的巡航控制系统电子控制单元大多数都是采用模拟电子技术制成。随着数字电子技术的发展,特别是大规模集成电路和单片机的广泛应用,80 年代开始采用数字式单片机进行控制,目前已全部采用数字式单片机控制。图 8-5 所示为美国摩托罗拉 Motorola 公司开发研制的数字式巡航控制电控单元电路框图。

巡航控制系统电控单元(CCS ECU)又称为巡航电子控制器,其功用是接收车速传感器、巡航开关、制动灯开关、驻车制动开关、空挡起动开关或离合器开关、发动机电控单元(ECU)以及自动变速系统电控单元(ECT ECU)的信号,经过信号转换与处理、数学计算(比例—积分计算)、逻辑判断、记忆存储、功率放大等处理后,向巡航执行机构输出控制指令信号,驱动执行器动作,从而实现恒速控制或解除巡航行驶状态。

CCS ECU 根据驾驶人操作"设定/巡航"("SET/COAST")开关输入的设定车速信号、车速传感器输入的实际车速信号、各种开关输入信号以及发动机电控单元 ECU 和自动变速电控单元 ECT ECU 输入的信号,按照只读存储器 ROM 中预先编制的程序进行计算处理之后,向执行机构驱动电路发出指令,驱动执行器(步进电动机或直流电动机、电磁阀等)动作,执行器通过节气门联动机构和节气门拉索等改变节气门开度,使实际车速达到设定的巡航车速。

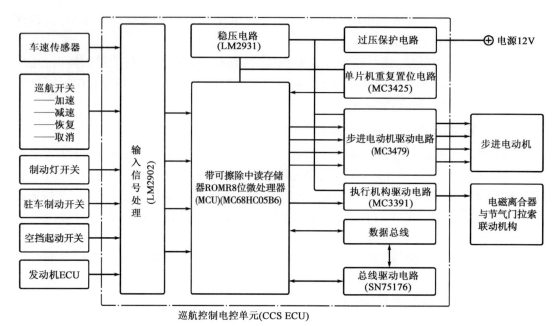

图 8-5　Motorola 数字式 CCS ECU 电路框图

汽车 CCS ECU 普遍采用大规模或超大规模专用集成电路与单片机组合而成。当汽车上已经装备发动机电子控制系统或自动变速控制系统时,许多传感器(如节气门位置传感器、车速传感器)和控制开关(如制动灯开关、空挡起动开关等)的信号可以共享,只需编制控制程序调用该信号即可,因此,可以大大降低系统的硬件成本。

三、巡航执行机构

汽车巡航控制系统的执行机构又称为速度伺服装置,其功用是根据 CCS ECU 的控制指令,通过操纵节气门拉索或供油拉杆(柴油机)来改变发动机节气门开度或供油杆位置(柴油机),使汽车加速、减速或保持恒定的速度行驶。

根据结构形式不同,汽车巡航控制执行机构可分为电动式和气动式两种。电动式采用直流电动机或步进电动机驱动,如丰田系列轿车巡航系统和 Motorola 巡航系统;气动式采用真空装置驱动,如切诺基吉普车巡航控制系统。

(一)电动式巡航执行机构

电动式巡航执行机构的结构组成如图 8-6 所示,主要由驱动电动机、安全电磁离合器、减速机构和电位计等组成。

(1)驱动电动机。驱动电动机是执行机构的动力源,既可采用永磁式直流电动机,也可采用步进式直流电动机。

电动机转动时通过减速机构和电磁离合器带动控制臂转动,控制臂又通过专用节气门拉索(钢索)拉动节气门摇臂转动。改变流过电动机电枢绕组电流的方向,就可改变电枢轴的转动方向,从而即可调节节气门摇臂转动角度的大小。为了限定控制臂转动角度,防止发动机发生飞车事故,在电动机电路中安装有限位开关。

当电动式执行机构采用步进电动机作为动力源时,由于步进电动机能将 CCS ECU 发出的数字信号指令转变为一定角度的位移量。CCS ECU 每发出一个控制脉冲,步进电动机就可带动节气门摇臂转过一个微小角度(即步进角,其大小可据需要在设计电动机时进行选择)。因此,步进电动机能够保证节气门开度平稳准确地进行调节。节气门摇臂转过的角度与步进电动机转过的角度成正比,步进电动机转过的角度与 CCS ECU 发出的控制脉冲频率成正比。节气门摇臂的转动方向由步进电动机步进方向决定,步进方向由 CCS ECU 控制脉冲的相序决定。

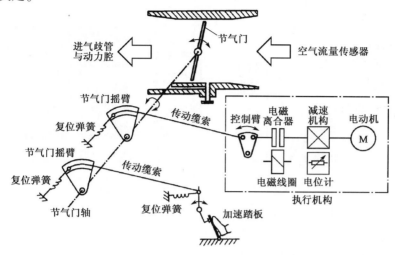

图 8-6 电动式巡航控制执行机构的结构组成

(2)电磁离合器。电磁离合器安装在驱动电动机与控制臂之间。在巡航行驶过程中,当驾驶人踩下制动踏板或实际车速超过设定巡航车速一定值(一般为15km/h 左右)或车速传感器发生故障时,CCS ECU 将立即发出控制指令使离合器分离,防止发生事故,故又称为安全电磁离合器。由于只有在电磁离合器接合的情况下驱动电动机转动才能改变节气门开度进入巡航控制,因此,当未进入巡航控制状态时,将电磁离合器线圈电路设计为接通状态,使离合器初始状态为接合状态。如此设计的目的是:提高巡航执行机构的响应速度,防止车速突然变化而发生"游车(即车速时快时慢)"现象。

如果将电磁离合器的初始状态设计为分离状态,由于离合器接合的机械惯性动作滞后于 CCS ECU 驱动电动机的电驱动动作,因此,待离合器接合时,电动机将突然拉动节气门摇臂转动较大一个角度,使车速突然升高甚至超过设定车速;当超过设定的巡航车速时,CCS ECU 又会发出指令使车速降低,这就会导致"游车"现象。将离合器初始状态设计为接合状态时,节气门摇臂将随驱动电动机转动而转动,不仅能够保证巡航执行机构迅速响应,而且能够防止发生"游车"现象,从而提高巡航行驶稳定性和乘坐舒适性。

(3)电位计。在电动式执行机构中,一般都设置一只由滑片电阻器构成的电位计(即转角或位移传感器),其功用是检测执行机构中控制臂转动的角度或拉索的位移量,并将信号输入巡航电控单元 CCS ECU。该信号主要用于 CCS ECU 诊断执行机构是否发生故障。当 CCS ECU 向执行机构发出控制指令后,如果电位计信号没有变化或超过设计值,则将判定执行机构有故障。

(二)气动式巡航执行机构

气动式巡航执行机构的结构组成如图 8-7 所示,主要由三只电磁阀(真空电磁阀、通风电磁阀和安全电磁阀)、膜片、复位弹簧和密封壳体等组成。

三只电磁阀的初始状态如图 8-7 所示,真空电磁阀为常闭电磁阀,阀门用橡皮管与发动机进气歧管连接；通风电磁阀和安全电磁阀均为常开电磁阀,其阀门与大气相通。三只电磁阀电磁线圈的一端均与制动灯开关常闭触点连接,真空电磁阀线圈和通风电磁阀线圈的另一端分别与巡航电控单元 CCS ECU 的控制端连接；安全电磁阀线圈的另一端直接搭铁。

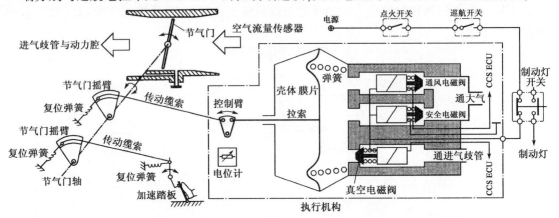

图 8-7 气动式巡航控制执行机构的结构组成

膜片将壳体内空间分隔为两个腔室,左腔室与大气相通,右腔室与三只电磁阀阀门相通。膜片上连接有一根拉索,拉索与控制臂和节气门摇臂连接。

气动式巡航执行机构的工作原理是:利用发动机进气歧管的真空吸力吸引膜片,膜片再通过拉索拉动节气门摇臂使节气门开度改变来调节车速。

(1) 升高车速。当点火开关和巡航"主开关(MAIN)"接通时,三只电磁阀线圈电路便通过制动灯开关常闭触点接通电源。因为安全电磁阀线圈一端直接搭铁,所以安全电磁阀线圈电流接通,产生电磁吸力克复其复位弹簧弹力将阀门吸闭,使巡航控制系统处于待命状态。

当 CCS ECU 根据车速传感器和巡航开关等信号判定需要提高车速时,CCS ECU 将向驱动电路发出接通通风电磁阀线圈电路和真空电磁阀线圈电路的指令,通风电磁阀线圈电流产生的电磁吸力克复其复位弹簧弹力将通风电磁阀阀门吸闭,从而切断右腔室与大气的通路;真空电磁阀线圈电流产生的电磁吸力克复其复位弹簧弹力将真空阀阀门吸开,使右腔室与进气歧管之间的气路接通。由于此时真空电磁阀和安全电磁阀阀门均处于关闭状态,使右腔室与大气隔绝,因此,真空阀阀门打开将使右腔室形成真空状态,膜片在进气歧管真空吸力作用下,通过控制臂和拉索带动节气门摇臂转动使节气门开度增大,汽车将加速行驶。

(2) 保持车速。当 CCS ECU 根据车速传感器信号判定汽车实际行驶速度与设定巡航车速一致时,为了保持该车速行驶,CCS ECU 将向驱动电路发出接通通风电磁阀线圈电流和切断真空电磁阀线圈电流指令,使通风电磁阀和真空电磁阀阀门关闭。由于此时三只电磁阀阀门均关闭,右腔室的真空度保持不变,因此,节气门摇臂保持在通风电磁阀和真空电磁阀阀门关闭时的位置,从而使车速保持在设定车速恒速行驶。

(3) 降低车速。当 CCS ECU 根据车速传感器信号判定汽车实际行驶速度高于设定巡航车速时,CCS ECU 将向驱动电路发出切断通风电磁阀线圈电流(使阀门保持常开)和接通真空电磁阀线圈电流(使阀门打开)指令。通风电磁阀阀门打开时,部分大气进入右腔室,膜片在弹簧张力作用下向左拱曲复位,使节气门摇臂放松、开度减小,车速降低。真空电磁阀阀门打开时,进气歧管真空吸力继续作用到膜片上,膜片向左拱曲的位移量取决于弹簧张力与真空吸力的平衡位置。由此可见,在恒速控制过程中,安全电磁阀阀门始终处于关闭状态。当升高车速时,通风电磁阀阀门处于"关闭"状态、真空电磁阀阀门处于"打开"状态;当保持车速时,通风电磁阀阀门和真空电磁阀阀门均处于"关闭"状态;当降低车速时,通风电磁阀阀门和真空电磁阀阀门均处于"打开"状态。

当踩下制动踏板时,制动灯开关的常开触点闭合、常闭触点断开。常开触点闭合将接通制动灯电路使制动灯发亮;常闭触点断开将三只电磁阀线圈的电源切断,电磁吸力消失,三个阀门复位到初始状态,右腔室无真空吸力作用,节气门拉索处于放松位置。当安全电磁阀线圈电源切断时,其阀门打开并引入大气,可以加速膜片左移复位,防止制动时车速来不及降低而发生危险,故称之为安全电磁阀。

第三节 汽车巡航控制系统(CCS)的控制过程

汽车巡航电子控制系统普遍采用闭环控制方式进行控制,巡航控制流程如图8-8所示。

汽车巡航车速对闭环控制系统的要求是稳态误差小、响应速度快、系统稳定性好。实践证明,只要选择合适的比例运算放大系数 K_p 和积分运算放大系数 K_I,就能保证系统具有较高的控制精度、较快的响应速度和稳定的工作状态。可见,设计 CCS ECU 的关键是确定合适的放大倍数。与模拟控制系统相比,数字控制系统的突出优点是各种输入信号以数字量表示,受工作环境、温度和湿度变化的影响较小,因此,数字控制具有更高的稳定性。

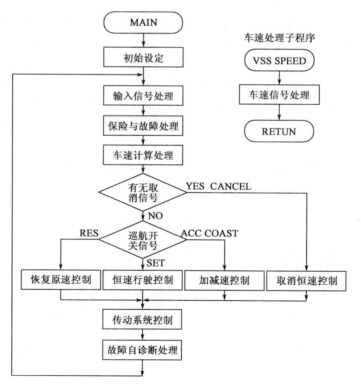

图 8-8 巡航控制流程图

各型汽车巡航控制系统的结构组成与控制电路虽然各有不同,但其控制过程大同小异。下面以图8-9所示丰田皇冠3.0型轿车电动式巡航控制系统控制电路为例说明巡航控制系统的控制过程。

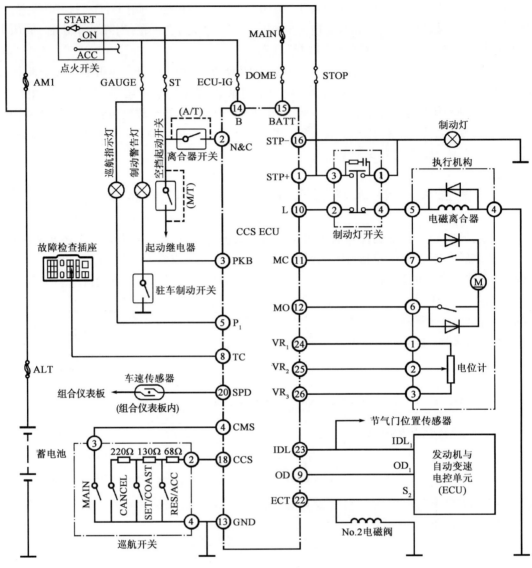

图8-9 丰田皇冠3.0型轿车巡航控制系统控制电路

一、丰田汽车巡航控制系统(CCS)组成

丰田皇冠3.0型轿车电动式巡航控制系统的控制部件主要有传感器(节气门位置传感器、No.1车速传感器)、控制开关(巡航开关、驻车制动开关、双闸制动灯开关、自动变速系统的空挡起动开关或手动变速器的离合器开关等)、巡航电控单元CCS ECU、执行机构(电磁离合器、驱动电动机与电位计等)。CCS ECU 线束插座上各接线端子的编号、代号以及连接部件的名称如表8-1所示。

丰田皇冠3.0型轿车 CCS ECU 接线端子编号、代号与连接部件名称　　表8-1

端子编号	端子代号	连接部件的名称	端子编号	端子代号	连接部件的名称
1	STP+	制动灯开关	3	PKB	驻车制动开关
2	N&C	离合器开关	4	CMS	巡航主开关

续上表

端子编号	端子代号	连接部件的名称	端子编号	端子代号	连接部件的名称
5	P_1	巡航控制指示灯	16	STP-	制动灯(制动信号输入端子)
8	TC	故障诊断插座 TDCL	18	CCS	巡航控制开关
9	OD	发动机和自动变速 ECU 超速与解除锁止信号输入端子 OD_1	20	SPD	车速传感器(仪表板上)
10	L	制动灯开关的电磁离合器触点	22	ECT	ECT ECU 端子 S_2 和自动变速系统 No.2 电磁阀
11	MC	驱动电动机	23	IDL	节气门位置传感器怠速触点
12	MO	驱动电动机	24	VR_1	控制臂电位计正极端子
13	GND	CCS ECU 搭铁端子	25	VR_2	控制臂电位计信号端子
14	B	电源(受点火开关控制)	26	VR_3	控制臂电位计负极端子
15	BATT	备用电源(常火线)			

二、丰田汽车巡航控制系统(CCS)控制过程

(一)巡航控制电源电路

(1)备用电源电路。汽车所有电子控制系统都设有备用电源电路,电控单元的备用电源端子始终与蓄电池连接,不受任何开关控制,只受易熔线控制,以便汽车停驶时保存随机存储器 RAM 中的故障代码和临时存储的数据。备用电源电路为:蓄电池正极→易熔线 ALT、MAIN→熔断器 DOME→CCS ECU 端子"15(BATT)"→CCS ECU 内部电路→端子"13(GND)"搭铁→蓄电池负极。

(2)电源电路。当点火开关接通 ON 位置时,巡航控制系统电源接通。其电路为:蓄电池正极→易熔线 ALT、AM1→点火开关"点火(ON)"挡→熔断器 ECU-IG→巡航电控单元 CCS ECU 电源端子"14(B)"→CCS ECU 内部电路→端子"13(GND)"搭铁→蓄电池负极。

(二)巡航控制过程

接通巡航主开关(MAIN)时,仪表板上的"巡航指示灯"发亮 3~5s 后自动熄灭,此时巡航控制系统 CCS 处于待命状态,仅当车速达到或超过 40km/h 时,CCS 才能投入工作,控制部件及开关电路与工作情况如下。

(1)巡航主开关(MAIN)电路为:蓄电池正极→点火开关"点火(ON)"挡→熔断器 ECU-IG→CCS ECU 电源端子"14(B)"→CCS ECU 内部电路→端子"4(CMS)"→巡航开关端子"3"→主开关"MAIN"触点→巡航开关端子"4"→搭铁→蓄电池负极。

(2)巡航指示灯电路为:蓄电池正极→点火开关"点火(ON)"挡→熔断器 GAUGE→巡航指示灯→CCS ECU 端子"5(P_1)"→CCS ECU 内部电路→端子"13(GND)"搭铁→蓄电池负极。

(3)"SET/COAST"(设置/巡航)开关电路。巡航开关具有"MAIN"(主开关)、"SET/COAST"(设置/巡航)、"RES/ACC"(恢复/加速)和"CANCEL"(取消)四种开关的控制功能。在车速达到或超过40km/h的情况下,当"SET/COAST"(设置/巡航)开关接通时,电磁离合器线圈电路接通,执行机构投入工作,汽车将不断加速。"SET/COAST"(设置/巡航)开关电路为:蓄电池正极→点火开关"ON"挡→熔断器ECU-IG→CCS ECU电源端子"14(B)"→CCS ECU内部电路→端子"18(CCS)"→"SET/COAST"(设置/巡航)开关→搭铁→蓄电池负极。

(4)电磁离合器线圈电路为:蓄电池正极→点火开关"ON"挡→CCS ECU电源端子"14(B)"→CCS ECU内部电路→CCS ECU端子"10(L)"→制动灯开关常闭触点→电磁离合器线圈→搭铁→蓄电池负极。

电磁离合器接合将驱动电动机动力传递路线接通。

(5)驱动电动机电路为:蓄电池正极→点火开关"ON"挡→CCS ECU电源端子"14(B)"→CCS ECU内部电路→端子"24(VR_1)"→电位计及其滑臂→端子"25(VR_2)"→端子"11(MC)"→电动机→端子"12(MO)"→CCS ECU内部电路→端子"13(GND)"→搭铁→蓄电池负极。

电动机转动时,通过减速机构和电磁离合器拉动控制臂以及节气门摇臂转动,使节气门开度增大,车速升高。与此同时,电位计滑臂随减速机构、控制臂或拉索移动,将执行机构动作情况从端子"25(VR_2)"反馈给CCS ECU,CCS ECU根据反馈信号电压高低即可诊断执行机构是否发生故障。同时,其将故障编成代码存储在随机存储器中(电动机电流过大用代码"11"表示,电动机电路断路或电磁离合器线圈电路断路用代码"13"表示等),以便维修时查询;同时CCS ECU还将发出指令驱动巡航指示灯发亮指示。

(6)电位计电路为:蓄电池正极→点火开关"ON"挡→CCS ECU电源端子"14(B)"→CCS ECU内部电路→端子"24(VR_1)"→电位计→端子"26(VR_3)"→CCS ECU内部电路→端子"13(GND)"→搭铁→蓄电池负极。

在车速达到或超过40km/h的情况下,当驾驶人向下拨动巡航开关手柄使"SET/COAST"(设置/巡航)开关保持接通时,车速将持续升高。当实际车速升高到想要设定的巡航行驶车速时放松开关手柄和加速踏板,设定的车速将被记忆在存储器中,巡航电控单元CCS ECU将控制执行机构通过节气门开度保持该车速恒速行驶。

当汽车行驶阻力减小使实际车速高于设定车速时,CCS ECU将控制驱动电动机电路反转一定角度,使节气门开度减小来降低车速。此时电动机电流从端子"12(MO)"流入,经过电动机电枢后,再从端子"11(MC)"流出。

(7)驱动电动机反转电路为:蓄电池正极→点火开关"ON"挡→CCS ECU电源端子"14(B)"→CCS ECU内部电路→端子"24(VR_1)"→电位计及其滑臂→端子"25(VR_2)"→端子"12(MO)"→电动机→端子"11(MC)"→CCS ECU内部电路→端子"13(GND)"→搭铁→蓄电池负极。

在汽车以设定的巡航速度行驶过程中,如果驾驶人踩下加速踏板超车或踩下制动踏板制动或将自动变速器选挡手柄拨到前进挡"D"以外的位置等导致车速升高或降低而需要恢复到原来设定的巡航车速时,将"RES/ACC"(恢复/加速)开关接通短暂时间,汽车即可迅速减速或加速并恢复到原来设定的巡航车速恒速行驶。但是,当实际车速已经低于40km/h时,巡航车速则不能恢复。

(三)取消巡航的控制

在汽车以设定的巡航速度行驶过程中,当遇到下列情况之一时,巡航电控单元 CCS ECU 将发出控制指令使巡航执行机构停止工作,立即解除巡航状态。

(1)巡航开关的"CANCEL"(取消)开关接通时。该开关接通时,将从 CCS ECU 端子"18(CCS)"输入一个表示解除巡航行驶的信号。CCS ECU 接收到该信号时,将立即解除巡航控制状态,同时驱动仪表板上的巡航指示灯发亮指示。

(2)制动灯开关接通时。当驾驶人踩下制动踏板时,双闸制动灯开关的常开触点闭合、常闭触点断开。常开触点闭合时,一方面使制动灯电路接通发亮报警,另一方面从端子"16(STP-)"向 CCS ECU 输入一个高电平信号,CCS ECU 接收到该信号时,将立即驱动巡航指示灯发亮指示。与此同时,常闭触点断开将电磁离合器线圈电路切断,离合器分离,驱动电动机动力传递路线切断,巡航控制状态被解除。

(3)驻车制动开关接通时。当驻车制动手柄拉紧时,驻车制动开关接通,一方面使制动警告灯电路接通发亮指示,另一方面从端子"3(PKB)"向 CCS ECU 输入一个低电平信号,CCS ECU 接收到该信号时,将立即解除巡航控制状态并驱动巡航指示灯发亮指示。

(4)在装备手动变速器的汽车上,当踩下离合器踏板时,离合器开关触点闭合,并从端子"2(N&C)"向 CCS ECU 输入一个高电平信号,CCS ECU 接收到该信号时,将立即解除巡航控制状态并驱动巡航指示灯发亮指示。

(5)空挡起动开关或离合器开关接通时。在装备自动变速器的汽车上,当选挡操纵手柄拨到"空挡 N"位置时,空挡起动开关接通并从端子"2(N&C)"向 CCS ECU 输入一个高电平信号,CCS ECU 接收到该信号时,将立即解除巡航控制状态并驱动巡航指示灯发亮指示。

一、简答题

1. 何谓巡航?为什么把汽车巡航控制系统称为恒速控制系统?
2. 汽车巡航控制系统主要由哪些控制部件组成?各部件的功用分别是什么?
3. 汽车巡航控制系统巡航车速的控制是什么?当汽车上坡行驶时怎样进行控制?
4. 汽车巡航控制系统采用的开关信号有哪些?各有什么功用?
5. 汽车巡航控制执行机构有哪些?各有什么特点?

二、选择题

1. 汽车巡航控制系统实施巡航控制的最低车速一般不低于( )。
   A. 20km/h   B. 40km/h   C. 60km/h
2. 实践证明:在道路条件良好的情况下,利用巡航行驶可节省燃料( )。
   A. 5%   B. 10%   C. 15%
3. 汽车巡航控制系统适合在( )道路条件下使用。
   A. 高速公路   B. 城市道路   C. 乡村土路

 复习题

1. 汽车巡航控制系统的功用是什么？
2. 汽车巡航控制系统的控制原理是什么？
3. 巡航开关一般都由哪几种开关组成？其功用是什么？
4. 汽车巡航电动式执行机构主要由哪些部件组成？
5. 汽车巡航控制气动式执行机构主要由哪些部件组成？
6. 在汽车巡航过程中遇到哪些情况时，CCS ECU 将解除巡航控制功能？
7. 汽车巡航控制系统使用的开关信号有哪些？
8. 汽车巡航控制系统的优点有哪些？
9. 汽车巡航控制系统的巡航开关具有哪些功能？
10. 电动式巡航控制执行机构的由哪些部件组成？各部件的功用分别是什么？

第九章 汽车车载局域网(LAN)技术

汽车车载局域网(LAN,Local Area Network)是随着计算机网络的发展而发展起来的汽车网络通信技术。所谓通信就是利用电信设备传递信息。计算机互联网又称为计算机通信网,是指分布于各处的多台计算机在物理上互相连接,按照网络协议相互进行通信,以共享硬件、软件和信息等资源为目的的计算机系统。计算机通信网的建立为信息和资源共享开辟了道路,形成了新型的"网络信息服务"工业。例如,提供电子邮政、新闻特写、网上办公、远程教育、远程商品购置、远程医疗会诊以及电子金融等各种方便快捷的服务。每个人都可以坐在家里看电影、玩游戏、听音乐、网上购物、网上聊天、写微博、查阅或索取资料、接通可视电话等,更方便快捷的是在几分钟甚至几秒钟内就可以把一封电子邮件(E-mail)传送到地球上的任何角落。

计算机通信网技术的发展,不仅改变了人们的生活方式,而且改变了采用微电子技术控制的汽车、火车、飞机、船舶、医疗设备、工业设备控制系统的控制方式。

第一节 车载局域网(LAN)的应用与发展

网络在《辞海》中的定义是:在电气系统中,由若干元件组成的、用来使电信号按一定要求传输的电路或这种电路中的某一部分电路。网络的种类很多,具有不同的形式和功能。如计算机互联网、城市供电网、农村供电网、金融服务网以及人际关系网等。

车载局域网是汽车网络的统称,又称为汽车车载局域通信网,是指分布在汽车上的电器与电子设备在物理上互相连接,并按照网络通信协议相互进行通信,以共享硬件、软件和信息等资源为目的的电器与电控系统。可见,在物理上互连的电器与电子设备(即硬件)和通信协议(软件)是 LAN 必不可少的两个条件。实际上,在物理上互连就是利用导线(称为数据总线)将若干个电器或电子设备(称为模块或控制模块)连接在一起组成一个网络;通信协议则是为了共享硬件、软件和信息等资源而制订的用于控制信息交换的一系列规则。通信协议有很多,如控制器局域网通信协议(CAN,Controller Area Network)(即 CAN 协议)、汽车局部互联网通信协议(LIN,Local Interconnect Network)(即 LIN 协议)、汽车局域网通信协议(VAN,Vehicle Area Network)(即 VAN 协议)、多媒体定向系统传输网通信协议(MOST,Media Oriented System Transport)(即 MOST 协议)等。

一、汽车采用局域网(LAN)技术的目的

一般来说,汽车动力及其传输系统、车身系统等都可以分别按系统、按需要的信息传送速率实现网络化。汽车采用局域网(网络)技术的根本目的:一是减少汽车线束;二是实现

快速通信。

随着汽车电子技术的迅速发展和广泛应用,汽车电子化程度越来越高,汽车上安装的电子设备越来越多。如电子控制制动力分配系统(EBD)、电子控制制动辅助系统(EBA)、动态稳定控制系统(VSC)、车辆保安系统(VESS)、中央门锁控制系统(CLCS)、前照灯控制与清洗系统(HAW)、轮胎气压控制系统(TPC)、刮水器与清洗器控制系统(WWCS)、维修周期显示系统(LSID)、液面与磨损监控系统(FWMS)、自动空调系统(AHVC)、座椅位置调节系统(SAMS)、车载电话(CT)、交通控制与通信系统(TCIS)以及可开式车顶控制系统等。1949年至1999年,汽车电气线束增加的情况如表9-1所示。可见,如果电器线束仍采用传统的布线方式连接,不仅线束变得更加粗大、质量大大增加。1999年与1990年相比将增加80~120kg,占整车质量的4%~10%。电器与电子设备的大量应用,一方面导致汽车导线布置杂乱、安装空间狭小、检修十分不便;另一方面,也为汽车采用计算机网络技术创造了条件。

汽车上电气线束50年的增加情况　　　　表9-1

年份	线束种类与导线数量
1949	导线数量约40条,连接器数量约60个
1990	导线数量约1900条,连接器数量约3800个,线束长度约3km,线束质量约39kg
1999	线束长度、质量为1990年的3~4倍,ECU数量约60只,电动机数量约110只。因此,采用了总线连接成网络系统,约3个

二、车载局域网(LAN)技术的发展

1983年是汽车行业和汽车技术发展具有划时代意义的一年。因为德国Bosch公司于1983年提出了众所周知的利用计算机总线技术实现汽车车身、动力及其传动系统控制器局域网(CAN)通信的基本协议。CAN通信协议的发展历程如表9-2所示。1999年,CAN通信协议被国际标准化组织ISO 11898-1标准认可,标志着车载局域网的发展进入了一个崭新的阶段。

汽车控制器局域网CAN通信协议的发展历程　　　表9-2

年份	发展情况	年份	发展情况
1983	德国博世公司开始研究控制器局域网CAN	1992	使用CAN的车辆实现批量生产
1986	博世公司发表CAN通信协议;欧洲汽车于同年12月开始采用CAN	1994	CAN通信协议被国际标准化组织ISO11898获得认可
1987	首批CAN单片机制成	1995	ISO11898进行修改
1989	CAN单片机实现批量生产	1996	三菱Mitsubishi公司投产CAN单片机(M37630)
1991	CAN通信协议被国际标准化组织ISO11519-1获得认可;同年9月,CAN协议升高到Ver.2.0B版本	1999	CAN通信协议被国际标准化组织ISO11898-1获得认可

网络必须按照规定的协议进行通信,才能实现网络预期的功能。因此,通信协议(或通信标准)是构成局域网的重要内容。在网络通信协议的制订和研制符合网络通信标准的产品方面,都已取得突破性进展。最有代表性的有博世(Bosch)公司制订的控制器局域网CAN通信协议,其早在1999年国际标准化组织ISO就已确认为ISO11898-1串行通

信协议(标准)。除此之外,还有英特尔(INTEL)公司推出的 SAE J18065 网络通信标准。

在网络产品方面,半导体厂商已将 CPU 与相关的电子模块组合,制作出了满足上述各类 LAN 要求的系列单片机。飞利浦(Philips)、英特尔(INTEL)、摩托罗拉(Motorola)等公司都已研制生产符合相关网络协议要求的芯片。例如,将微处理器 CPU 与 CAN 控制器集成在一起的产品有飞利浦公司研制的 P8XC591、P8XC592 芯片,达拉斯-马克西姆(Dallas-Maxim)集成产品公司研制的 DS80C390 芯片(内部结构与功能如图 2-54 所示);CAN 控制器有飞利浦公司的 SJA 1000、PCA82C200 芯片;用于连接 CAN 控制器与物理总线的 CAN 总线收发器有飞利浦公司的 PCA 82C250 芯片等。

为了满足汽车网络控制的需要,更好地完成各控制系统之间的信息交流、协调控制、资源共享,使通信协议达到标准化、通用化的目的,世界各国始终都在积极合作,力求制订统一的 LAN 国际标准。

三、车载局域网(LAN)技术的应用

汽车应用网络系统以来,为了满足汽车电子控制系统的不同控制目的和使用要求,各公司或组织开发研制了性能各异的车载网络。主要车载局域网的协议名称、通信协议、通信速率、开发与推行单位如表 9-3 所示。

汽车主要车载网络的特点与应用情况　　　　　　表 9-3

	局域网协议名称	核心内容	通信速率	开发时间	开发推行单位	应用情况
车内网络	CAN:Controller Area Network(控制器局域网协议)	动力传动与车身系统控制用 LAN 协议(CAN 协议)	1Mbps	1986	Bosch 公司、ISO	欧洲汽车
	VAN:Vehicle Area Network(汽车局域网)	车身系统控制用 LAN 协议	1Mbps	1988	国际标准化组织 ISO	美国汽车
	LIN:Local Interconnect Network(汽车局部互联网协议)	车身系统控制用 LAN 协议,液压控制组件专用 LIN 协议	20kbps	1999	LIN 协会	欧洲汽车
	SAE J1850 协议	车身系统控制用 LAN 协议	10.4kbps	1994	汽车工程师协会 SAE	美国汽车
	TTP:Time Triggered Protocol on CAN(控制器局域网时间触发协议)	重视安全、按用途分类控制用 LAN 协议	2Mbps	2000	TTT 计算机技术公司	—
	TTCAN:Time Triggered CAN(控制器局域网的时间—触发通信协议)	重视安全、按用途分类控制用 LAN 协议	1Mbps	2000	Bosch 公司	—
	Byteflight(通用时分多路复用协议)	重视安全、按用途分类控制用 LAN 协议	10Mbps	2000	BMW 公司	—
	FlexRay(光缆总线局域网协议)	重视安全、按用途分类控制用 LAN 协议	5Mbps	—	Chrysler 和 BMW 公司	—

续上表

	局域网协议名称	核心内容	通信速率	开发时间	开发推行单位	应用情况
车外网络	D2B/Optical：Domestic Digital Bus/ Optical（光缆总线音频协议）	音频系统通信协议	5.6Mbps	1986	Chrysler公司	美国、日本及欧洲汽车
	MOST：Media Oriented System Transport（多媒体定向系统传输网协议）	信息系统通信协议	22.5Mbps	1988	Daimier Chrysler和BMW公司	BMW7系列轿车 Daimier Chrysler E系列轿车
	IEEE 1394：Institute of Electrical and Electronics Engineers（电气与电子工程师学会信息系统网协议）	信息系统通信协议	100Mbps	—	电气与电子工程师学会	

不同网络具有不同的特点，侧重的功能也各不相同。控制器局域网CAN为双线总线，既可用于动力及其传动系统，也可用于车身系统，1986年12月欧洲汽车开始投入使用；汽车局部互联网LIN为单线总线，主要用于开关与操作系统，2003年开始投入使用；光缆总线局域网FlexRay总线为光缆，主要用于安全控制系统；多媒体定向传输网MOST主要用于车载电话、音响装置、视频设备和卫星导航等信息系统。

（一）局域网（LAN）技术在汽车内部的应用

车载局域网技术的应用可追溯到20世纪80年代中期。早在1983年，丰田公司就在世纪（Century）牌轿车上应用了光缆连接的车门控制网络系统。该系统采用了集中控制方法，车身电控单元ECU对各车门的门锁、电动门窗玻璃进行控制，从而实现了多个节点之间的连接与通信（即信息传输）。这就是最早在汽车上应用的光缆网络系统。

1986年12月，欧洲汽车开始采用德国罗伯特（博世Robert Bosch）公司开发研制的利用计算机总线实现通信的汽车车身与动力传动系统控制器局域网CAN。至1992年，使用CAN的车辆已经批量投入生产。

1987年，汽车上应用了利用铜线连接的网络系统。如日产公司的车门门锁、电动门窗玻璃控制系统，通用GM公司的车灯控制系统等。控制方法仍然采用集中控制，并已投入批量生产。

2000年，奥地利维也纳的TTT计算机技术公司以与CAN协议不同的思路提出了控制系统的新协议，即关于控制器局域网CAN的时间触发协议（TTP，Time Triggered Protocol on CAN）协议。该公司成立于1998年，拥有的关于时间触发协议的技术与软件广泛用于汽车和其他产业，主要致力于"X-by-wire"技术领域的开发研究。

"X-by-wire"直译为靠电线驱动的系统，但实际上表示的是一种控制方式，即将操作指令转换成电信号，利用计算机控制运行的控制方式。在汽车上类似的系统有Drive-by-wire系统，即经过专门处理的单片机控制驱动系统；Steering-by-wire系统，即经过专门处理的单片机控制转向系统；Brake-by-wire系统，即经过专门处理的单片机控制制动系统等。这些系统统称为X-by-wire系统。从广义上来讲，X-by-wire是指在动力传输系统中，根据不同用途并经过专门处理的车载局域网LAN。如果将X-by-wire系统用于制动、操纵、变速等子系统的局域网,即将车载局域网 LAN 的范围缩小到某一个电子控制子系统,那么汽车设计的自由度就可大大增加。这样,不仅可以逐步改进汽车设计,降低整车网络成本,而且能够提供更多的网络选装空间。因此,X-by-wire 局域网是前景十分广阔的小规模车载局域网 LAN。图 9-1 所示为采用光缆通信的 X-by-wire 局域网在安全系统的应用情况,图 9-2 所示为采用光缆通信的 X-by-wire 局域网在动力传动系统的应用情况。

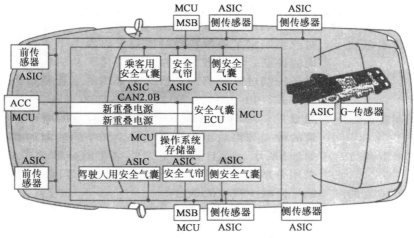

图 9-1　X-by-wire 局域网在安全系统的应用

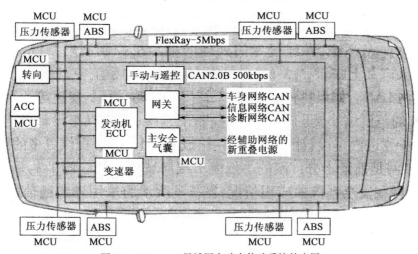

图 9-2　X-by-wire 局域网在动力传动系统的应用

为了实现音响系统的数字化,建立了将音频数据与信号系统综合在一起的网络。由于这种网络需要将大容量的数据连续地输出,因此在这种综合网络中采用了光缆进行通信。

(二)局域网(LAN)技术在汽车外部的应用

当汽车引入智能交通系统(ITS,Intelligence Traffic System)时,由于汽车要与车外交换数据,因此在信息系统中将会采用更大容量的网络及其通信协议,如光缆总线音频系统网络(D2B,Domestic Digital Bus)及音频系统通信协议、多媒体定向系统传输网络 MOST 及信息系统通信协议、电气与电子工程师学会信息系统网 IEEE1394 及信息系统通信协议等。

汽车互联网技术同计算机互联网一样,正处于蓬勃发展的阶段。汽车互联网是一种无线通信系统。通过汽车互联网,人们在汽车上就可像在家里一样进行上网、收发电子邮件(E-mail)等。

国际商业机械公司(IBM公司)与摩托罗拉(Motorola)公司合作开发了车用无线互联网技术,该技术可使驾驶人和乘客能够在车上收发 E-mail,从事电子商务与网上购物活动,查看股市行情和天气预报等。

微软(Microsoft)公司为了推动汽车互联网技术的发展,还推出了专门为"汽车上网"设计的 Autopc 软件,并采用 Windows ce 操作系统,具有交互式语言识别等各种多媒体功能。这种功能能够有效地保障汽车的行车安全,因为汽车驾驶人在手不离转向盘、眼不离行驶前方的情况下,可与计算机交换各种信息。如行车前方有无交通堵塞、最短时间行驶导航等。利用交互式语言识别功能,也可在车上收发 E-mail、拨打网络电话或从事其他网上业务。

通用公司开发了设装有车载自动化办公设备的"汽车上网系统"。该系统采用了超高速光纤串行数据通信,具有多路数字式影音播放功能,能够有效地调控多信道大容量输入、输出信号,CD、DVD、显示器、电视天线、全球卫星定位导航系统都可与该系统交换信息。

第二节 车载局域网(LAN)的构成与分类

应用计算机网络技术,将汽车上的电子控制系统组成网络,利用计算机的总线结构和数据传输方式来传输信息,实现分布式多路传输,使汽车电器与电子控制系统各控制器实现信息共享和多路集中控制,从而可以大大"减少汽车线束"和"实现大容量数据的快速通信",减轻线束质量,提高电气系统的工作可靠性,使维修工作变得简便快捷。新增加的电子装置,几乎不需要对原有网络的软件和硬件作任何改动,就可以方便地接入网络。

一、车载局域网(LAN)的构成

车载局域网(LAN)主要由控制模块(简称模块)、数据总线、通信协议和网关构成。丰田雷克萨斯 LS430 型轿车应用的车载网络系统如图9-3所示,该系统主要由29个控制模块和5条数据总线构成。数据总线将模块连接成5个局域网(LAN),各 LAN 之间通过网关实现信息交换。

(一)控制模块

控制模块简称模块,是车载局域网(LAN)的硬件。模块是指具有独立工作和通信能力的电子装置或控制系统。可见模块有简有繁,简单的模块就是一种电子装置,如温度和压力传感器等;复杂的模块如单片机(微处理器)或电控燃油喷射系统等。

在计算机多路传输系统中,简单的模块称为节点。LAN 就是把单个分散的控制设备(模块)变成网络节点,以数据总线为纽带,将其连接成可以相互沟通信息、共同完成各自控制任务的网络系统或控制系统。

(二)数据总线

数据总线也是车载局域网(LAN)的硬件,是指模块之间传输数据和信息的通道,就是通常所说的"信息高速公路"。数据总线的功用就是传输数据和信息。

LAN 的一条数据总线通常是一根导线或两根导线(双绞线)。如果系统可以发送和接收数据,则其数据总线称之为双向数据总线。LAN 普遍采用双绞线数据总线,克莱斯勒轿车计算机控制信息显示(CCD,Computer Controlled Information Display)局域网双绞线数据总线的连接如图9-4所示。

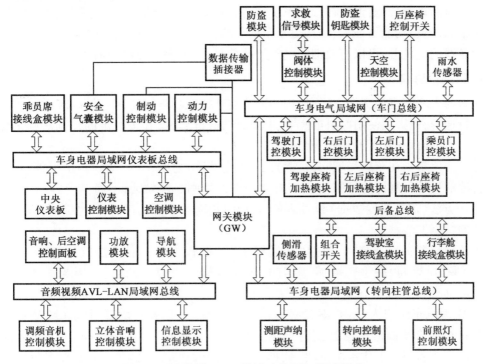

图9-3 雷克萨斯LS430型轿车车载网络系统的构成

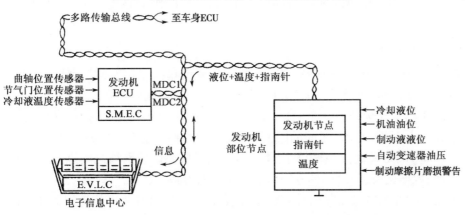

图9-4 克莱斯勒CCD局域网的双绞线数据总线的连接

利用数据总线传输数据,在一条数据线上传递的信号可以被多个模块共同享用(即共享),从而提高数据传输效率,充分利用信息资源。众所周知,个人计算机的键盘只有104位键,可以发出一百多个不同的指令,但键盘与主机之间的数据总线只有7根导线,键盘正是依靠这7根导线上不同的电平组合(编码)来传递信息。

将数据总线和编码技术应用于汽车电器与电控系统,可以大大简化汽车线路。通过使用编码信号来表示不同的动作与含义,经过解码后的指令就可控制(接通或断开)相应用电设备(如步进电动机、电磁阀和显示器等)的工作电路或工作状态,将100多年来汽车线路一直采用的"一线专用制"变换为"一线多用制",从而减少汽车导线数目与线束长度。

高速数据总线及其网络容易产生电噪声（电磁干扰），这种干扰往往导致数据传输出现错误。数据总线检测是否出错的方法有多种，其中之一是检测一段特定数据的长度，当数据出错时再重新进行传输，但这样会使系统运行速度减慢。因此，解决电磁干扰的方法：一是使用价格较昂贵、功能更强大、结构更复杂的模块；二是使用双绞线数据总线，其数据传递是基于两条线的电位差，可以有效抑制电磁干扰信号，大大提高数据传输效率。

（三）通信协议

在人与人之间直接交谈，必须使用相同语言才能成功进行交流。在 LAN 的实体（模块）之间进行通信，就必须使用"相同语言"才能成功进行交流，并按约定的控制法则来保证相互配合。通信使用的"相同语言"就是通信协议。

通信协议是指在车载局域网（LAN）的实体（模块）之间，为了达到共享硬件、软件和信息等资源的目的而制订的控制信息交换的一系列规则。换句话说，通信内容（传输什么数据）、通信方法（怎样传输数据）和通信时间（何时传输数据）等，都是各个实体可以接收且必须遵从的"条约"。

通信协议犹如交通规则，包括"交通标志"的制订方法。通信协议的标准（"条约"）蕴含"唤醒访问"和"握手"。"唤醒访问"就是发给一个模块的信号，因为这个模块为了减少功耗而处于休眠状态。"握手"就是工作模块之间相互确认兼容（即表示"欢迎光临"）。作为汽车维修人员，并不关心通信协议本身，而是关心协议对汽车维修诊断的影响。为什么各汽车制造厂家都制订通信协议呢？因为通信协议本身取决于车载网络系统要传输多少数据，要用多少模块，数据总线的传输速率要多快。由于大多数通信协议以及使用该协议的数据总线和网络都是专用的。因此，维修诊断时必须使用专门的软件或测试仪器。

（四）网关（GW）

众所周知，从一个房间走到另一个房间，必然要经过一扇门。同样，从一个网络向另一个网络发送信息，也必须经过一道"关口"，这道关口就是网关。顾名思义，网关（GW, Gateway）就是一个网络连接到另一个网络的"关口"。在如图 9-3 所示的雷克萨斯轿车车载网络系统中，5 个局域网（LAN）之间的网关模块（GW）就相当于 5 道"关口"。

网关（GW）的定义是：在采用不同体系结构或通信协议的网络之间进行互通时，用于提供协议转换、数据交换、路由选择等网络兼容功能的设备。

网关是一种充当转换重任的计算机系统或接口设备，又称为网间连接器和协议转换器。网关在传输层上实现网络互连，是最复杂的网络互连设备，仅用于两个高层协议不同的网络互连。网关既可用于广域网互连，也可用于局域网互连。

在人与人之间进行交谈时，如果交谈双方使用的语言不同，就需要有翻译人员进行翻译（语言转换），才能成功进行交流。在使用不同的通信协议、数据格式或语言，甚至体系结构完全不同的两种系统之间，网关可以进行转换和翻译。汽车网络系统是由若干个局域网（LAN）组成，由于不同车载局域网（LAN）的速率和识别代码各不相同，因此，当信号从一个LAN 进入另一个 LAN 时，必须改变其速率和识别代码，才能被另一条数据总线接收（识别和处理），这个任务就由网关（GW）来完成。

汽车网络系统的网关简称汽车网关或网关（GW），是一种连接不同类型的车载局域网，并将信息从一个网络协议转换到另一个网络协议的计算机系统或接口设备（智能服务器）。

汽车网关(GW)既是网间连接器,又是协议转换器。

上海大众途安(TOURAN)汽车采用的控制器局域网(CAN)如图9-5所示,该CAN设有1个网关模块(J533)和5个局域网(LAN),利用动力系统总线(Antrieb CAN-Datenbus)、舒适系统总线(Komfort CAN-Datenbus)、娱乐信息系统总线(Infotainment CAN-Datenbus)、仪表系统总线(Kombi CAN-Datenbus)和诊断总线(Diagnose CAN-Datenbus)5条总线和网关模块将5个LAN连接成为一个网络系统。由图可见,网关(GW)连接5个LAN接口设备,当一个LAN的信号进入另一个LAN时,必须经过GW进行转换。

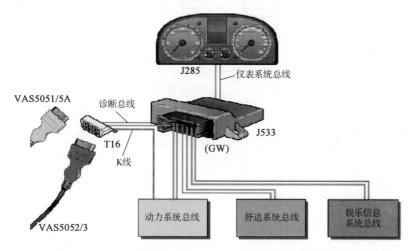

图9-5 上海大众途安汽车CAN(网关GW与数据总线的连接关系)

汽车网关(GW)的主要功能是网间连接和协议转换。除此之外,GW还具有改变信息优先级别的功能。如当车辆发生碰撞事故时,安全气囊电控单元SRS ECU会向整车网络系统发送碰撞传感器检测的减速度信号,该信号传输到动力系统局域网(LAN)时,其优先级别非常高,以便切断行驶动力,防止造成更大伤害;但当该信号传输到舒适系统局域网(LAN)后,网关(GW)就会调低其优先级别,因为舒适系统LAN接收到该信号后,其功能仅是控制车门和车灯开启,避免人体遭受伤害。

二、车载局域网(LAN)的分类及应用

世界各公司研发的LAN种类很多,至今尚无统一的分类方法。常见的有按用途、应用范围和功能进行分类。

(一)按用途分类

按用途不同,LAN大致可分为车身系统局域网、安全系统局域网、动力传动系统局域网和信息系统局域网四大类,各类LAN的通信速率、基本构成和通信协议如图9-6所示。

(二)按应用范围分类

按应用范围不同,LAN可分为车内局域网和车外局域网两大类,如表9-3所示。

(三)按功能分类

不同LAN侧重的功能各有不同。为了便于LAN的研究与设计,美国汽车工程师学会(SAE)的车辆网络委员会将汽车数据传输网划分为A、B、C三类,其应用对象、数据传输速率和应用范围如表9-4所示。

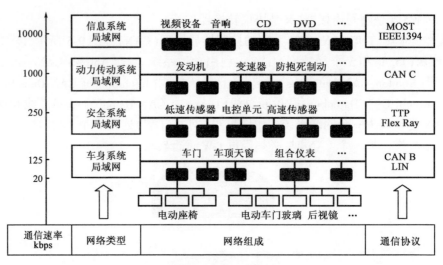

图 9-6　车载局域网按用途分类简图

LAN 按功能分类(美国汽车工程师学会对 LAN 的分类方法)　　　　表 9-4

网络类别	应用对象	数据传输速率	应用范围	备注
A 类 LAN	控制传感器与执行器的低速网	1～10kbps	电动车窗、电动座椅、灯光照明和后视镜等控制	
B 类 LAN	独立模块之间信息共享的中速网	10～125kbps	车辆信息中心、故障诊断、电动车门、车顶天窗和组合仪表显示等控制	相当于车身系统 LAN
C 类 LAN	实时控制的多路传输高速网	125kbps～1Mbps	主要用于发动机控制 EEC、防抱死控制 ABS、牵引力控制 ASR、悬架控制 EMS 等领域	相当于动力及其传动系统 LAN 和安全系统 LAN

1. A 类 LAN

A 类 LAN 是面向传感器与执行器控制的低速网,数据传输速率通常只有 1～10kbps(kbps＝kb/s)。主要用于电动车窗、电动座椅、灯光照明和后视镜等控制。

A 类局域网 LAN 的典型应用实例如图 9-7 所示的汽车防盗报警系统。由于车门开关及行李舱开关等信号只在一定的情况下产生,正常时没有信号,所以对数据传输速率要求极低,低速 A 类网就能充分满足系统要求,并且和传统的系统设计相比,车身线束大大减少,设计更为简单方便。

2. B 类 LAN

B 类 LAN 是面向独立模块间信息共享的中速网,数据传输速率一般为 10～125kbps。主要用于车辆信息中心、故障诊断、电动车门、车顶天窗和组合仪表显示等控制。此类网络可以减少多余的传感器和其他电子部件。

当大量共享信息需要在车辆各智能模块之间进行传输时,A 类 LAN 因传输速率过低而不再适用,需要采用传输速率较高的 B 类 LAN 才能实现控制功能。

典型的 B 类 LAN 如图 9-8 所示,车辆信息中心和组合仪表 ECU 无须单独设置检测发动机冷却液温度、机油压力、燃油液位高度、车灯偏转角度和检测汽车碰撞等信号的传感器以及车门控制开关,这些信息在网络系统中可以从CAN总线上直接获取(即共享信息),从而减少传感器、控制开关和电子器件数量,节约线束和安装空间,并可降低系统成本。

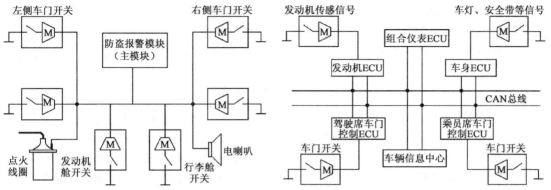

图9-7 A类LAN(防盗系统LAN)　　　　图9-8 基于CAN的B类LAN

3. C类LAN

C类LAN是面向实时控制的多路传输高速网,最高数据传输速率可达1Mbps(或Mb/s)。主要用于发动机控制EEC、防抱死控制ABS、牵引力控制ASR、悬架控制EMS等,以简化分布式控制和进一步减少车身线束。

汽油机电控系统EEC、柴油机电控系统EDC、自动变速电控系统ECT/CVT、防抱死制动电控系统ABS、驱动轮防滑转调节系统ASR、车身稳定性电控系统VSC及巡航控制系统CCS等主要电控系统直接影响整车性能,汽车运行时各系统之间的数据交换量很大。因此,必须实施实时控制,需要建立C类高速网,将这些电控系统连接成一个局域网LAN,以使整车性能趋于最佳,如图9-9所示。

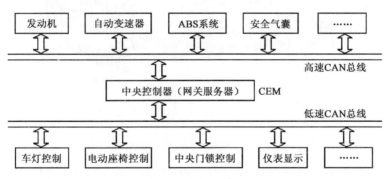

图9-9 基于控制器局域网CAN的整车网络系统结构

由表9-4和图9-6可见,两种分类方法基本一致。SAE的分类方法主要是从功能上考虑,A类网络面向低水平的传感器和执行器;B类网络侧重于信息共享;C类网络面向实时控制。A、B、C三类网络的功能均向上涵盖,即B类网支持A类网的功能;C类网能同时实现B类网和A类网功能。控制器局域网CAN能够满足C类网络标准的要求。

在设计整车网络系统时,考虑各种电器电子设备对网络信息传输的要求各不相同,如发动机ECU、自动变速ECU、ABS ECU、安全气囊ECU等之间的信息传输要求实时性很高,但车灯开关、车门开闭、座位调节等动作对信息传输要求很低。如果将这些功能简单的节点都挂在C类高速总线上,势必提高对节点的技术要求,为此需要进行多路传输总线设计,如图9-9所示。该网络系统采用了2条CAN总线,一条低速CAN总线,一条高速CAN总线。两条CAN总线相互独立,高速局域网LAN与低速局域网LAN之间通过网关GW服务器(中央控制器CEM)实现数据交换和资源共享。

中央控制器又称为中央电子控制模块(CEM,Central Electronic Control Module)或中央控制组件,中央控制组件CEM既是整车网络系统的控制中心,也是高速局域网LAN与低速局域网LAN的网关GW服务器。CEM的主要功能是对各种信息进行分析处理,并发出指令,协调各电控单元以及电器设备之间的工作关系。

在A、B、C三类LAN中,A类网趋于淘汰,B类LAN应用最为广泛,C类网应用日益广泛。从发展趋势看,C类网将占据主导地位。到目前为止,满足C类LAN要求的只有CAN。随着技术的发展,人们越来越多的倾向于使用CAN。在奔驰公司生产的大部分轿车和载货汽车都使用基于CAN的发动机管理系统。欧洲大部分汽车制造商如奥迪、宝马、雷诺、大众、沃尔沃等都在使用CAN。日本、韩国汽车制造商也在积极研究CAN技术。

三、汽车局部互联网(LIN)的特点

汽车局部互联网(LIN,Local Interconnect Network)主要用于控制开关与操作系统组成的车载局域网,如图9-10所示。

图9-10 车载局部互联网(LIN)的应用

汽车局部互联网是由欧洲汽车制造商Audi AG(奥迪公司)、BMW AG(宝马公司)、Daimler Chrysler AG(戴姆勒-克莱斯勒公司)、Volvo Car Corporation(沃尔沃汽车公司)、Volkswagen AG(大众汽车公司)与半导体厂商Volcano Communications Technologies AG(火山通讯技术公司)、Motorola Inc(摩托罗拉公司)组成的协会(称为LIN协会)于1999年提出的车载局域网,2003年开始投入使用,主要目的是降低车载局域网成本。LIN协议为串行通信协议,数据总线为单线总线。

(一)LIN总线与CAN总线的关系

CAN总线作为控制器局域网的标准总线已经成为主流,但是低速CAN总线用于车身控制网络成本太高。这是因为车身控制网络底层设备多为低速电动机和开关器件,对实时性控制要求不高,但节点数目多,且布置分散,对成本比较敏感。

LIN总线是一种新型的低成本汽车车身总线,可以弥补低速CAN总线成本高的不足。

LIN 总线的目标定位是作为 CAN 的辅助总线,用于车身控制网络的低端场合,实现汽车车身网络的层次化,以降低汽车网络的复杂程度,力求成本最低。

LIN 总线主要应用于汽车车身中的联合装配单元,如车门模块、车顶模块、座椅模块、空调模块、组合仪表板模块、车灯模块等。每个模块内部各节点间通过 LIN 总线构成一个低端通信网,完成对外围设备的控制,如图 9-11 所示。各个模块又作为一个节点,通过网关(智能服务器)连接到低速 CAN 总线上,构成上层主干网,使整个车身电子系统构成一个基于 LIN 总线的层次化网络,实现分布式多路传输,使网络连接的优点得到充分发挥。由于目前尚未建立汽车车身低端多路通信的汽车标准,因此,LIN 正试图发展成为低成本低端串行通信网络的行业标准。

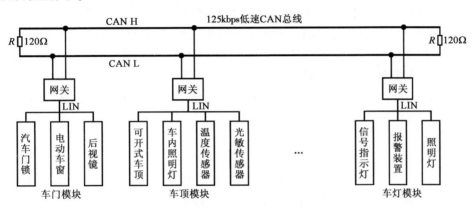

图 9-11 基于车载局部互联网 LIN 总线的车身网络

(二)LIN 协议的特点

局部互联网(LIN)协议作为车身低端网络协议具有以下两个显著优点:

(1)节约材料、降低成本。与低速 CAN 协议相比,数据传输线从 2 根减少到 1 根,因此可以节省大量导线;此外,副节点的振荡器由石英或陶瓷振荡器改为电阻式振荡器;收发器由差动放大式改为比较式;通信软件减少,因此网络成本大幅度降低,仅为采用低速 CAN 总线网络的一半。

(2)网络扩展方便。在 LIN 中,无须改变任何副节点的软件或硬件,就可直接添加节点。

四、多媒体定向系统传输网(MOST)的特点

多媒体定向系统传输网(MOST,Media Oriented System Transport)是将音响装置、车载电视、全球定位系统及车载电话等设备相互连接组成的局域网。在 BMW AG(宝马公司)新推出的 BMW 7 系列轿车上,设置了 70 多个电控单元,利用了 8 种网络分别按这些电控单元的作用连接起来。其中,连接多媒体装置的网络就选用了 MOST。

MOST 协议是采用光缆通信的网络协议。在 MOST 协议中,不仅对通信协议给出了定义,而且提出了分散系统的构筑方法、遥控操作与集中管理方案等。采用 MOST 协议进行通信,不仅可以实现各种设备的集中控制,而且可以减轻系统开发人员的负担,减轻连接各部件线束的质量和降低噪声。MOST 协议具有以下特点。

(1)可以传输三种数据。MOST 协议利用一个低价的光纤网络,可以传输以下三种数据:同步数据——实时传送音频信号、视频信号等流动型数据;非同步数据——传送访问网络及访问数据库等的数据包;控制数据——传送控制信息以及控制整个网络的数据。

（2）抗干扰能力强。MOST 协议采用光纤传输信息，因此，网络不会受到电磁辐射干扰和搭铁的影响。

（3）连接多媒体设备多。MOST 协议采用一根光纤传输信息，最多可以同时传送 15 个频道 CD 质量的非压缩音频数据。在一个局域网上，最多可以连接 64 个节点（电子装置）。

MOST 协议是 21 世纪车载多媒体设备不可缺少的高速网络协议。除了 BMW 7 系列轿车和 Daimier Chrysle 公司的 E 系列轿车已经采用 MOST 协议之外，奥迪 Audi 公司的 A8、沃尔沃 VOLVO 公司的 XC90 轿车也都采用了 MOST 协议。

五、车载局域网（LAN）的优点

21 世纪是汽车自动化、智能化和网络化时代，网络化发展是汽车发展的必由之路。究其根本原因在于车载局域网除具有一般网络的特点之外，还具有以下优点。

（1）提高控制系统的可靠性。汽车电子控制技术的发展为采用网络进行通信提供了条件，网络技术在汽车内部应用解决了汽车上一直存在集中控制与分散控制的矛盾。分散控制是指汽车上的一个部件如点火器、喷油器或电磁阀等，分别用一只单片机（CPU）进行控制，这种情况出现在微型计算机在汽车上应用的初始阶段。集中控制分为完全集中控制、分级集中控制和分布集中控制三种情况。

完全集中控制系统，如美国通用汽车公司的电子控制系统，采用一只 CPU 分别控制汽车发动机点火与爆震、超速报警、车轮防抱死制动、牵引力控制、自动门锁和防盗系统等。

分级集中控制系统，如日产公司的分级控制系统，采用一只 CPU 控制其余四只 CPU，分别控制发动机燃油喷射、点火与爆震、车轮防抱死制动以及数据传输等。

分布集中控制系统，即分块进行集中控制。如发动机、底盘、信息、显示和报警等分别进行控制。如日本五十铃公司生产的汽车 I-TEC 系统，对发动机点火、燃油喷射、怠速转速以及废气再循环分别进行集中控制。

上述各种控制方式各有优点与缺点。如果采用网络进行控制，就可发挥各种控制方式的优点，克服其缺点。如果完全采用集中控制，那么 CPU 一旦出现故障汽车整车控制系统就会瘫痪。采用网络技术后，不仅公用所有的传感器，而且可以共用其他设备，共享信息资源。因此，在几只或几十只 CPU 中，一两只出现问题时整车仍然可以正常运行。所以网络技术在汽车上应用不但增加了许多功能，而且大大提高了汽车的可靠性。

（2）网络组成灵活方便。针对不同汽车电子设备的配置情况，无须对整车控制系统进行重新设计就可构成网络并投入使用，且扩展容易。汽车局域网所用软件和硬件均为普遍流行使用的软件和硬件，设计人员易于进行开发和升级。

（3）降低生产成本。采用局域网之后，由于硬件、软件和信息等资源可以共享，因此所需传感器、线束及连接器减少，使得生产成本降低、安装工作量减小。

（4）扩充功能方便。因为系统的硬件和信息资源共享，所以在不增加硬件的情况下，通过修改软件即可提高、扩充子系统的控制功能。

第三节　控制器局域网（CAN）

汽车车载局域网（LAN）种类很多，应用较多的主要有控制器局域网（CAN）、车身控制系统局部互联网（LIN）和多媒体定向系统传输网（MOST）等。

控制器局域网(CAN,Controller Area Network)是汽车应用最多的车载局域网,其通信协议(即 CAN 协议)是一种串行通信协议,最初是为了解决汽车上众多的电子控制器与测试仪器之间的数据交换而开发的一种串行数据通信总线,属于现场总线的范畴,也是一种支持分布式控制或实时控制的串行通信网络。CAN 总线允许多站点同时发送。因此,既保证信息处理的实时性,又能保证网络系统的可靠性。CAN 总线的传输介质既可使用双绞线,也可使用同轴电缆或光导纤维,通信速率可达 1Mbps,应用范围遍及实时控制的高速网络到低成本的多线路网络,发展前景十分广阔。

一、控制器局域网(CAN)的构成

汽车控制器局域网是指分布在汽车上的多个控制器(即电控单元 ECU)在物理上相互连接,并按照网络通信协议(CAN 协议)相互进行通信,以共享硬件、软件和信息等资源为目的的控制器系统。

CAN 是由中央控制组件 CEM、控制器局域网总线(CAN 总线)和若干个电子控制器(电控单元 ECU)等器件构成。图 9-12 所示为动力及其传动系统和车身系统部分 ECU 组成的 CAN 示意图。

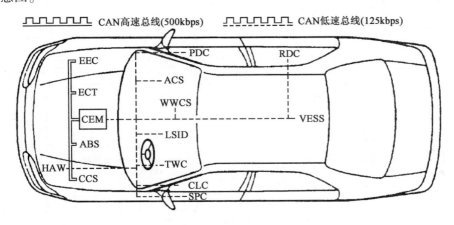

图 9-12 控制器局域网 CAN 的构成

EEC-发动机电子控制系统 ECU;ECT-电子控制自动变速 ECU;CEM-中央控制电子组件;ABS-防抱死制动 ECU;CCS-巡航控制 ECU;SPC-座椅位置调节 ECU;CLC-中央门锁 ECU;HAW-前照灯控制与清洗 ECU;TWC-车顶天窗控制 ECU;LSID-维修周期显示 ECU;WWCS-刮水器与清洗器 ECU;ACS-自动空调 ECU;PDC-乘员门锁 ECU;RDC-后门 ECU;VESS-车辆保安 ECU

中央控制组件 CEM 由 CAN 控制器、CAN 收发器和微处理器 CPU 等组成。CEM 既是整车网络系统的控制中心,也是高速局域网与低速局域网的网关服务器,电路连接如图 9-13 所示。

控制器局域网(CAN)最常用的控制器件有 PHILIPS 公司研究开发的 SJA1000、PCA82C200、PCA82C250、P8XC591 和 P8XC592 等芯片产品。其中,SJA1000 和 PCA82C200 为独立的 CAN 控制器;PCA 82C250 是 CAN 收发器;P8XC591 和 P8XC592 则将微处理器 CPU 和 CAN 控制器集成为一体。在独立的 CAN 控制器中,SJA1000 的功能更为完善,其内部逻辑框图以及外部接口连接如图 9-14 所示。

SJA1000 拥有标准模式和皮利(Peli)模式两种应用模式。标准模式符合 CAN 协议的 2.0A 标准,能够实现 PCA82C200 的所有功能,接收缓冲器也增至 64 个字节;皮利(Peli)模式符合

2.0B标准,具有扩展数据格式功能,增加了仲裁丢失捕获、错误代码读取等功能,设计更为灵活方便。接口管理逻辑电路负责CAN控制器与微处理器CPU之间的相互通信,CAN核心块集成了数据收发、处理、定时及错误管理等功能。由于CAN控制器SJA1000的总线驱动能力有限,不能直接与CAN总线连接,因此,在SJA1000与CAN总线之间需要连接CAN收发器。SJA1000经总线收发器PCA82C250与CAN总线的连接原理如图9-15所示。

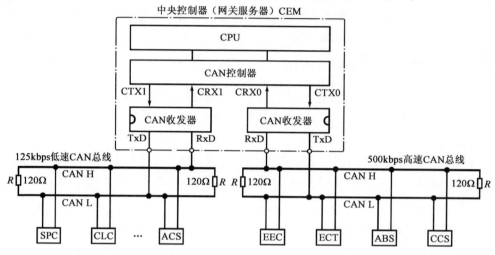

图9-13 中央控制组件CEM与CAN总线之间的电路连接

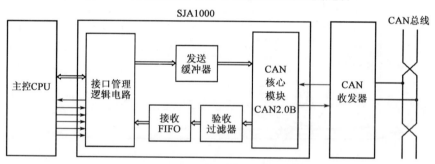

图9-14 CAN控制器SJA1000内部逻辑及外部接口框图

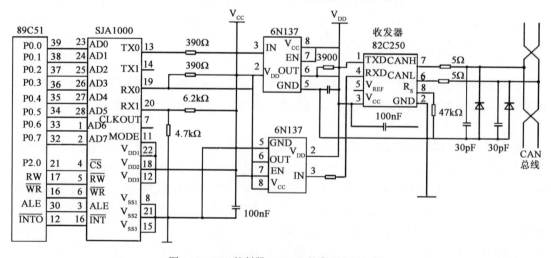

图9-15 CAN控制器SJA1000的典型应用方案

二、控制器局域网(CAN)总线的特点

随着电子控制系统控制功能和监测功能的广泛应用,必然要求系统连接或分布更多的传感器和控制器。因此,简化物理布线(电器线路分布)、提高数据传输速率就成为电子控制系统设计研究的重要课题。简化电器线路的方案有许多种,其中采用"CAN 总线"是比较理想的一种,目前已经广泛应用于汽车、船舶、移动设备和工业自动化等领域。

CAN 总线由物理层和数据链路层构成。其中,数据链路层定义了不同的信息类型、总线访问的仲裁规则、错误检测与处理的方式。所有的错误检测与处理、信息的传输与接收等都是通过 CAN 控制器硬件来完成,因此,用户组建两线 CAN 仅需极少的软件开发。CAN 总线具有以下特点。

(1)所有节点均可发送和接收信息。CAN 总线是一种共享信息的通信总线,即总线上所有的节点都可发送和接收传输的信息(注:由于所有的节点都能接收全部信息,因此,信息不能送达某个指定节点)。

(2)信息发送按信息优先级进行。与总线相连的所有节点都可发送信息,发送信息的节点通过改变所连总线的电平就可将信息发送到接收节点。在两个以上节点同时开始发送信息的情况下,信息优先级最高的节点获得发送权,其他所有节点转为信息接收状态。

(3)通信速率高。CAN 总线采用两线差分传输数据,可支持高达 1Mbps 的通信速率。

(4)通信距离远。CAN 总线上任意两个节点之间的最大允许传输距离与其信息传输速率有关,如表 9-5 所示。在 1Mbps 速率下,CAN 总线通信距离可达 40m;在 10kbps 速率下,通信距离可达 6700m。因此,CAN 总线既可用于动力及其传动系统网络的连接,也可用于车身控制系统网络的连接。

CAN 总线通信距离与上信息传输速率的关系　　表 9-5

信息传输速率	通信距离	信息传输速率	通信距离
1Mbps	40m	50kbps	1300m
500kbps	130m	20kbps	2200m
250kbps	270m	10kbps	6700m
125kbps	530m	5kbps	10000m
100kbps	620m		

三、控制器局域网(CAN)总线的连接

在车载局域网中,CAN 总线是由两根线 CAN-H(CAN-High 或 CAN +)数据线和 CAN-L(CAN-Low 或 CAN -)数据线构成。在某些高档轿车的 CAN 中设有第 3 条 CAN 总线,用于卫星导航系统和智能通信系统。

动力与传动系统的控制器采用 C 类高速 CAN 总线连接,数据传输速率可达 500kbps,以便实现高速实时控制。车身控制系统的控制器采用了低数据传输速率的 B 类 CAN 总线连接,数据传输速率为 125kbps。各电控单元之间依据 CAN 通信协议相互进行通信,从而完成各种数据的交换。在中央电子控制组件 CEM 中,CAN 控制器具有双通道(CRX0、CTX0 通道;CRX1、CTX1 通道)的 CAN 接口,经过 CAN 收发器分别与高速(500kbps)CAN 总线和低速(125kbps)CAN 总线连接。各电控单元通过 CAN 总线与 CAN 收发器相连而相互交换数据。

CAN 控制器根据两根总线的电位差来判定总线电平的高低。总线电平分为显性电平与隐性电平两种，二者必居其一。

四、控制器局域网(CAN)通信速率的设定

1. 动力及其传动系统网络通信速率的设定

汽车动力及其传动系统的控制器主要包括发动机电子控制系统 EEC、电子控制自动变速系统 ECT、防抱死制动系统 ABS、电子调节悬架系统 EMS、车轮防滑转控制系统 ASR、电子控制制动力分配系统 EBD、电子控制制动辅助系统 EBA、动态稳定控制系统 DSC 和巡航控制系统 CCS 等。由于这些系统控制的对象与汽车行驶直接相关，并与发动机转速或汽车行驶速度同步，因此，其 CAN 一般都采用 C 类高速 CAN 总线连接，数据传输速率可达 1Mbps。将这些控制器连接到 CAN 总线上，可以实现高速实时控制。

2. 车身控制系统网络通信速率的设定

汽车车身控制系统主要包括座椅安位置调节系统 SPC、中央门锁控制系统 CLC、自动空调系统 ACS 和车顶天窗控制系统 TWC 等。由于这些系统通常是以低速率进行数据传输，因此，车身控制系统采用了低数据传输速率速的 B 类总线。早期的汽车车身控制系统通常采用基于 J1850 标准的总线进行连接。

CAN 总线用于车身控制系统的连接时，采用的是一种容错式总线，即总线内置容错功能。因为汽车内部 CAN 总线是由两根线(CAN H、CAN L)构成，并采用双线串行通信方式传输数据，当 2 条总线中有 1 条出现断路或短接而搭铁时，网络可以切换至 1 线方式继续工作。CAN 通信协议要求从 2 线切换至 1 线期间不能丢失数据位，为此其物理层芯片比动力传动系统更复杂，数据传输速率也较低，通常采用的传输速率为 125kbps。此类总线逐渐被局部互联网总线(LIN 总线)所取代，其根本原因是低速 CAN 总线应用于车身控制所面临的最大困难是成本较高。

五、控制器局域网(CAN)协议的特点

(1) 多主发送信息，即当总线空闲时，所有节点都可发送信息。CAN 通信协议规定：所有信息应以规定的格式发出。在总线空闲时，与总线相连的所有节点都可以发出新的信息。

(2) 总线仲裁决定发送信息的优先级(即优先顺序)。在两个以上节点试图同时发出信息的情况下，利用标志符(以下简称 ID)决定优先级，以 Byte(比特)为单位对各信息的 ID 进行仲裁，仲裁获胜(被判断为优先级最高)的节点继续发送信息，仲裁失败的节点立即停止发送并转为接收状态。

CAN 总线采用非归零 NRZ(Non-Return Zero)编码，所有节点以"线与"方式连接至总线，即如果有一个节点向总线传输逻辑"0"，此时无论有多少个节点在发送逻辑"1"，总线都将呈现逻辑"0"状态。CAN 网络的所有节点可能试图同时发送信息，但其简单的仲裁规则能确保仅有一个节点控制总线并发送信息。CAN 收发器如同一个漏极开路结构，能够监测自身的输出。逻辑高状态由上拉电阻驱动，因此低有效输出状态(0)对总线仲裁起着决定性的作用。

为了近似于实时处理，必须快速传输数据，这就不仅需要高达 1Mbps 的数据传输物理总线，而且需要快速的总线分配能力，以满足多个节点试图同时传输信息的要求。通过网络交换信息而采取实时处理的紧急状况是有差别的：快速变化的变量(如发动机转速、负荷等)与变化相对缓慢的变量(如发动机温度)相比，必然要求频繁、快速地发送数据。信息标

志符可以规定优先级,最紧急的信息优先级高,可以优先传输。在系统设计期间,设定信息的优先级以二进制数表示,但不允许动态更改。二进制数较小的标志符具有较高的优先级,使信息可近似于实时传输。

解决总线访问冲突是通过仲裁每个标识位,即每个节点都逐位监测总线电平。按照"线与"机制,即显性状态(逻辑"0")能够改写隐性状态(逻辑"1")。当某个节点失去总线分配竞争时,则表现为隐性发送和显性观测状态。所有退出竞争的节点成为那些最高优先级信息的接收器,并且不再试图发送自己的信息,直至总线再次空闲。

(3)系统扩展灵活。由于与总线相连的节点没有节点地址信息,因此在向总线追加节点时,无须更改与总线相连的其他节点的软件与硬件,为网络系统的扩展提供了条件。CAN总线可以同时连接许多单元。理论上 CAN 总线可以连接的节点数是无限的,但实际可以连接的单元数将受总线延迟时间与电负荷的限制。当降低通信速率时,可以连接较多的单元;反之,提高通信速率时可连接的单元数量将减少。

(4)不同网络可以采用不同的通信速率。CAN 协议可以根据网络规模的大小来设定通信速率。但在一个局域网内部,所有节点必须设定同一通信速率;否则,通信速率不同的节点连到一起时,节点就会出错而阻碍通信。不同的局域网可以采用不同的通信速率。

(5)具有错误检测、通告和还原功能。所有的节点都可以检测出错误(即错误检测功能);当检测出错误时,该节点立即向其他节点发送出错的通知(即错误通告功能);当发送信息的节点检测出错误时,其发送状态将强制结束。被强制发信结束的节点会再反复传送信息,直至其信息可以正常传送为止(即错误还原功能)。

(6)错误的界定与处理。CAN 总线上出现的错误分为:总线上的数据临时产生的错误(来自外部的干扰等)与总线上的数据连续产生的错误(节点内部错误、驱动产生故障以及总线断路、搭铁等引起的故障等),CAN 控制器具备判别错误种类的功能。当总线上的数据连续产生错误时,会将产生错误的节点从总线上切除。

CAN 控制器内设有出错计数器,根据出错是本地的还是全局的,计数器决定加 1 还是加 8。每当收到信息时,出错计数器就会加数或减数。如果每次收到的信息都正确,则计数器减 1;如果信息出现本地错误,则计数器加 8;如果信息出现整个网络错误,则计数器加 1。因此,通过查询出错计数器值,就可知道网络通信质量。

出错计数器这种计数方式能够确保单个故障节点不会阻塞整个网络。如果某个节点出现本地错误,其计数值将很快达到 96、127 或 255。当计数值达到 96 时,计数器将向控制器发出中断,提示当前通信质量较差。当计数值达到 127 时,该节点假定其处于"被动出错状态",即继续接收信息,且停止要求对方重发信息。当计数值达到 255 时,该节点脱离总线,不再工作,而且只有在硬件复位后,才能恢复工作状态。

第四节 控制器局域网(CAN)应用实例

车载控制器局域网(CAN)应用很广,国内外大多数轿车都已采用控制器局域网(CAN)。下面以一汽大众轿车为例说明。

一、大众轿车控制器局域网(CAN)的组成

大众轿车,装备了两个控制器局域网(CAN)。一个是动力与传动系统控制器局域网

(CAN),由发动机电控单元(即发动机ECU)、防抱死制动与电子差速锁电控单元(即ABS/EDL ECU)和自动变速电控单元(即ECT ECU)组成;另一个是车身系统控制器局域网(CAN),由四个车门电控系统的四只电控单元(即车门ECU)与中央电子控制模块(中央控制器CEM)组成,各器件安装位置如图9-16所示。

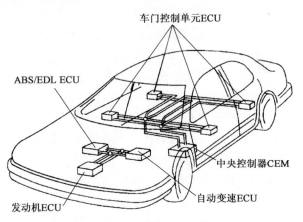

图9-16 大众轿车CAN的组成

二、大众轿车控制器局域网(CAN)的特性

在大众轿车的CAN中,每只ECU内部都增设了一个CAN控制器和一个CAN收发器;每只ECU外部连接两根CAN数据总线(即CAN总线);两个CAN终端的两只ECU内部,还设有一个数据传输终端(数据传输终端有时安装在ECU外部)。

(一)动力与传动系统控制器局域网CAN的特性

大众轿车动力与传动系统控制器局域网CAN的外部连接如图9-17所示,内部连接如图9-18所示。该CAN具有以下特性:

(1)数据传输介质为双绞线。双绞线由两根导线缠绕在一起构成,如图9-19所示。CAN总线采用双绞线的目的是防止外界电磁波干扰和向外产生电磁波辐射。这是因为双绞线(两条线)上的电位是相反的,如果一条线的电位是5V,则另一条线的电位就是0V,两条线之间的电位差等于固定值5V,所以CAN总线能免受外界电磁场干扰,同时也不会向外产生电磁波辐射。

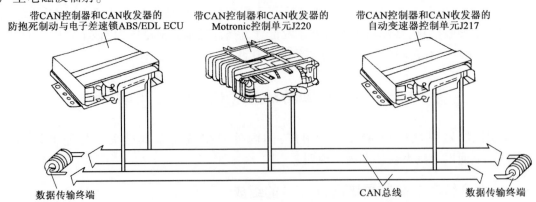

图9-17 大众轿车CAN的外部连接

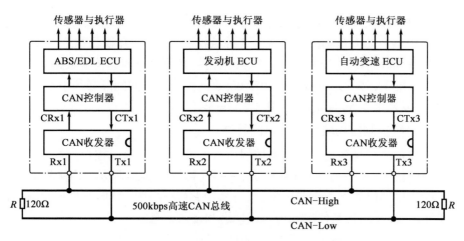

图 9-18 大众轿车动力与传动系统 CAN 的内部连接

CAN 总线为双向数据传输线,分为 CAN 高电平 CAN-High(CAN-H 或 CAN+)数据线和 CAN 低电平 CAN-Low(CAN-L 或 CAN-)数据线。

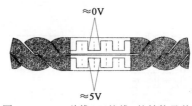

图 9-19 CAN 总线(双绞线)的结构及其电位

(2)总线数据传输速度为 500kbps。

(3)一帧数据的传输时间约为 0.25ms。所谓数据帧,就是数据链路层的协议数据单元。数据帧包括帧头、数据和帧尾三部分。其中,帧头和帧尾包含一些必要的控制信息,如同步信息、地址信息、差错控制信息等;数据部分则包含网络层传下来的数据,如 IP 数据包。在发送端,数据链路层把网络层传下来的数据封装成帧,然后发送到链路上去;在接收端,数据链路层把收到的帧中的数据取出并交给网络层。不同的数据链路层协议对应着不同的帧,所以,帧有多种,如 PPP 帧、MAC 帧等,其具体格式也不尽相同。

(4)各电控单元每隔 7~20ms 发送一次数据。

(5)优先级顺序依次为:防抱死制动与电子差速锁电控单元(ABS/EDL ECU)→发动机 ECU→自动变速电控单元(ECT ECU)。

(6)总线传输的信息包括:数据、状态和操作请求指令,如表 9-6 所示。

动力传动系统 CAN 传输信息的优先级　　　　　表 9-6

优先级	发送单元	发送的信息
1	ABS/EDL ECU	发动机制动控制(EBC,Engine Braking Control)请求 牵引力控制(TCS,Traction Control System)请求
2	发动机 ECU	发动机转速 节气门开度
3	发动机 ECU	冷却液温度 车速
4	自动变速 ECU	变速器挡位 选挡操纵手柄位置 液力变矩器状态

大众轿车装备动力及其传动系统 CAN 后,在发动机 ECU、防抱死制动与电子差速锁

ABS/EDL ECU 和自动变速 ECU 等 ECU 之间,可以实现高速(500kbps)数据通信,使每个 ECU 都可以获得整个动力及其传动系统的各种数据、工作状态和操作指令信息。为了满足动力及其传动系统数据传输实时性的要求,要求网络必须具有高速传输数据的能力。例如:在发动机电控系统中,为了计算点火控制参数,数据传输的时间间隔必须小于两次点火之间的时间间隔,所以采用了 500kbps 的高速 CAN 总线。

(二)车身系统控制器局域网(CAN)的特性

大众轿车装备的车身系统控制器局域网(CAN)由 4 个车门电控单元(即车门 ECU)与中央电子控制模块(中央控制器)CEM 组成,电路连接如图 9-20 所示,图中代号的含义以及各接线端子的连接部位如下。由图可见,车身系统 CAN 采用了星形结构连接,这样可以保证某一个单元出现故障时,其他单元仍可以发送和接收信息。

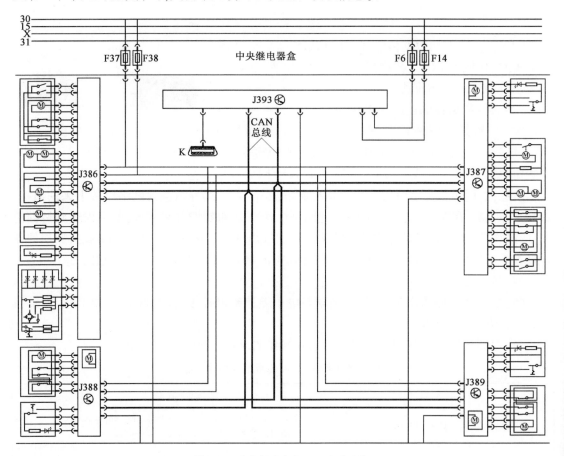

图 9-20 大众轿车车身 CAN 电路连接

(1) 30 号线:标有"30"(或"30-A")字样的电源线为常火线,直接与蓄电池连接,中间不经过任何开关,无论汽车处于行驶状态还是停止状态,其电压都等于电源电压(12~14V)。30 号电源线的电源专门供给停车灯、制动灯、报警灯、顶灯、冷却风扇电动机等在发动机熄火时需要用电的电器设备使用。

(2) 15 号线:标有"15"(或"15-B")字样的电源线为小容量用电设备的电源正极。15 号电源线的电源受点火开关控制,只有在点火开关接通后,用电设备才能通电使用。

(3) X 号线:标有"X"(或"X-C")字样的电源线为大容量用电设备的电源正极。只有在汽车发动机运转时,由其供电的用电设备方能接通使用。如后风窗除霜器、空调系统的鼓风电动机等。

(4)31 号线:标有"31"字样的导线为搭铁线。

(5)J386:驾驶席车门 ECU。

(6)J387:副驾驶席(前排乘员席)车门 ECU。

(7)J388:后排左侧乘员席车门 ECU。

(8)J389:后排右侧乘员席车门 ECU。

(9)J393:中央电子控制模块(中央控制器,CEM)。

(10)F6:15 号线与 CEM 之间的熔断器。

(11)F14:30 号线与 CEM 之间的熔断器。

(12)F37:30 号线与电动车窗之间的熔断器。

(13)F38:30 号线与中央门锁之间的熔断器。

(14)K:故障诊断插座。

大众轿车装备的车身系统 CAN 具有中央门锁、电动车窗、照明开关、后视镜加热和故障自诊断等功能。该车身系统 CAN 具有以下特性:

(1)传输介质采用双绞线。

(2)数据传输速度为 62.5kbps。

(3)每个网络节点发送信息的时间间隔为 20ms。

(4)优先级顺序依次为:中央电控单元 CEM→驾驶席车门 ECU→前排乘员席车门 ECU→后排乘员席左侧车门 ECU→后排乘员席右侧车门 ECU。

(5)总线传输的信息包括:每个电控单元的控制对象(门锁、车窗等)的状态、各车门 ECU 的工作状态、遥控器信号以及故障状态信息等。驾驶席车门 ECU 发送的数据信息如表 9-7 所示,其他电控单元传送的信息与此类似。例如:当驾驶席车门 ECU 发送的数据信息为 01110 时,则表示中央门锁处于打开状态,车窗玻璃停在半开状态。

驾驶席车门 ECU 发送的数据信息 表 9-7

功能状态	状态信息	数据				
		D4	D3	D2	D1	D0
中央门锁	基本状态			0	0	0
	安全状态			0	0	1
	上锁			0	1	0
	门锁已开			0	1	1
	门锁已锁			1	0	0
	开锁			1	0	1
	传感器故障			1	1	0
	状态故障			1	1	1
电动车窗	运动状态	0	0			
	静止状态	0	1			
	半开状态	1	0			
	全关状态	1	1			

三、控制器局域网 CAN 控制器件的功能

在大众以及其他轿车的控制器局域网(CAN)中,都采用了 CAN 控制器、CAN 收发器(发送器和接收器)和 CAN 数据总线(CAN 总线)等网络控制器件,各种控制器件的功能如下。

(一) CAN 控制器

CAN 控制器的功用是接收各种电控系统电控单元的微处理器(CPU)发出的数据,并对数据进行处理后再传递给 CAN 收发器。与此同时,CAN 控制器也接收 CAN 收发器传来的数据,并进行处理后传递给各种电控系统电控单元的微处理器(CPU)。可见,CAN 控制器相当于各种电控系统电控单元与 CAN 收发器之间的中继站。

(二) CAN 收发器

CAN 收发器由信号发送器和信号接收器组合而成,其功用是将 CAN 控制器提供的数据转化成电信号并发送到数据总线(CAN 总线)上;与此同时,CAN 收发器也接收 CAN 总线上的数据信号,并将其传输到 CAN 控制器。可见,CAN 收发器相当于 CAN 控制器与 CAN 总线之间的中继站。

(三) 数据传输终端

数据传输终端实际上是一只电阻器,连接在 CAN 总线的末端,电阻值约为 120 Ω,其功用是避免数据信号传输终了时再反射回到 CAN 总线上,防止产生反射电磁波而导致 CAN 总线上的其他数据遭到干扰或破坏。

(四) CAN 总线

CAN 总线又称为 CAN 数据总线,其功用就是传输数据。CAN 总线传输的数据设有指定接收器(CAN 收发器)接收,接收器接收总线上的数据信号由发送器传输到 CAN 控制器进行处理,再传递给各种电控系统的电控单元(ECU),用于 ECU 控制执行器完成各系统的控制任务;与此同时,CAN 总线也接收各 ECU 经 CAN 控制器和发送器(CAN 收发器)传来的数据。

第五节 车载局域网(LAN)故障诊断与排除

车载局域网(LAN)技术属于计算机领域的高技术范畴,其故障状态、表现形式与普通汽车电器电子设备有所不同,由于大多数通信协议以及使用该协议的数据总线和网络都是专用的。

一、车载局域网(LAN)故障的状态

在车载局域网中,一个控制单元的故障状态有以下三种形式。

(1) 错误激活状态。错误激活状态是指可以参与总线通信的状态。处于错误激活状态的电控单元检测到错误时,将输出错误激活的标志。当在总线上检测出某电控单元连续 128 次 11 位隐性电平时,该电控单元就处于错误激活状态。

(2) 错误认可状态。错误认可状态是指容易出现错误的状态。处于错误认可状态的控制组件可以参与总线上的通信。但在接收信息时,为了不妨碍其他控制组件通信,处于错误认可状态的控制组件不能发出出现错误激活的通知。当处于错误认可状态的组件检测到错

误时,就会输出错误认可的标志。但是,如果其余处于错误激活状态的组件没有检测到错误,则判断为整个总线没有错误。此外,处于错误认可状态的组件在发出信号之后不能立刻又开始发信。在开始再次发信之前,在帧间间隔要插入8位的隐性电平,即暂缓发送。

(3)总线关闭状态。总线关闭状态就是不能参与总线通信的状态。在总线关闭状态下,所有的信息发送与接收动作均被禁止。

这三种故障状态用发送错误计数器(TEC,Transmit Error Counter)与接收错误计数器(TEC,Receive Error Counter)进行管理(即进行界定),并由这些计数器的计数值对错误状态进行分类。发送错误计数器的计数值与接收错误计数器的计数值随条件变化而转变,错误状态与计数器计数值的关系如图9-21所示。

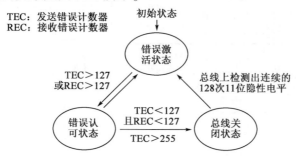

图9-21 电控单元的错误状态及其转变条件

二、车载局域网(LAN)故障的原因

当装备网络系统的车辆出现故障时,首先应当检测网络系统是否正常。因为网络系统出现故障时,部分信息无法传输,接收这些信息的电控模块 ECU 将无法正常工作,从而为故障诊断带来困难。检修车载网络系统故障时,应根据网络系统的具体结构和控制回路具体分析。一般说来,引起车载网络系统故障的原因有三种:一是汽车电源系统引起的故障;二是车载网络系统的链路故障;三是网络系统的节点故障。

三、车载局域网(LAN)故障诊断与排除

针对车载局域网(LAN)产生故障的三种原因,下面分别举例说明其检测诊断与排除方法。

(一)汽车电源系统故障导致网络系统故障

车载局域网(LAN)的核心部件是带有控制器、发送器和接收器等具有通信功能IC芯片的中央电控模块(CEM),其正常工作电压为10.5~15.0V。如果汽车电源系统提供的工作电压过低,就会影响电控模块(CEM)正常工作,从而导致整个网络系统出现通信短时中断现象。下面以上海别克轿车故障实例说明。

1. 故障现象

一辆上海别克轿车在行驶过程中,经常出现转速表、里程表、燃油表和冷却液温度表指示为零的现象。

2. 故障检测过程

用故障检测仪(故障扫描仪)TECH2读取故障代码,发现各个电控模块中均无当前故障代码,但存在多个历史故障代码。

在安全气囊控制模块SDM中出现：U1040——失去与ABS控制模块的对话；U1000——二级功能失效；U1064——失去多重对话；Ul016——失去与动力控制模块(PCM)对话。

在仪表控制模块IPC中出现：U1016——失去与动力控制模块(PCM)对话。

在车身控制模块(BCM)中出现：U1000——二级功能失效。

3. 故障分析和排除

经过读取故障代码可知，该车网络传输系统存在故障，因为OBD-Ⅱ规定"U"字头的故障代码为车载网络传输系统LAN的故障代码。通过查阅图9-22所示上海别克轿车电源系统电路图可知，电控模块共用一根电源线，并且经过前围板连接。由于故障代码为间歇性故障，因此，可以断定故障是由这根电源线发生间歇性断路所致。检查线路发现，该电源线存在接触不良现象，经处理后故障当即排除。

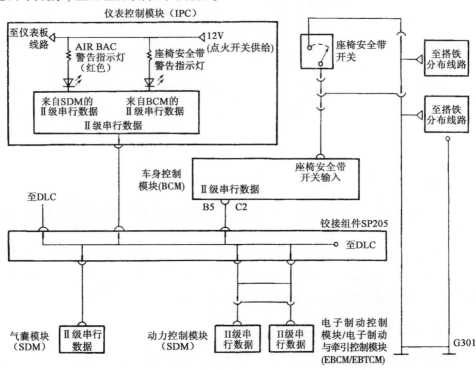

图9-22 上海别克轿车仪表、SRS、ABS与牵引力控制模块电路

(二) 车载局域网(LAN)的节点故障

节点指的是车载局域网(LAN)的电控模块ECU。因此，节点故障就是电控模块ECU故障。节点故障包括软件故障和硬件故障两个方面。

软件故障是指传输协议或软件程序有缺陷或冲突，从而使车载网络系统通信出现混乱或无法正常工作。这种故障一般都成批出现，且无法维修。

硬件故障一般是由通信芯片或集成电路故障引起，造成车载网络系统无法正常工作。对于采用点对点传输信息的低版本通信协议网络，如果发生节点故障，将出现整个汽车多路信息传输系统无法工作。下面以帕萨特B5轿车故障为例说明。

1. 故障现象

一辆上海帕萨特B5轿车在使用中出现机油压力报警灯和安全气囊故障指示灯报警现象，与此同时，发动机转速表不能指示转速。

2. 故障检测

用 V.A.G1552 故障诊断仪读取发动机控制系统的故障代码,发现有两个偶发性故障代码:一个是 18044——安全气囊控制单元无信号输出;另一个是 18048——仪表数据输出错误。

用 V.A.G1552 故障诊断仪读取仪表系统的故障代码为:01314——发动机控制单元无通信;01321——到安全气囊控制单元无通信。

3. 故障分析与排除

通过读取故障代码可见,发动机控制单元和安全气囊控制单元均无信号传输。因此,可初步判断故障与车载网络系统有关。检查汽车电源线路也未发现故障,故障很可能是节点或链路故障。用替换法尝试安全气囊控制单元,故障得以排除。

(三)车载局域网(LAN)链路故障

当车载局域网的链路(或通信线路)出现故障(如通信线路短路、断路以及线路物理性质引起通信信号衰减或失真)时,都会引起多个电控单元无法工作或电控系统错误动作。通信链路有无故障,一般都利用示波器或专用光纤诊断仪进行测试,通过观察实际通信数据信号与标准通信数据信号是否一致进行判定。

利用示波器测试通信链路传输的信号波形,并将实测波形与标准波形进行比较,能够有效判定通信链路有无故障。CAN-BUS(CAN 数据总线或 CAN 总线)状态的几种典型波形如下。

(1) CAN-BUS 总线传输的标准信号波形如图 9-23 所示。

(2) CAN-BUS 数据总线搭铁短路时的信号波形如图 9-24 所示。

(3) CAN-BUS 数据总线对正极短路及其信号波形如图 9-25 所示。

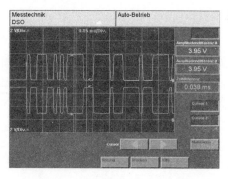

图 9-23 CAN-BUS 数据总线的标准波形

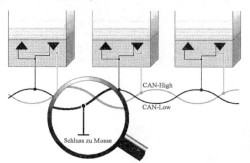
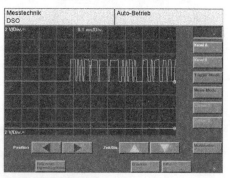

图 9-24 CAN-BUS 数据总线搭铁短路及其信号波形

(4) CAN-Low 数据线断路及 CAN-BUS 数据总线信号波形如图 9-26 所示。

(5) CAN-High 与 CAN-Low 短路(总线直连)及 CAN-BUS 数据总线信号波形如图 9-27 所示。

(6) CAN-High 与 CAN-Low 交叉连接及 CAN-BUS 数据总线信号波形如图 9-28 所示。

(7) CAN-BUS 数据总线处于睡眠模式时的信号波形如图 9-29 所示。

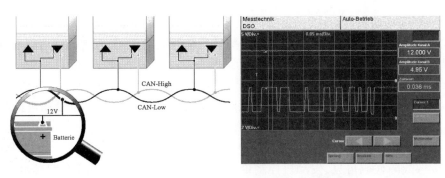

图 9-25　CAN-BUS 数据总线对正极短路及其信号波形

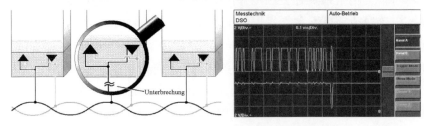

图 9-26　CAN-Low 断路及 CAN-BUS 数据总线信号波形

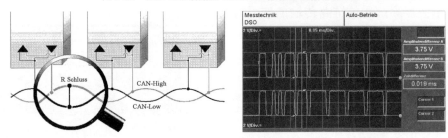

图 9-27　CAN-High 与 CAN-Low 短路及 CAN-BUS 数据总线信号波形

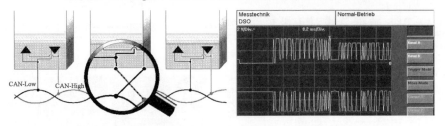

图 9-28　CAN-High 与 CAN-Low 交叉连接及 CAN-BUS 数据总线信号波形

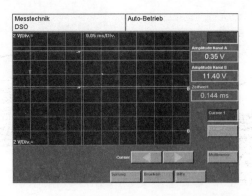

图 9-29　CAN-BUS 数据总线处于睡眠模式时的信号波形

因为 CAN-BUS 数据总线为双绞线（两根导线），所以，仍可应用万用表检测 CAN-BUS 总线的阻值来判断故障。在同一网络中，任意两个节点之间的 CAN 数据线是导通的。因此，可用万用表电阻挡测量数据线的导通情况来判定是否存在断路故障。用万用表电阻挡测量 CAN-High 与 CAN-Low 之间的电阻值时，正常情况下应有一定阻值（其值大小因车型而异，一般为 60 Ω 左右）。用万用表电阻挡分别测量 CAN-High（或 CAN-Low）与搭铁（或蓄电池负极）之间的导通情况时，正常情况下应不导通。

思考题

一、简答题

1. 何谓通信？通信在现实生活中有何作用？
2. 车载局域网（LAN）必不可少的两个条件分别是什么？
3. 何谓数据总线？车载局域网 LAN 的数据总线有何特点？为何采用双绞线？
4. 解决数据总线产生电磁干扰的方法有哪些？
5. 按功能不同，车载局域网（LAN）分为哪些类型？应用对象和范围分别是什么？
6. 汽车工程师学会（SAE）对车载局域网（LAN）的分类方法有何特点？各类网络的特点有哪些？
7. 汽车局部互联网（LIN）的应用对象有哪些？具有哪些特点？
8. 多媒体定向系统传输网（MOST）的应用对象有哪些？具有哪些特点？
9. 何谓汽车控制器局域网（CAN）？CAN 由哪些器件构成？试画出线路连接框图并加以说明。
10. 车载局域网 LAN 故障的状态有哪些？错误状态与计数器计数值有何关系？

二、选择题

1. 汽车车载控制器局域网（CAN）通信协议是（　　）公司提出的。
   A. SAE　　　　　　　　B. BOSCH　　　　　　　C. TOYOTA
2. CAN 通信协议被国际标准化组织 ISO11898-1 标准认可的时间是（　　）。
   A. 1983 年　　　　　　B. 1992 年　　　　　　　C. 1999 年
3. 飞利浦（PHILIPS）公司研制的 SJA1000 芯片是（　　）。
   A. CAN 控制器　　　　B. CAN 收发器　　　　　C. 中央控制模块（CEM）
4. 在车载局域网（LAN），模块称为（　　）。
   A. 控制器　　　　　　B. 收发器　　　　　　　C. 节点
5. 在两个不同的车载局域网（LAN）之间，实现信息共享必须配置（　　）。
   A. 网关　　　　　　　B. 控制器　　　　　　　C. 收发器
6. 汽车用 C 类车载局域网（LAN）的数据传输速率为（　　）。
   A. 1～10kbps　　　　　B. 10～125kbps　　　　　C. 125kbps～1Mbps
7. 在 CAN 中，数据线 CAN-High 与 CAN-Low 之间的电压为（　　）。
   A. 5V　　　　　　　　B. 12V　　　　　　　　　C. 24V
8. 在车载局域网（LAN）中，中央电控模块（CEM）的正常工作电压为（　　）。
   A. 4.5～5.0V　　　　　B. 5.5～12.5V　　　　　　C. 10.5～15.0V

9. 宝来(BORA)轿车装备的动力及其传动系统控制器局域网(CAN)的通信速率是( )。

    A. 1Mbps   B. 500kbps   C. 125kbps

10. 大众轿车车身系统控制器局域网(CAN)的通信速率是( )。

    A. 62.5kbps   B. 125kbps   C. 500kbps

复习题

1. 何谓网络？何谓车载局域网 LAN？
2. 何谓通信协议？车载局域网 LAN 常用的通信协议有哪些？
3. 汽车采用局域网 LAN 技术的目的是什么？
4. 车载局域网 LAN 主要由哪几部分构成？
5. 何谓车载局域网 LAN 的模块？举例说明。
6. 何谓网关？车载局域网 LAN 网关 GW 的功能有哪些？
7. 按用途不同，车载局域网 LAN 可分为哪些类型？
8. 汽车车内局域网和车外局域网分别有哪些？
9. 车载局域网 LAN 具有哪些优点？
10. 控制器局域网 CAN 总线的特点有哪些？
11. 控制器局域网 CAN 协议的特点有哪些？
12. 大众轿车动力与传动系统控制器局域网 CAN 有哪些器件构成？
13. 大众轿车车身系统控制器局域网 CAN 有哪些器件构成？
14. 在控制器局域网(CAN)中，CAN 控制器的功用是什么？
15. 在控制器局域网(CAN)中，CAN 收发器的功用是什么？
16. 在控制器局域网(CAN)中，数据传输终端的功用是什么？
17. 车载局域网(LAN)故障的原因有哪些？
18. 怎样利用万用表检测 CAN-BUS 总线的阻值来判断总线有无故障？
19. 大众轿车车身系统控制器局域网(CAN)的优先级顺序怎样排列？
20. 大众轿车动力与传动系统控制器局域网(CAN)的优先级顺序怎样排列？
21. 大众轿车动力与传动系统控制器局域网(CAN)具有哪些特性？
22. 大众轿车车身系统控制器局域网(CAN)具有哪些特性？
23. 制订车载局域网 LAN 通信协议，必须考虑哪些要素？
24. 汽车目前应用最多的车载局域网有哪些？
25. 到目前为止，车载局域网(LAN)能够实现哪些通信功能？

第十章 汽车电控系统故障诊断(OBD)技术

汽车使用条件恶劣,运行环境复杂,发生故障难以预料,传统的故障诊断与维修方法全凭经验进行,不仅维修效率低,而且维修质量难以保证。现代汽车技术先进、结构紧凑、维修技术要求高、维修操作难度大,为了及时发现故障,汽车电子控制系统都应用了故障自诊断技术,一旦汽车发生故障,就能迅速报警提醒使用人员采取相应措施,还能保持基本的运行能力,以便将汽车驾驶回家或送修理站修理。

第一节 故障自诊断系统(OBD)的组成与功能

故障自诊断是指汽车电控系统监测自身的运行情况,诊断系统有无故障,并采取相应的控制措施。现代汽车每一个电控系统都配置有相应地故障自诊断子系统,通常称为第二代车载故障诊断系统(OBD-II,On Board Diagnosis System-II),简称自诊断系统 OBD 或 OBDS。

一、故障自诊断系统(OBD)的组成

汽车故障自诊断系统主要由传感器监测电路、执行器监测电路、故障代码存储器、软件程序、故障诊断通信接口(TDCL,Trouble Diagnostic Communication Link)以及各种故障指示灯等组成。

传感器与执行器监测电路一般都与各种电控单元设置在同一块印刷电路板上,软件程序存储在各种电控单元内部的专用存储器中。图 10-1 所示为典型的发动机冷却液温度传感器自诊断电路示意图。

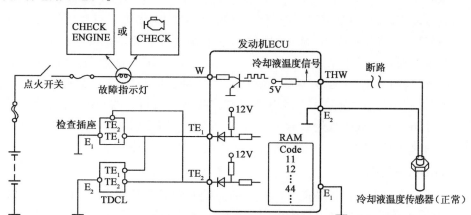

图 10-1 冷却液温度传感器自诊断电路示意图

故障诊断通信接口 TDCL 通常称为故障诊断插座,简称诊断插座,装备电子控制系统的

汽车上都设有诊断插座，一般安装在熔断器盒上、仪表板下方或发动机舱内。为了便于检修人员在发动机舱盖开启状态下测试发动机电子控制系统有无故障，一般在发动机舱内还设有一个故障检查插座，其功用与故障诊断插座相同。如果没有检查插座，检修人员就必须进入驾驶室利用故障诊断插座 TDCL 进行诊断测试。

二、故障自诊断系统（OBD）的功能

在汽车运行过程中，各种电控单元 ECU 根据不同传感器和控制开关输入的信号，按照预先设定的控制程序进行数学计算和逻辑判断，并向各种执行器发出相应的控制指令完成不同的控制功能。如果某只传感器或控制开关发生故障，就不能向 ECU 正常输送信号，汽车性能就会变坏甚至无法运行。当执行机构发生故障，其监测电路反馈给 ECU 的信号就会出现异常，汽车性能也会变坏甚至无法运行。因此，在使用汽车时，一旦接通点火开关，自诊断电路就会投入工作，实时监测各种传感器、控制开关和执行器的工作状态。一旦发现某只传感器或控制开关信号异常，或执行机构监测电路反馈的信号异常，就会立即采取三个方面的措施：一是发现某只传感器或执行器参数异常时，立即发出报警信号；二是将故障内容编成代码（称为故障代码）存储在随机存储器 RAM 中，以便维修时调用或供设计参考；三是启用相应的后备功能（又称为"回家"功能），使控制系统处于应急状态运行。

（一）发出报警信号

在电子控制系统运转过程中，当某只传感器、控制开关或执行器发生故障时，电控单元 ECU 将立即接通仪表板上的故障指示灯电路，使指示灯发亮或闪亮。目的是告知驾驶人控制系统出现故障，应立即检修或送修理厂修理，以免故障范围扩大。

各种电子控制系统的故障指示灯均设置在组合仪表板的透明面膜下面，并在面膜上印制有不同的图形符号或英文缩写字母。如发动机电子控制系统的故障指示灯用发动机图形符号或字母"CHECK ENGINE（检查发动机）""SERVICE ENGINE SOON（立即维修发动机）"表示，防抱死制动系统用字母"ABS"表示，安全气囊系统用字母"SRS"或"AIR BAG"表示等。

（二）存储故障代码

当自诊断系统发现某只传感器、控制开关或执行器发生故障时，其电控单元 ECU 会将监测到的故障内容以故障代码的形式存储在随机存储器 RAM 中。只要存储器电源不被切断，故障代码就会一直保存在 RAM 中，即使是汽车在运行中偶尔出现一次故障，自诊断电路也会及时检测到并记录下来。在每一辆汽车的自诊断系统电路中，都设置有一个专用的故障诊断插座（1994 年以后均为 16 端子插座），当诊断排除故障或需要了解电子控制系统的运行参数时，使用制造厂商提供的专用故障检测仪或通过特定的操作方法，就可通过故障诊断插座将存储器中的故障代码和有关参数读出，为查找故障部位、了解系统运行情况和改进控制系统的设计提供依据。

（三）启用后备功能

后备功能又称为失效保护功能。当自诊断系统发现某只传感器、控制开关或执行器发生故障时，其电控单元 ECU 将以预先设定的参数取代故障传感器、控制开关或执行器工作，使控制系统继续维持控制功能，汽车将进入故障应急状态运行并维持基本的行驶能力，以便将汽车行驶到修理厂修理。电子控制系统的这种功能称为后备功能或失效保护功能。下面

分别以发动机电子控制系统以下几个方面的后备功能为例说明。

（1）冷却液温度传感器电路断路或短路时，ECU 按固定温度值控制喷油器喷油。当冷却液温度传感器工作正常时，冷却液温度一般设定在 -30 ~ 120℃，其输出信号电压在 0.3 ~ 4.7V 范围内变化，如图 10-2 所示。

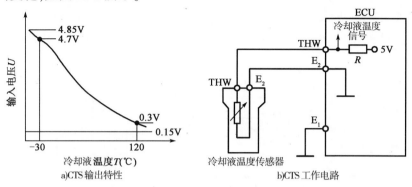

图 10-2 冷却液温度传感器 CTS 自诊断电路

当冷却液温度传感器电路发生短路或断路故障时，其输出的信号电压就会低于 0.3V 或高于 4.7V，ECU 接收到低于 0.3V 或高于 4.7V 的冷却液温度信号时，自诊断系统就会判定冷却液温度传感器及其电路有短路或断路故障，并立即启用后备功能，按固定温度值控制喷油器喷油。当冷却液温度传感器或其电路发生"短路"故障时，ECU 一方面控制接通故障指示灯电路使指示灯发亮报警，另一方面将按冷却液温度为 19.5℃ 的工作状态控制喷油器喷油，并将故障内容编成代码存储在随机存储器 RAM 中，以便检测维修时调用。

（2）当进气温度传感器或其电路"断路"或"短路"时，发动机 ECU 将按进气温度为 20℃ 的工作状态控制喷油器喷油。

（3）当空气流量传感器或歧管压力传感器电路"断路"或"短路"时，ECU 将按节气门位置传感器信号以三种固定的喷油量控制喷油器喷油。例如装备节气门控制组件的汽车，当节气门位置传感器的怠速触点闭合时，以固定的怠速喷油量控制喷油；当怠速触点断开、节气门尚未全开时，以固定的小负荷喷油量控制喷油；当节气门全开或接近全开时，以固定的大负荷喷油量控制喷油。对于多点燃油顺序喷射系统，喷油频率则由发动机每转两转顺序喷油一次改为每转一转同时喷油一次。

（4）当节气门位置传感器电路"断路"或"短路"时，ECU 将根据发动机转速信号和空气流量传感器信号计算出一个替代值来控制喷油器喷油。

（5）当大气压力传感器电路"断路"或"短路"时，ECU 将按 101kPa（1 个标准大气压力）控制喷油器喷油。

（6）当氧传感器电路断路、短路、输出信号电压保持不变或每 1min 变化低于 10 次时，ECU 将取消空燃比反馈控制，并以开环控制方式控制喷油器喷油。

（7）当曲轴位置和凸轮轴位置传感器中的一种传感器电路"断路"或"短路"时，ECU 则根据另一种传感器信号控制喷油和点火，点火提前角根据工况不同按预先设定的固定值（起动和怠速工况一般为上止点前 10°左右，其他工况一般为上止点前 20°左右）进行控制，喷油量根据节气门位置传感器信号按预先设定的固定值控制喷油。对于多点燃油顺序喷射系统，喷油频率则由发动机每转两转顺序喷油一次改为每转一转同时喷油一次。

（8）当执行器（如喷油器、点火控制器、怠速控制阀等）出现故障时，有的故障能被 ECU

检测出来,有的则不能,具体情况依车型的控制软件和硬件设计而异。例如,当大众公司汽车节气门控制组件内的怠速节气门位置传感器信号中断时,控制组件将利用应急弹簧将节气门拉开到规定开度,使怠速转速升高而进入应急状态运行。监控执行器故障一般都设有专用监测电路,监测点火器的自诊断电路如图10-3所示。当发动机转速变化时,ECU发出与转速同步变化的点火脉冲控制指令,点火控制器内部功率管导通与截止的频率随发动机转速变化而同步变化,点火监控电路将从功率管的集电极接收到高、低电平且交替变化的同步信号。

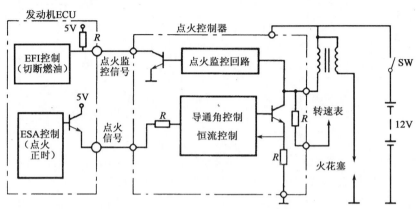

图10-3 点火器故障自诊断电路

当发动机运转而点火线圈初级电路一直接通或一直断开时,监控电路就接收不到交替变化的信号;反馈到ECU的监控信号将保持高电平或低电平不变。当ECU连续发出与汽缸数相同个数的点火脉冲控制指令而点火监控反馈信号仍保持不变时,ECU就会判定点火系统发生故障,立即进入应急状态运行,并将故障内容编成代码存储在随机存储器RAM中,以便检测维修时调用。

当发动机电子控制系统在后备功能工作状态下,由于发动机的性能将受到不同程度的影响。因此,某些车型的发动机自诊断系统还将自动切断空调、音响等辅助电气系统电路,以便减小发动机的工作负荷。

第二节 汽车电控系统故障自诊断监测原理

在汽车电子控制系统工作过程中,自诊断电路随时都在监测各种传感器、控制开关和执行器的工作状况,诊断传感器、控制开关和执行器及其电路是否发生故障。

在一般情况下,自诊断系统能够识别出故障类型,如无信号(断路)、对地短路(搭铁)、对正极短路等。但是,由于控制部件的结构、线路连接以及故障原因各有不同,因此,某些类型的故障自诊断系统难以区别出来。下面分别以自诊断监测点位于被监测部件正极和监测点位于被监测部件负极的故障自诊断原理为例说明。

一、监测点位于被监测部件正极的自诊断原理

在汽车电子控制系统中,各种传感器的故障自诊断监测点一般都位于传感器的正极。

(一)搭铁和对负极短路的自诊断

当监测点位于被监测部件正极时,传感器搭铁或对负极短路故障的自诊断电路如图

10-4 所示。当传感器及控制系统正常时,自诊断电路从自诊断监测点测得传感器输入中央处理单元 CPU 的信号电压为 0.3~4.7V,表示该传感器工作正常,自诊断结果无故障记录。

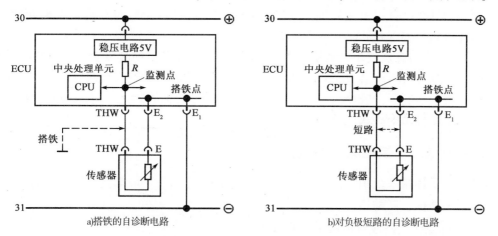

图 10-4　传感器线路搭铁或对负极短路故障的自诊断电路

如果传感器与电控单元 ECU 之间的信号线、连接器插头或传感器部件本身"搭铁",如图 10-4a)所示,则自诊断监测点输入 CPU 的监测值将始终为 0,此时 CPU 记录的故障为:"对地短路",即搭铁。

如果传感器信号线与负极导线短接,即"对负极短路",如图 10-4b)所示,则自诊断监测点输入 CPU 的监测值也将始终为 0,此时 CPU 记录的故障也为:"对地短路"。

综上所述,在监测点位于被监测部件正极的情况下,当控制部件的信号线、连接器插头或部件本身"搭铁"或"对负极短路"时,CPU 记录的故障为:"对地短路",即搭铁。

(二)断路与对正极短路的自诊断

当监测点位于被监测部件正极时,断路与对正极短路故障的自诊断电路如图 10-5 所示。

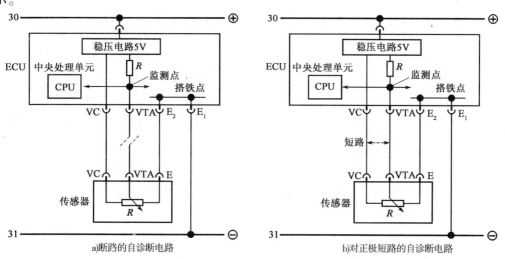

图 10-5　传感器线路断路与对正极短路的自诊断电路

当传感器与 ECU 之间的信号线、连接器插头或传感器部件本身"断路"时,如图 10-5a)所示,自诊断监测点输入 CPU 的监测值将始终为 5V。

某些传感器(如节气门位置传感器)需要提供电源,其电源线、信号线及搭铁线等均通过线束插头或插座与电控单元 ECU 的线束插座连接。当传感器与 ECU 之间的信号线、线束插头或部件本身"对正极短路"时,如图 10-5b)所示,自诊断监测点输入中央处理单元 CPU 的电压也将始终保持 5V 不变。

由此可见,当传感器发生"断路"和"对正极短路"两种类型的故障时,因为自诊断监测点输入 CPU 的监测值都始终为 5V,所以 CPU 难以区分其故障类型。因此,在监测点位于被监控部件正极的情况下,当出现"断路"和"对正极短路"两种故障之一时,CPU 自诊断记录的结论将是:"断路或对正极短路"。

二、监测点位于被监测部件负极的自诊断原理

在汽车电子控制系统中,各种执行器的故障自诊断监测点一般都设在执行器的负极,以便驱动回路驱动执行器动作。

(一)对电源线短路或对正极短路的自诊断

当自诊断监测点位于被监测部件负极时,对电源线短路或对正极短路故障的自诊断电路如图 10-6 所示。

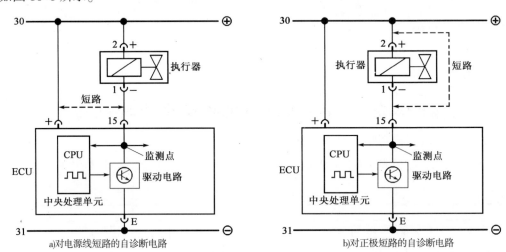

图 10-6 执行器对正极短路的自诊断电路

当执行器及控制系统正常时,中央处理单元 CPU 向输出回路(即驱动电路)发出一定频率的脉冲控制信号驱动执行器动作,自诊断电路从自诊断监测点可以测得交替变化的脉冲信号并反馈到 CPU,从而说明控制系统工作正常,此时 CPU 无故障记录。

当执行器负极导线、连接器插头或部件本身对电源线短路或对部件正极导线短路时,如图 10-6 所示,自诊断监测点反馈输入到 CPU 的监测值将始终等于电源电压。因此,CPU 自诊断记录的结论将是:"对正极短路"。

(二)断路与搭铁故障的自诊断

当自诊断监测点位于被监测部件负极时,断路与搭铁(又称为对地短路)故障的自诊断电路如图 10-7 所示。

当执行器负极导线、连接器插头或部件本身与电控单元 ECU 之间的导线发生断路故障时,如图 10-7a)所示,自诊断监测点反馈输入中央处理单元 CPU 的监测值将始终等于 0。

当执行器负极导线、插头或部件本身搭铁时,如图10-7b)所示,自诊断监测点反馈输入CPU的监测值也将始终等于0。

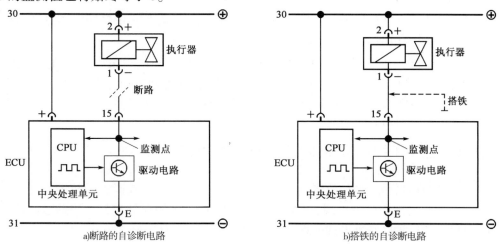

a)断路的自诊断电路　　b)搭铁的自诊断电路

图10-7　执行器断路与搭铁的自诊断电路

由此可见,当执行器发生"断路"和"搭铁"两种类型的故障时,由于自诊断监测点反馈输入CPU的监测值相同,因此,CPU难以区分故障类型。在自诊断监测点位于被监测部件负极的情况下,当出现"断路"和"搭铁"故障之一时,CPU自诊断记录的结论将是:"断路/对地短路"。

第三节　汽车电控系统故障自诊断测试

汽车电子控制系统都具有故障自诊断测试功能,利用专用仪器或专用工具,通过自诊断测试,根据测试过程中显示的故障代码来检查排除各种电子控制系统的故障,是排除汽车电子控制系统故障最有效、最方便和最快捷的方法。

一、故障自诊断测试方式

故障自诊断测试是指利用专用故障检测仪与车载电控单元ECU进行通信,或按特定的操作方式触发车载ECU的控制程序运行,以便读取故障代码、清除故障代码、读取车载ECU内部的控制参数、检测各种传感器和执行器的工作状态及其控制电路是否正常等。根据发动机工作状态不同,自诊断测试方式分为静态测试(KOEO,Key ON Engine OFF)和动态测试(KOER,Key ON Engine Run)两种。

静态测试方式KOEO是指:在点火开关接通(ON)、发动机不运转(OFF)的情况下进行诊断测试,主要用于读取或清除故障代码。

动态测试方式KOER是指:在点火开关接通(ON)、发动机运转(Run)的情况下进行诊断测试,主要用于读取或清除故障代码、检测传感器或执行器工作情况及其控制电路是否良好以及与车载ECU进行数据通信(即数据流分析)等。

二、故障自诊断测试内容

故障自诊断测试的内容主要包括读取与清除故障代码、数据流分析、监控执行器和编程匹配等。

(一) 读取与清除故障代码

读取与清除故障代码是指利用故障检测仪或专用工具,将汽车电子控制系统各种ECU中存储的故障代码读出或清除的测试过程。

汽车在使用过程中,只要蓄电池正极柱和负极柱上的电缆端子未曾拆下,ECU中存储的故障代码就能长期保存。将故障代码从ECU中读出,即可知道故障部位或故障原因,为诊断排除故障提供依据。因此,读取故障代码是对各种汽车电控系统进行自诊断测试的主要工作。

读取与清除故障代码的方法有两种:一种是利用故障检测仪读取,另一种是利用特定的操作方法和操作顺序进行读取。汽车检测仪对故障代码有比较详细的说明,比如是历史性故障代码还是当前的故障代码,故障代码出现几次。历史性故障代码表示故障曾经出现过(如线路接触不良),现在已不出现,但在电控单元ECU中已经存储记忆。当前故障代码表示最近出现的故障,并且通过出现的次数来确定此故障代码是否经常出现。

清除故障代码必须在汽车运行一段时间、并确认故障已经排除之后才能进行清除代码的操作。确认故障是否排除时,非常关键的一步是根据使用手册或相关资料,查明出现故障代码的运行条件。如果运行条件不满足要求,故障就可能仍然存在。以发动机控制系统的空气流量传感器信号频率低(故障代码为DTC P0102)为例,产生该故障的设定条件是空气流量传感器信号频率低于1 200Hz并超过0.5s,出现故障代码DTC P0102的运行条件为:起动发动机运行;点火电压高于8.0V;节气门开度低于50%。

如果上述运行条件不满足,即使空气流量传感器存在故障,发动机ECU也不会发出指令使故障指示灯发亮指示,从而导致维修人员误认为故障已经排除。

(二) 数据流分析

当发动机运转时,利用故障检测仪将车载ECU内部的控制参数和计算结果等数值以数据表和串行输出方式在检测仪屏幕上一一显示出来的过程,称为数据流分析,又称为"数据通信""数据传输"或"读取数据块"。

数据流显示的数据主要包括氧传感器、发动机转速、喷油脉宽、空气流量、节气门开度、怠速转速、蓄电池电压、点火提前角、冷却液温度、进气温度等信号参数。汽车电控系统传感器和执行器的工作参数具有一定的标准和范围,通过数据流分析,各种传感器输出信号电压的瞬时值、ECU内部的计算与判断结果、各种执行器的控制信号都能一目了然地显示在检测仪屏幕上。根据发动机运转状态和传输数据的变化情况,即可判断控制系统工作是否正常,将特定工况下的传输数据与标准数据进行比较,就能准确判断故障类型和故障部位。

(三) 监控执行器

利用汽车检测仪对执行器(如喷油嘴、怠速电动机、继电器、电磁阀、冷却风扇电动机等)进行人工控制,向其发出强制驱动或强制停止指令来监测其动作情况,用以判定执行器及其控制电路的工作状况是否良好。

在发动机怠速状态下对怠速电动机进行动作测试时,可以控制其开度的大小,随着怠速电动机控制节气门(或旁通空气道)开度大小的变化,发动机怠速转速亦应相应地升高或降低,通过测试就可判定怠速电动机及其控制线路是否正常。同理,可在发动机运转时对燃油泵继电器进行监控,当发出断开燃油泵继电器控制指令时,发动机应很快就停止运转。

在发动机运转状态下,如果发出控制某只喷油器停止喷油的指令后,用手触摸该喷油器仍有振动感或发动机转速不降低,说明其控制电路有故障;当控制模式设定为闭环控制模式时,系统将对空燃比 A/F 实施闭环控制,氧传感器信号将发挥作用,如果检测仪屏幕上表示发动机混合气浓度的红色指示灯(混合气浓)与绿色指示灯(混合气稀)交替闪亮,说明闭环控制系统正常,如果红色指示灯常亮不闪或绿色指示灯常亮不闪,说明氧传感器失效。

在发动机熄火状态下,可控制电动燃油泵运转、控制电磁阀或继电器(如冷却风扇继电器、空调压缩机继电器等)工作、控制喷油器喷油等。当发出相应的控制指令后,如燃油泵不转(听不到运转声音)、电磁阀不工作(用手触摸时没有振动感)、冷却风扇或空调压缩机不转动,说明该执行器或其控制电路有故障。

不同汽车检测仪所能支持的执行器动作测试项目不尽相同,有的支持测试项目多,有的支持测试项目少,主要取决于检测仪和汽车电控单元的软件程序与匹配关系。

(四)编程匹配

编程匹配是指电控系统工作参数发生变化或换用新的控制部件之后,利用汽车检测仪与电控系统的 ECU 进行数据通信,通过设定工作参数使系统或新换部件与控制系统匹配工作,编程匹配又称为初始设定。

编程匹配必须具有详细的技术资料才能进行操作,主要用于怠速设定、电子节气门设定、更换各种电控单元后的编码设定、防盗功能设定、自动灯光设定、自动变速器维修后的设定等。随着汽车电控技术的发展和控制精度的提高,编程匹配工作越来越多,特别是大众系列汽车在换用新的控制部件之后,大都需要进行编程匹配。

三、故障自诊断测试工具

汽车电控系统常用的故障自诊断测试工具有"跨接线""调码器"和"故障检测仪"三种类型。汽车故障检测仪功能齐全、使用方便,但价格昂贵。为了便于没有故障检测仪的用户通过读取故障代码来诊断故障,在各大汽车厂家(公司)1993 年以前生产的汽车 ECU 中,大都设有利用"跨接线"或"调码器"来读取故障代码的软件程序,将"跨接线"或"调码器"与诊断插座上相应的接线端子连接之后,即可根据组合仪表板上或调码器上"故障指示灯"的闪烁情况读出故障代码。1994 年开始统一采用第二代车载故障诊断系统 OBD-Ⅱ之后,因为全球汽车厂商统一了故障诊断插座形式(即规定为标准的 16 端子诊断插座)和故障测试软件通用标准(即规定各种车型的故障测试软件在不同故障检测仪中可以通用),所以 1994 年后生产的汽车,一般都需要使用故障检测仪进行自诊断测试。

(一)跨接线

"跨接线"是一根普通的单芯导线或两端带有鳄鱼夹的导线,如图 10-8 所示。将"跨接线"与诊断插座上相应的接线端子连接之后,接通点火开关即可触发读取故障代码的软件程序运行,同时根据组合仪表板上"故障指示灯"的闪烁情况就可读出故障代码。

(二)调码器

"调码器"是由发光二极管(LED)与一定阻值的电阻 R 串联组成的显示器,如图 10-9 所示,串联电阻 R 为限流电阻,防止电流过大而烧坏 LED;两只 LED 并联的目的是无论调码器输出端子 T1、T2 与诊断插座输出信号的正负极怎样连接,都有一只 LED 导通工作。将

"调码器"与诊断插座上的相应端子连接,接通点火开关即可触发读取故障代码的软件程序运行,根据调码器上发光二极管的闪烁情况就可读出故障代码。

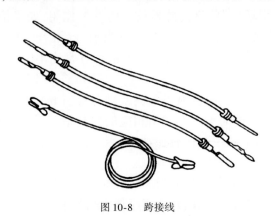

图10-8 跨接线

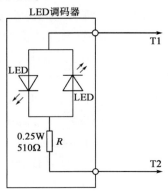

图10-9 LED调码器电路

(三)故障检测仪

汽车故障检测仪是一种利用配套的连接线束与汽车上的故障诊断插座TDCL相连,并与各种电子控制系统的电控单元ECU进行数据交流的专用仪器。为了便于维修人员诊断测试汽车电子控制系统故障,汽车制造公司或厂家都为自己生产的汽车设计有专用故障检测仪。汽车故障检测仪又称为故障诊断测试仪、故障阅读仪和解码器等。

汽车故障检测仪通常分为专用检测仪和综合检测仪两种。专用检测仪是指由汽车制造厂家提供或指定的汽车故障检测仪,如奔驰汽车所用的HHT,宝马汽车所用的MONIC3,大众(奥迪)汽车所用的V.A.G1551(图10-10)、V.A.G1552(图10-11)、V.A.G5051、V.A.G5052(V.A.G5051、V.A.G5052分别是V.A.G1551、V.A.G1552的换代升级产品,其功能更齐全,但体积有所增大),通用汽车所用的TECH-2,克莱斯勒汽车所用的DRB-2、DRB-3,福特汽车所用的WDS和NGS,日产汽车所用的CONSULT-Ⅰ、CONSULT-Ⅱ等。一般来说,每个汽车制造厂家(公司)都针对自己生产的各种车系研制有专用的检测仪器,以便为自己生产的汽车提供良好的维修服务。

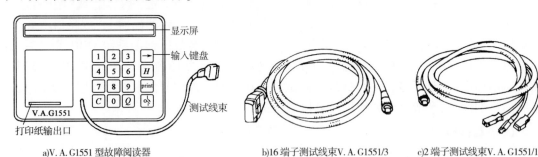

图10-10 故障阅读器V.A.G1551与测试线束

综合检测仪是指非汽车制造厂家(公司)提供或指定,由仪器设备厂商生产的汽车故障检测仪,如德国博世的汽车故障检测仪,美国的红盒子MT2500,国内生产的X-431、金奔腾彩圣、车博士、电眼睛和修车王等。所有品牌的检测仪器都具有读取与清除故障代码、数据流分析、执行器功能测试、编程匹配、示波器和万用表功能。同一种故障检测仪配备有多种车型的自诊断软件,购买检测仪时可据需要选购。由于不同车型的自诊断软件不尽相同,因此,某一种自诊断测试软件仅适用于指定车型的诊断测试,对其他厂家或公司的车型不能使用。

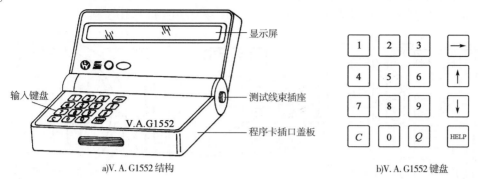

a)V.A.G1552结构 b)V.A.G1552键盘

图10-11 汽车系统测试仪V.A.G1552结构与键盘

国产汽车常用故障检测仪V.A.G1551、V.A.G1552的功能和使用方法完全相同,唯一区别在于V.A.G1552没有打印功能。故障诊断仪主要由显示屏、键盘、打印机、测试线束插孔、程序卡安装槽(位于仪器后上部)和交叉线束连接插孔(位于仪器背面)组成。其中,16端子测试线束适用于具有16端子诊断插座的汽车,2端子测试线束适用于具有2端子诊断插座的汽车。不同年份生产的车型,配有不同的磁卡,将其插入相应的故障测试仪,即可对不同的车型进行诊断测试。

汽车故障检测仪不仅可以检测诊断燃油喷射系统EFI故障,而且还能检测诊断防抱死制动系统ABS、安全气囊系统SRS、自动变速系统ECT等各种电子控制系统的故障。故障测试仪型号不同,使用方法也不相同。因此,使用故障测试仪时,必须按照不同测试仪的使用说明进行操作。

四、故障自诊断测试方法

将故障检测仪、调码器或跨接线等自诊断测试工具与汽车上的诊断插座连接后,接通点火开关,即可触发自诊断系统进行自诊断测试。利用故障检测仪进行自诊断测试时,其显示屏能够直接显示故障内容与故障原因。利用调码器或跨接线进行自诊断测试时,只能通过调码器或组合仪表板上不同控制系统的故障指示灯读取故障代码。根据读取的故障代码,并查阅被测车型的《维修手册》,就可知道故障代码表示的故障内容与故障原因。各种汽车电控系统的故障自诊断测试方法大同小异,下面以发动机电控系统为例说明。

(一)利用跨接线进行自诊断测试

大部分轿车均可利用"跨接线"跨接诊断插座上某两个或某几个指定的接线端子,即可触发自诊断系统来读取故障代码。由于各型汽车诊断插座的形状、安装位置、端子分布、跨接端子的名称以及故障代码的显示方式各不相同,因此,自诊断测试方法各有不同。下面以丰田轿车以及引进丰田技术生产的天津一汽丰田系列轿车发动机电控系统读取与清除故障代码的自诊断测试为例,说明利用跨接线进行诊断测试的方法。

丰田系列轿车设有两个诊断插座,发动机舱与驾驶室各设置一个。发动机舱内的诊断插座又称为检查连接器,设在熔断器盒旁边,可用于读取与清除故障代码;驾驶室内的诊断插座设在仪表板左下方或仪表板下面的工具箱内,用于数据传输。通过诊断插座可以对发动机燃油喷射系统EFI、变速器电子控制系统ECT、防抱死制动系统ABS、空调器系统A/C、安全气囊系统 SRS、空气悬架系统、牵引力控制系统 TRC、巡航控制系统等进行自诊断测试。

丰田车系采用的诊断插座有三种形式,如图 10-12 所示。诊断插座上设有防护盖,打开防护盖即可看到图中所示端子排列位置,各端子代号及功能如表 10-1 所示。

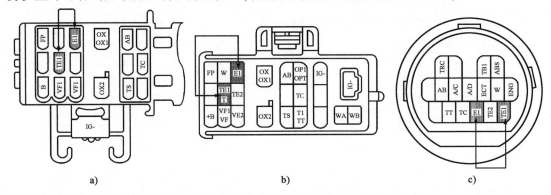

图 10-12 丰田系列轿车诊断插座形式与诊断触发端子排列位置

丰田系列轿车诊断插座引线端子连接部位及其功能 表 10-1

端子代号	连接部位	功 能
FP	与汽油泵"+"端子连接	将 +B 与 FP 连接时,汽油泵运转
W	仪表板故障指示灯与发动机 ECU 控制端	当发动机 ECU 检测到故障时,使 CHECK 灯显示故障代码
E1	发动机 ECU 与车身搭铁线的引出端子	发动机 ECU 搭铁
OX (OX1)	No.1 氧传感器信号输入发动机 ECU 的引线端子	检测氧传感器输出信号
AB	与 SRS ECU LA 端子连接,SRS 指示灯控制端	当 SRS ECU 检测到故障时,控制 LA 端子搭铁,使 SRS 指示灯发亮
OP1 (OPT)	与冷却液温度传感器至冷却风扇控制器 TH+ 端子连接	冷却风扇控制器控制信号
TE1 (T)	发动机 ECU 和 ECT ECU 故障代码诊断触发端子	读取发动机 ECU 和 ECT ECU 故障代码(读 ECT ECU 故障代码指发动机 ECU 和 ECT ECU 组合成一体的汽车)
TE2	发动机 ECU 开关动作触发端子	检查诊断开关动作
TC	与 ABS/SRS/巡航控制 ECU TC 端子连接	调取 ABS/SRS/巡航控制系统故障代码
+B (B)	与主继电器输出端子连接	由主继电器控制蓄电池电源与 ECU 是否接通或切断
VF1 (VF) (ENG)	与发动机 ECU 的 VF 或 VF1 端子连接,主氧传感器浓稀修正控制端	混合气浓稀测试
VF2	与发动机 ECU 的 VF2 端子连接,辅助氧传感器浓稀修正控制端	混合气浓稀测试
OX2	No.2 氧传感器信号输入 ECU 的引线端子	检测氧传感器输出信号
TS	与 ABS ECU 的 TS 端子连接	ABS 动作测试

续上表

端子代号	连 接 部 位	功　　能
T1（TT）	与电控自动变速器 ECT ECU、发动机 ECU 的 T1 或 TT 端子连接	ECT 动作测试
IG-	点火控制器转速信号输出 RPM 端	发动机转速脉冲信号输出
WA	ABS 指示灯及 ABS ECU	ABS 故障指示
WB	ABS 电磁阀继电器	ABS 动作测试
ECT	与电控变速器 O/D 指示灯及开关连接	电控变速器 O/D 指示灯控制
A/D	与巡航控制指示灯及 ECU 的 PI 端子连接	巡航控制系统指示灯控制
ABS	与 ABS ECU D/G 端子连接	ABS ECU D/G 信号
TB1（AS）	与空气悬架指示灯及 ECU 的 AP 端子连接	空气悬架指示灯控制
TRC	与 ABS 指示灯及 ECU 的 B16 端子连接	ABS 故障指示灯控制
A/C	与空调器 ECU 的 DOUT 端子连接	空调器 ECU 诊断输出信号

1. 自诊断测试条件

在读取故障代码之前,控制系统必须满足以下条件:

(1) 蓄电池电压高于 11V。

(2) 节气门完全关闭(即节气门位置传感器的怠速触点处于闭合状态)。

(3) 普通变速器的变速杆处于空挡位置,自动变速器(ECT)的挡位控制开关处于"P(停车)"挡位置。

(4) 断开所有用电设备开关,如空调开关、音响开关、灯光开关等。

(5) 检查组合仪表板上的发动机故障指示灯(CHECK)及其线路是否良好。方法是:先将点火开关转到"ON"位置但不起动发动机,此时故障指示灯(CHECK)应当发亮。如果指示灯"CHECK"不亮,说明指示灯灯泡或其线路有故障,应予检修。然后起动发动机,此时故障指示灯(CHECK)应立即熄灭。如指示灯始终发亮,说明控制系统有故障。

2. 静态测试(KOEO)读取故障代码

在静态测试(KOEO)方式下读取发动机控制系统故障代码的程序如下:

(1) 用跨接线将诊断插座(TDCL)上端子"TE1"与 E1 跨接,如图 10-12 所示。

(2) 点火开关转到"ON"位置,但不起动发动机。

(3) 根据组合仪表板上的指示灯(CHECK)闪烁规律读取故障代码,故障内容如表 10-2 所示。如果控制系统功能正常,则指示灯(CHECK)闪烁波形及时间如图 10-13a) 所示,每 0.52s 闪烁一次,每次灯亮与灯灭时间均为 0.26s,高电平时灯亮,低电平时灯灭;如果控制系统存储有故障代码,指示灯(CHECK)的闪烁波形及时间将如图 10-13b) 所示。

丰田系列轿车故障代码均为两位数字,故障指示灯先显示十位数字,后显示个位数字。同一数字灯亮与灯灭时间均为 0.52s,十位数字与个位数字之间间隔 1.5s。如有多个故障代码,则在故障代码与故障代码之间间隔为 2.5s,并按故障代码的大小由小到大顺序显示。故障代码全部输出后,间隔 4.5s 再重复显示。只要诊断插座上端子"TE1"与"E1"保持跨接,就会继续重复显示。

丰田 TOYOTA 系列轿车故障代码的含义及故障原因　　　　　表 10-2

代码	故障内容	故障原因及部位
11	ECU 电源瞬间中断	主继电器及其线路接触不良
12	(1)起动机接通 2s 以上时间 ECU 未接收到曲轴转速信号; (2)发动机转速为 600～4000r/min,ECU 在 3s 以上未接收到凸轮轴位置传感器信号	(1)曲轴位置传感器 CPS 及其线路故障; (2)凸轮轴位置传感器 CIS 及其线路故障; (3)起动信号 STA 线路断路或短路; (4)ECU 故障
13	(1)发动机转速为 1500r/min 以上,ECU 在 0.3s 以上时间内未接收到转速信号; (2)发动机转速为 500～4000r/min,ECU 未接收到凸轮轴位置传感器信号	(1)曲轴位置传感器 CPS 及其线路故障; (2)凸轮轴位置传感器 CIS 及其线路故障; (3)ECU 故障
14	ECU 连续发出 4～5 次点火信号后,仍未接收到点火监控信号(IGf 信号)	(1)分电器至 ECU 之间的监控信号线路断路或短路; (2)点火控制器故障; (3)ECU 故障
15	ECU 连续发出 4～5 次点火信号后,仍未接收到第二组点火线圈的点火监控信号(IGf 信号)	(1)No.2 点火线圈至 ECU 之间的监控信号线路断路或搭铁; (2)点火控制器故障; (3)ECU 故障
16	电子控制自动变速 ECT 系统信号不正常	(1)主 ECU 与电子控制变速 ECU 之间线路故障; (2)电子控制变速 ECU 故障
17	No.1(左)凸轮轴位置传感器信号不良	(1)No.1(左)凸轮轴位置传感器线路断路、搭铁; (2)No.1(左)凸轮轴位置传感器故障
18	No.2(右)凸轮轴位置传感器信号不良	(1)No.2(右)凸轮轴位置传感器线路断路、搭铁; (2)No.2(右)凸轮轴位置传感器故障
21	左侧主氧传感器信号不正常(传感器输出电压在 0.35V 以下或 0.7V 以上超过 60s 无变化)	(1)左侧主氧传感器损坏或线路断路、搭铁; (2)氧传感器加热元件损坏或线路断路、搭铁
22	冷却液温度传感器 CTS 线路断路或短路 0.5s 以上时间(ECU 在 0.5s 以上时间内未接收到 THM 信号)	(1)冷却液温度传感器 CTS 线路短路或断路; (2)冷却液温度传感器 CTS 失效; (3)ECU 故障
24	进气温度传感器 IATS 线路断路或短路 0.5s 以上时间(ECU 在 0.5s 以上时间内未接收到进气温度信号)	(1)进气温度传感器 IATS 线路短路或开路; (2)进气温度传感器 IATS 失效; (3)ECU 故障
25	混合气过稀、空燃比过大(ECU 接收到氧传感器信号电压低于 0.45V 时间超过 90s)	(1)氧传感器失效、线路断路; (2)冷却液温度传感器失效; (3)喷油线圈断路或阀针卡住; (4)空气流量传感器工作不良; (5)ECU 故障

续上表

代码	故障内容	故障原因及部位
26	混合气过浓、空燃比过小(氧传感器信号电压高于0.45V时间超过10s;发动机怠速运转冷却液温度在80℃以上)	(1)喷油压力过高; (2)喷油器密封不良、漏油; (3)正时带跳齿、配气正时错乱; (4)进气歧管漏气; (5)ECU故障
27	左侧副氧传感器信号不正常	左侧副氧传感器损坏或线路断路、搭铁
28	右侧主氧传感器信号不正常(传感器输出电压在0.35V以下或0.7V以上超过1min无变化)	(1)右侧主氧传感器损坏或线路断路、搭铁; (2)氧传感器加热元件损坏或线路断路、搭铁
29	右侧副氧传感器信号不正常	右侧副氧传感器损坏或线路断路、搭铁
31	歧管压力传感器MAP线路断路或短路0.5s以上时间(怠速运转时,ECU在0.5s以上时间未接收到PIM信号)	(1)歧管压力传感器信号电压失常(标准值为5V±0.5V); (2)歧管压力传感器线路开路或短路; (3)ECU故障
32	空气流量传感器AFS信号不良(怠速运转时,ECU在0.5s以上时间未接收到AFS信号)	(1)空气流量传感器故障; (2)空气流量传感器线路开路或短路; (3)ECU故障
33	怠速控制阀信号不良	(1)怠速控制阀线路断路或短路; (2)怠速控制阀故障
34	压力传感器信号不良(TURBO车型)	压力传感器损坏或线路断路、搭铁
35	大气压力传感器信号不正常	大气压力传感器损坏或线路断路、搭铁
41	节气门位置传感器TPS线路断路或短路0.5s以上时间(ECU在0.5s以上时间内没有接收到VTA信号或怠速时信号电压低于0.4V高于3.5V)	(1)节气门位置传感器TPS线路断路、搭铁; (2)节气门位置传感器TPS故障; (3)ECU故障
42	发动机转速为2500~5000r/min(普通变速器)或2800r/min(ECT)以上,冷却液温度高于80℃、歧管压力高于60kPa时,ECU在8s以上时间内未接收到车速传感器VSS信号(SPD信号)	(1)车速传感器VSS线路断路、搭铁; (2)车速传感器VSS故障; (3)P/N开关故障; (4)ECU故障
43	起动信号不良	(1)起动STA信号线路断路、搭铁; (2)ECU故障
47	辅助节气门位置传感器TPS线路开路或短路0.5s以上时间(凌志LS400)	(1)辅助节气门位置传感器TPS线路断路、搭铁; (2)辅助节气门位置传感器TPS故障; (3)ECU故障
51	自诊断测试时,自动变速器的挡位控制开关处于空挡N、倒挡R、行驶挡D、2、1(应拨到停车挡P)位置或空调开关接通	(1)操作不当; (2)自动变速器的挡位控制开关故障; (3)空调开关故障
52	No.1爆震传感器信号不正常(发动机转速为1600~5200r/min,爆震传感器信号有6个循环未输入ECU)	(1)No.1爆震传感器DS线路断路、搭铁; (2)No.1爆震传感器DS故障; (3)ECU故障

续上表

代码	故障内容	故障原因及部位
53	发动机转速为 650~5200r/min,ECU 检测到爆震信号无法处理	ECU 内部爆震控制电路失效
54	涡轮增压器冷却液温度信号不良	(1)冷却液温度传感器 CTS 线路短路或开路; (2)冷却液温度传感器 CTS 失效; (3)ECU 故障
55	No.2 爆震传感器信号不正常(发动机转速为 1600~5200r/min,爆震传感器信号有 6 个循环未输入 ECU)	(1)No.2 爆震传感器 DS 线路断路、搭铁; (2)No.2 爆震传感器 DS 故障; (3)ECU 故障
71	废气再循环 EGR 系统工作不良	(1)EGR 真空电磁阀故障或线路断路或搭铁; (2)EGR 系统排气温度传感器故障; (3)ECU 故障
72	燃油切断电磁阀工作不良	(1)燃油切断电磁阀故障或线路断路或搭铁; (2)ECU 故障
78	(1)发动机转速低于 1000r/min 时,电动燃油泵线路开路或短路 1s 以上; (2)发动机转速低于 1000r/min 时,燃油泵与 ECU 之间的线路开路或短路; (3)发动机转速低于 1000r/min 时,燃油泵 ECU 的监测线路开路或短路	(1)燃油泵 ECU 线路断路或搭铁; (2)燃油泵 ECU 故障; (3)燃油泵线路故障; (4)发动机 ECU 故障
99	控制系统正常	

注:虽然表中列出了"ECU 故障",但是其可能性很小,汽车行驶 10 万公里的 ECU 故障数约占总故障数的千分之一。

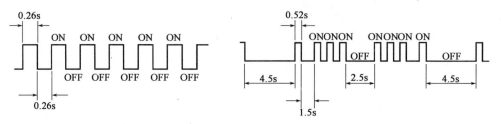

图 10-13 故障代码显示时间

(4)故障代码读取完毕,断开点火开关,拆下跨接线,盖好诊断插座护盖。

3.动态测试(KOER)读取故障代码

动态测试(KOER)方式读出的故障代码与静态测试(KOEO)方式相比,检测能力和灵敏度较高。其不仅可以读取在静态测试方式显示的故障代码,而且还能检测起动信号、节气门怠速触点信号、空调信号和空挡开关信号等。动态测试(KOER)是在汽车运行状态下进行诊断测试,其测试程序如下：

(1)将点火开关转到"OFF(断开)"位置。

(2)用跨接线将诊断插座(TDCL)上的端子"TE2"与"E1"跨接,如图10-14a)所示。

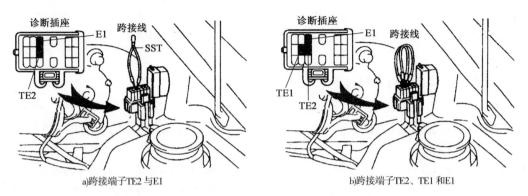

图10-14　诊断插座在动态测试时的跨接情况

(3)将点火开关转到"ON(接通)"位置,但不起动发动机,此时组合仪表板上的故障指示灯(CHECK)将快速闪烁(大约每秒钟闪烁4次),如图10-15所示,发亮与熄灭时间均为0.131s。

(4)起动发动机,模拟驾驶员所述故障状态行驶,此时端子"TE2"与"E1"保持跨接,且车速不低于10km/h。

(5)路试完毕,再用一根跨接线将诊断插座上的端子"TE1"与"E1"跨接,即将"TE2""TE1"和"E1"三个端子同时跨接,如图10-14b)所示。

(6)根据仪表板上的指示灯(CHECK)闪烁规律读取故障代码。

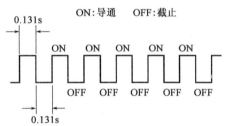

图10-15　动态测试时指示灯(CHECK)闪烁时间

(7)故障代码读取完毕,将点火开关转到"OFF"位置,并拆下跨接线盖好诊断插座护盖。

4.关于动态测试的几点说明

(1)在跨接端子"TE2""E1"时,如果点火开关处于"ON"位置,那么控制系统将不能进入动态测试状态,即不能读取故障代码。

(2)如果指示灯(CHECK)显示17、18、42、43、51等代码,分别表示No.1(左)和No.2(右)凸轮轴位置传感器信号、车速信号、起动信号、开关信号正常。

5.清除故障代码

根据故障指示灯(CHECK)闪烁显示的故障代码查阅《维修手册》中表示的故障原因将故障排除后,故障代码仍将存储在ECU的存储器中,并不能随故障的排除而自动消除。因此,为了便于以后检修,排除故障之后应将故障代码清除。

丰田系列轿车清除故障代码的方法是:将熔断器盒中的"EFI"熔断器(20A或15A)拔下10s以上时间,即可清除故障代码。清除故障代码的另一种方法是将蓄电池搭铁线拆下10s以上时间,这种方法同时也会清除存储器RAM中存储的所有信息(包括时钟、音响系统的密码等),因此必须慎重使用。

(二)利用调码器进行诊断测试

1993年前生产的部分轿车(如日本三菱、韩国现代、中国猎豹等汽车)可以利用"调码器"进行自诊断测试,测试方法与利用"跨接线"测试基本相同,将"调码器"跨接诊断插座上某两个指定的接线端子,即可触发自诊断系统来读取故障代码。有所不同的是利用"调码器"测试的故障代码是由调码器显示,利用"跨接线"测试的故障代码是由组合仪表板上的故障指示灯显示。

(三)利用故障检测仪进行自诊断测试

各种故障检测仪的使用方法各有不同,下面以国产汽车普遍使用的 V. A. G1551 和 V. A. G1552型故障测试仪测试大众公司轿车多点喷射系统为例,说明利用故障测试仪进行自诊断测试的过程。

测试仪 V. A. G1551 或 V. A. G1552 可供选择的功能有 10 项,如表 10-3 所示。中文版本的测试仪可直接识读,使用操作十分方便,维修人员将其称为"傻瓜机"。为了便于读者掌握不同版本测试仪的使用方法,下面以英文版本测试仪为例说明。

测试仪 V. A. G1551 或 V. A. G1552 可供选择的功能   表 10-3

代码	功能	前提条件	
		发动机停转,点火开关接通	发动机怠速运转
01	显示控制系统版本号	—	—
02	读取故障代码	是	是
03	执行机构测试	是	否
04	进入基本设定	是	是
05	清除故障代码	是	是
06	结束输出	是	是
07	控制模块编号	—	—
08	读取测量数据块	是	是
09	读取单个测量数据	×	×
10	自适应测试	×	—

注:1. 发动机停转,点火开关接通进行基本设定时,必须在更换电控单元 J220、节气门控制组件 J338、发动机或拆下蓄电池电缆后,才能选择代码"04"进行基本设定。

2. 发动机怠速运转进行基本设定时,冷却液温度高于80℃才能进行,如果冷却液温度低于80℃,基本设定功能将被锁止。

3. 自适应测试目前仅用于厂内检查。

1. 读取故障代码

使用故障诊断仪进行诊断测试时,蓄电池电压必须高于 11.5V;燃油喷射熔断丝正常;发动机和变速器上的搭铁线连接必须可靠。读取故障代码的操作程序如下:

(1)起动发动机进行至少220s试车。试车中应当满足的条件有:必须在发动机冷却液温度高于70℃的情况下至少运转174s;发动机至少高速运行6s;发动机运转210s后至少再怠速运转10s;发动机转速至少有一次超过2200r/min。

对于发动机不能起动的车辆,首先应当排除机械故障,然后反复接通起动开关,使发动机转动数次。

(2)连接故障测试仪。大众公司轿车电控汽油喷射系统设有一个16端子故障诊断插座(故障阅读仪接口)是一个标准的 OBD-Ⅱ 插座(第二代随车故障诊断插座),安装在变速杆下端皮质护套下面,如图 10-16 所示。诊断电控系统故障时,断开点火开关,用测试线束 V.A.G1551/3 将故障阅读仪 V.A.G1551 或汽车系统测试仪 V.A.G1552 与诊断插座连接,即可进行诊断测试。

(3)接通电源进入诊断测试程序。首先接通点火开关或起动发动机怠速运行(如故障导致发动机不能起动,则接通点火开关即可),然后接通故障诊断仪电源开关。此时故障诊断仪进入"车辆系统测试"模式,显示如图 10-17 所示。

(4)输入"发动机控制系统"的地址指令"01",并单击"Q"键确认,地址指令代表的系统名称就会出现在屏幕上(单击 C 键可以改变输入指令)。电控单元确认后将显示如图 10-18 所示的电控单元信息(注意:只有在点火开关接通或发动机运转时,才能显示控制器的编号和代码)。需要特别指出的是:由于汽车使用的电控单元以及诊断仪使用的程序卡型号不同,各项功能所显示和打印的内容可能有所不同。

图 10-16 大众公司轿车故障诊断插座安装位置

图 10-17 进入车辆系统测试模式时显示的信息

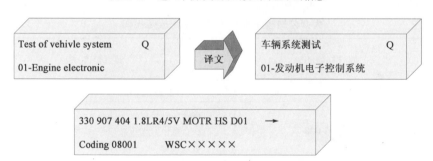

图 10-18 输入电控单元地址代码"01"后显示的信息

330 907 404-电控单元零件编号(实际编号参见配件目录);1.8L-发动机排量(1.8L);R4/5V-直列 4 缸 5 气门发动机;MOTR-燃油喷射系统(MOTRONIC)名称;HS-手动变速器;D01-电控单元软件代码(程序编号);Coding 08001-电控单元编码;WSC×××××-服务站代码

(5)单击"→"键,直到诊断仪屏幕上显示输入"功能选择代码",如图 10-19 所示。

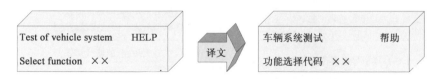

图 10-19 单击"→"键后显示的功能选择信息

(6)输入读取故障代码的功能选择代码"02",并单击"Q"键确认,屏幕上将首先显示存储故障的数量或显示"没有故障被识别",显示如图 10-20 所示。如果没有故障代码,显示屏显示如图 10-21 所示。

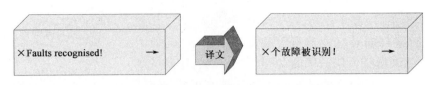

图 10-20　输入功能选择代码"02"且有故障代码时显示的信息

图 10-21　输入功能选择代码"02"但无故障代码时显示的信息

（7）单击"→"键继续运行，每个故障的文字说明将单独显示在屏幕上，如图 10-22 所示。

图 10-22　显示每个故障的文字说明信息

如果使用 V. A. G1551 型测试仪，单击"Print"键接通打印机（"Print"键上的指示灯将发亮），存储的一个或多个故障代码及其文字说明将按存储故障的顺序打印出来。为了使打印输出的故障代码与维修手册印制的故障代码表一一对应；故障代码均按 5 位数字排列，大众公司轿车的故障代码如表 10-4 所示。

大众公司轿车发动机电控系统故障代码　　　　　表 10-4

V. A. G 打印码	故　障　部　位	排　除　方　法
00000	无故障	如果汽车有故障，说明故障没有被控制系统识别
00513	发动机转速传感器 G28	（1）检查曲轴位置传感器有无松动； （2）检查线束有无短路、断路或搭铁； （3）检查传感器有无故障或更换传感器
00515	霍尔式凸轮轴位置传感器 G40	（1）检查霍尔传感器转子的安装位置是否准确； （2）检查线束有无短路、断路或搭铁； （3）检查传感器有无故障或更换传感器
00518	节气门控制组件的节气门位置传感器（电位计）G69	（1）检查线束有无短路、断路或搭铁； （2）检查传感器有无故障或更换传感器
00522	冷却液温度传感器 G62	（1）检查线束有无短路、断路或搭铁； （2）检查传感器有无故障或更换传感器
00524	1、2 缸用 1 号爆震传感器 G61	（1）检查线束有无短路、断路或搭铁； （2）更换传感器
00527	进气温度传感器 G72	（1）检查线束有无短路、断路或搭铁； （2）检查传感器有无故障或更换传感器
00530	节气门怠速位置传感器 G88	（1）检查线束有无短路、断路或搭铁； （2）检查传感器有无故障或更换传感器

续上表

V.A.G 打印码	故障部位	排除方法
00540	3、4缸用2号爆震传感器 G66	(1) 检查线束有无短路、断路或搭铁； (2) 更换传感器
00553	空气流量传感器 G70	(1) 检查线束有无短路、断路或搭铁； (2) 检查传感器至发动机之间是否漏气； (3) 检查传感器是否脏污
00668	30号电源线电压高低	(1) 检查蓄电池电压是否过低； (2) 检查整体式交流发电机能否发电
01165	节气门控制组件 J338 基本设定错误	(1) 检查控制组件与 ECU 是否匹配； (2) 检查节气门或控制电机 V60 是否卡死； (3) 重新进行基本设定
01247	活性炭罐电磁阀 N80	(1) 检查电磁阀线圈电阻(20℃时标准值为40～80Ω)； (2) 检查线束有无短路、断路或搭铁
01249	第1缸喷油器 N30	(1) 检查线束有无短路、断路或搭铁； (2) 检查喷油器线圈电阻(20℃时标准值为13～18Ω)
01250	第2缸喷油器 N31	(1) 检查线束有无短路、断路或搭铁； (2) 检查喷油器线圈电阻(20℃时标准值为13～18Ω)
01251	第3缸喷油器 N32	(1) 检查线束有无短路、断路或搭铁； (2) 检查喷油器线圈电阻(20℃时标准值为13～18Ω)
01252	第4缸喷油器 N33	(1) 检查线束有无短路、断路或搭铁； (2) 检查喷油器线圈电阻(20℃时标准值为13～18Ω)

在显示屏上，下面一行显示的是故障类型。如果故障类型后面显示有"/SP"字样，表明该故障为偶然性故障。故障代码及其类型显示完毕，显示屏将显示输入"功能选择代码"。此时输入"功能选择代码"，可继续进行其他诊断测试。

2. 清除故障代码

故障排除后应及时清除故障代码，否则再次读取故障代码时，此次故障代码会一并调出，影响工作效率。

如果 ECU 电源被切断(如控制器插头被拔下)或蓄电池极柱上的电缆端子被拆下，那么，故障代码存储器中存储的故障信息将被清除。

利用故障诊断仪 V.A.G1551 或 V.A.G1552 清除大众公司轿车发动机电子控制系统故障代码的操作程序如下：

(1) 按读取故障代码的操作程序(1)～(5)进入诊断测试"功能选择"。当诊断仪屏幕上显示输入"功能选择代码"时，如图10-23所示，输入"读取故障代码"的功能选择代码"02"，并单击"Q"键确认。

图 10-23 单击"→"键后显示的功能选择信息

(2) 单击"→"键，直到显示出所有的故障代码，并在屏幕上显示输入"功能选择代码"

时,输入"清除故障代码"的功能选择代码"05",并单击"Q"键确认,显示如图10-24所示。

(3)单击"→"键,直到故障代码被清除,并在屏幕上显示输入"功能选择代码"时,输入"结束输出"功能选择代码"06",并单击"Q"键确认。

(4)重新试车并再次读取故障代码,不得有故障代码显示。

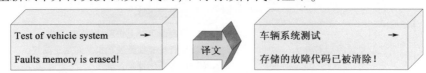

图10-24 输入功能选择代码"05"时显示的信息

第四节 汽车电控系统故障诊断与排除

各种汽车电控系统故障诊断与排除大同小异,下面以发动机电控系统为例说明电控系统故障的诊断程序与排除方法。

一、发动机电控系统故障诊断与检修程序

实践证明,发动机电子控制系统故障可按下述程序进行诊断与检修。

(1)向用户询问有关情况。如故障产生时间、故障产生条件(包括天气、气温、道路情况以及发动机工况等)、故障现象或症状、故障发生频率、是否进行过检修以及检修过哪些部位等。

(2)进行直观检查,即检查电子控制系统的控制部件是否正常,电气线路连接器或接头有无松动、脱接,导线有无断路、搭铁、错接以及烧焦痕迹,管路有无折断、错接或凹瘪等。部分传感器与执行器对发动机性能的影响如表10-5所示,熟悉传感器与执行器对发动机以及车辆运行状态的影响,对迅速诊断与排除故障极为重要。

汽车电子控制系统控制部件对发动机工作性能的影响　　　　表10-5

序 号	部件名称	故障现象
1	电控单元ECU	(1)发动机不能起动; (2)发动机工作失常
2	点火线圈	(1)发动机不能起动; (2)无高压火花跳火; (3)次级电压过低
3	燃油泵继电器	(1)发动机不能起动; (2)燃油泵不工作; (3)喷油器不喷油
4	继电器盒熔断丝	发动机不能起动
5	曲轴与凸轮轴位置传感器	(1)发动机不能起动; (2)发动机工作不稳定; (3)怠速不稳; (4)中途熄火
6	空气流量与歧管压力传感器	(1)发动机起动困难; (2)发动机工作失常; (3)怠速不稳; (4)油耗增加

续上表

序 号	部 件 名 称	故 障 现 象
7	进气温度传感器	(1)发动机工作不良; (2)怠速不稳; (3)怠速熄火; (4)油耗与排放增加; (5)混合气过浓
8	节气门位置传感器	(1)发动机起动困难; (2)怠速不稳; (3)发动机工作不良; (4)容易熄火
9	爆震传感器	(1)发动机工作不稳; (2)加速时爆震; (3)点火正时不准
10	氧传感器	(1)发动机工作不良; (2)怠速不稳; (3)油耗与排放增加; (4)混合气过浓
11	冷却液温度传感器	(1)发动机起动困难; (2)发动机工作不良; (3)怠速不稳; (4)容易熄火
12	喷油器	(1)发动机不能起动或起动困难; (2)油耗增加; (3)怠速不稳; (4)发动机工作不良
13	怠速控制阀	(1)发动机起动困难; (2)怠速不稳或怠速过高; (3)容易熄火
14	曲轴箱通风阀(PVC阀)	(1)发动机不能起动或起动困难; (2)怠速不稳或怠速过高; (3)加速困难; (4)油耗增加
15	活性炭罐电磁阀	(1)发动机工作不良; (2)发动机怠速不稳
16	空调(A/C)开关	(1)发动机不能起动; (2)发动机怠速不稳; (3)怠速熄火
17	电动燃油泵	(1)发动机不能起动或起动困难; (2)发动机工作不良; (3)怠速不稳或怠速熄火; (4)发动机回火

（3）按基本检查程序进行检查。在诊断发动机电子控制系统故障时，为了尽快确定故障性质与部位，尽可能少走弯路，在对汽车进行直观检查后，可按图10-25所示程序进行基本检查，包括怠速检查调整与点火正时的检查调整。

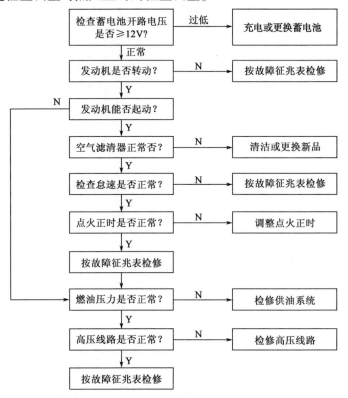

图10-25　发动机电控系统故障的基本检查程序

（4）进行自诊断测试读取故障代码。如有故障代码，则按故障代码表指示的故障原因和部位逐一排除故障；如无故障代码但故障症状依然存在，则通过故障征兆模拟试验来判断试验线路或部件工作是否正常，同时参照"故障征兆表"进行诊断检查，以便缩小故障范围。

（5）如按上述程序诊断检修仍不能排除故障，说明发动机可能有机械故障和其他故障，可按"发动机机械故障与其他故障征兆表"进行诊断与排除。

二、发动机电控系统故障诊断与检修方法

诊断检修发动机电子控制系统故障时，常用以下几种故障征兆模拟试验方法进行。

（一）振动试验法

当振动可能是导致产生故障的主要原因时，就可利用振动法进行检验。试验方法主要包括：在水平和垂直方向轻轻摆动连接器、线束、导线接头；用手轻轻拍打传感器、执行器、继电器和开关等控制部件（注意继电器不能用力拍打，以免产生误动作）。

（二）加热试验法

当汽车故障是在热机出现或是由某些传感器与零部件受热所致时，可用电加热吹风机等加热工具对可能引起故障的零部件或传感器进行适当加热，以检查其是否有此故障（注意加热温度不得超过60℃，且不能对电控单元ECU进行加热）。

表10-6 丰田车系 D（压力）型燃油喷射系统（EFI）故障征兆表

故障征兆		开关信号电路	点火信号电路	冷却液温度传感器	进气温度传感器	歧管压力传感器	节气门位置传感器	起动信号电路	爆震传感器	空挡起动开关	空调信号电路	燃油泵电路	燃油压调节器	燃油管路	喷油器	急速控制阀	EFI主继电器	节气门缓冲器	燃油切断系统	发动机与变速器ECU	燃油品质	氧传感器	机械或其他故障	机油泄漏	起动继电器	空挡起动开关	起动机	火花塞	分电器	节气门拉线	制动系统	冷却风扇系统	离合器	汽缸压缩不良
不能起动	发动机不能转动	9																							1	3	2							
	起动机不转		2																							1	1							
	无起动征兆	9	10	4		4						5				7	3			10	6								1					8
	有起动征兆			4		1							3		6	2				7														5
起动困难	发动机转动缓慢							2			2																							
	常温起动困难	9	10	1	5							6	5	7	13	3				14	1							2	1					8
	冷机起动困难			1	11							6		7	8	4				9	3													
	热机起动困难				5							6	5		8	3		4		9	2								12					
	刚起动后急速不正常			2	4											3				5														
急速失常	急速转速过高			2			6		8	8	7	6	5	7	9	3		4		10										1				
	急速转速过低			1			3			7					4	2				5										1				
	急速不稳	12		2		10						6	5	7	11	8				13	1							3	4					9
	急速缺火	3		5		7									8					9	1							2	4					6

续上表

故障征兆 \ 故障可能产生部位	开关信号电路	点火信号电路	冷却液温度传感器	进气温度传感器	歧管压力传感器	节气门位置传感器	起动信号电路	爆震传感器	空档起动开关	空调信号电路	燃油泵电路	油压调节器	燃油管路	喷油器	急速控制阀	EFI主继电器	节气门缓冲器	燃油切断系统	发动机与变速器ECU	燃油品质	氧传感器	机械或其他故障	机油泄漏	起动继电器	空档起动开关	起动机	火花塞	分电器	节气门拉线	制动系统	冷却风扇系统	离合器	汽缸压缩不良
性能不良 — 加速发抖			9	10	8	7					12	11	13	14					15	3							4	5		2		1	6
回火			1	4	3	2					6	5	7	8					9														
消声器放炮			2	6	4	5						3		7				1	8														
发动机喘振												1		4					5								2						
发动机爆震								1																			3	3			4		
发动机失速 — 刚刚起动后就失速			7			6					3	2	4	8	5				9	2							3						
踏下加速踏板后失速					1	2						4	5	6	1				7									3					
松开加速踏板后失速					2										2				3														
空调器工作时失速										1									3	1													
从N位拨到D位失速									1						2																		
其他 — 燃油消耗量过大			11	16	13	12			14	15				10				6		2	1	17					7	8	3	5		4	9
发动机过热								3														4					2				1		
机油压力过高或过低																						2	1										
起动机运转不停止																								1		2							

表 10-7 丰田车系 L(流量)型燃油喷射系统(EFI)故障征兆表

故障可能产生部位 / 故障征兆	开关信号电路	点火信号电路	主氧传感器	冷却液温度传感器	进气温度传感器	副氧传感器	空气流量传感器	节气门位置传感器	起动信号电路	爆震传感器	空挡起动开关	EFI主继电器	备用电源电路	喷油器	冷起动喷油器	急速控制阀	燃油泵电路	真空控制阀	EGR系统	可变电阻器
不能起动 — 发动机不能转动												3								
不能起动 — 起动机不转																				
不能起动 — 无起动征兆		2																		
不能起动 — 有起动征兆		1		9								1		5		7	3			
起动困难 — 发动机转动缓慢														6	11		10			10
起动困难 — 常温起动困难	1	13		11	14				1					8	12	2	3			
起动困难 — 冷机起动困难	1			9	10				1					4	8	2	3			
起动困难 — 热机起动困难				10	11				1					5	7	2	4	3	12	
急速失常 — 刚起动后急速不正常	1															2				
急速失常 — 急速转速过高	1										5	4	6	6		1	5			6
急速失常 — 急速转速过低	3	7	17	9			7				4		8	4	16	2	9		10	
急速失常 — 急速不稳	1			8	9		3						13	6			2		5	
性能不良 — 急速缺火	1	6		6								3		3			4			5
性能不良 — 加速发抖																				
性能不良 — 回火				4	5		2	6						9			8		2	5
性能不良 — 消声器放炮	1			6	7		7	8						4			10			3
性能不良 — 发动机喘振	1			8	9		9							6			2			5
性能不良 — 发动机爆震										2				4						
发动机失速 — 刚刚起动后就失速				6			2							2		3	1		5	
发动机失速 — 踩下加速踏板后失速	1						2								1					
发动机失速 — 松开加速踏板后失速																1	2			
发动机失速 — 空调器工作时失速																2				
发动机失速 — 从N位拨到D位失速	1																			
其他 — 燃油消耗量过大			18	6	7	19		8			17			13	15	16	12	14		
其他 — 起动或停机时过热																				
其他 — 起动机运转不停止																				

续上表

故障征兆	故障可能产生部位：空调信号电路	燃油品质	燃油泄漏	冷却液泄漏	机油泄漏	真空管漏气	起动机及继电器	空挡起动开关	点火线圈	火花塞	分电器	节气门拉线	冷却风扇系统	汽缸压缩不良	制动系统	自动变速器ECT	防盗与门锁控制系统	发动机与变速器ECU	发动机机械和其他故障
不能起动 — 发动机不能转动							1	4									2		
起动机不转							1	2											3
起动困难 — 无起动征兆						5			2	4									6
有起动征兆									1										12
发动机转动缓慢	2																		3
常温起动困难		9							4	6	3			8				13	15
冷机起动困难						14			5	7	5							16	
热机起动困难		13							6	9	6			7				11	
急速失常 — 刚刚起动后急速不正常	3																	15	
急速转速过高	2																	3	
急速转速过低																		7	
性能不良 — 急速不稳		15				14			10	12	11			8				11	18
加速缺火		5				7			7	9	8	12			13	10		19	8
回火						11			2	5	3							9	14
消声器放炮						1				5								15	10
发动机喘振		1				7			2	3	4							12	11
发动机爆震		5				4												11	10
发动机失速 — 刚刚起动后就失速																		7	6
踩下加速踏板后失速																			
松开加速踏板后失速	3											4						4	
空调器工作时失速	2											3	5		3			3	
从N位拨到D位失速													2			1			
其他 — 起动或停机时失速							1												
燃油消耗量过大		2	1							9	10	4			3	20		22	21
发动机过热				1										11					
发动机运转不停止																			3

（三）水淋试验法

当故障在雨天或湿度较大的条件下产生时,可通过喷淋试验检查诊断故障。试验时,将水喷洒在散热器前面和汽车顶部,间接改变温度和湿度检查其是否发生故障(注意不能将水直接喷洒在电气与电子控制系统零部件上,以免造成短路和其他故障)。

三、汽车电控系统的故障征兆表

汽车电控系统的故障征兆表是一种根据汽车故障征兆(如起动困难、不能起动或怠速失常等)和零部件(各种传感器、控制开关及油气管路等)名称,按各种零部件导致产生该故障的可能性大小,用阿拉伯数字由小到大作为故障检测顺序号列出的表格。丰田车系 D(压力)型燃油喷射系统(EFI)的"故障征兆表"如表 10-6 所示,L(流量)型燃油喷射系统(EFI)的"故障征兆表"如表 10-7 所示,机械故障和其他故障的"故障征兆表"如表 10-8 所示。

丰田车发动机机械故障及其他故障的故障征兆表　　　　表 10-8

故障征兆	故障可能产生部位	气门间隙	配气正时	正时带	水泵	气门导管	机油泵	主轴承或连杆轴承	汽缸盖	活塞环	散热器	节温器	传动带	液力耦合器	冷却液温度开关	机油压力开关	机油滤清器溢流阀
不能起动	发动机不能转动																
不能起动	起动机不转																
不能起动	无起动征兆		1														
不能起动	有起动征兆	1	2	3						4							
起动困难	发动机转动缓慢							1									
起动困难	常温起动困难		1	2													
起动困难	冷机起动困难																
起动困难	热机起动困难																
怠速失常	刚起动后怠速不正常																
怠速失常	怠速转速过高																
怠速失常	怠速转速过低																
怠速失常	怠速不稳	1	2	3						5	4						
怠速失常	怠速缺火	1	2	3													
性能不良	加速发抖				1	2				3							
性能不良	回火				1	2											
性能不良	消声器放炮				1	2											
性能不良	发动机喘振				1												
性能不良	发动机爆震																

续上表

故障征兆 \ 故障可能产生部位	气门间隙	配气正时	正时带	水泵	气门导管	机油泵	主轴承或连杆轴承	汽缸盖	活塞环	散热器	节温器	传动带	液力耦合器	冷却液温度开关	机油压力开关	机油滤清器溢流阀
发动机失速 — 刚刚起动后就失速																
踩下加速踏板后失速																
松开加速踏板后失速																
空调器工作时失速																
从N位拨到D位失速																
起动或停机时失速																
其他故障 — 燃油消耗量过大	1	2							3							
发动机过热	6	7	8		9		10			2		3	1	4	5	
发动机水温过低										1	2		3			
机油消耗量过大					1				2							
机油压力过高						2	3							1		
机油压力过低															1	2
起动机运转不停止																

在诊断与排除汽车电控系统故障时,如果经过故障自诊断测试并按测试得到的故障代码不能排除故障,则可根据该车型《维修手册》提供的电控系统"故障征兆表",并按所列编号由小到大的顺序检查与排除故障,然后按发动机机械故障及其他故障的故障征兆表检查与排除故障。

虽然不同车型电控系统的组成与故障征兆表等不尽相同。但是,由于汽车电控系统的控制原理、控制功能基本相同,因此,在没有该车型《维修手册》的情况下,可参照上述"故障征兆表"检查与排除故障。

一、简答题

1. 为什么装备电喷发动机的汽车发生故障之后,能够驾驶回家或送修理站修理?

2. 为什么在排除汽车电控系统故障之后,不能轻易使用断开蓄电池电缆的方法来清除故障代码?

3. 汽车车载故障自诊断系统监测传感器搭铁故障的自诊断原理是什么?试举例说明。

4. 汽车车载故障自诊断系统监测传感器断路故障的自诊断原理是什么?试举例说明。

5. 汽车车载故障自诊断系统监测执行器负极与电源线短路故障的自诊断原理是什么?试举例说明。

6. 汽车电控系统故障自诊断测试方式有哪些?各有什么特点?

7. 常用汽车电控系统自诊断测试的工具有哪些？各有什么用途？
8. 何谓数据流分析？对汽车电控系统进行数据流分析的数据主要有哪些？
9. 何谓编程匹配？为什么要进行编程匹配？
10. 何谓汽车电控系统的故障征兆表？检修发动机电控系统故障的基本程序是什么？

二、选择题

1. 汽车车载故障自诊断系统通常称为(　　　)。
    A. OBD-Ⅱ或OBDS　　　　　B. OBD　　　　　　　　C. TDCL
2. 当汽车电控系统发生故障时,故障自诊断系统就会自动将故障代码存储在(　　　)。
    A. ECU中　　　　　　　　B. ROM中　　　　　　　C. RAM中
3. 当进气温度传感器或其电路"断路"或"短路"时,发动机ECU将按(　　)温度控制喷油。
    A. 19.5℃　　　　　　　　B. 20℃　　　　　　　　C. 80℃
4. 当冷却液温度传感器或其电路发生"断路"时,发动机ECU将按(　　)温度控制喷油。
    A. 19.5℃　　　　　　　　B. 20℃　　　　　　　　C. 80℃
5. 当冷却液温度传感器或其电路发生"短路"时,发动机ECU将按(　　)温度控制喷油。
    A. 19.5℃　　　　　　　　B. 20℃　　　　　　　　C. 80℃

1. 汽车车载故障自诊断系统主要由哪些部件组成？
2. 汽车车载故障自诊断系统的功用有哪些？
3. 当汽车电控系统发生故障时,故障自诊断系统发出报警信号的目的是什么？
4. 当汽车电控系统发生故障时,故障自诊断系统存储故障代码的目的是什么？
5. 读取故障代码常用的方法有哪两种？

附录 各章选择题参考答案

第一章 汽车电控技术概述
1. C 2. A 3. A 4. B 5. C

第二章 汽油机电控喷油(EFI)技术
1. B 2. B 3. A 4. B 5. A 6. A 7. C 8. C 9. A 10. A 11. B
12. B 13. C 14. B 15. B 16. A 17. B 18. C 19. C 20. A

第三章 柴油机电控喷油(EDC)技术
1. C 2. C 3. C 4. A 5. C 6. B 7. A

第四章 汽油机点火控制(ECI)技术
1. C 2. B 3. B 4. A 5. C

第五章 汽车排放电控技术
1. B 2. A 3. C 4. C 5. B

第六章 汽车行驶安全电控技术
1. B 2. C 3. B 4. A 5. B 6. B 7. A 8. C 9. B 10. B 11. A
12. A 13. C 14. B 15. B 16. C 17. B 18. B 19. A 20. C

第七章 汽车电控自动变速(ECT/CVT)技术
1. B 2. B 3. C 4. B 5. A 6. C 7. C 8. A 9. C 10. B

第八章 汽车巡航(CCS)技术
1. B 2. C 3. A

第九章 汽车车载局域网(LAN)技术
1. B 2. C 3. A 4. C 5. A 6. C 7. A 8. C 9. B 10. A

第十章 汽车电控系统故障诊断(OBD)技术
1. A 2. C 3. B 4. C 5. A

参 考 文 献

[1] 付于武.我国汽车产业的科技发展战略[M].天津:军事交通学院科研部,2010.
[2] 刘振闯.汽车电器与电子技术[M].北京:人民交通出版社,2000.
[3] 陈家瑞.汽车构造(上册)[M].3版.北京:人民交通出版社,2001.
[4] 秦明华.汽车电器与电子技术[M].北京:北京理工大学出版社,2003.
[5] 顾柏良.BOSCH 汽车工程手册(中文)[M].2版.北京:北京理工大学出版社,2004.
[6] 王化祥.传感器原理及应用(修订版)[M].天津:天津大学出版社,2003.
[7] 舒华,姚国平.汽车电子控制技术[M].2版.北京:人民交通出版社,2010.
[8] 李京生,刘波.发动机性能[M].北京:教育科学出版社,2003.
[9] 董辉.汽车用传感器[M].北京:理工大学出版社,2000.
[10] 孟嗣宗,崔艳萍.现代汽车防抱死制动系统和驱动力控制系统[M].北京:理工大学出版社,1997.
[11] 何渝生,石晓辉.汽车电子技术及控制系统[M].北京:国防工业出版社,1997.
[12] 张宝诚.汽车电子技术与维修[M].北京:国防工业出版社,1998.
[13] 陈德宜.新型汽车电子装置结构原理检修[M].福州:福建科学技术出版社,1997.
[14] [日]ABS株式会社 山海堂.汽车制动防抱死装置(ABS)构造与原理[M].李朝禄,刘荣华,译.北京:机械工业出版社,1995.
[15] [日]藤泽英也·小林久德.最新电控汽油喷射[M].林学东,译.北京:理工大学出版社,2000.
[16] TTME. TOYOTA 8A-FE 发动机维修手册[M].天津:天津丰田汽车发动机有限公司,1998.
[17] 徐家龙.柴油机电控喷油技术[M].北京:人民交通出版社,2004.
[18] 王尚勇,杨青.柴油机电子控制技术[M].北京:机械工业出版社,2006.
[19] 朱诗顺.车辆装备新材料新技术新工艺[M].北京:总装备部通用装备保障部,2008.
[20] 秦文新.汽车排气净化与噪声控制[M].北京:人民交通出版社,2000.
[21] CAMRY REPAIR MANUAL VOLUME 2,JAPAN: TOYOTA MOTOR CORPORATION,1993.
[22] LEXUS LS400 REPAIR MANUAL, JAPAN:TOYOTA MOTOR CORPORATION,1994.
[23] TOM DENTON. AUTOMOBILE ELECTRICAL & ELECTRONIC SYSTEMS. 1ST ED. LONDON:EDWARD ARNOLD,1995.
[24] JOHN VETAL. LIN BUS AND ITS POTENTIAL FOR USE IN DISTRIBUTED MULTIPLEX APPLICATIONS. SAE 0072,2001.
[25] CHRISTOPHER AETAL. MULTIPLEX BUS PROGRESSION. SAE 0111,2003.